FREIZEITFÜHRER

... MIT KINDERN

Vor die Haustür, fertig – los!

☀ **pmv**

3. aktualisierte Auflage 2011
Frankfurt am Main

PETER MEYER VERLAG

FRANKFURT
RHEIN-MAIN
MIT KINDERN

400 preiswerte und spannende Aktivitäten
für draußen und drinnen

VON EBERHARD SCHMITT-BURK

FRANKFURT IM & AM WASSER

FRANKFURT PER RAD & ZU FUSS

FRANKFURT: SPIEL & ABENTEUER

FRANKFURT: TIERE, BLUMEN, UMWELT

FRANKFURT: MUSEEN & MEHR

FRANKFURT KREATIV

HÖCHST – MAINSPITZE

VORDERTAUNUS

OFFENBACH & HANAU

MÖRFELDEN – RODGAU

INHALT

VORWORT

Vielleicht denkt ihr, in dem städtischen Ballungsgebiet Rhein-Main könntet ihr nichts an der frischen Luft und im Grünen unternehmen? Vielleicht glaubt ihr aber auch, rund um Frankfurt läge eine Freizeitwüste? Weit gefehlt! Wie vielseitig Frankfurt und das Rhein-Main-Gebiet sind und was es dort für euch und eure Familie alles zu entdecken gibt, soll euch die 3. Auflage meines Frankfurt Rhein-Main-Führers mit rund 400 Tipps und Touren beweisen.

Der Autor

Der studierte Volkswirt und Sozialwissenschaftler Eberhard Schmitt-Burk ist seit 1979 als Publizist und Buchautor tätig. Für pmv hat er schon mehrere Kinderfreizeitführer verfasst. Mit dem Rad oder zu Fuß besucht er jede einzelne Adresse und legt dabei tausende von Kilometern zurück. Es ist ihm ein besonderes Anliegen, die Natur zu schonen und Verständnis für die Menschen zu wecken.

Weitere Gebiete der Rhein-Main-Region finden sich in folgenden Büchern des pmv: *Mainz & Rheinhessen mit Kindern*, *Wiesbaden & Rheingau mit Kindern*, *Spessart mit Kindern*, *Odenwald mit Kindern* und *Vogelsberg & Wetterau mit Kindern*.

Frankfurt bietet seinen rund 105.000 Minderjährigen eine Menge Freizeitspaß, die manchen Minuspunkt der Stadt wettmachen. Denn natürlich ist der mit 688.000 Einwohnern fetteste Brocken der Rhein-Main-Region keine Idylle – zu groß, zu laut, zu dreckig und zu viel Verkehr. Doch gibt es in der Stadt glücklicherweise jede Menge Grün, das das städtische Leben verschönert.

Allein der Main, die Seen bei Hanau, Bruchköbel und Langen sowie die Hallen- und Freibäder in und um Frankfurt bieten Wasserratten zahlreiche Spiel- und Sportmöglichkeiten. Wenn ihr gern draußen unterwegs seid, solltet ihr den Rucksack packen und eine der 17 Rad- oder der 22 von mir ausgetüftelten Wandertouren mit vielen spannenden Zielen am Wegesrand starten. So könnt ihr zum Beispiel mit dem Rad eine Runde um ganz Frankfurt drehen, auf der Hohen Straße Geschichtsradeln machen oder zum Heusenstammer Schloss wandern. Viele Tourenvorschläge zu Fuß oder per Rad sind so gewählt, dass sie kurz und leicht sind, damit sie mit kleineren Kindern realisiert werden können. Zumeist liegen Spielplätze und Gaststätten am Weg. Hinweise darauf stehen in den Randspalten, wo ihr zudem Spieltipps und manch Wissenswertes lesen könnt.

Meine Enkel Hyun-Woo (9 Jahre), Hyun-Seo (6 Jahre) und die kleine Su-Ha (4 Jahre), die mich inzwischen schon tüchtig bei den Buch-Recherchen beraten, lieben die tollen Abenteuer- und Waldspielplätze, die es vor allem in Frankfurt zahlreich gibt. Hier können

Großstadtpflanzen ordentlich werkeln, rutschen und klettern! Bei den größeren Kindern sind dagegen die richtigen Kletterparks der Renner. Ganz oben auf der Beliebtheitsskala stehen aber natürlich der Frankfurter Zoo mit den lustigen Bonobo-Äffchen, der Opel-Zoo bei Kronberg mit seinen Elefanten und auch der Palmengarten mit Wasserspielplatz und Kinderaktionen. Die Naturforscher unter euch werden sich zudem auf die schönen Angebote von Naturschutzbund und Co freuen, die mit euch auf Froschtour durch die Weilbacher Kiesgrubenlandschaft oder auf Kräutersuche rund ums StadtWaldHaus gehen.

Auch in den Museen in und um Frankfurt gibt es für Kinder viel Spannendes zu entdecken – nicht bloß bei schlechtem Wetter! Angefangen bei den Dinosauriern im Senckenberg-Museum bis hin zu moderner Technik im neuen ExperiMINTa. 33 Museen und Stadtführungen habe ich für euch zusammengetragen, und da ist das großartige Römerkastell Saalburg noch nicht mitgezählt! In den Tanz-, Theater- und Musikschulen in Frankfurt und Rhein-Main könnt ihr rund ums Jahr eure eigene Kreativität entdecken, und wer weiß, vielleicht wird ein großer Künstler aus euch?

Mir hat es viel Freude gemacht, durch meine Heimatregion zu touren und all dies für euch vor Ort zu recherchieren und aufzuschreiben. Viel Spaß bei euren Touren und Entdeckungen wünscht euch

Eberhard Schmitt-Burk
im Frühjahr 2011

Gestatten?

Ich bin Sam, die Wasserratte. Meine Clique und ich begleiten euch mit noch ein paar Freunden auf euren Entdeckertouren durch dieses Buch und Frankfurt Rhein-Main. Darf ich vorstellen:

Karlinchen, unsere Naturfreundin,

Herr Mau, Experte für Handwerk und Geschichte,

und Mockes, der Kunst- und Musik-Liebhaber.

Zur Gliederung dieses Buches

▶ Euer Buch »Frankfurt Rhein-Main mit Kindern« ist in 10 geografische Griffmarken gegliedert. **Frankfurt** ist wegen der Fülle an Angeboten unterteilt in *In & am Wasser, Per Rad & zu Fuß, Spiel & Abenteuer, Tiere, Blumen, Umwelt, Museen & Mehr* sowie *Kreativ*. Dann folgen **Höchst – Mainspitze,** der **Vordertaunus,**

All diese Informationen zusammenzutragen, hat viel Zeit und Mühe erfordert. Trotzdem können sich die Angaben noch während des Niederschreibens ändern. Wir – der Verlag und ich – freuen uns, wenn ihr uns auf Fehler aufmerksam macht.

Schreibt an:

Peter Meyer Verlag
Schopenhauerstraße 11
60316 Frankfurt a.M.
Redaktion@PeterMeyer
Verlag.de
www.pmv-Verlag.de

dann **Offenbach & Hanau** und schließlich **Mörfelden – Rodgau.**

Während bei Frankfurt eine Unterteilung in 6 einzelne Griffmarken nötig war, sind die verschiedenen Aktivitäten bei den übrigen 4 Regionen zusammengefasst und nach folgendem Schema aufgebaut:

Tipps für Wasserratten sind Infos zu Schwimmbädern, Badeseen sowie zu Bootstouren und Schiffsfahrten.

Frische Luft & Sport nennt Radtouren, Wanderungen, Kutschfahrten, Erlebnisparks, Klettergärten und Abenteuerspielplätze, immer möglichst naturnah. Indoor-Spielplätze und Wintersport sorgen bei Regen und Schnee für Bewegung.

Umwelt erforschen ist die Rubrik für alle Naturfreunde. Hier findet ihr Lehrpfade, Tierparks und tolle Mitmach-Aktionen der Umweltschutzvereine.

Handwerk & Geschichte führt euch zu Orten der Technik und Arbeit: historische Bahnen und Betriebe von innen sowie Schlösser, Burgen und Museen. Ihr werdet überrascht sein, wie viel es auch bei schlechtem Wetter zu entdecken gibt!

Bei **Bühne, Leinwand & Aktionen** werden Kinderkino und -theater, Kindertanz und andere Kreativangebote vorgestellt. Zudem findet ihr hier einen Festkalender mit den schönsten Märkten und Veranstaltungen in der Gegend.

Die farbigen Freizeitkarten – der Verlag hat sie extra für euch gezeichnet – im **Kartenatlas** geben euch für eure Ausflüge die nötige Orientierung. Besonders praktisch ist der Verkehrslinienplan zum Rhein-Main-Gebiet. Er wird ergänzt durch die Adressen von Informationsstellen in der Region samt Anfahrtsbeschreibungen und allgemeinen Verkehrshinweisen.

Es ist also an alles gedacht – nur losziehen müsst ihr selbst!

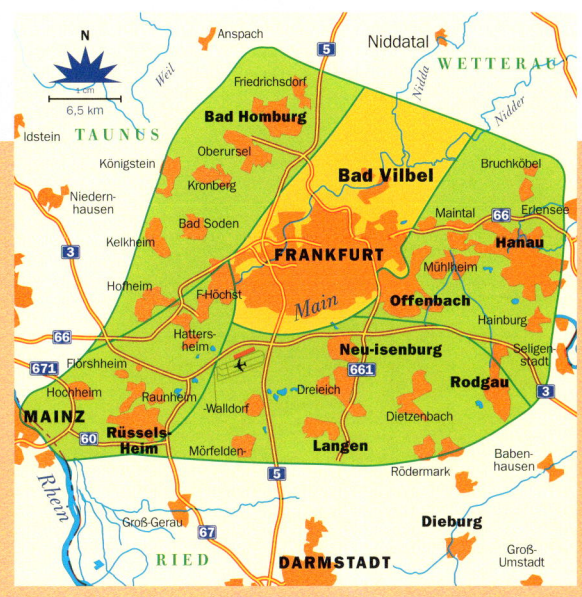

N
4 km
6,5 km

Anspach
Niddatal
WETTERAU
Weil
Nidda
Nidder
Friedrichsdorf
Idstein
TAUNUS
Bad Homburg
5
Oberursel
Königstein
Bad Vilbel
Bruchköbel
Kronberg
Niedern-
hausen
Bad Soden
Maintal
66
Erlensee
3
Kelkheim
FRANKFURT
Hanau
Hofheim
Mühlheim
F-Höchst
Main
Offenbach
Hainburg
66
Hatters-
heim
Neu-isenburg
Seligen-
stadt
671
Flörsheim
661
Rodgau
3
Hochheim
Raunheim
Dreieich
MAINZ
Walldorf
Dietzenbach
60
Rüssels-
heim
Langen
Baben-
hausen
Mörfelden
5
Rödermark
Rhein
Groß-Gerau
67
Dieburg
Groß-
Umstadt
RIED
DARMSTADT

Viel Spaß haben Kinder stets im und am Wasser. Und in Frankfurt bietet sich dafür reichlich Gelegenheit! Wie ein nasser Mittelstreifen teilt der Main die Stadt in zwei Hälften. Zwischen Fechenheim und Sindlingen legt er 27 km durch das Stadtgebiet zurück. Der Main gab der Stadt ihren Namen, denn an einer besonders seichten Stelle, einer Furt, konnte der Frankenkönig Karl einst bequem von einer Seite auf die andere kommen.

Statt den Main hoch zu Ross zu überqueren, könnt ihr heute auf ihm paddeln, rudern und segeln. Natürlich ist es auch möglich, mit dem Schiff auf Fahrt zu gehen. Baden könnt ihr in dem breiten Fluss wegen des gesundheitlichen Risikos und wegen der starken Strömung nicht. Das ist jedoch nicht so schlimm, denn es gibt ja an Land eine ganze Reihe von Frei- und Hallenbädern – und sogar einen kleinen Badesee.

Schwimmen lernen & mehr

Kurse und Angebote der Frankfurter Bäder für Kinder

Bäderbetriebe Frankfurt GmbH, Am Hauptbahnhof 16, 60329 Frankfurt a.M. ℅ 069/271089-1010, Fax 271089-1009. www.bbf-frankfurt.de. info@bbf-frankfurt.de. **Preise:** Babywassergewöhnung 10 x 35 Min 75 €, Miniclub 10 x 45 Min 75 €, Anfängerschwimmkurs Kinder 12 x 45 Min 90 €, Aufbauschwimmkurs Kinder, Jugendschwimmabzeichen 10 x 45 Min 80 €. **Infos:** Kurse siehe ↗ Internetseite.

▶ Die Frankfurter Bäder bieten zahlreiche Kurse an. Das beginnt ganz früh für die gerade mal 4 Monate alten Babys mit einem Wassergewöhnungskurs, bei dem Kleinkinder im engen Verbund mit den Eltern ersten Kontakt mit dem Element Wasser aufnehmen (Wasser 32 Grad warm). Bis zum Ende des zweiten Lebensjahres erlernen sie dann zusehends, sich im-

FRANKFURT IM & AM WASSER

PLANSCHEN UND SCHWIMMEN

Happy Birthday!
Ab 5 Kindern 6 – 15 Jahre könnt ihr hier Geburtstag feiern. Geburtstagstisch, freier Eintritt für dich und eine Begleitperson kosten 20 €, Essen und Getränke dürfen mitgebracht werden.

Nah ans Wasser gebaut: In Frankfurt ist Wasser nie weit weg

© Peter Weyel

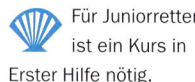 Kurse für Erwachsene: Anfängerschwimmkurs, Kraulkurs, Wassergymnastik & Aquafitness, Aquajogging, Aqua-Cycling, Aqua-Nordic-Walking.

Für Juniorretter ist ein Kurs in Erster Hilfe nötig.

mer besser in diesem nassen Spielfeld zu bewegen. Für die folgende Altersstufe Kleinkind gibt es den Miniclub 1 und 2, wo diese Fähigkeiten weiterentwickelt werden. Aber erst mit 4 Jahren geht's mit dem Schwimmen los – im Schwimmanfängerkurs für Kinder.

Auf dem Weg zum kleinen Retter

DLRG Bezirk Frankfurt, Im Nizza an der Untermainbrücke, 60385 Frankfurt a.M. ✆ 069/280512, Fax 2966443. www.dlrg-frankfurt.de. info@dlrg-frankfurt.de.

▶ Es ist sehr sinnvoll, sich zum Rettungsschwimmer/Juniorretter ausbilden zu lassen. Falls mal jemand im Teich oder Fluss zu ertrinken droht, wisst ihr dann was zu tun ist, um ihn zu retten. Die DLRG Bezirk Frankfurt betreibt sehr engagiert in mehreren Stadtteilen eine kompetente Ausbildung. Ihr könnt schon ab 10 Jahre entsprechende Kurse belegen. Voraussetzung ist freilich, dass ihr sehr gut schwimmen könnt. Wenn ihr noch nicht so weit seid, könnt ihr einen Schwimmkurs bei der DLRG belegen. Die Ausbildung zum Juniorretter erfolgt in Theorie und Praxis. Für die Prüfung müsst ihr 12 Jahre alt sein.

Schwimmen im Verein

Erster Frankfurter Schwimmclub von 1891 e.V. (EFSC), 60385 Frankfurt a.M. ✆ 06172/459500, Fax 459500. www.efsc.de. postmaster@efsc.de. **Preise:** Mitgliedsbeiträge monatlich 10 €, Ehepaare 18 €; Kinder 4 – 18 Jahre 7,50 €, 2 Geschwister 13 €, 3 Geschwister 17,50 €; Familie mit Kindern bis 18 Jahre 19,50 €, 1 Erw mit Kind bis 4 Jahre 14,50 €, mit Kind 4 – 18 Jahre 16 €. **Infos:** Aufnahmegebühr 1 Person 25 €, 2 Pers 50 €, Familien-/Mehrfachanmeldung 60 €.

▶ Der **Erste Frankfurter Schwimmclub von 1891** ist mit 1800 Mitgliedern der größte und renommierteste Schwimmverein der Stadt. Er organisiert ein breites Programm, das von Babyschwimmen bis Hochleistungssport reicht. Der EFSC betreibt eine Schwimmschule und spielt auch Wasserball.

Weitere Schwimmvereine:

Wassersport Westend e.V., www.waspo-westend.de, info@waspo-westend.de, mit Vereinsbad und Klubhaus, in Frankfurt-Griesheim, am Niedwald.

SV Moenus Frankfurt e.V., www.sv-moenus.de, svmoenus@gmx.de.

SG 1877 Frankfurt-Nied, www.sgnied.de, breit aufgestellter Sportverein, Schwimmen ist nur eine Abteilung.

Schwimm-Club Niederrad 04 e.V., www.schwimm-club-niederrad.de, Schwimmen und Segeln.

TG Bornheim, ganz großer Turnverein mit zahlreichen Abteilungen, darunter Schwimmen, eigenes Hallenbad in Fechenheim.

Vom Frosch zum Deutschen Leistungsschwimmpass in Gold

Frankfurter Schwimmschule, Michael Ulmer, Beseler Straße 5, 60385 Frankfurt a.M. ℂ 069/94411949, Fax 437970. www.schwimmschule-frankfurt.de. ulmer@schwimmschule-frankfurt.de. **Zeiten:** Büro Mo, Do, Fr 9.30 – 14, Di 17 – 20 Uhr.

▶ Es geht schon mit 3 Jahren los. Am Anfang steht der Kurs Frosch, da freundet ihr euch erst mal mit dem Element Wasser an. Dann werdet ihr über die Stationen Seepferdchen (ab 4 Jahre), Delfin (ab 5 Jahre) und Hai (ab 6 Jahre) allmählich zum Schwimmer. Ihr könnt dann schon ganz gut schwimmen. Um es aber zum Topschwimmer mit dem Deutschen Leistungsschwimmerpass zu bringen, müsst ihr noch viel trainieren – im Programm der Frankfurter Schwimmschule können das bis zu 11 Kurse sein. Aber schon mit dem Deutschen Jugendschwimmabzeichen könnt ihr sehr gut schwimmen!

Die Frankfurter Schwimmschule gehört zum EFSC. Wenn ihr noch nicht Mitglied seid, werdet ihr es mit der Zahlung der Gebühr für die Zeit des Kurses.

Tauchen: Unter Wasser unbekannte Welten entdecken

Länderweg 9, 60385 Frankfurt a.M.-Sachsenhausen. ✆ 069/66129690, Fax 66129691. www.diveforfun-rhein-main.de. kontakte@diveforfun-rhein-main.de. **Bahn/Bus:** S1, 2, 8 bis Mühlberg, dann 5 Min zu Fuß. **Zeiten:** Büro Mo – Fr 12 – 20, Sa 10 – 16 Uhr, Beginn der Tauchkurse 1 x pro Monat. **Preise:** Anfänger-Tauchkurs Erw und Kinder ab 10 Jahre 259 €.

▶ Habt ihr euch schon mal gewünscht, in tropischen Gewässern zwischen geheimnisvollen Riffen und Korallen und inmitten zahlreicher herrlich bunter Fische zu tauchen? Bei Dive for Fun könnt ihr erste Grundlagen für solche Aktivitäten erwerben. Danach muss es auch nicht gleich ins Rote Meer oder den Indischen Ozean gehen, in den Tiefen der einheimischen Seen gibt es ja auch schon Einiges zu sehen.

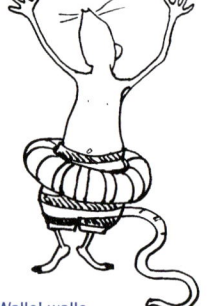

Walle! walle
Manche Strecke,
dass, zum Zwecke,
Wasser fließe
und mit reichem, vollem Schwalle
zu dem Bade sich ergieße:
Kannte Goethe das Panoramabad als er den Zauberlehrling dichtete?

Hallenbäder

Panoramabad Bornheimer Hang

Bäderbetriebe Frankfurt GmbH, Inheidener Straße 60, 60385 Frankfurt a.M.-Bornheim. ✆ 069/271089-1300, Fax 271089-1303. www.panoramabad-frankfurt.de. info@bbf-frankfurt.de. **Bahn/Bus:** Bus 38 bis Panoramabad, Straba 14, Bus 38 Ernst-May-Platz, U6, 7, Straba 12, Bus 38, OF103 Eissporthalle/Festplatz. **Auto:** Wittelsbacher Allee – Inheidener Straße. **Rad:** Von U7 Eissporthalle am Bornheimer Hang etwa 1,5 km. **Zeiten:** Mo 6.30 – 20, Mi 6.30 – 19, Do, Fr 6.30 – 22, Sa, So 8 – 22 Uhr; Sa 13 – 15 Uhr Rutsch-

© Bäderbetriebe Frankfurt GmbH

bahn geschlossen, So, Fei Außenbereich und Rutsch-
bahn 9 – 13 und 15 – 19 Uhr; Eintritt bis 1 Std, Baden
bis 20 Min vor Betriebsschluss. **Preise:** Mo – Fr 180
Min, Sa, So, Fei 150 Min 4,50 €, 11er-Karte 45 €, Monatskarte 45 €; Kinder ab 1,20 m – 18 Jahre Mo – Fr
180 Min, Sa, So, Fei 150 Min 2,80 €, 11er-Karte 28 €,
Monatskarte 28 €; Familienkarte (für max 2 Erziehungsberechtigte und bis 3 Kinder unter 18 Jahre) 10 €
(jedes weitere Kind 1 €), Monatskarte 80 €.

▶ Im Mittelpunkt aller Schwimmaktivitäten steht im
Bornheimer Hallenbad das Mehrzweckbecken mit 1-
und 3-m-Sprungbrettern. Nichtschwimmer und Kleinkinder haben ihre eigenen Becken. Spaßelemente
des Hallenbades sind die Wasserrutsche und zwei
Whirlpools. Erfrischen könnt ihr euch im Außenbecken. Zusätzliche Bonbons für Erwachsene sind:
Massage, Saunen, Sonnenstudio und Gastronomie.

Hallen-Erlebnisbad Titus-Thermen
BäderBetriebe Frankfurt GmbH, Walter-Möller-Platz 2,
60329 Frankfurt a.M.-Nordweststadt. ✆ 069/271089-
1200, Fax 271089-1205. www.titusthermen-
frankfurt.de. info@bbf-frankfurt.de. **Bahn/Bus:** U1, 9,
Bus 29, 60, 71, 72/73, 251 Nordwestzentrum.
Zeiten: Mo – Sa 9 – 22, So 9 – 20 Uhr, Eintritt bis 1
Std, Baden bis 20 Min vor Betriebsende. **Preise:** Mo –
Fr 90 Min, Sa, So, Fei 60 Min 4,50 €; Kinder ab 1,20 m
bis 18 Jahre Mo – Fr 90 Min, Sa, So, Fei 60 Min
2,80 €; Preisstruktur wie /Rebstockbad.

▶ Die Titus-Thermen, Frankfurts Spaßbad Nr. 2, haben nach einer vollständigen baulichen Erneuerung
und attraktiveren Gestaltung 2009 wieder ihre Tore
geöffnet. Erwachsene und Kinder können sich gleichermaßen auf ein vielfältiges Angebot freuen. Dazu
gehören ein Sportbecken, ein Erlebnisbecken mit
Strömungskanal, ein Babybecken, eine 50 m lange
Rutsche, ein Abenteuerbecken mit Wasserfall und
Grotte sowie mehrere Whirlpools. Jugendliche, Eltern
und Großeltern machen teilweise Gebrauch vom Fit-

Happy Birthday!
Im Panoramabad könnt
ihr mit einer Gruppe ab
5 Kindern 6 – 15 Jahre
Geburtstag feiern. Ge-
burtstagstisch, freier
Eintritt für Geburtstags-
kind und eine Begleit-
person kosten 20 €,
Essen und Getränke
dürfen mitgebracht wer-
den.

 Babywasser-
gewöhnung, Mi-
niclub für Kinder 3 – 4
Jahre, Anfänger-
schwimmkurs für Kinder
ab 5 und 8 Jahre, Auf-
baukurs für Kinder,
Talentschwimmen für
Kinder.

 Wassergewöh-
nung für Babys
3 – 9 Monate, Babysau-
na, Miniclub für Kinder
1 – 1,5 und 2 – 3 Jahre,
Anfängerschwimmkurs
für Kinder ab 5, 6 und 8
Jahre, Fortgeschritte-
nen-Schwimmkurs für
Kinder.

ness-Center, genießen die Saunalandschaft im römischen Stil oder relaxen in Solarien oder bei Massagen.

Schwimmpädagogischer Verein e.V., Egenolffstraße 40, Frankfurt a.M. ✆ 069/94411833. www.schwimmpaed.de. Schwimmkurse für Babys, Kleinkinder, junge Anfänger sowie Fortgeschrittene.

Gartenhallenbad Fechenheim

Turngemeinde Bornheim 1860 e.V., Konstanzer Straße 16, 60386 Frankfurt a.M.-Fechenheim. ✆ 069/42693592, Fax 46000440. www.tgbornheim.de. tgbornheim@t-online.de. **Bahn/Bus:** Bus 44 bis Bodenseestraße, Straba 11 Fechenheim Post. **Auto:** Am Mainkur-Bhf von Hanauer Landstraße südwärts über Alt-Fechenheim. **Rad:** Main-Radweg am Südufer, über die Fußgängerbrücke von Bürgel nach Fechenheim. **Zeiten:** Mo, Mi, Do 15 – 22, Fr 7 – 22, Sa 8 – 20, So 11 – 18 Uhr. **Preise:** Monatsbeitrag 9 €; Kinder bis 18 Jahre 7 €; Schwimmen 3 € extra pro Person, 7 € pro Familie.

▶ Das Fechenheimer Hallenbad ist das Vereinsbad der Turngemeinde Bornheim, weshalb ihr Vereinsmitglied sein müsst, um dort schwimmen zu dürfen. Das einfach eingerichtete Bad besitzt lediglich ein Mehrzweck-Becken mit 1-m-Brett, an einem Kiosk bekommt ihr Getränke. Es gibt eine ganze Reihe von **Kursangeboten**, darunter: Babyschwimmen 4 – 15 Monate und Kinderschwimmen 6 – 15 Jahre.
Die Turngemeinde Bornheim ist mit über 18.000 Mitgliedern der größte Sportverein in der Stadt. Das Angebot reicht vom Turnen über Schwimmen bis zu Wanderausflügen. Schaut doch einfach mal auf die Internetseite der TG. Ob da was für euch dabei ist? Wie wäre es mit Eltern-und Kind-Turnen?

Spaßbad Nr. 1: Hallen-Erlebnisbad Rebstock

Bäderbetriebe Frankfurt GmbH, Zum Rebstock 7, 60486 Frankfurt a.M.-Bockenheim. ✆ 069/271089-1100, Fax -1109. www.rebstockbad-frankfurt.de. info@bbf-frankfurt.de. **Bahn/Bus:** Straba 17, Bus 34, 50 bis Rebstockbad. **Auto:** A5 Ausfahrt 19 Westkreuz

Happy Birthday!
Im Erlebnisbad Rebstock könnt ihr mit einer Gruppe ab 5 Kindern 6 – 15 Jahre Geburtstag feiern. Geburtstagstisch, freier Eintritt für Geburtstagskind und eine Begleitperson kosten 20 €, Essen und Getränke dürfen mitgebracht werden.

Ffm über A648 Richtung Messe, 1. Ausfahrt. **Zeiten:** Mo 14 – 22, Di – Sa 9 – 22, So 9 – 20 Uhr, in den Ferien Mo ab 10, So bis 22 Uhr, Eintritt bis 1 Std, Baden bis 20 Min vor Betriebsende. **Preise:** Mo – Fr 90 Min, Sa, So, Fei 60 Min 4,50 €, 11er-Karte 45 €, Monatskar-

© Bäderbetriebe Frankfurt GmbH

te 45 €, Nachzahlung pro 30 Min 0,50 €; Kinder ab 1,20 m – 18 Jahre Mo – Fr 90 Min, Sa, So, Fei 60 Min 2,80 €, 11er-Karte 28 €, Monatskarte 28 €, Nachzahlung pro 30 Min 0,20 €; Familienkarte (max 2 Erziehungsberechtigte und 3 Kinder) Mo – Fr 90 Min, Sa, So, Fei 60 Min Tageskarte 10 € (jedes weitere Kind 1 €), Monatskarte (max 2 Erziehungsberechtigte und min 1 Kind). **Infos:** Kann während der IAA geschlossen sein, die Auto-Messe findet alle 2 Jahre im Sep statt.

▶ Umfangreiche Umbaumaßnahmen und Modernisierungen haben sich für das Erlebnisbad am Rebstock gelohnt: Hinter der lichtdurchfluteten Fassade des ausgedehnten Hallenbaus ist eine abwechslungsreiche Badelandschaft aus Schwimmer-, Nichtschwimmer-, Wellen- und Planschbecken angelegt, der die Plattformen bis 5 m Höhe im Sprungbecken einen zusätzlichen Kick geben. Spaßelemente für Kinder sind die Riesenrutschbahn, die Black-Hole-Rutsche und der Vulkan-Hot-Whirlpool. Und dann wären da noch die Extras für die Eltern: Japanische Saunalandschaft, Massage und Fußreflexzonenmassage. Nicht übersehen werden sollten auch das **Außenbecken** mit Fontäne, das Beachvolleyballfeld, der Kinderspielplatz im Freien und die Liegewiese. Das Hallen-Erlebnisbad Rebstock ist fraglos Frankfurts Spaßbad Nr. 1.

Unter Palmen: Im großen Rebstockbad sieht das Hallendach wie eine Palme aus

Babywassergewöhnung ab 4 Monate, Miniclub für 1- bis 2- und 2- bis 4-Jährige, Anfängerschwimmen für Kinder 4 – 5 Jahre sowie ab 6 und 8 Jahre, Fortgeschrittenen-Schwimmkurs für Kinder.

Textorbad in Sachsenhausen

Textorstraße 42, 60594 Frankfurt a.M.-Sachsenhausen. ✆ 069/271089-1500, Fax 271089-1009. www.bbf-frankfurt.de. info@bbf-frankfurt.de. **Bahn/Bus:** S3 – S6, U1 – 3, 8, Straba 14 – 16, 19 bis Südbahnhof. **Zeiten:** Mo 6.30 – 12, Di – Do 6.30 – 20 Uhr, Fr 6.30 – 22 Uhr Warmbadetag, Sa, So 8 – 20 Uhr. **Preise:** 4 €; ab 1,20 m Körpergröße – 18 Jahre 2,80 €.

Kurse: Babywassergewöhnung, Anfängerschwimmkurse für Kinder 4 – 5 und ab 6 Jahre, Aufbaukurs für Kinder.

▶ Das Ende 2009 neu eröffnete Sachsenhäuser Hallenbad ist nicht gerade üppig ausgefallen. Ein 25-m-Schwimmbecken ohne Sprungbretter und ein einziges Spaßelement – das löst nicht gerade Jubelstürme aus. Wenn das Becken nicht überfüllt ist, reicht es für bescheidene Schwimmbedürfnisse.

Einen kleinen Lichtblick gibt's aber immerhin: das Aquacycling, das Radeln unter Wasser, ein ganz besonderes Gefühl. Das gibt's übrigens in keinem anderen Bad in Frankfurt. Ebenfalls ganz angenehm sind ein paar Wellnessaktivitäten wie Wassergymnastik, Yoga, Qi-Gong, Wirbelsäulengymnastik, Folkloretanz, Ballett, Kindertanz und Hip-Hop.

Freibäder

Kombiniertes Frei- und Hallenbad: Riedbad Bergen-Enkheim

Bäderbetriebe Frankfurt GmbH, Fritz-Schubert-Ring 2, 60388 Frankfurt a.M.-Bergen-Enkheim. ✆ 069/271089-1600, 271089-1616, Fax 271089-1609. www.bbf-frankfurt.de. info@bbf-frankfurt.de. **Bahn/Bus:** U7 Enkheim, dann Bus 42 bis Riedbad. **Rad:** Von U7 Kruppstraße durch Fechenheimer und Enkheimer Wald circa 4 km. **Zeiten: Freibad** Mai – Anfang Sep täglich 7 – 20 Uhr; **Halle** Sep – Mai Di 6.30 – 22 Uhr, Mi und Fr 6.30 – 20, Do 6.30 – 15 Uhr, Sa, So 8 – 20 Uhr; Di, Mi Warmbadetag, Traglufthalle Mo 8 – 20, Mi 7 – 10, So 8 – 16 Uhr. **Preise:** 4 €; Kinder ab 1,20 m – 18 Jahre 2,80 €; Preisstruktur wie ↗ Brentanobad.

▶ Das Bergen-Enkheimer Bad liegt schön und ist dank seiner – innerhalb Frankfurts einzigartigen – Kombination aus Frei- und Hallenbad für alle Jahreszeiten geeignet. Das Freibad verfällt nämlich nicht vollständig in Winterschlaf: Über das Schwimmerbecken wird im Herbst eine Traglufthalle gestülpt. So kann es Besuchern und Vereinen auch in der kalten Jahreszeit als Trainingsbecken dienen.

Im **Sommer** ziehen junge und alte Wasserratten im beheizten, 50 x 21 m großen Becken ihre Bahnen. Sie können auch vom 5-m-Turm zu akrobatischen Sprüngen loslegen. Das Nichtschwimmerbecken ist mit seinen 800 qm überaus geräumig. Für die ganz Kleinen gibt es selbstverständlich Planschbecken und Spielplatz. Von den beiden Liegewiesen bietet eine Schatten unter Obstbäumen. Beachvolleyball-Freunde dürfen ihrem Hobby auf einem eigens eingerichteten Feld nachgehen. Wer vom Schwimmen oder Spielen hungrig geworden ist, deckt sich am Kiosk mit Pommes, Würstchen und anderen Snacks ein. Schleckermäulchen bekommen hier ihr Eis.

In das Schwimmerbecken des **Hallenbades** ist ein Sprungbereich mit 1- und 3-m-Sprungbrett integriert. Die Nichtschwimmer haben ihr eigenes Becken. Ansonsten werden hier Massagen, Fußpflege, Sauna und Gastronomie angeboten. Dem Bad angeschlossen ist ein modernes Fitnessstudio.

Babywasser-gewöhnung 3 – 12 Monate und ab 12 Monate, Miniclub für 2 – 3-Jährige, Anfängerschwimmkurse für Kinder ab 4, 5 und 6 Jahre, Fortgeschrittenenkurse für Kinder, Talentschwimmen für Kinder.

Ganz in der Nähe liegen das ↗ Enkheimer Ried, der Berger Hang und der ↗ Heinrich-Kraft-Park.

Das gepflegte Familienbad – Freibad Nieder-Eschbach

Bäderbetriebe Frankfurt GmbH, Heinrich-Becker-Straße 22, 60437 Frankfurt a.M.-Nieder-Eschbach. ✆ 069/271089-2100, Fax 271089-2109. www.bbf-frankfurt.de. info@bbf-frankfurt.de. Am Nordostrand. **Bahn/Bus:** Bus 27, 29 bis Heinrich-Becker-Straße, knapp 1 km von U2 Nieder-Eschbach. **Auto:** Homburger Landstraße bis Nieder-Eschbach, dann Deuil-la-Barre- und Heinrich-Becker-Straße. **Rad:** Vom S-Bhf Berkersheim oder ab Nidda schön am Eschbach entlang, in

Wie wär's mit einer kleinen Rundwanderung um das Freibad? Nordwestlich ist ein altes Wehr im Eschbach, nordöstlich und östlich zieht sich ein urwüchsiger Naturlehrpfad entlang. Dazu und zu einer großen Wanderung bietet das kostenlose Faltblatt des ↗ Umweltamtes *Rundweg im Grün Gürtel Park Nieder-Eschbach* Informationen.

 Nieder-Eschbach rechts in die Deuil-la-Barre-Straße, bald wieder links. **Zeiten:** Mai – Aug täglich 10 – 20 Uhr, Eintritt bis 1 Std, Baden bis 20 Min vor Betriebsende. **Preise:** 4 €; Kinder ab 1,20 m – 18 Jahre 2,80 €; Preisstruktur wie ↗ Brentanobad.

▶ Familienbadatmosphäre bietet das umweltfreundlich solarbeheizte kleine Freibad in Nieder-Eschbach am nordwestlichen Rand der Rhein-Main-Metropole. Das Schwimmbecken ist ein Kombibecken. In den tieferen Bereich könnt ihr aus 1 und 3 m Höhe Sprünge wagen, in das Nichtschwimmerbecken per Schlangenrutsche hinuntersausen. Auch am Planschbecken befindet sich eine kleine Rutsche. Die Liegewiese ist recht groß und ausreichend mit Bäumen bepflanzt. Für die Kleinen gibt es einen Spielplatz mit großem Sandkasten. Größere Kinder und Erwachsene haben das Beachvolleyballfeld, zwei Tischtennisplatten, eine Boulebahn und ein Freischachspielfeld zur Auswahl. Natürlich gibt es in dem gemütlichen und ganz ruhig gelegenen Nieder-Eschbacher Freibad einen Kiosk mit Tischen und Stühlen.

Baden im ehemaligen Nidda-Altarm: Freibad Eschersheim

Bäderbetriebe Frankfurt GmbH, Alexander-Riese-Weg, 60439 Frankfurt a.M.-Eschersheim. ✆ 069/271089-2300, Fax 271089-2309. www.bbf-frankfurt.de. info@bbf-frankfurt.de. Direkt an der Nidda, Eingänge von dort und vom Uhrig. **Bahn/Bus:** Bus 60 bis Im Uhrig, knapp 1 km von U1, 2, 3, 8 Heddernheim, 500 m von S6 Eschersheim. **Rad:** Am Nidda-Radweg. **Zeiten:** Ende Mai – Aug täglich 10 – 20, Ferien schon ab 9 Uhr, Eintritt bis 1 Std, Baden bis 20 Min vor Betriebsschluss. **Preise:** 4 €; Kinder ab 1,20 m – 18 Jahre 2,80 €; Preisstruktur wie ↗ Brentanobad.

▶ Das Eschersheimer Freibad ist nach seiner vollständigen Erneuerung 2009 in einem hervorragenden und viel kinderfreundlicheren Zustand. Herzstück ist nach wie vor das unbeheizte Riesenbe-

cken – jetzt aus Edelstahl – das mit seiner leichten Krümmung und einem Brückchen ein wenig wie ein Flusslauf aussieht – war's ja auch mal: Das Freibad ist aus einem stillgelegten Nidda Altarm entstanden. Der Schwimmerbereich misst sage und schreibe 75 x 23,50 m und die Nichtschwimmer haben auf 67 x 21 m nicht viel weniger Platz. Zwischen dem Nichtschwimmerbereich und dem 400 qm großen Kinderbecken ist eine breite Rutsche angelegt. Umgeben sind die Becken von einer ausgedehnten Liege- und Spielwiese mit vielen Schatten spendenden Bäumen. Gerade für Kinder gibt es hier mehrere Spielfelder, z.B. eine Wassersprühanlage, einen Spiel- und einen Bolzplatz, eine Tischtennisplatte und ein Beachvolleyballfeld. Prima, dass auf dem Spielplatz und im Planschbecken Sonnensegel schützen. Kleine Mahlzeiten bietet der Kiosk im Bad, große das **Restaurant Sandelmühle.**

© Bäderbetriebe Frankfurt GmbH

Superrutsche: Im renovierten Eschersheimer Freibad sind Wünsche in Erfüllung gegangen

Die längste Freibadsaison: Freibad Hausen

Bäderbetriebe Frankfurt GmbH, Ludwig-Landmann-Straße 341, 60488 Frankfurt a.M.-Hausen. ℡ 069/271089-2000, Fax -2009. www.bbf-frankfurt.de. info@bbf-frankfurt.de. Direkt an der Nidda. **Bahn/Bus:** U6 oder Bus 34 bis Fischstein. **Auto:** A66 Ausfahrt 20 Ludwig-Landmann-Straße. **Rad:** Am Nidda-Radweg. **Zeiten:** April – Anfang Okt täglich 6.30 – 20, in der Vor- und Nachsaison bis 19 Uhr, Eintritt bis 1 Std, Baden bis 20 Min vor Betriebsende. **Preise:** 4 €; Kinder ab 1,20 m – 18 Jahre 2,80 €; Preisstruktur wie ↗ Brentanobad.

Hunger & Durst

Sandelmühle, An der Sandelmühle 35, Frankfurt a.M. ℡ 069/575742. www.sandelmuehle.com. Mo 17.30 – 24, Di So, Fei 11.30 – 14.30 (warme Küche bis 14), 17.30 – 24 (warme Küche bis 22) Uhr. Restaurant mit Biergarten am Campingplatz gegenüber vom Freibad Eschersheim. Große Auswahl, kroatische Spezialitäten, Frankfurter Küche, Fisch, Nudeln, Vegetarisches, Eis. Mit Blick auf die Nidda.

▶ Das Besondere am beheizten Hausener Freibad an der Nidda ist, dass es im Frühjahr als erstes öffnet und im Spätsommer als letztes schließt. Es wurde 2010 komplett erneuert und startet Ostern 2011 mit neuem Glanz in die Saison. Die alten zwei Becken wurden durch ein kombiniertes Schwimmer- und Nichtschwimmerbecken ersetzt. Kleine Wasserratten haben natürlich weiterhin ein eigenes Planschbecken. Alle Becken sind jetzt im technischen Trend der Zeit aus Edelstahl. Ganz neu sind auch die Energie sparende und umweltfreundlichere technische Ausstattung, die sanitären Einrichtungen und das Bistro.

Was blieb: Das Flüsschen Nidda strömt durch's Gelände und es gibt Wiese, Baumschatten und Spielmöglichkeiten für Kinder.

Frankfurts größte Badewanne: Brentanobad Rödelheim

Bäderbetriebe Frankfurt GmbH, Rödelheimer Parkweg, 60489 Frankfurt a.M.-Rödelheim an der Nidda. ✆ 069/271089-2200, Fax 271089-2209. www.bbf-frankfurt.de. info@bbf-frankfurt.de. **Bahn/Bus:** U6 Fischstein, Bus 34, 72/73 Parkweg (Rödelheim). **Auto:** 350 kostenpflichtige Parkplätze. **Rad:** Am Nidda-Radweg. **Zeiten:** Mitte Mai – Aug Mo – Fr 10 – 20, Sa, So 9 – 20 Uhr, in den Sommerferien täglich 9 – 20 Uhr, Eintritt bis 1 Std, Baden bis 20 Min vor Betriebsschluss. **Preise:** 4 €, 11er-Karte 40 €, Monatskarte 45 €; Kinder ab 1,20 m – 18 Jahre 2,80 €, 11er-Karte 28, Monatskarte 28 €; Familien (max 2 Erziehungsberechtigte mit max 3 Kindern unter 18 Jahre) 10 € (jedes weitere Kind 1 €), Monatskarte (für max 2 Erziehungsberechtigte und min 1 Kind) 80 €.

An den Hochsommerabenden ist im Nordteil der Liegewiese eine riesige Leinwand für Open-Air-Kino aufgebaut, Programm ↗ www.orfeos.de.

▶ Das Rödelheimer Freibad bietet zwar ebenfalls ein einziges, riesiges und frisch renoviertes Becken, ist aber doch vom 500 m entfernten Hausener Freibad sehr verschieden. Das Becken ist 220 m lang und bis zu 50 m breit, sieht beinahe wie ein Badesee aus und ist in einen Schwimmer- (1,80 m tief) sowie einen Nicht-schwimmerbereich mit Rutsche (1,35 m tief) gegliedert. Für die Kleineren gibt es ganz neu ein auf zwei Ebenen angelegtes Planschbecken mit Sonnensegel, das durch eine breite Rutsche verbunden ist.

© Bäderbetriebe Frankfurt GmbH

In die Größenverhältnisse passt, dass auch die Liegewiese sehr ausgedehnt ist. Kinder haben hier also reichlich Platz zum Herumtollen, auch auf dem Spielplatz mit Rutsche und großem Sandkasten mit Sonnensegel! An einem großen Kiosk, der mehr wie ein Biergarten aussieht, bekommt ihr warme Kleinigkeiten wie Pizza, Flammkuchen und Grilladen. Ferner gibt es ein Eiscafé.

Unendliche Weite: Um das Brentanobad so zu erleben, müsst ihr gaaanz früh aufstehen

Im freien Fall vom 10-Meter-Turm: Stadionfreibad Niederrad

Bäderbetriebe Frankfurt GmbH, Mörfelder Landstraße 362, 60528 Frankfurt a.M.-Niederrad. ℅ 069/271089-1800, Fax 271089-1809. www.bbf-frankfurt.de. info@bbf-frankfurt.de. **Bahn/Bus:** Bus 61 bis Stadionbad oder Straba 21 Stadion. **Auto:** A3 Ausfahrt 51 Ffm-Süd, vom Kreisel 700 m stadteinwärts. **Rad:** Vom S-Bhf Sportfeld über R8 2 km nach Osten. **Zeiten:** Mai – Anfang Sep 7 – 20 Uhr, Eintritt bis 1 Std, Baden bis 20 Min vor Betriebsende. **Preise:** 4 €; Kinder ab 1,20 m – 18 Jahre 2,80 €; Preisstruktur wie ↗ Brentanobad.

▶ Das traditionsreiche Bad am Südrand Frankfurts wurde bereits 1925 eröffnet, was an der Architektur der Gebäude zu erkennen ist. Die Technik wurde allerdings Mitte der 1980er Jahre umfassend saniert. Neben der weitläufigen Liegewiese lockt ein 50 m langes beheiztes Sportbecken. In dieses Bild passt

der hohe Sprungturm mit 5-, 7,5- und 10-m-Plattform sowie 1- und 3-m-Brett – im Raum Frankfurt absolut konkurrenzlos. Auf die oberste Plattform trauen sich allerdings fast nur große Jungs. Auch die zweite große Attraktion des Stadionbads, die 118 m lange Rundrutsche mit separatem Landebecken, wird hauptsächlich von Kindern und Jugendlichen bevölkert. Nicht minder lebhaft geht es in dem großen Spaßbecken mit zwei Breitrutschen, Wasserfall, Strömungskanal, Wasserkanone, Massagedüsen und Bodensprudler zu. Selbstverständlich haben die ganz Kleinen ihr Planschbecken und ihren Spielplatz. Die Älteren können sich mit Freischach, Tischtennis und Boccia vergnügen. Snacks und Getränke zur Stärkung gibt es am Freibad-Kiosk.

Das Vergnügen trüben landende Flugzeuge, die viel Lärm verursachen. Auch der starke Geräuschpegel, den die auf der Mörfelder Landstraße vorbei rasenden Autos an der Ostseite des Bades verursachen, wird durch das reichlich vorhandene Grün nicht geschluckt.

Der Schwedlersee: Einziger Badesee der Main-Metropole

Erster Frankfurter Schwimmclub von 1891 e.V. (EFSC), Schwedlerweg, 60314 Frankfurt a.M.-Osthafen. ℗ 069/438033, Fax 459500. www.efsc.de. postmaster@efsc.de. **Bahn/Bus:** Straba 11 Schwedlerstraße. **Auto:** Hanauer Landstraße, Schwedlerweg, Parkplätze nahe Wasserschutzpolizei in der Lindleystraße. **Zeiten:** Di – Fr, So 13 – 1, Sa 16 – 1 Uhr nur für Mitglieder des EFSC. **Preise:** monatlich 9 €, Schwimmen zzgl. 3 €; Kinder bis 18 Jahre monatlich 7 €, Schwimmen zzgl. 3 €; Familien monatlich 20 €, Schwimmen zzgl. 7 €. **Infos:** Aufnahmegebühr 1 Monatsbeitrag.

▶ Der Schwedlersee ist Frankfurts einziger Badesee. Er entstand durch eine Grube, die 1908 im Rahmen der Erweiterung des Osthafens ausgehoben, letztlich jedoch nicht zum Hafenbecken ausgebaut wurde. Sie

Hunger & Durst
Bar am Schwedlersee,
Schwedler Weg, Osthafen. ℗ 069/438033. www.schwedlersee.de. Di – Fr, So 13 – 1, Sa 16 – 1 Uhr. Rustikale Terrassenbar mit Kuchen, Grillgerichten und hessischen Gerichten. Auch für Nichtmitglieder.

füllte sich mit Grundwasser und diente bis in die 1960er Jahre den Schwimmern des EFSC zum Trainieren. 1977 wurde der größte Teil der Grube zugeschüttet, um das Gelände für Lagerhallen an der Lindleystraße zu vergrößern.

© Annette Sievers

Übrig geblieben ist ein kleiner, von Bäumen und Sträuchern umstandener Restsee und einer schmalen Liegewiese. Er ist nach wie vor in den Händen des EFSC: Wer hier baden möchte, muss Mitglied des Clubs sein.

Naturrefugium im Osthafen: Der Schwedlersee bleibt Clubmitgliedern vorbehalten

Paddeln & Boot fahren

Rudern und Paddeln auf dem Main

60596 Frankfurt a.M. www.frankfurt-tourismus.de. info@infofrankfurt.de.

▶ Frankfurt ist eine Wiege des Rudersports in Deutschland. Die ersten Vereine wurden bereits in den 1860er Jahren gegründet. Ruderregatten auf dem Main zogen damals solche Zuschauermassen an wie heute der Frankfurt-Marathon. Die Ruderer und Kanuten sind natürlich immer noch am Fluss, aber alles läuft mittlerweile in einer kleinen, familiären Atmosphäre ab. Auch Kinder und Jugendliche sind daran beteiligt. Bei den Ruderern müssen sie in der Regel mindestens 10 Jahre alt sein, bei den Kanuten geht's schon ab 6 Jahre. Voraussetzung ist immer, dass ihr schon gut schwimmen könnt. Bei den meisten Vereinen liegt der monatliche zu zahlende Mitgliedsbeitrag zwischen 5 und 20 €. Manchmal müsst ihr dazu noch eine einmalige Aufnahmegebühr

UNTERWEGS AUF DEM WASSER

@ Linkliste der Frankfurter Rudervereine unter: www.frei-weg-frankfurt.de.

in Höhe von 1 oder 2 Monatsbeiträgen zahlen. Mittelpunkt des Vereinslebens bilden die Bootshäuser, die häufig ein **Lokal** besitzen, in dem auch Nichtmitglieder einkehren können, z.B. am Oberräder Ufer.

Frankfurter Ruder-Club Fechenheim 1887 e.V.,
Bootshaus, Fechenheimer Leinpfad 1, 60386 Frankfurt a.M.-Fechenheim. ✆ 069/65548, www.frcf.de. vorstand@frcf.de. **Preise:** Monatsbeitrag 13 €; Kinder bis 10 Jahre Monatsbeitrag 3 €, bis 18 Jahre 11 €, Aufnahmegebühr jeweils 3 Monatsbeiträge, Schnupperkurs für Kinder 4 Wochen 10 €. **Infos:** Kontakt Ruderjugend patrizia_prasser@web.de.

▶ Der Verein hat etwa 160 Mitglieder, rund 50 davon sind Kinder. Im Frühjahr wird ein vierwöchiger Schnupperkurs für Kinder 10 – 19 Jahre angeboten. Wenn euch das Rudern Spaß macht, könnt ihr bei der Ruderjugend mitmachen, die 4 bis 6 Mal pro Woche trainiert – im Sommer auf dem Main, im Winter in der Halle. Wenn ihr richtig gut seid, könnt ihr auch an den Regatten teilnehmen.

Frauen-Ruderverein Freiweg e.V.,
Bootshaus Mainfeldstraße 35, 60528 Frankfurt a.M.-Niederrad. ✆ 069/679984, 675858 (Bootshaus), www.freiweg-frankfurt.de. kirsten.huckenbeck@web.de. **Zeiten:** Kinder- und Jugendrudern Mo 16 Uhr, im Winter Alternativangebot. **Preise:** Monatsbeitrag 20 €, Aufnahmegebühr 2 Monatsbeiträge; Kinder 10 – 13 Jahre Monatsbeitrag 7 €, 14 – 18 Jahre 13 €, Aufnahmegebühr jeweils 2 Monatsbeiträge, Schnupperkurs 2 Tage 25 € inkl. Getränke, Anmeldung bei Jan-Hendrik Casper, ✆ 06196/9214252.

▶ Der Verein wurde 1927 gegründet, um Frauen und Mädchen einen Zugang zum Rudern zu schaffen. Heute ist er auch für Männer und Jungs zugänglich. Mit 10 Jahren könnt ihr anfangen zu rudern. In Schnupperkursen könnt ihr ausprobieren, ob der Sport euch Spaß macht. Auf dem ausgedehnten Ge-

Hunger & Durst
Bootshaus, Fechenheimer Leinpfad 1, Fechenheim. ✆ 069/413438. Di – Fr 12 – 15, 17 – 22.30, Sa, So, Fei 11.30 – 22 Uhr. Schöne Lage am Fechenheimer Mainufer, mit Biergarten, deutsche Küche, mehrere Kindergerichte.

lände des Vereins könnt ihr zudem auch Volleyball oder Tischtennis spielen und grillen.

Frankfurter Ruderverein 1865, Alte Brücke-Maininsel, 60594 Frankfurt a.M. ☎ 069/617301, www.frv1865.de. info@frv1865.de. **Zeiten:** März – Okt Fr 17 Uhr Rudertraining, im Winter Alternativprogramm. **Preise:** Aufnahmegebühr 50 €, Jahresbeitrag 185 €; Kinder bis 16 Jahre Aufnahmegebühr 25 €, Jahresbeitrag 16 €, wenn ein Elternteil Mitglied ist, Kinder Jahresmitgliedschaft frei; Familie (Eltern und Kinder bis 16 Jahre) 250 € jährlich.

▶ Der angeblich älteste Ruderverein im deutschen Binnenland mit Bootshaus auf einer kleinen Maininsel bietet Rudertraining für Kinder ab 10 Jahre an. Ihr trainiert einmal pro Woche und nehmt an kleineren Regatten teil. Zweimal im Jahr werden mehrtägige Ausflüge organisiert. Im Winter steht als Alternative zum Rudern z.B. Eislaufen auf dem Programm.

Frankfurter Kanu-Verein 1913, Am Schaumainkai 90, 60596 Frankfurt a.M. ☎ 069/638284, Fax 638284. www.frankfurtkanu.de. kanu@frankfurt-kanu.de. **Zeiten:** Kindertraining April – Sep Do 18 – 20 Uhr, in den hessischen Schulferien findet in der Regel kein Training statt, Einführungskurse für Anfänger nach Absprache Do. **Preise:** Jahresbeitrag 120 €, Aufnahmegebühr 1 Jahresbeitrag; Schüler, Studenten, Azubis bis 14 Jahre 12 €, bis 18 Jahre 24 €, bis 30 Jahre 36 €, Aufnahmegebühr jeweils 1 Jahresbeitrag. **Infos:** Kontakt Kanu-Jugend: jugend@frankfurtkanu.de.

▶ Der Verein mit Bootshaus an der Friedensbrücke bietet für Kinder 12 – 18 Jahre ein spezielles Kindertraining an. Dazu müsst ihr gute Schwimmfähigkeit mitbringen. Weitere Sparten sind Wanderfahren, Wildwasserfahren, Outrigger (spezielle Kanu-Art, bei der am Kanu mit zwei Querstreben ein Ausleger befestigt ist) und Drachenboot. Das Drachenboot-Team nimmt an verschiedenen Regatten teil, u.a. am jähr-

lichen Drachenbootrennen beim Frankfurter Museumsuferfest.

Frankfurter Rudergesellschaft Germania 1869 e.V., Am Schaumainkai 65, 60596 Frankfurt a.M. ✆ 069/612329, Fax 619295. www.frg-germania.de. info@frg-germania.de. **Zeiten:** Kindertraining Anfänger Mo, Fr 17.30, Do 16.30 Uhr, Regattakinder Di, Do, Fr 17 Uhr, Sa 10 Uhr. **Preise:** Aufnahmegebühr 240 €, Jahresbeitrag 420 €; Kinder, Studenten bis 27 Jahre Aufnahmegebühr 100 €, Jahresbeitrag 192 €, wenn Eltern Mitglied sind 75 bzw. 144 €; Ehepaare Aufnahme 360 €, Jahresbeitrag 612 €. **Infos:** Torsten Steiger, Anfängergruppe ✆ 0175/5079490, torsten.steiger@frg-germania.de, Patrick Hewig, Regattakinder, patrick.hewig@frg-germania.de.

▶ Hier rudern mehr als 40 Jungs und Mädchen 10 – 14 Jahre in der Anfängergruppe oder bei den Regattakindern. Im Winter wird in der Halle oder im Bootshaus trainiert.

Frankfurter Ruderclub 1884 e.V., Mainwasenweg 33, Rudererdorf Oberrad, nahe Gerbermühle, 60599 Frankfurt a.M. ✆ 069/652345, 560058-35 (Geschäftsstelle), -37. www.frc84.de. vorstand@frc84.de. **Zeiten:** Freizeitrudern für Kinder Mo, Mi 17 Uhr, Rennrudern Mo, Mi 17 Uhr sowie So 11 Uhr. **Preise:** Monatsbeitrag 20 €, Aufnahmegebühr 2 Monatsbeiträge, Verbandsbeitrag 15 €; Kinder Monatsbeitrag 10 €, Aufnahmegebühr 2 Monatsbeiträge, Gebühr für Verbandsbeiträge 15 €; Studenten, Azubis Preise wie Kinder.

▶ Der Ruderclub bietet Freizeit- und Rennrudern für Kinder ab 11 Jahre an.

Frankfurter Rudergesellschaft Sachsenhausen 1879, Mainwasenweg 35, Rudererdorf Oberrad, nahe Gerbermühle, 60599 Frankfurt a.M. ✆ 069/653919, www.rudern-in-frankfurt.de. info@frgs.de. **Preise:** Jahresbeitrag Erw und Kinder 150 €.

Hunger & Durst
Bootshaus, öffentliche Gaststätte mit Biergarten.

▶ Die Rudergesellschaft mit Vereinshaus bietet auch Kindertraining an.

Frankfurter Ruder- und Kanusportverein Sachsenhausen 1898 e.V., Mainwasenweg 34, Rudererdorf Oberrad, nahe Gerbermühle, 60599 Frankfurt a.M.-Oberrad. ✆ 069/652481, www.frvs-1898.de. auskunft@frvs-1898.de. **Preise:** Monatsbeitrag 12 €; Kinder bis 13 Jahre 6,50 €, ab 14 Jahre 8 €; Studenten, Azubis 8 €. **Infos:** Jugendwart Inga Ermisch, jugendwart@frvs-1898.de.

▶ Hier könnt ihr sowohl rudern als auch Kanu fahren. Für beides werden Anfängertrainings geboten.

Frankfurter Rudergesellschaft Borussia 1896 e.V., Ulla Richter (2. Vorsitzende), Mainwasenweg 31, Rudererdorf Oberrad, nahe Gerbermühle, 60599 Frankfurt a.M.-Oberrad. ✆ 06106/644544, www.frg-borussia.de. kontakt@frg-borussia.de. **Zeiten:** Kinder- und Jugendtraining Mo, Mi 18 Uhr, Fr 17.30, So 11 Uhr. **Preise:** Jugendtraining Jahresbeitrag 100 €, Aufnahmegebühr 23 €.

▶ In dem Verein mit etwa 180 Mitgliedern aller Altersklassen kann Hobby-Rudern und Rennrudern auf Regatten betrieben werden. Für Kinder ab 10 Jahre gibt es eine eigene Trainingsgruppe.

Frankfurter Rudergesellschaft Oberrad 1879 e.V., Mainwasenweg 32, Rudererdorf Oberrad, nahe Gerbermühle, 60599 Frankfurt a.M.-Oberrad. ✆ 069/65302873, 654499 (AB), Fax 654499. www.frgo.de. frankfurter-ruder-ges.oberrad@t-online.de. **Zeiten:** Kinder- und Jugendrudern Mo, Mi 17.30 – 9.30, Sa 10 – 12 Uhr, Regattagruppe Fr 17.30 – 19.30, Sa 14 – 16 Uhr. **Preise:** Aufnahme 80 €, Monatsbeitrag 21 €; Kinder bis 17 Jahre Aufnahme 40 €, Monatsbeitrag 15 €; Paare Aufnahmegebühr 100 €, Monatsbeitrag 31 €. **Infos:** Kontakt Kinder- und Jugendrudern Philip Nickels, ✆ 0171/9988499, philip.nickels@googlemail.com.

Hunger & Durst
Gaststätte Kanuverein. Täglich 11 – 24 Uhr. Mit Biergarten, griechische und deutsche Küche.

Hunger & Durst
Bootshaus mit Gaststätte im Rudererdorf.

Steg mit Aussicht: Sonnenuntergang beim Rudererdorf

© Tourismus+Congress GmbH Frankfurt

Mainwasen, ✆ 069/
651234. Di – So 11 –
23 Uhr. Vereinsgaststät-
te mit Biergarten.

Hunger & Durst

Vereinsgaststätte,
✆ 069/384506. Di – Sa
ab 17.30, So 11 – 15
Uhr. Bootshaus mit Ter-
rasse und warmer
Küche.

Einer muss aufpassen:
Gerudert wird rückwärts,
die Blätter nicht zu tief
eintauchen und gleichmä-
ßig durchs Wasser ziehen

Hunger & Durst

Siesmayer, Siesmayer
Straße 59, Frankfurt
a.M. ✆ 069/90029-
200. www.palmengar-
ten-gastronomie.de. 8 –
20, warme Küche 11 –
19, im Januar nur bis
16 Uhr. Café, Kondito-
rei, Restaurant mit ge-
hobener Küche im Süd-
osten des Parks.

▶ Im Verein kann Rudern sowohl als Breiten- als auch
als Leistungssport betrieben werden. Für Kinder gibt
es eine eigene Trainingsgruppe.

Frankfurter Ruderclub Griesheim 1906 e.V., Gries-
heimer Stadtweg 77a, 65933 Frankfurt a.M.-Gries-
heim. ✆ 069/381179, Fax 38030130. www.rcgries-
heim.de. beder@t-online.de. **Preise:** Aufnahmegebühr
30 €, Monatsbeitrag 11 €; Kinder bis 10 Jahre frei,
11 – 18 Jahre Monatsbeitrag 3 €; Azubis, Studenten
15 bzw. 5,50 €, Ehepartner und Kinder zahlen halben
Preis, wenn ein Elternteil Mitglied ist.
▶ Der Ruderclub bietet Freizeit- und Rennrudern sowie Wanderfahren an. Im Winter kann in der Halle
Krafttraining betrieben werden.

Boot fahren im Palmengarten

H. Schmidt, 60323 Frankfurt a.M. ✆ 069/212-33939,
Fax 212-37856. Handy 0177/7222580. www.palmen-
garten-frankfurt.de. info.palmengarten@stadt-frank-
furt.de. **Bahn/Bus:** ↗ Pal-
mengarten. **Zeiten:** März –
Okt bei schönem Wetter
täglich 10 – 18, Sa, So bis
19 Uhr. **Preise:** 30 Min 1
Person 2,50 €, weitere
0,50 €; Kind bis 14 Jahre
2 €, weiteres 0,50 €.
▶ Auf dem Großen Weiher
des Palmengartens könnt
ihr mit dem Ruderboot ge-
mütlich in See stechen.
Der Teich, der nur 1,20 m
tief ist, wird einerseits

© Palmengarten Frankfurt

vom Regenwasser der Dächer des Palmenhauses
und der Anzuchtgärtnerei gespeist, andererseits vom
Grundwasser eines Brunnens. Um das von Enten be-
völkerte idyllische Gewässer führt ein Spazierweg.
Am Ufer stehen Bänke.

Tretboot fahren auf dem Main

60593 Frankfurt a.M.-Sachsenhausen. ℡ 069/ 617566 (Wodan), www.bootshaus-dreyer.de. Boots-haus-Dreyer@gmx.de. **Bahn/Bus:** U4, 5 bis Dom/Rö-mer, Straba 11, 12 Römer/Paulskirche, zum Eisernen Steg jeweils 5 Min zu Fuß. **Rad:** Main-Radweg. **Zeiten:** April – Sep beide täglich, Bootshaus 11 – 20 Uhr, Wo-dan 11 Uhr – Einbruch der Dunkelheit. **Preise:** 30 Min 10 €, 1 Std 15 €. **Infos:** Ausweis erforderlich, Mindest-alter 12 Jahre, mit Eltern auch deutlich jünger; außer-dem gute Schwimmfähigkeit erforderlich, Schwimm-westen stehen zur Verfügung.

▶ Die Restaurantschiffe »Bootshaus« und »Wodan« am Südende des Eisernen Stegs verleihen in den Sommermonaten Tret- und Ruderboote.

Opti-Kids: Segeln auf dem Main

Schwimmclub Niederrad 04 e.V., Clubgelände, Mainfeldstraße 25, 60528 Niederrad. ℡ 069/ 673773, www.schwimm-club-niederrad.de. info@schwimmclub-nieder-rad.de. **Zeiten:** April – Sep oder Mitte Okt Mi 17 – 19 Uhr außer in den hessi-schen Schulferien. **Preise:** 8,25 € monatlich oder 99 € jährlich; Kinder bis 14 Jahre 4,50 € monatlich oder 54 € jährlich, 15 – 18 Jahre sowie Azubis und Studenten 6,05 bzw. 72,60 €.

▶ Auch auf einem Fluss bläst genug Wind, um kleine und größere Segel-

Hunger & Durst

Bootshaus Dreyer, Schaumainkai, Sach-senhausen. ℡ 069/ 621935. www.boots-haus-dreyer.de. Täglich 11 – 23 Uhr. Mit Blick auf Frankfurts Skyline und Stahlwerk-Brücke. Frühstück oder Kleinig-keiten zu essen und Er-frischendes zu trinken.

Segeln im Westhafen: Schöne, ruhige Kulisse für Anfänger

© Peter Meyer

@ Weitere Adressen findet ihr unter www.segeln-frankfurt.de.

boote so richtig in Fahrt zu bringen. Kinder können diesen Sport in der frischen Luft über Frankfurts größtem Gewässer in über einem halben Dutzend Vereinen betreiben. Einer davon ist der Schwimmclub Niederrad. Mit 7 Jahren geht es schon los mit den kleinen *Optimisten,* das sind ganz einfache Segelboote, die sich gut zum Lernen eignen und zugleich eine Form haben, die sie praktisch unsinkbar macht. Die Ausbildung wird unterstützt durch das Spiel mit ferngesteuerten Segelbooten. Wenn die kleinen Segler die Opti-Segelkisten beherrschen, dürfen sie in die regattatauglichen 420er und 470er Jollen umsteigen.

Schiff & Floß fahren

Mit dem Schiff auf Main und Rhein

Frankfurter Personenschifffahrt Anton Nauheimer GmbH, Mainkai 36, 60311 Frankfurt a.M. ✆ 069/133837-0 (Info und Tickets), 133837-11 (Chartertelefon), Fax 284798. www.primus-linie.de. mail@primus-linie.de. **Bahn/Bus:** U4, 5 bis Dom/Römer, Straba 11, 12 bis Römer/Paulskirche, jeweils 5 Min zum Eisernen Steg. **Rad:** Main-Radweg am gegenüberliegenden Ufer, Eiserner Steg führt direkt zur Anlegestelle. **Zeiten:** ab März Sa, So und Fei, Mai – Mitte Okt Eiserner Steg mainabwärts bis Schleuse Griesheim täglich 11, 13, 15, 17 Uhr, mainaufwärts bis Gerbermühle jeweils eine Std später, an So, Fei zusätzlich stündlich zwischen 11.30 – 17.30 Uhr sowie 18 und 18.30 Uhr. **Preise:** ab Anlegestelle Eiserner Steg 50 Min 7,30 €, 100 Min 9,50 €; Kinder 5 – 15 Jahre 50 oder 100 Min 3,80 €; Familienticket (2 Erw und 2 Kinder) 50 Min 19,90 €, 100 Min 22,90 €. **Infos:** Es gibt zwei Programmhefte pro Jahr, die Webseite ist sehr detailliert, Fahrkarten vor Fahrtbeginn am Kiosk am Mainkai/Eiserner Steg oder Buchung über Internetseite oder Fax 069/282886.

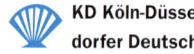

KD Köln-Düsseldorfer Deutsche Rheinschiffahrt AG, Frankenwerft 35, Köln. ✆ 0221/2088-318. www.k-d.de. Anfang April – Ende Okt. Einstündige Panoramafahrten ab Eiserner Steg, 7,80 €, Kinder 4 – 13 Jahre 5 €.

▶ Die Frankfurter **Primus-Linie** verkehrt ganzjährig auf Main und Rhein, allerdings bietet sie im Winter weniger Fahrten an. Erst ab April werden es deutlich mehr, im Juni und August ist Hochsaison für Freizeitkapitäne. Für Familien mit Kindern sind die kurzen, jeweils 50 Min dauernden Frankfurter Rundfahrten »Kleine Kreuzfahrt in Frankfurt« vom Eisernen Steg flussaufwärts Richtung Gerbermühle oder flussabwärts bis zur Schleuse Griesheim zeitlich gut geeignet. Außerdem sind dies abwechslungsreiche Strecken. Dagegen dürften die Fahrten nach Seligenstadt oder Aschaffenburg, nach Mainz oder Rüdesheim zu lang sein, da kommt dann bald Langeweile auf.

Prima Ausflug: Mit der Primus-Linie flussaufwärts schippern

Vom Floß aus die Nidda und ihre Ufer entdecken

Naturschule Hessen, Am Burghof 55, 60437 Frankfurt a.M.-Bonames. ☎ 069/50689972, www.naturschulehessen.de. kontakt@naturschule-hessen.de. **Bahn/ Bus:** S6 Frankfurter Berg Bahnhof, Bus 27 bis Alt-Bonames, dann 10 Min zu Fuß. **Zeiten:** nach Absprache. **Preise:** Gruppenpreis 300 €.

▶ In der Lernstation Alter Flugplatz Bonames der Naturschule Hessen können Kindern das ganze Jahr über in Gruppen ab 15 Personen (Kinder und Eltern) ein schwimmendes Floß-Labor bauen und anschließend zur Forschungsreise auf der Nidda aufbrechen. Da werden Planktonnetze, Lupen und Ferngläser benutzt, gilt es doch, alles, was im Fluss und am Ufer kreucht und fleucht, zu entdecken und zu erforschen: Fische, Insekten, Vögel etc.

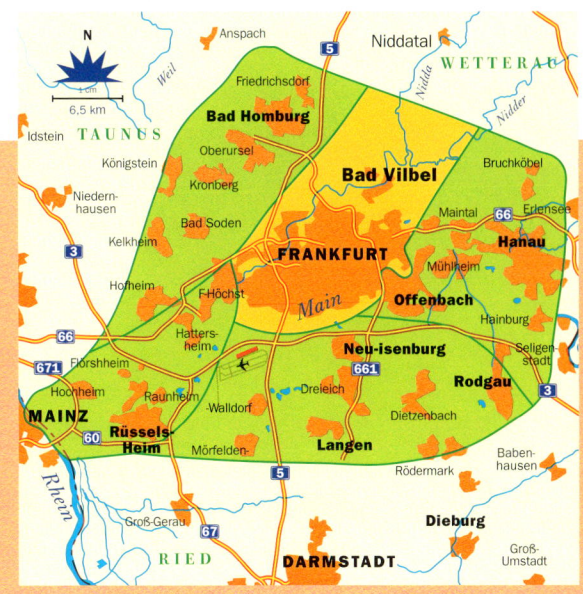

Wenn ihr Kinder entscheiden dürftet, gäbe es auch in der Stadt mehr Grün, Spielplätze und vor allem weniger Platz für Autos. Glücklicherweise gibt es in Frankfurt, aber vor allem im äußeren Bereich größere Flächen, die nur lückenhaft oder gar nicht von Autostraßen durchquert werden, aber dennoch allerlei Wege besitzen.

Das gilt z.B. für die Ufer der Flüsse Main und Nidda und verschiedener Bäche sowie für ausgedehnte Fluren im Nordwesten bis -osten der Stadt. Für Spaziergänge mit Kinderwagen eignen sich besonders die gut ausgebauten Wege an Main und Nidda sowie viele Strecken im Stadtwald. Aber auch richtige Bergwanderungen könnt ihr in Frankfurt unternehmen: zum Beispiel vom Enkheimer Ried nach Bergen, zum Berger Hang oder zum Lohrberg. Ich habe euch eine Reihe von Rad- und Wandertouren zusammengestellt, deren Start und Ziel mit öffentlichen Verkehrsmitteln zu erreichen sind – also nichts wie raus!

Radeln am Fluss

An der Nidda entlang 1: Von der Mündung bei Nied nach Heddernheim

Strecke: Nied – Rödelheim – Solmspark – Brentanopark – Heddernheim. **Länge:** 12 km, flach, ganz leicht. **Bahn/Bus:** S1, 2 Nied. **Rückweg:** U1 – 3, 8 ab Heddernheim.

▶ Der Niddaradweg beginnt an der **Wörthspitze** in Nied, wo das Vogelsbergflüsschen in den Main mündet. Ihr fahrt auf dieser Etappe immer dicht am Flussufer, der Weg ist gut ausgebaut und ordentlich markiert. Nachdem **Höchst** (links) und **Nied** (rechts) hinter euch liegen, kommt ein breiter, offener Streifen. Hier habt ihr bei klarem Wetter einen schönen Blick auf den Taunus mit dem Feldberg. Auf den letzten 900 m vor der Autobahn begleitet euch rechter Hand der Niedwald. In diesem Bereich gibt es mehrere ur-

FRISCHE LUFT & SPORT

 *Frankfurts längste Wanderstrecke führt im **Grüngürtel** in 62 km einmal rund um die Stadt. Die neue **Regionalparkroute** zieht sich gar 190 km rund um Frankfurt. Beide sind sehr abwechslungsreich und im pmv-Führer »33 schönste Radtouren Rhein-Main« beschrieben.*

RADELN & SKATEN

Himmelsschaukel an der Hohen Straße: Schaukeln, Sichtfenster, Leseliegen und andere Überraschungen warten auf euch

Hunger & Durst

Anglerheim, Grüne Weide 20, 65934 Nied, ✆ 069/394666, www.av-nied.de. Di – Fr 15 – 22, Sa 13 – 22, So, Fei 10 – 22 Uhr. 100 m vom Radweg, lauschig am üppig bewachsenen Nidda-Altarm samt Wasserrosen, Schilf und Fröschen gelegen. Balkanküche.

Hunger & Durst

Schuchs Restaurant, Alt-Praunheim 11, Praunheim. ✆ 069/ 7682674. www.schuchs-restaurant.de. Di, Do, Sa, So, Fei ab 12, Mo, Fr ab 17 Uhr. Hier dreht sich alles um den Apfel, regionale und deutsche Küche mit kreativen Variationen, auch Fisch, Bio-Apfelsaft, Apfelweinspezialitäten von Quitten-Apfelwein bis Rosé.

wüchsige Altarme. Nachdem ihr die Wiesbadener Straße und die A5 unterquert habt, beginnt bald linker Hand **Rödelheim,** rechts liegt der Biegwald. Kurz danach führt der Niddaradweg über eine große Flussinsel, die von den mächtigen Bäumen des *Solmsparks* bedeckt ist. Nördlich davon geht es ganz kurz in den *Brentanopark.* Über ein Inselchen wechselt ihr auf das linke Niddaufer, auf dem ihr bis Heddernheim bleibt. Während ihr am ↗ Brentanobad rechts vorbei radelt, führt die Route kurz darauf an einem geräumigen **Spiel- und Bolzplatz** entlang – eine gute Gelegenheit, die Tour für eine Weile zu unterbrechen. Kurz nach dem Spielplatz unterquert ihr dicht hintereinander die U6 und den Autobahnzubringer. Danach wird es bald wieder ruhiger: Es folgt ein landschaftlich sehr interessanter Abschnitt, auf den nächsten 2 km kommt ihr direkt an zwei urwüchsigen Altnidda-Armen vorbei. Dann geht es an der **Praunheimer Brücke** vorbei, bevor ein letzter, urwaldhafter Altarm euch ein Stück begleitet. Anschließend führt die Route an einem Fußballplatz vorbei und unterquert die U1. Am Ufer, etwa 1 km hinter der Rosa-Luxemburg-Brücke, zieht sich jetzt ein beliebtes Freizeitgebiet entlang mit Liegewiesen, Grillplatz, Minigolfplatz und Spielplatz – eine weitere Gelegenheit für eine Unterbrechung der Radtour. Dahinter liegt die Römerstadt, die in den 1920er Jahren nach den Vorstellungen des Stadtplaners *Ernst May* erbaut wurde. Direkt hinter dem Erholungsgebiet erreicht ihr **Heddernheim.** Der Niddaradweg führt nun bis zur Maybachbrücke, dem Etappenziel, an Schrebergärten entlang.

An der Nidda entlang 2: Von Heddernheim nach Bad Vilbel

Strecke: Heddernheim – Eschersheim – Bad Vilbel. **Länge:** 9 km, flach, ganz leicht. **Bahn/Bus:** U1 – 3, 8 Heddernheim. **Rückweg:** S6 ab Bhf Bad Vilbel.

▶ Die Tour beginnt an der **Maybachbrücke** am Ostrand von **Heddernheim.** Es geht zunächst auf dem linken Nidda-Ufer bis zum Wehr (kurz vor dem Campingplatz) und dann auf einem Brückchen zum ↗ **Eschersheimer Freibad** hinüber. Der Nidda-Radweg verläuft anschließend 5,5 km auf dieser Seite. Hinter dem Freibad beginnt offe-

© Liesel Burk

nes Gelände: Linker Hand erhebt sich ein begrünter Bauschuttberg, die Nidda ist nun viel schmäler und weist wenig Gehölz auf. Über eine längere Strecke schaut ihr links auf Kalbach und Bonames und rechts auf das Stadtviertel Frankfurter Berg. Knapp 3 km nach dem Start der Radtour liegt 600 m abseits des Radwegs am ehemaligen Hubschrauberlandeplatz von Bonames das familienfreundliche ↗ **Tower-Café**.

Nachdem kurz darauf die **Homburger Landstraße** überquert ist, die Bonames und Frankfurter Berg verbindet, beginnt ein natürlich wirkender Flussabschnitt, denn zwischen Bonames und Harheim ist einiges für die Renaturierung des Gewässers getan worden. An manchen Stellen gibt es sogar Ansätze zu Auwäldchen. Auf der Höhe von Berkersheim, das sich rechts von euch malerisch am Hang ausbreitet, gibt's zur Abwechslung einen Reitplatz und eine **Weide** mit zotteligen schottischen Hochlandrindern. Ihr könnt sie schon von Weitem riechen. Bald darauf seid ihr auf Höhe von Harheim. Direkt hinter der **Eschbach-Einmündung** – einem ganz lauschigen Fleckchen – wechselt der Nidda-Radweg auf das linke Ufer, auf dem ihr bis Bad Vilbel bleibt. Auf der rechten Seite begleiten euch Streuobstwiesen. 800 m hinter dem Harheimer Brückchen unterquert ihr die A3. Kurz vor **Bad Vilbel** geht es mal kurz ein

Bloß nicht reinfallen: Schilder warnen vor dem starken Sog am Eschersheimer Wehr

 Wenn ihr noch den nahe gelegenen Dottenfelderhof (Ökobauern) besuchen wollt oder gar noch ein längeres Stück niddaaufwärts radeln wollt, empfehle ich euch unser Buch *Vogelsberg, Wetterau mit Kindern*.

Römisches Mosaik, März – Okt Di, Fr – So 14 – 17 Uhr.

Lauert euch beim Tower-Café auf der Niddabrücke auf: Das Grüngürteltier. Das lustige Wesen fühlt sich nur in grüner Umgebung wohl. Es kann laufen, schwimmen und fliegen! Entdeckt hat das Grüngürteltier der Zeichner und Satiriker Robert Gernhardt (1937 – 2006)

© Peter Meyer

Hunger & Durst

Alte Mühle, Lohstraße 13, Bad Vilbel. ✆ 06101/127283. www.altemuehle.net. Mo 17 – 1, Di – Sa 11 – 1, So, Fei 10 – 1 Uhr. Restaurant, Café mit Frühstück, internationaler Küche, Kuchen, für Kinder z.B. Nudeln mit Tomatensoße 3,50 €; Nidda-Radweg bis zur Burg/Schilder Burgfestspiele, über die Brücke zur Alten Mühle auf der gegenüberliegenden Seite der Nidda.

wenig von der Nidda weg, im Städtchen selbst bleibt ihr am linken Ufer. Es geht am Frei- und Hallenbad, am Kurpark mit Spielplätzen und dem **römischen Mosaik** vorbei. Die Tour endet an der Homburger Straße. Ganz in der Nähe befindet sich die Wasserburg mit dem Brunnenmuseum.

Main-Radweg: Vom Eisernen Steg nach Höchst und Hattersheim

Strecke: Eiserner Steg – Staustufe Griesheim – Schwanheimer Brücke – Schwanheimer Unterfeld – Höchster Mainfähre – Sindlinger Mainbrücke – Hattersheim. **Länge:** 19 km, abgesehen von einigen Anfahrten keine Steigung, leicht, Markierung bis zur Schwanheimer Brücke und ab Höchster Mainfähre R3, ab der Sindlinger Mainbrücke beide Uferradwege mit R3 markiert. **Infos:** Zeiten und Preise Personenfähre Höchst ↗ Info & Verkehr.

▶ Ihr startet diese Main-Radtour auf der Südseite des **Eisernen Stegs.** Es geht flussabwärts. Zunächst rollt ihr ein längeres Stück auf der breiten Promenade unten am Mainufer. Dann geht es enger zu: Mal seid ihr direkt unten am Fluss, mal oben neben einer stark befahrenen Straße. Zunächst habt ihr die Skyline der Bankenhochhäuser im Blick, dann schaut ihr auf die neuen Wohnhäuser des ehemaligen Westhafens. Anschließend ist euer Ausblick lange von Industrieanlagen und anderen gewerblichen Bauwerken bestimmt. Hinter der vierten Brücke solltet ihr rechts einen Abstecher auf die Maininsel ↗ *Licht- und Luftbad* unternehmen, die über einen Steg zu erreichen ist. Hier könnt ihr in strandähnlicher Atmosphäre

© Tourismus+Congress GmbH Frankfurt am Main

spielen und sonnenbaden oder euch am Imbiss stärken. 2,5 km flussabwärts, hinter zwei weiteren Brücken, taucht das massive Bauwerk der **Staustufe Griesheim** auf, die über eine lang gestreckte schmale Insel angelegt ist. Den Schiffen in der Schleuse beim Auf- oder Abstieg zuzuschauen, lohnt sich, ebenso die vielen – zum Teil sogar seltenen – Vögel zu beobachten. Es ist durchaus möglich, dass ihr Kormorane oder Graureiher zu sehen bekommt! Danach radelt ihr bis zur großen **Schwanheimer Brücke** zwischen Schwanheim und dem Industriepark Griesheim. Dahinter geht es durch die weite Aue des Schwanheimer Unterfeldes. Schließlich gelangt ihr zur Anlegestelle der **Höchster Mainfähre,** von wo aus ihr einen schönen Blick auf die Altstadt habt. Ein Abstecher zur gegenüberliegenden Promenade mit Spielplatz und Gastronomie oder zum ↗ Höchster Schloss mit seinem Museum ist überlegenswert. Ein anderes schönes Ziel ist die ↗ Schwanheimer Düne, 1 km südlich.

Auf dem weiteren Weg flussabwärts führt die Route nun ein Stück vom Main weg und verläuft ab der Anlegestelle in südwestlicher Richtung um den Industriepark Höchst herum. Danach fahrt ihr über die **Sindlinger Mainbrücke** zum nördlichen Mainufer hinüber. Hier lohnt sich ein Abstecher zu dem schönen Sindlinger Spielpark. Anschließend geht es in

Blick vom Eisernen Steg: Tretbootverleih, Flohmarkt und Sommer-Cafés beleben das Museumsufer

*Täglich passieren etwa 60 Last- und Passagierschiffe die **Staustufe Griesheim**. Sie besteht aus einem Walzenwehr mit einer Wehrbreite von 3 x 40 m und einer Fallhöhe von 4,49 m bei Normalstau, zwei Schleusenkammern, die jeweils 344 m lang und 12 bzw. 15 m breit sind, einer Bootsschleuse und einer Fischtreppe. Turbinen und Generatoren werden zur Erzeugung von Strom genutzt. Sie kann von Fußgängern und Radfahrern auf einem Steg überquert werden.*

der Mainaue 2,5 km bis zum *Schwarzbach* wieder am Fluss entlang. Der letzte Abschnitt verläuft an dem beschaulichen Taunusbach aufwärts. Für Abwechslung sorgen ein Wehr und ein kleines Gehege. Nach gut 2 km geht es links zum nahen **S-Bhf Hattersheim** hinüber.

Radeln über Berg & Tal

Radeln und Schaukeln auf der Hohen Straße

Strecke: Bergen – Hohe Straße – Windecken – Ostheim. **Länge:** 18 km, keine starke Steigung, einfache Orientierung, Regionalpark-Markierung. **Bahn/Bus:** U7 Enkheim, Bus 42, 43 nach Bergen. **Rückweg:** vom Bhf Ostheim mit der HLB-Bahn Richtung Hanau oder Nidderau/Friedberg, in Nidderau auch Anschluss nach Bad Vilbel/Frankfurt oder Glauburg-Stockheim. **Rad:** Durch die Kirchgasse nach Bergen und bis ans Ende der Marktstraße.

Freizeitkarte *Die Hohe Straße. Von Frankfurt-Bergen nach Hammersbach* des Regionalparks RheinMain, kostenlos erhältlich bei der Stadtverwaltung Maintal, Klosterhofstraße 4 – 6.

▶ Diese Radtour verläuft auf der Route der berühmten alten Handelsstraße von Frankfurt nach Leipzig, der **Hohen Straße.** Ihr startet im Zentrum von **Bergen** und fahrt auf der Marktstraße Richtung Osten. Nach circa 600 m geht es links im Gräsiger Weg zur B521 hinauf, wo ihr zum **Radweg Hohe Straße** gelangt. Die Strecke ist auf dem ganzen Abschnitt bis Ostheim gut markiert und außerdem asphaltiert, was gemütliches Radeln oder Wandern ermöglicht. Sie verläuft auf einem Bergrücken zwischen dem Niddertal (Wetterau) und dem Main-Kinzig-Tal und bietet tolle Ausblicke nach beiden Seiten. An 10 Wegstationen bekommt ihr interessante Informationen zur Geschichte der Hohen Straße, zur Region und zu markanten Naturphänomenen, hier könnt ihr euch hinsetzen, hinlegen und manchmal sogar schaukeln. Zunächst verläuft die Hohe Straße durch Felder. Nach 3 km durchquert ihr ein Wäldchen, dann folgen

© Annette Sievers

nochmals Wald und Flur. Bei km 7 seid ihr schließlich am **Lausbaum**. Dort könnt ihr euch an einem Tisch zum Picknick niederlassen. Für zusätzlichen Spaß sorgen zwei Hängemattenschaukeln. 2,5 km weiter trefft ihr kurz hintereinander auf die Stationen **Galgenschaukel** und **Vogelnestschaukel.** Wiederum 4 km dahinter taucht ein schöner, uralter Baum auf, der **Wartbaum.** Kurz danach kommt ihr am **Lehrgarten des OGV Windecken** vorbei. Danach sind es noch 2,5 km, bis es links nach Ostheim hinuntergeht. In **Ostheim** passiert ihr auf der Vorderstraße die Kirche, biegt kurz dahinter links in die Hanauer Straße ein und erreicht 200 m weiter rechts über die Eisenbahnstraße den Bahnhof.

Tour de Frankfurt: Eine Runde um die Main-Metropole

Strecke: Berkersheim – Schwanheimer Unterfeld – Schwanheimer Wald – Oberrad – Fechenheimer Wald – Enkheimer Wald – Bergen – Lohrberg – Heiligenstock – Berkersheim. **Länge:** 75 km, nur ein heftiger Anstieg,

Der Wartbaum: Unbeirrt von der Vergangenheit, die sich hier abgespielt hat, wacht er an der Wegkreuzung

 Lehrgarten des OGV Windecken, An der B45, Niedderau-Windecken. ℰ 06187/27251. www.ogv-windecken.de. 1. So im Juni 11 – 18 Uhr Tag der Offenen Tür, ab 15 Uhr Kaffee und Kuchen oder kalte Getränke und Wurst. Mit Obstbäumen, Sträuchern und Kräutergarten.

Zum Lemp, Berkersheimer Obergasse 12, Berkersheim. ℂ 069/ 95411616. www.zumlemp.de. Di – Fr 17 – 23, Küche bis 22, Sa 14 – 23, Küche 17 – 22, So, Fei 11 – 22, Küche 11.30 – 14, 17 – 22 Uhr. Apfelweinlokal mit typisch hessischer Küche.

Kaum zu glauben: Aus den zarten Blüten reifen im Sommer saftige Äpfel heran

© Annette Sievers

sonst durchweg flach, von sportlichen Kindern ab etwa 10 Jahre zu schaffen, andere halbieren die Strecke oder wählen altersgemäße kurze Teilstücke.

Bahn/Bus: S6 Berkersheim.

▶ Start und Ziel dieser großen Frankfurt-Rundfahrt ist der S-Bahnhof **Berkersheim** im »Hohen Norden« der Stadt. Es geht zunächst zur nahen **Nidda** hinunter. Anschließend folgt ihr auf einem Radweg dem Vogelsbergflüsschen bis zur 18 km entfernten Mündung in den Main zwischen Nied und Höchst. Dort setzt ihr auf der Höchster Mainfähre (↗ Info & Verkehr) zum Schwanheimer Unterfeld über. Von hier radelt ihr zum **Schwanheimer Wald** hinüber. Dieser wird in voller Breite auf einer 15 km langen Strecke durchquert. Dann rollt ihr über Oberrad schnurstracks zum **Main** hinunter. Diesem folgt ihr 8 km flussaufwärts: zuerst auf der Offenbacher Seite, dann auf der Fechenheimer Seite. Danach gelangt ihr von der Vilbeler Landstraße/Kilianstädter Straße am Nordostrand von Fechenheim in den Fechenheimer Wald. Von dort schließt nach Norden bzw. Nordosten der Enkheimer Wald an, den ihr ebenfalls durchquert. Anschließend geht es durch Streuobstwiesen steil nach **Bergen** und zum Berger Rücken hinauf. Das ist übrigens die einzige schwere Steigung auf der ganzen Tour. Ihr kehrt wieder nach Bergen zurück und beendet die Frankfurt-Rundfahrt via Lohrberg, Heiligenstock und **S-Bahnhof Berkersheim.** Vom Lohrberg habt ihr einen tollen Ausblick auf die Mainmetropole und das Umland.

Dem Taunus entgegen: Vom Niddatal ins Taunusvorland

Strecke: Niederursel – Bommersheim – Oberursel – Stierstadt – Weißkirchen – Niederursel. **Länge:** 13 km, flach, ganz leicht. **Bahn/Bus:** U3 Wiesenau.

▶ Vom **U-Bhf Wiesenau** radelt ihr am *Urselbach* aufwärts zur **U-Bahnstation Niederursel.** Dort wechselt ihr auf die rechte Seite der Linie und fahrt dann nach kurzem Anstieg auf stets flacher Strecke parallel zu den Schienen auf dem Radweg Richtung Taunus. Es besteht ein schöner Ausblick auf die Berge rund um den 880 m hohen Feldberg. Bis auf Höhe der *Krebsmühle* begleiten euch rechter Hand Streuobstwiesen. Anschließend geht es durch Felder bis zur Station **Bommersheim.** Dort biegt ihr rechts in die Bommersheimer und gleich darauf links in die Geschwister-Scholl-Straße ein. Ihr kommt an einem schönen **Spielplatz** vorbei, wo ihr auch picknicken könnt. Es geht anschließend via Homburger Landstraße (links), Hauffstraße (rechts) und Lenaustraße (links) in die Frankfurter Straße (rechts). Hinter dem Bahnübergang fahrt ihr am Bahnhof Oberursel vorbei und folgt linker Hand der S-Bahnlinie Richtung Stierstadt. Bald darauf seid ihr wieder in der Flur. Kurz vor dem **Bhf Stierstadt** führt die Route an einem idyllischen Feuchtbiotop vorbei. Knapp 400 m hinter dem Bahnhof wechselt ihr dann auf die andere Seite der Bahnlinie und seit kurz darauf am *Käsbach* (rechts), der nach 150 m in den Urselbach mündet. Diesen munteren Taunusbach abwärts geht es, durch Wiesen hindurch, nach **Weißkirchen.** Dessen schönen alten Ortskern durchquert ihr in südöstlicher Richtung auf der gewässernahen Urselbachstraße. Außerdem führt die Route an dem malerischen **Gasthaus zur Linde** vorbei. Am Ortsrand haltet ihr euch rechts und steigt etwas bergauf bis zur nächsten Kreuzung, in die ihr links einbiegt. Ihr seid jetzt ein Stück oberhalb des Urselbaches und es geht wieder durch Felder. Direkt vor dem großen Aussiedlerhof Burghof kehrt ihr jedoch zum Urselbach zurück. Bis Niederursel geht es an mehreren ehemaligen Mühlen vorbei. Im Ort fahrt ihr links zum Ziel **U-Bahnstation Niederursel** hinüber, wo sich auch das bekannte Ausflugslokal **Lahmer Esel** befindet.

Die gesamte Frankfurt-Rundfahrt ist in der kostenlosen *GrünGürtel-Freizeitkarte* 1:20.000 des Umweltamtes der Stadt Frankfurt, 6. Auflage 2007, markiert.

ADFC-Regionalkarte Rhein-Main, BVA, 1:75.000, ISBN 978-3-87073-256-1, 6,80 €.

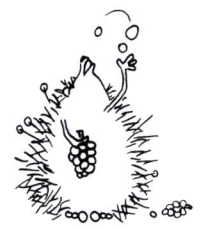

Hunger & Durst

Zur Linde, Urselbachstraße 12, Weißkirchen. ☎ 06171/286355. www.zur-linde-oberursel.de. Di – Fr 17 – 24 Uhr, Sa, So, Fei ab 11.30 Uhr. Durchgehend warme Küche im Fachwerkbau und im Garten unter der Linde. Große Auswahl, kroatische und deutsche Küche, drei Gerichte für Kinder.

Radeln durch Wald & Wiesen

Die Safari-Route zum Opel-Zoo

Strecke: Nied – Sossenheim – Schwalbach – Opel-Zoo – Kronberg Süd (- Oberhöchstadt – Niederhöchstadt – Eschborn – Frankfurt Hausen). **Lage:** Die »Safari-Route« des Regionalparks ist vor allem im letzten Stück sehr steil, **Länge:** Bhf Nied – Opelzoo 14,5 km.

▶ Ihr startet vom **S-Bahnhof Nied Südseite.** Es geht auf der Öserstraße Richtung Südwesten/Main. Aber schon an der nächsten Abzweigung biegt ihr rechts ein. Die Denzerstraße führt zur Nidda hinüber, an der ihr auf dem Radweg flussaufwärts fahrt. Nach 1,2 km wird die Nidda auf einem Brückchen überquert. Gleich links biegt eure Route rechts in den Radweg zum Opel-Zoo ein (Wegweiser!). Eine Rotes Dreieck zeigt – bestens sichtbar – wo es lang geht. Nach diesem Symbol des Regionalparks haltet ihr nun bis zum Ziel immer Ausschau. Die Route führt durch das Sossenheimer Unterfeld mit seinen Wiesen, Hecken und zahlreichen Streuobstbäumen nach **Sossenheim.** Dort seid ihr links kurz auf der belebten Kurzmainzer Straße. Dann biegt die Regionalparkroute rechts ein und führt in nordwestlicher Richtung Taunus aus Sossenheim hinaus. Noch im Ort kommt sie an den quirligen kleinen *Sulzbach,* an dem ihr jetzt bis auf Höhe von Sulzbach mehr oder weniger dicht entlang radelt. Am Ortsrand befindet sich ein kleiner Park mit **Spielplatz.** In diesem Bereich könnt ihr auch toll im Bach spielen. Nachdem die A66 unterquert ist, geht es durch weite Ackerflur, die Berge des Taunus scheinen schon zum Greifen nahe. Gut 1 km hinter der Autobahn zweigt der Sulzbach links ab, während ihr geradeaus weiterfahrt – nun am *Schwalbach* entlang. Kurz danach kommt das Ausflugslokal **Ponderosa,** eine erste Gelegenheit zum Einkehren. Direkt dahinter führt rechts ein Weg zum nahe gelegenen Baumpark Arboretum hinauf, wo ihr ganz viele Baumarten und eine Auswahl bekannter

Die Safari-Route zum Opelzoo und 32 weitere Radtouren im Rhein-Gebiet findet ihr in *33 schönste Radtouren Rhein-Main,* pmv Peter Meyer Verlag, ISBN 978-3-89859-318-2, 18 €, sowie in der dazugehörigen Radtourenkarte 1:100.000 (auch einzeln erhältlich).

Hunger & Durst

Mutter Krauss, Hauptstraße 13, Schwalbach, ✆ 06169/1289, www.mutter-krauss.de, Mo – Fr, So 12 – 15, 18 – 24, Sa 18 – 24 Uhr, Salate, Nudeln, Fleisch, Fisch.

Gesteine kennen lernen könnt. Wenn ihr alles gesehen habt, kommt ihr zurück und setzt die Radtour Richtung Opel-Zoo fort. Das nächste Ziel heißt **Schwalbach am Taunus.** Mit dem Schwalbach (jetzt *Sauerbornsbach*) kommt ihr mitten durch das Städtchen, ohne dass viel davon zu sehen ist. Ihr könnt aber auch ins Zentrum reinfahren und bei **Mutter Krauss** vespern. Direkt hinter Schwalbach verlässt die Safari-Route den Bach. Sie beginnt jetzt allmählich zu steigen. Richtig los geht es aber erst am **Viergötterstein.** Anschließend geht es am Schwalbacher Waldfriedhof entlang. Bald darauf seid ihr auf der Höhe von Kronberg, dessen alter Ortskern rechts oben auf einen Berg liegt. Für etwas Abwechslung sorgt rechts die **Erlebnis-Obstwiese.** Eure Route führt noch 2,5 km stark bergauf bis der ↗ **Opel-Zoo** endlich erreicht ist. Nachdem ihr den schön gelegenen Tier- und Spielpark genossen habt, macht ihr euch auf den Heimweg. Auf demselben Weg rollt ihr nun gut 3 km bergab, dann geht s links auf der Schwalbacher Straße zur S-Bahnstation **Kronberg Süd** hinüber.

© pmv, Alexander Kraft, aus »33 schönste Radtouren Rhein-Main«

Lustige Idee: Tierische Verkehrsschilder, entworfen von Philip Waechter, leiten euch zum Opel-Zoo

Hunger & Durst
Wiesenhof Ponderosa, Eschborner Straße 34, Sulzbach (Taunus). ✆ 0162/3838446. www.juggaman.de. Fr, Sa 16 – 21, So, Fei 12 – 21 Uhr.

Radtouren im Stadtwald 1: Streifzug durch den Unterwald

www.frankfurt.de. umwelttelefon@stadt-frankfurt.de. **Länge:** 12 km, flach und leicht. **Bahn/Bus:** Straba 12, 19 Rheinlandstraße.

▶ Die gemütliche Rundtour durch den nordwestlichen Stadtwald, der auch Unterwald genannt wird, beginnt neben der **Straßenbahn-Endhaltestelle** der Linien 12 und 19 an der Ecke Rheinlandstraße/Schwanheimer Bahnstraße. Ihr fahrt Richtung Süden in den Wald. Nach 800 m geht es links auf den **Radweg R8,** dem ihr nun lange Richtung Osten folgt – insgesamt

In der Nähe liegen das ↗ Verkehrsmuseum Schwanheim, der ↗ Kobelt-Zoo und der ↗ Waldspielplatz Schwanheim.

Hunger & Durst
Frankfurter Hof / Seppche, Alt Schwanheim 8, Schwanheim. ℂ 069/355238. www.frankfurterhof-seppche.de. Mo – Sa 11 – 24, So, Fei 10 – 23, Küche bis 22.30 Uhr. Gemütliche Gaststube, regensicherer Biergarten, großer Festsaal und viele Feste und Spezialangebote. Regionale Küche, für Kinder z.B. Hähnchennuggets oder Piratenteller.

2,5 km, zuerst an der großen Schwanheimer Wiese entlang, anschließend durch tiefen Wald. Etwa 200 m hinter der Straßenbahnhaltestelle Waldau und kurz vor der A5 biegt ihr rechts in die **Waldauschneise** ein. 800 m südlich wechselt ihr wieder die Richtung: Ihr biegt nach rechts ab. Anschließend geht es auf dem breiten **Waldweg Grenzschneise,** auch als *Historischer Wanderweg Schwanheim* bekannt, 3,5 km geradeaus nach Westen bis zur Lichtetalschneise. Streckenweise fällt das Gelände auf der Nordseite steil ab, ihr befindet euch auf der Kelsterbacher Terrasse. Nach gut 2 km passiert ihr einen Bereich, wo man früher für die Schwanheimer Straßen Steine abgebaut hat. Ein großes Loch wurde dafür ins Gelände gerissen, das nach dem Zweiten Weltkrieg mit Trümmerschutt wieder aufgefüllt wurde. Eine Infotafel macht darauf aufmerksam. Schließlich biegt ihr rechts in die **Lichtetalschneise** ein. Nach 500 m seid ihr wieder an der großen Schwanheimer Wiese angelangt, wenn auch dieses Mal an ihrer Westseite. An ihrem Südrand geht's nun rechts schnurstracks zur 1 km östlich gelegenen **Schwanheimer Bahnstraße** hinüber, auf der ihr nach 800 m wieder am Ausgangs- und Zielpunkt ankommt.

Radtouren im Stadtwald 2: Streifzug durch den Oberwald
Strecke: Waldspielpark Goetheturm – Kesselbruchweiher – (Försterwiesenweiher) – Maunzenweiher – Waldspielplatz Scheerwald – Waldspielpark Goetheturm. **Länge:** 10 km, flach und leicht, durch den östlichen Stadtwald, Grüngürtel-Markierung. **Bahn/Bus:** Bus 30, 36 bis Hainerweg/Waldrand.

▶ Vom ↗ **Waldspielpark Goetheturm** fahrt ihr auf dem Wenzelsweg Richtung Südosten in den Wald hinein, zunächst bis zur 600 m entfernten Scheerwaldschneise. Auf diesem breiten Waldweg gelangt ihr nach knapp 2 km in südwestlicher Richtung zum Miguelsweg und auf diesem nach 600 m Richtung Süd-

osten zum **Kesselbruchweiher,** einem idyllischen Waldsee mit einem wilden Inselchen, wo 1963 – 1965 Kies abgebaut wurde. Auf Bänken könnt ihr euch ausruhen, an Seerosen erfreuen und Vögel beobachten. Hier sind in größerer Zahl Wasserfrösche zu Hause, die sich an manchen Tagen lautstark bemerkbar machen. Einen Abstecher wert ist der benachbarte *Försterwiesenweiher.* Anschließend geht es auf der Kesselbruchschneise, auf der auch der ↗ *Naturlehrpfad Weilruh* verläuft, nach Nordosten. 500 m hinter dem ↗ *Vogelschutzgebiet Grastränke* biegt ihr rechts in den Steinweg und zum beschaulichen **Maunzenweiher** ein. In diesem befinden sich zwei Inselchen, auf denen Enten und Blesshühner brüten. Auch hier

© pmv, Alexander Kraft, aus »33 schönste Radtouren Rhein-Main«

könnt ihr euch auf Bänken niederlassen oder den Weiher auf einem Weg umrunden. Schließlich kehrt ihr in nördlicher Richtung via Wolfsweg und in westlicher Richtung via Sachsenhäuser Landwehrweg über den ↗ Waldspielplatz Scheerwald zum **Waldspielpark Goetheturm** zurück, wo ihr die Rundtour durch den südöstlichen Stadtwald im Restaurant und auf dem Spielplatz ausklingen lassen könnt.

Dieses lustige Tierchen kennt ihr schon: Das Grüngürteltier ist rund um Frankfurt beheimatet

Mit dem ADFC Frankfurt on Tour

Infoladen, Fichardstraße 46, 60322 Frankfurt a.M. ✆ 069/94410196, Fax 94410193. www.adfc-frankfurt.de. kontakt@adfc-frankfurt.de. **Bahn/Bus:** U1, 2, 3 Grüneburgweg, Bus 36 Adlerflychtplatz. **Zeiten:** März – Okt Mo – Fr 17.15 – 19, Sa 11 – 13, Nov – Feb Mo – Fr 17.15 – 19 Uhr. **Infos:** Im Infoladen große Auswahl an Radelliteratur und -karten.

▶ Wenn ihr gern in der Gruppe radelt, bietet sich das umfangreiche Tourenprogramm des ADFC (Allgemeiner Deutscher Fahrrad-Club) an. Dazu gehören auch leichte Kurztouren am Stadtrand. Sportliche 12- bis

Hunger & Durst

Einkehren könnt ihr im **Restaurant Goetheruh,** ↗ Waldspielplatz.

Alljährlich dicke Broschüre Tourenprogramm.

Die Kleinsten kommen auch mit: Hyun-Seo freut sich schon auf die Fahrt im Fahrradanhänger – inzwischen radelt er schon mit Opa tüchtig mit

© Eberhard Schmitt-Burk

 Eine Quelle für viele Informationen und reichlich Informationsmaterial ist der alljährliche Fahrradreisemarkt des ADFC Mitte März im Bürgerhaus Bornheim, an dem auch pmv teilnimmt.

14-Jährige können sich aber auch an längere und etwas schwerere Radausflüge aus dem allgemeinen Tourenprogramm heranwagen.

Skaten in Frankfurt

www.frankfurt.de. ffm.sport-info@stadt-frankfurt.de.

Halfpipes:

Heinrich-Kraft-Park, Fechenheim;
Berger Markt, Bergen-Enkheim, Ortsteil Bergen;
Abenteuerspielplatz Riederwald, Riederwald;
Schwarzer Platz (nördlich vom Nordwestzentrum), Nordweststadt;
Heinrich-Kleist-Schule/Dörnweg, Eschborn.

Ramps:

Berger Marktplatz/Schönecker Straße;
Riedhalsstraße, Harheim;
Spielstraße Luxemburger Allee, Bornheim;
Günthersburgpark/Comeniusstraße, Nordend;
Mainufer, unter der Friedensbrücke, Innenstadt;
Azaleenweg, Frankfurter Berg;
Niddapark, Ginnheim;
Am Lindenbaum (Am Wasserturm), Eschersheim;
Spielplatz Kalbacher Stadtpfad;
Häusergasse (Jugendtreff Schönhof), Bockenheim;
Kerbeplatz Nied/Oeser Straße/Denzerstraße.

Zum Üben eignet sich das asphaltierte Rollfeld vorm Tower-Café von Bonames, ↗ Radtour »An der Nidda entlang 2«.

Frankfurt früher und heute

Das historische Frankfurt zu Fuß entdecken

www.frankfurt.de. info@infofrankfurt.de.

▶ Frankfurt ist seit dem Mittelalter eine der bedeutendsten Städte Deutschlands. In seiner großen roten Bartholomäuskirche östlich vom Römer fanden zwischen 1562 und 1792 10 Krönungen deutscher Kaiser statt. Außerdem war es eine sehr wichtige Messestadt. Die Messen fanden damals im Zentrum der Stadt rund um den Römer statt, wo heute noch Politik gemacht wird und große Kundgebungen stattfinden. Nur wenige Schritte entfernt ist die Paulskirche, wo 1848 Deutschlands erstes Parlament tagte. Vom alten Frankfurt wurden nach den Bombennächten von 1944 nur so wichtige Bauwerke wie das Rathaus, der Dom, die Paulskirche sowie die östliche Häuserzeile am Römerberg wieder aufgebaut, die euch noch einen Eindruck vom alten Frankfurt und seiner Geschichte vermitteln können.

Mein Vorschlag ist, dass ihr das Büchlein des Kindermuseums *Spaziergang durch die Frankfurter Geschichte* (für Kinder ab 8 Jahre) studiert und euch auf dieser Basis eine Route für eure Entdeckungstour ausdenkt.

Frankfurter Skyline

Strecke: Römer – Eiserner Steg – Gerbermühle – Staustufe Offenbach – S-Bhf Kaiserlei. **Länge:** 4 km, ganz leichte, gemütliche Flusswanderung. **Bahn/Bus:** U4, 5 Dom/Römer, Straba 11, 12, 14 Römer/Paulskirche **Rückweg:** S-Bhf Kaiserlei S1, 2, 8, 9.

▶ Ihr startet am **Römer** und spaziert am ↗ Historischen Museum vorbei zum Mainufer. Danach geht es auf dem berühmten **Eisernen Steg** zur Sachsenhäuser Seite hinüber. Von der schmalen Brücke habt ihr einen hervorragenden Ausblick auf die Skyline der Frankfurter City: die hohen Türme der Geldkathedra-

 Sicher habt ihr schon von dem Mädchen Anne Frank gehört. Annelies, wie sie richtig hieß, wurde 1929 in Frankfurt geboren und 1945 in Bergen-Belsen ermordet. Mehr darüber erfahrt ihr in der Jugendbegegnungsstätte Anne Frank e.V. und unter www.ein-maedchen-aus-deutschland.de.

Jugendbegegnungsstätte Anne Frank e.V., Hansaallee 150, Frankfurt a.M. ✆ 069/5600020. www.jbs-anne-frank.de. Sa, So 14 – 18 Uhr, Gruppen an anderen Tagen nach Voranmeldung. Erw 4 €, Kinder, Studenten, Senioren 2 €.

Schaut euch doch mal die Brücken genau an. Gibt's da Unterschiede?

Hunger & Durst

Gerbermühle, Gerbermühlstraße 105, Frankfurt, ℡ 069/68977790. www.gerbermuehle.de. Täglich 11.30 – 23 Uhr, durchgehend warme Küche. Straba 15, 16 bis Buchrainstraße. Gehobene Küche, aber im Biergarten mit 500 Sitzplätzen am Flussufer auch kleine Gerichte und Eis und Kuchen.

Vom A.-v.-Weinberg-Steg sind es nur knapp 1,5 km zum ↗ Schultheisweiher. An schönen Sommertagen ist das ein verlockendes Badeziel!

len – und die nicht ganz so hohen der alten Kirchtürme.

Ihr geht dann zum Main hinunter und begleitet den breiten Fluss über 3 km stromaufwärts bis zum traditionellen Ausflugslokal Gerbermühle und zur großen Staustufe Offenbach. Zunächst verläuft die Route auf einer asphaltierten Promenade, danach auf Feinschotterwegen durch eine Parkanlage. Ihr seid nie allein, denn auf dieser Strecke – zugleich Main-Radweg – sind viele Menschen unterwegs, die es aus der Stadt hinauszieht. Kurz nachdem die vierte der massiven Brücken passiert ist, taucht links der **Osthafen** auf. 500 m vor der Gerbermühle kommt ihr an den **Bootshäusern von Oberrad** vorbei, die alle über Lokale mit Biergarten verfügen. Kurz hinter der **Gerbermühle** erreicht ihr die **Staustufe Offenbach.** Es macht Spaß, vom 3 m breiten Stahlsteg das beeindruckende Bauwerk mit seinem Walzenwehr und dem Laufwasserkraftwerk zu studieren sowie dem Treiben in den drei langen Schleusenkammern zuzuschauen. Anschließend geht ihr zum **S-Bhf Kaiserlei** hinüber.

Im Nord-Osten Frankfurts

Reste von Flussvegetation: Im Fechenheimer Mainbogen unterwegs

Länge: hin und zurück 8 km, mit Abstecher zum Schultheisweiher 11 km. **Bahn/Bus:** RKH-Bus 551 bis Dieburger Straße.

▶ Die Wanderung beginnt an der **Carl-Ulrich-Brücke.** Es geht am Fechenheimer Ufer auf dem alten Leinpfad mainaufwärts. Auf dem ersten Stück gibt es noch richtig dichten Auwald. Hier habt ihr kurze Zeit das Gefühl, im Urwald zu sein, bis dann nur noch ein schmaler Baumstreifen das Ufer begleitet. Über den **A.-v.-Weinberg-Steg** wechselt ihr auf das Offenbacher Ufer und geht nun flussabwärts auf dem populären **Main-Radweg** zur Carl-Ulrich-Brücke zurück, zuerst ein Stück durch Wiesen, dann an Offenbach-Bürgel vorbei. Hier könnt ihr im *Bootshaus des WSV 1926 Bürgel,* www.wsv-buergel.de, einkehren, euch auf einer Wiese zum Picknick niederlassen oder auf dem Spielplatz herumtollen. Der letzte Abschnitt der Route führt an Offenbach entlang. Hier gibt's einen weiteren kleinen Spielplatz.

Über den Berger Rücken ins Niddatal

Strecke: Bergen – Berger Rücken – Niddatal – Bad Vilbel. **Länge:** 3 km, erstes Drittel Aufstieg, deshalb trotz Kürze der Strecke nicht ganz leicht für 4- oder 5-Jährige. **Bahn/Bus:** U7 Enkheim, dann Bus 42 bis Marktstraße/Marktgraben. **Infos:** Besonders schön zur Zeit der Baumblüte (Mai) oder der Obstreife (Ende Sep/Anfang Okt).

▶ Ihr startet am Westende der **Marktstraße,** der Hauptstraße von Bergen. Es geht in Richtung Nordwesten im Landgrafenweg bergauf. Dicht oberhalb von Bergen gelangt ihr auf den *Berger Rücken,* ein Plateau mit Feldern und Streuobstwiesen – und einem weiten Rundblick. Der Berger Rücken nördlich von Seckbach und Bergen trennt Frankfurt und Bad Vilbel und gilt als Frankfurts bedeutendstes Naturschutzgebiet. Nirgendwo in Hessen gibt es eine so große Fläche des Magerrasentyps *Mesobrometum.* Die Wiesen blühen herrlich bunt.

© Annette Sievers

Im Alten Rathaus von Bergen befindet sich das **Heimatmuseum Bergen-Enkheim,** ✆ 06109/32609. Allein das alte Haus mitten auf der Markstraße ist sehenswert.

Steht mittendrin: Das Alte Rathaus von Bergen diente einst als Lagerumschlagsplatz an der Hohen Straße

Bella Vista, Am Hainwinkel, Bad Vilbel. ℰ 06101/499509. www.bad-vilbel.de/kgv. Di, Do – Sa 17.30 – 22, Mittagstisch nur nach Reservierung, So, Fei ab 12.30 Uhr mit warmer Küche. Nahe Ritterweiher gelegen. Mit Sommerterrasse, italienische Küche.

Es gibt hier eine Reihe seltener Pflanzenarten wie die Orchidee Mückenhändelwurz, das Helm-Knabenkraut, das Feld-Mannstreu, die gelbe Sommerwurz oder den großen Klapperopf. Nachdem ihr die Hochfläche schnurstracks überquert habt, steigt ihr etwa 300 m durch Wald steil ins Niddatal hinab. Hinter der Gartenzone vor dem Ortsrand von Bad Vilbel kommt ihr gegenüber vom **Ritterweiher** an einem tollen **Waldspielplatz** vorbei. Hier geht es rechts zum informativen Waldlehrpfad. Ihr geht dann immer geradeaus auf der Ritterstraße ins Stadtzentrum hinunter zur Frankfurter Straße. Von da sind es in nordwestlicher Richtung nur knapp 150 m zum **S-Bhf Bad Vilbel Süd.**

Nachtigall, ick hör dir trapsen: Im Enkheimer Ried

Strecke: Enkheimer Freibad – Bischofsheim. frankfurt.de. umwelttelefon@stadt-frankfurt.de. **Länge:** 8 km, keine Steigung, ganz leicht. **Bahn/Bus:** Bus 42 bis Riedbad.

▶ Start und Ziel ist die **Ecke Leuchte** und **Martin-Dietz-Weg** am Nordostrand von **Enkheim.** Ihr geht immer geradeaus Richtung Osten: zuerst an Sportplätzen, dann am Südrand des *Enkheimer Rieds* – ein See, den dichtes Gehölz und Schilf säumen – den **Nachtigallenweg** entlang. Mehrere Nachtigallen brüten hier nämlich im Frühjahr. Es ist allerdings schwer, diese kleinen Geschöpfe, die so wunderbar singen können, im mit Brombeergestrüpp, Brennnesseln und dichten Büschen bewachsenen Uferstreifen zu entdecken. Südlich vom Nachtigallenweg wurden nach dem Zweiten Weltkrieg in großen Mengen Trümmer abgekippt und mit Erde überdeckt.

Danach kommt noch eine Passage Wald, bevor die Route in die Flur von **Maintal-Bischofsheim** eintritt, das ihr nun, aus circa 1,5 km Entfernung, immer im Blick habt und schnurstracks südlich vom Riedgraben durch Wiesen und durch die Stumpfgrabenstra-

Wanderkarte Berger-Bischofsheimer Hang, kostenlos erhältlich beim Umweltamt der Stadt Frankfurt.

▸ Einst floss der Main ganz woanders als heute. Aber irgendwann nach der Eiszeit entschied er sich anders und die alten Flussschleifen wurden zu Land. Hier wurde im Mittelalter Torf gestochen und später wurden die im Winter überschwemmten, gefrorenen Wiesen zur Eisgewinnung genutzt. Seit 1937 steht der Riedteich unter Naturschutz. Das Ufer ist von dichtem Schilfröhricht umgeben. Viele Vögel schätzen das als Wohn- und Brutgebiet, z.B. Nachtigallen, Graureiher, Graugänse, Eisvögel, Rohrammern. Während der Vogelzugzeit sammeln sich hier zahlreiche Enten: Stock-, Krick-, Pfeif-, Reiher- und Tafelenten. Das zoologische Kleinod des Rieds ist jedoch die Europäische Sumpfschildkröte, von der es in Hessen nur wenige Exemplare gibt. Zwar besteht kein Zugang zum Riedteich, aber von verschiedenen Stellen aus habt ihr einen guten Einblick. ◂

VOGELPARADIES: DAS ENKHEIMER RIED

ße erreicht. Die Wanderroute mündet in die Straße Am Bornberg, in der ihr links aufwärts geht. Bereits nach 100 m wendet ihr euch wieder nach links und lauft nun Richtung Westen zurück nach **Enkheim,** diesmal nördlich des Riedgrabens an Streuobstwiesen entlang, die einen Teil des circa 7 km langen Streuobststreifens Bergen-Hochstadt darstellen. Kurz nachdem ihr das **Enkheimer Ried** passiert habt, geht es hinter den Sportplätzen wieder zum Ausgangspunkt zurück.

Der Quellenwanderweg
Strecke: Seckbach – Lohrberg – Bergen. **Länge:** 6 km, 90 m Höhenunterschied, durch das »Frankfurter Bergland«. **Bahn/Bus:** Bus 38, 43 Alteborsstraße in Seckbach; **Rückweg** ab Marktstraße/Landgraben Bus 42, 43, RKH-Bus 551.

▸ Diese reizvolle, aber auf Grund von zwei kräftigen Steigungen recht anstrengende Wanderung führt von Seckbach nach Bergen. Sie hat die in dieser Region Frankfurts vielen Quellen und Brunnen sowie die ehe-

Der Quellenwanderweg im Frankfurter Grüngürtel, Beschreibung und detaillierte Wanderkarte, kostenlos beim Umweltamt und unbedingt nötig.

beide © Annette Sievers

Ganz schön frech: Das kleine Grüngürteltier spuckt im hohen Bogen und zeigt euch so den Weg zum Lohrberg

Wer sich für den Mediacampus interessiert, kann ihn mit dem pmv-Reiseführer *Mediacampus Frankfurt* erkunden, ISBN 978-3-89859-130-0, 9,95 €.

Hunger & Durst

Lohrbergschänke, Auf dem Lohr 9, Frankfurt. ☎ 069/479944. Di – So 10 – 23, im Winter ab 11 Uhr; bei schlechter Witterung oder wenig Betrieb ggf. früher geschlossen. Gekieste Freifläche mit tollem Ausblick auf die Stadt. Schnitzel, Fisch, Wild, Kuchenbuffet und Apfelwein.

maligen Mühlen und Mühlbäche zum Thema. Ein Netz von 20 Stationen sorgt für reichlich Informationen. Die mit dem Wasser spuckenden Grüngürteltier markierte Route führt von der Wilhelmshöher Straße, Ecke Altebornstraße in Seckbach (110 m) zum Lohrberg (190 m) hinauf und passiert auf der Höhe die **Lohrbergschänke,** die Liegewiese, den Spielplatz, den Weinberg und das ↗ MainÄppelHaus. Danach steigt ihr zum **Mediacampus,** eine Schule, in der Buchhändler ausgebildet werden, auf 149 m ab. Die Route hält anschließend einen längeren Abschnitt die Höhe bis an den Südrand von Bergen (145 m), bevor es schließlich durch das NSG Mühlbachtal steil nach Enkheim (100 m) hinuntergeht. Die interessante Wanderung endet nach einem schweißtreibenden Aufstieg schließlich im Herzen von Alt-Bergen.

Im Süden Frankfurts

Spaziergänge im Stadtwald 1 – durch die Seenplatte des Oberwaldes

Strecke: Jacobiweiher – Kesselbruchweiher. **Länge:** 6,5 km, im Wald, immer flach, ganz leicht.

▶ Die Rundwanderung führt im südwestlichen Oberwald von See zu See. Ihr startet am populären Ausflugslokal **Oberschweinstiege** am Nordostende des **Jacobiweihers.** Es geht am Südufer entlang. Ihr seid nie allein, zu allen Tages- und Jahreszeiten drehen hier Spaziergänger und Jogger ihre Runden. Auf dem Wasser tummeln sich Mandarinenten, Stockenten, Blässhühner und Grünfüßige Teichhühner. Auf Ästen im und am Wasser sind manchmal Rotwangen-Schildkröten zu sehen. Auf Bäumen sitzen des Öfteren Kormorane, die in der Sonne ihre ausgebreiteten schwarzen Flügel trocknen lassen. Nach 1,5 km seid ihr am Südostende des Weihers. Dort geht ihr rechts auf dem Erlenpfad zum Welscher Weg, der links nach 500 m in die stark befahrene Darmstädter Landstraße mündet. Bei der Überquerung müsst ihr sehr vorsichtig sein. Danach geht es auf der Schillerschneise schnurstracks zum 1 km westlich gelegenen **Kesselbruchweiher** hinüber. Ihr spaziert an uralten Eichen vorbei, am Schluss dominieren Birken. Es macht Spaß, das beschauliche Gewässer mit der klitzekleinen Insel und den vielen weißen Seerosen zu umrunden. Anschließend spaziert ihr vom Nordwestende des See links zum nahe gelegenen kleinen **Försterwiesenweiher** hinüber. Rechts liegt eine große Feuchtwiese. Im Frühjahr blühen hier gelbe Sumpfdotterblumen. Vom Weiher führt die Route rechts zum Beckerweg hinüber, der links nach 500 m in die Darmstädter Landstraße mündet. Dort ist das Abenteuer Straßenüberquerung unvermeidlich. Dabei wäre es doch so einfach, eine Ampel aufzustellen. Fast parallel zu dem kleinen urigen Bach, den ihr schon seit dem Försterwiesenweiher kennt, gelangt ihr bald wieder an den **Jacobiweiher.** Dieses Mal spaziert ihr am Nordufer entlang. Bis zum Start und Ziel Ausflugslokal **Oberschweinstiege** sind es 1,5 km.

Durch die Schwanheimer Dünen

Strecke: S-Bhf Nied – Fähre Höchst – Schwanheimer Dünen – Waldspielpark Schwanheim – U-Bhf Schwanheim. **Länge:** 7 km, flach, ganz leicht. **Bahn/Bus:** Nied

Mandarinenten brüten in Baumhöhlen, die die Jungen aber schon früh verlassen, um der Mutter ins Wasser zu folgen. Das ist eine richtig große Schar, die sich da aufmacht, denn pro Brut können es bis zu 13 Küken sein!

Hunger & Durst

Zum Wilddieb, Sachsenhausen. ✆ 069/684888. www.oberschweinstiege.de. 10 – 23 Uhr, warme Küche 11.30 – 21.45, Biergarten bei schönem Wetter Mo – Sa 14 – 22.30, So 11.30 – 22 Uhr. Am Jacobiweiher, mit Biergarten.

In den Stadtwaldteichen könnt ihr wilde Tiere entdecken: Das Erdkröten-Männchen schwimmt obenauf und hält sich an Binsen fest

 *Martinsgrube:* *Der See gehört den Anglern, die in dem 3 m tiefen, von Grundwasser gespeisten Gewässer Aale, Karpfen, Forellen, Zander, Hechte, Barsche, Brassen, Rotfedern und Rotaugen eingesetzt haben. Das wissen auch Reiher und Kormorane zu schätzen. Enten und Frösche ergänzen die Schar.*

 *Schmitt'sche Grube:* *Am größten See der Schwanheimer Seenplatte hat die Natur absoluten Vorrang. Das hat dazu geführt, dass sich hier ein artenreiches Rückzugsgebiet entwickelt hat. Zu den Bewohnern gehören u.a. Grasfrosch, Wechselschildkröte, Teichmolch, Haubentaucher, Flussregenpfeifer, Eisvogel und Kormoran.*

S1, 2, Rückfahrt Rheinlandstraße Straba 12, 19. **Infos:** Orientierung: ↗ GrünGürtel Freizeitkarte.

▶ Diese abwechslungsreiche Wanderung beginnt an der **S-Bahn-Station Nied.** Es geht auf der Öserstraße Richtung Südwesten/Main. Aber schon an der nächsten Abzweigung biegt ihr rechts ein. Die Denzerstraße führt zu Nidda hinüber, der ihr flussabwärts bis zur Mündung in den Main folgt. Auf halbem Weg liegt links ein toller **Spielplatz** mit einem großen Holzschiff. Kurz vor dem Main überquert ihr die Nidda. Die Anlegestelle der Fähre ist jetzt schon nah. Auch an der hohen Mauer des Höchster Schlosses gibt es Spielplätze. Es macht Spaß, mal in den Schlosshof zu schauen und die schönen Fachwerkbauten zu bewundern. Dort könnt ihr einkehren, das ist aber auch im Restaurantschiff auf dem Main möglich. Schließlich fahrt ihr mit der ↗ **Personen- und Radfähre** ins Schwanheimer Unterfeld hinüber. Auf dem ↗ **Main-Radweg** spaziert ihr in der Aue 600 m flussaufwärts. Dann biegt ihr rechts ab und geht 2 km schnurgerade durch die Schwanheimer Flur und Seenplatte Richtung Süden. Nach 700 m führt die Route am See **Martinsgrube** entlang. Kurz dahinter streift ihr die **Schmitt'sche Grube,** bevor die Route auf einem mehrere hundert Meter langen Bohlenweg das **NSG Schwanheimer Dünen** durchquert. Es ist eines der bedeutendsten Rückzugsgebiete für bedrohte Pflanzen- und Tierarten im Rhein-Main-Gebiet: Auf den 10.000 Jahre alten Sanddünen stehen sogenannte *Solitär-Kiefern,* die zur Stabilisierung angepflanzt wurden, als Ende des 19. Jahrhunderts nach einer Trockenperiode die Dünen zu wandern begannen. Da und dort sind auf den kalkarmen offenen Sandflächen kleine Büschel Silbergras zu sehen. Wo der Boden fester ist, sind auch Moos und Flechten vertreten. Im NSG sind die bedrohten Arten Wiesen-Gelbstern, Graslilie und Sandstrohblume zu Hause.

Anschließend folgt ein Wanderabschnitt durch alte Streuobstwiesen, wo Schafe den Magerrasen kurz halten und die Triebe unerwünschter Pflanzen fressen. Sonst würde beispielsweise die Brombeere die seltenen Pflanzen verdrängen.

Direkt hinter der B40 taucht ihr in den Schwanheimer Wald ein. Kurz darauf wendet sich die Route nach links und führt nun immer geradeaus auf dem Naturlehrpfad zum ↗ **Waldspielpark** und ↗ **Grillplatz Schwanheim** hinüber – beides gute Picknickmöglichkeiten. Von dort sind es nur 400 m zur **Endhaltestelle** der **Straßenbahnlinien 12** und **19,** in deren direkter Nachbarschaft sich übrigens das ↗ Verkehrsmuseum Schwanheim und der ↗ Kobelt-Zoo befinden.

PER PFERD UNTERWEGS

Reiten und Kutsche fahren

Reitclub Niederursel g.e.V.

Hof und Reitstall, Rolf Döring, Vorsitzender, Oberurseler Weg 11, 60439 Frankfurt a.M.-Niederursel. ℡ 069/5890443 (AB), 766072 (Geschäftsstelle), Fax 5890443. Handy 0170/5824756. www.rcn-ig.de. rolf.doering@rcn-ig.de. **Bahn/Bus:** U3, 8, 9 Niederursel. **Zeiten:** nach Absprache. **Preise:** Mitglieds- bzw. Versicherungsbeitrag 70 € jährlich; Kinder 40 €.

▶ Der Club mit 400 Mitgliedern ist offen für Kinder, Jugendliche, Erwachsene und vor allem behinderte Menschen. Kinder können hier schon mit 3 Jahren in

Hunger & Durst

Zum Lahmen Esel, Krautgartenweg 1, Frankfurt a.M.-Niederursel. ✆ 069/573974. www.lahmer-esel.de. Di – Sa 11.30 – 14, 17 – 24, So, Fei 11.30 – 14 und 16.30 – 23 Uhr. Populäres Apfelweinlokal mit Garten und hessischer Küche sowie spezieller Karte, Hochstühlen, Spielecke und -platz für Kinder.

Happy Birthday!

Kindergeburtstage für max 10 Kinder: 2 Std mit Voltigieren 100 €, mit Ponyreiten 150 €.

Spielgruppen loslegen. Geritten wird auf Ponys und Pferden in Kleingruppen oder im Einzelunterricht. Neben der Reitanlage, die Spring-, Dressur- und Longierplatz sowie Geländeübungsstrecken mit Natursprüngen umfasst, sind auch Ausritte in Feld und Wald möglich. Reitkurse können mit dem Kleinen Hufeisen, Basispass Reitabzeichen III und IV und Reitpass abgeschlossen werden.

Auch Planwagentouren für bis zu 14 Personen sind möglich, z.B. Geburtstagsfahrten oder Familienausflüge durch die Vortaunuslandschaft mit Blick auf den Feldberg.

Ponys, Pferde und andere Tiere

Reitclub Linda von Nordheim, Hansenweg, 60599 Frankfurt a.M.-Oberrad. Handy 0172/5972450. www.reitclubvonnordheim.de. info@reitclubvonnordheim.de. Unterhalb des Waldspielplatzes Scheerwald, vor dem Wald. **Bahn/Bus:** Straba 15, 16 bis Bleiweißstraße, Bus 80 Hansenweg. **Rad:** ↗ Waldspielplatz Scheerwald. **Preise:** Pony-Reiten 20 Min 12 €, Reitunterricht in der Gruppe oder Ausritte 45 Min 25 €, Voltigieren für Kinder 5 – 10 Jahre 75 Min monatlich 35 €, Probestunde 7 €.

▶ Kinder ab 2 Jahre machen mit den Ponys ganz spielerisch erste Erfahrungen. Ihnen wird sicherlich auch gefallen, dass es auf dem Hof Hühner, Schweinchen und Hunde gibt. Größere Kinder ab 7 Jahre sowie ihre Eltern können hier richtig reiten lernen oder Ausritte und Kutschfahrten unternehmen. Der Reitclub vertritt eine kinder- und tierfreundliche Philosophie, auf artgerechte Haltung der Pferde und Sicherheit der Reiter wird großen Wert gelegt.

N
1 cm
6,5 km

Anspach

Niddatal

WETTERAU

Weil

Nidda

Nidder

Idstein

TAUNUS

Friedrichsdorf

Bad Homburg

Oberursel

Bruchköbel

Königstein

Kronberg

Bad Vilbel

Niedern-
hausen

Bad Soden

Maintal

66

Erlensee

Kelkheim

FRANKFURT

Hanau

3

Hofheim

F-Höchst

Mühlheim

Main

66

Hatters-
heim

Offenbach

Hainburg

671

Flörsheim

Neu-isenburg

Seligen-
stadt

Hochheim

Raunheim

661

Rodgau

3

MAINZ

Walldorf

Dreieich

**Rüssels-
Heim**

60

Dietzenbach

Mörfelden

Langen

Baben-
hausen

5

Rödermark

Rhein

Groß-Gerau

67

Dieburg

Groß-
Umstadt

RIED

DARMSTADT

**Ihr habt in eurem Viertel einen Spielplatz? Glück ge-
habt. Doch ich weiß vielleicht einen besseren! Denn
langweilige Spielplätze gibt es überall. Aber Frankfurt
bietet ein halbes Dutzend Abenteuerspielplätze, wo
ihr handwerklich zur Sache gehen könnt! Und zudem
tolle Wasser- und Waldspielplätze!**

Dagegen ist es in Frankfurt ausgesprochen schlecht
um Hallenspielplätze bestellt. Seit der Abenteuerspielplatz Riederwald die Halle auf dem Riedberg
aufgeben musste, gibt es im Stadtgebiet nur noch
Tolliwood. Ihr werdet euch auf die Schwabbelberge
dort freuen, aber ich als Senior mit inzwischen vier
Enkeln zwischen 1 und 9 Jahre fühle mich bei solchen privaten Betreibern ganz schön abkassiert.

Ein tolles gemeinsames Vergnügen ist in der Som-
merzeit das Grillen und Stockbrotbacken. Auch dies
ist in Frankfurt eine Schwachstelle, denn die wenigen öffentlichen Grillhütten und -plätze sind oft nicht
gerade gut eingerichtet und einladend. Aber immerhin 10 Alternativen habe ich für euch ausgekund-
schaftet!

Spielen, Klettern & Abenteuer

Minigolfplatz an der Nidda

Hadrianstraße 50, 60439 Frankfurt a.M.-Praunheim-
Römerstadt. ✆ 069/586854, **Bahn/Bus:** U1, 9 bis
Niddapark, dann 500 m zu Fuß oder per Rad, entspre-
chende Wege vorhanden. **Rad:** Direkt am Nidda-Rad-
weg. **Zeiten:** Mitte März – Mitte Okt täglich ab 14.30,
So, Fei schon ab 10.30 Uhr. **Preise:** Runde 3 €, 10er-
Karte 26 €; Kinder bis 12 Jahre 2,50 €, 10er-Karte
21 €. **Infos:** Schulklassen anmelden.

▶ Am Niddaufer der Praunheimer Römerstadt lässt
sich unter hohen Bäumen wunderbar Minigolf spielen. Ein Kiosk bietet Eis und Getränke. Ein weiterer
Pluspunkt der gepflegten Anlage ist, dass direkt daneben ein gerade erneuerter **Spielplatz** mit Liegewie-

TOBEN BIS
ZUM
UMFALLEN

Happy Birthday!
Auf dem Minigolfplatz
könnt ihr nach Anmel-
dung Kindergeburtstag
feiern, Preis wie 10er-
Karte.

Die große Freiheit im LiLu:
Das Licht- und Luftbad in
Niederrad begeistert alle

se und Picknickplatz liegt. Ein Grillplatz ist ebenfalls nicht weit weg.

Das Sachsenhäuser Ufer wird auch **Museumsufer** *genannt, weil dort so viele Museen sind.*

Flohmarkt,
www.melan.de, abwechselnd auf Sachsenhäuser Seite und an der Weseler Werft am Nordufer.

Wartet auf neuen Besitzer: Kuschelbär auf dem Flohmarkt

Hunger & Durst

Nizza am Main, Untermainkai 17, Frankfurt, ✆ 069/26952922. www.nizzamain.de. Mo – Fr 11.30 – 15 Uhr Casino mit Selbstbedienung, 15 – 17 Uhr Kaffee und Kuchen, 18 – 23 Uhr à la Carte, Sa 18 – 23 à la Carte, So 12 – 14.30 und 18 – 23 à la Carte, 14.30 – 18 Uhr Kuchen und Snacks. Restaurant mit Terrasse. Exklusive, mediterrane Küche, Mittagsmenü.

© Annette Sievers

Erlebnis Mainufer

Nizza, Museumsufer, Deutschherrnufer & Niederräder Ufer, 60311 Frankfurt a.M. www.frankfurt.de. umwelttelefon@stadt-frankfurt.de. Länge 4 km, auch schön zum Radeln.
Bahn/Bus: U4, 5 Willy-Brandt-Platz oder Römer, U1 – 3, 8 Willy-Brandt-Platz.
Rad: Main-Radweg.

▶ Das Mainufer zwischen der Friedensbrücke im Westen und der Ignatz-Bubis-Brücke im Osten ist in den letzten Jahren zu einer Promenade umgestaltet worden. An Sommerabenden sind hier alle unterwegs – zu Fuß, als Jogger oder per Rad. Der Eiserne Steg ist zweifellos der Mittelpunkt und die beliebteste Fußgängerbrücke. Von dort habt ihr einen tollen Blick auf die Silhouette der Stadt mit den Bankenhochhäusern und dem Dom. An der Nordseite des Stegs fahren die Ausflugsschiffe ab, an der Südseite liegen zwei Restaurantschiffe mit ↗ Bootsverleih. Dort findet jeden 2. Samstagvormittag der Frankfurter Flohmarkt statt. Die Frankfurter Mainpromenaden sind auch Schauplatz stark besuchter Veranstaltungen wie z.B. des Main- oder des Museumsuferfests (↗ Festkalender). Nahe beim **Restaurant Nizza am Main**, bereitet der einladende Spielplatz an der Promenade, mit einer Wasser-Matsch-Anlage und einem großen hölzernen Spielschiff, Kindern viel Spaß.

Alles in Bewegung: Heinrich-Kraft-Park

Integrativer Spielplatz Heinrich-Kraft-Park, Kilianstädter Straße/Vilbeler Landstraße, 60386 Frankfurt a.M.-Fechenheim. ✆ 069/414434, www.frankfurt.de. buergerberatung@stadt-frankfurt.de. **Bahn/Bus:** RB 55 Frankfurt Hbf – Hanau Hbf bis Mainkur Bhf, Straba 11, Bus 41, 44, 551, 560. **Rad:** Vom Fuß- und Radweg am Fechenheimer Mainufer auf Höhe vom Bhf Mainkur via Vilbeler Landstraße. **Zeiten:** frei zugänglich. **Infos:** Hunde nicht erlaubt.

▶ Der große Waldspielpark im Frankfurter Osten hat jüngst viele zusätzliche Bauten und Geräte bekommen und bietet Kindern somit noch mehr. Besonders toll ist die hohe Spielburg mit ihren Kletterwänden, den beiden steilen Röhrenrutschen und der angeschlossenen Seilbahn. Wunderbar sind auch die zahlreichen Schaukeln: Sogar eine Hängematten- und eine Liegeschaukel gibt es hier. Beliebt sind auch Drehscheibe, Wippen und Drehkarussell. Ihr könnt hier auch an 8 überdachten Platten Tischtennis sowie Basketball und Minigolf (Gebühr) spielen. Ferner sorgen zwei Bolzplätze, eine Skateboardanlage (1 Halfpipe, 4 Ramps, einige Teile nicht immer und nur gegen Gebühr zugänglich) und eine Rollschuhbahn für Abwechslung. Die zwei offenen Grillhütten decken den Bedarf bei Weitem nicht: An schönen Sommertagen ist die große Wiese mit ihren mächtigen Bäumen fast zu klein für die zahlreichen Grill-, Picknick- und Spielgruppen. An dem Kiosk neben dem **Minigolfplatz** bekommt ihr Würstchen, Eis, Süßigkeiten und Getränke.

Spiel und Spaß im Ostpark

60386 Frankfurt a.M.-Riederwald. www.frankfurt.de. umwelttelefon@stadt-frankfurt.de. **Bahn/Bus:** U6, 7, Straba 12, Bus 38, OF103 bis Eissporthalle/Festplatz. **Auto:** Parkplatz Eissporthalle/Festplatz.

▶ Im Zentrum des schönen, weitläufigen Ostparks liegt ein großer Entenweiher mit einem wild bewach-

Etwas Besonderes ist der integrative Spielplatzteil Tabaluga, der ganz auf die Interessen von Behinderten zugeschnitten ist. Hier können behinderte und nicht behinderte Kinder gemeinsam spielen.

 **Minigolf,** April – Okt Mo – Fr 11 – 13, wenn Schulklassen kommen, 15 – 18 oder 19 Uhr, Sa 12 – 19, So 11 – 20 oder 21 Uhr. Erw 1,50, Kinder 4 – 18 Jahre 1,20 €, Schläger und Bälle am Kiosk, Ausweis oder 10 € als Pfand.

Wenn ein See um-kippt, ist zu wenig Sauerstoff im Wasser vorhanden. Das kommt, weil die Parkbesucher es nicht sein lassen können, die Vögel mit Brot zu füttern und das Wasser zu viel Nährstoffe bekommt.

senen Inselchen. In dem 1,50 m tiefen Gewässer ist die in Hessen vom Aussterben bedrohte Fischart *Karausche* zu Hause. In der reichen Uferfauna aus Pappeln, Weiden und Erlen finden eine Reihe von Wasservogelarten wie Graugänse, Enten, Blässhühner und Schwäne Unterschlupf, Brutplätze und Nahrung. Im Sommer ist das Gewässer vom Umkippen bedroht.

Um den Weiher führt ein breiter, 1 km langer Rundweg, der sich gut für Spaziergänge mit Kinderwagen eignet. Außerdem gibt's einen kleinen Spielplatz mit Rutsche, mehreren Tischtennisplatten, viel Sand und ganz großer Spiel- und Liegewiese. An Sommerwochenenden ist die Wiese ein belebter Multikulti-Picknickplatz. Wenn's mal regnet, stehen mehrere Unterstände bereit. Auch verhungern oder verdursten muss hier niemand, denn am Westende gibt es einen Kiosk, der Würstchen, belegte Brote, kalte und warme Getränke, Süßigkeiten und Eis bietet. Nur schade, dass Autobahn und Hanauer Landstraße so laut sind.

Aktiv und drinnen

Klettern in der T-Hall Fechenheim

T-Hall Kletterhalle, Gewerbehof Mainkur, Vilbeler Landstraße 7, 60386 Frankfurt a.M.-Fechenheim. ✆ 069/94219381, Fax 94219091. www.t-hall.de. info@t-hall.de. **Bahn/Bus:** RB 55 bis Mainkur Bf, Bus MKK23, MKK25, HU28, 41, 44 bis Birsteiner Straße, Straba 11. **Rad:** Vom Fuß- und Radweg am Fechenheimer Mainufer auf Höhe vom Bhf Mainkur. **Zeiten:** Juni – Sep Mo – Fr 11 – 23, Sa, So, Fei 10 – 23, Okt – April Mo – Fr 11 – 23, Sa, So, Fei 10 – 23 Uhr. **Preise:** Tageskarten Mo – So 14,50, Mo – Fr vor 15 und nach 21 Uhr 12 €, Sa, So vor 21 Uhr 15,50 €; Tageskarten Kinder unter 8 Jahre 5 €, 8 – 16 Jahre Mo – So 9 €, Mo – Fr vor 15 und nach 21 Uhr 7 €, Sa, So vor 21 Uhr

Happy Birthday!
Erst tobt ihr euch 90 Min lang an der Kletterwand aus, dann stärkt ihr euch in der Bistro-Galerie bei Kuchen und Limo (6 €) oder Würstchen und Kartoffelsalat (8 €). Max 14 Pers ab 8 Jahre, Dauer 2 Std, Mo – Fr nachmittags, im Sommer auch am Wochenende, 11 € pro Kind, min 99 € fürs Klettern und Catering.

10 €; Kurs Kinder-Einweisung 3 x 2 Std
45 €, Kinder- Ferien-Projekt 3 x 3 Std 89 €,
Einzelunterricht Kinder ab 5 Jahre 49 €;
günstige Zeitkarten. **Infos:** Für alle Kurse
Anmeldung erforderlich. Prospekt erhältlich.

▶ Auch junge Kletterbegeisterte dürfen
an der hohen und breiten Kletterwand der
Fechenheimer T-Halle, loslegen. Die verschiedenen Wandtypen (Holz und Struk-
tur) in unterschiedlichsten Neigungen bieten eine Vielzahl von Routen in den unterschiedlichsten Schwierigkeitsgraden. Ihr
beginnt mit dem Kurs »Kinder-Einweisung«, wo ihr das Sichern in der Toprope-
Sicherung beigebracht bekommt. Wenn
ihr das beherrscht, dürft ihr ohne Aufsicht eines Trainers in der Halle klettern. Anschließend lohnt es sich, im *Kinderclub* (für Kinder ab 8
Jahre) mitzumachen, der regelmäßig montags 17 –
19 Uhr aktiv ist. Dort könnt ihr unter Anleitung eines
Trainers eure Klettertechnik ständig verbessern. Eine solche Funktion hat auch das Ferienprojekt »Klet-
terspaß für Teenager« (10 – 13 Jahre).

© Annette Sievers

Probeklettern: Manch
einem kann's nicht
schnell genug rauf gehen

Äktschen, Äktschen in der Halle

Tolliwood, Victor-Slotosch-Straße 18, 60388 Frankfurt
a.M.-Bergen-Enkheim. ✆ 06109/249484, Fax
249498. www.tolliwood.de. frankfurt@tolliwood.de.
Bahn/Bus: U4, 7 Hessencenter, dann 5 Min zu Fuß,
Bus 42 Victor-Slotosch-Straße direkt vorm Haus.
Zeiten: Mo – Fr 14 – 19, Sa, So, Fei und während der
Ferien 10 – 19 Uhr. **Preise:** Mo – Do 4,50 €, Fr – So
5,50 €; Kinder 1 – 2 Jahre 3,50 €, ab 3 Jahre Mo – Do
7,50, Fr – So 8 €; behinderte Kinder mit Begleitperson
3,50 €; Happy Hour 2 Std vor Schließung, halber Ein-
trittspreis; 2 Erw und 2 Kinder 21,90 €, jedes weitere
Kind Happy Hour-Preis, Ermäßigung für Gruppen ab 15
Pers. **Infos:** Kinder ab 7 Jahre brauchen eine Vollmacht

Happy Birthday!
Eine Kindergeburtstags-
feier kostet 8,90 –
17,90 € pro Kopf, je
nachdem wie viel Essen
und Getränke dazukom-
men. Eingeschlossen
ist der Eintritt für den
ganzen Tag, die Reser-
vierung eines Tisches,
Tischdekoration, Ge-
schenk für das Geburts-
tagskind und 0,5 l Apfel-
saft pro Kopf.

 Di und Do 10 – 13 Uhr gibt es Extra-Krabbelstunden für 1- bis 2-Jährige.

der Eltern, um hier ohne erwachsene Begleitung zu spielen.

▶ Hier könnt ihr euch bei kaltem und/oder regnerischem Wetter richtig austoben. Das Herzstück der Halle ist die große, variantenreiche Kletter- und Spielanlage, von der ihr auf je einer breiten Rutsche und einer Schlangenrutsche zu Tal sausen könnt. Bewegung ist Trumpf – auch auf dem großen Trampolin, der Riesen-Hüpfburg, dem schwabbeligen Luft- und Wabbelberg sowie dem Bolzplatz. Schön, dass die ganz Kleinen einen eigenen Spielbereich haben, wo der Aufstieg kürzer und die Rutsche nicht so steil ist. Ziemlich großen Raum nimmt die Gastronomie ein, für Kinder gibt es Nudeln, Pommes, Kakao, Eis & Co. Hungrig und durstig solltet ihr jedoch besser nicht ins Tolliwood gehen, denn dann kann der Besuch ganz schön ins Geld gehen! Mitbringen dürft ihr nämlich nichts.

Spielspaß für die Kleinen, Kaffee für die Großen

Café Zebulon, Elke Naumann, Grempstraße 23, 60487 Frankfurt a.M.-Bockenheim. ✆ & Fax 069/773554. www.kindererlebnis.de/zebulon.html. kindererlebnis@gmx.de. Nahe Leipziger Straße. **Bahn/Bus:** U6, U7 Kirchplatz. **Rad:** Über die Leipziger Straße. **Zeiten:** Mo – Sa 15 – 18, So 9 – 18 Uhr, in den Schulferien und an besonders heißen Tagen geschlossen. **Preise:** Eintritt inkl. 1 Getränk 3 €, Frühstück nach Wahl zwischen 3 und 7 €; Baby 1 €, Kinder inkl. 1 Getränk 3 €.

▶ Besonders an regnerischen Tagen bietet das Café Zebulon eine gelungenes Angebot für Eltern und Kinder bis 6 Jahre. Nicht umsonst besteht die von der Pädagogin und Mutter *Elke Naumann* geführte Einrichtung seit 1998. Während eure Eltern im Cafébereich z.T. selbst gebackenen Kuchen oder sonntags Frühstück genießen, sehen sie durch Durchbrüche in der zum Spielbereich angrenzenden Mauer, wie ihr euch darin vergnügt: In dem 40 qm großen Zimmer,

Happy Birthday!
Eine Geburtstagsfeier im Café Zebulon kostet 100 € für bis zu 10 Kinder. Geboten werden Abendessen, Getränke, Geburtstagstorte und Dekoration.

das vollständig mit Turnmatten ausgelegt ist, gibt es etliche Spielsachen, ein kleines Trampolin und eine Rutsche, die von der Arche Noah hinunter führt, eine große Schultafel, Bücher und eine Kuschelecke. Bei passendem Wetter – das kann durchaus im Winter sein – wird zusätzlich der 80 qm große Hof genutzt. Auch hier warten eine Menge Spielsachen und -geräte auf euch.

 Jeden letzten Sa im Monat spielt eine Schauspielerin Märchen vor, Eintritt 3,50 €.

Aktiv und draußen

Grüne Lunge von Nordend und Bornheim: Günthersburgpark

60389 Frankfurt a.M.-Nordend, Bornheim. www.frankfurt.de. buergerberatung@stadt-frankfurt.de.
Bahn/Bus: U4, 5 oder Bus 34, 38, 43, OF 103 bis Bornheim Mitte oder Straba 12 Günthersburgpark.
Infos: Hundeverbot.
▶ Dieser etwa 7,5 ha große Park aus dem 18. Jahrhundert ist heute grüne Lunge und Freizeitpark des Stadtteils Nordend. Morgens und abends ziehen die Jogger hier ihre Runden, manche schieben dabei einen Sport-Buggy. Aber eigentlich ist es *der* Familienpark, denn hier gibt es einen großen Spielplatz mit variantenreichen Schaukeln und Wippen, ausgedehnte Wiesen zum Herumtoben und für Ballspiele sowie Fußballfelder und eine Betonfläche für Rollschuh- und Skater-Übungen. Einen kleinen Abhang in der Mitte des Parks nutzen Kinder bei Schnee für Rodelversuche.

An warmen Sommertagen ab 11 Uhr bereiten die **Wasserspiele** jungen Wasserratten ei-

Kleine Abkühlung gefällig? Die Wasserspiele im Günthersburgpark sind der Sommerhit für kleine Wasserratten

© Peter Meyer

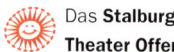 Gucken: Beim STOFFEL-chen Festival wird euch nachmittags ein tolles Programm geboten

© Annette Sievers

Das **Stalburg Theater Offen Luft** (Stoffel) bietet im Juli täglich um 18 und 20 Uhr Programm im oberen Teil des Parks mit Theater, Kabarett, Lesungen und Musik. Imbissbude. Nachmittags gibt es das **STOFFELchen,** also Programm für kleine Leute. Eintritt frei, aber unbedingt Spende geben, www.stalburg.de/stoffel.

nen Riesenspaß. Dicke Figuren speien das kühle Nass in hohem Bogen aus, da kommt kaum einer trocken von einer auf die andere Seite des großen Runds! Mittendrin ist sogar eine Rutsche installiert. Die ausgedehnten Liegewiesen mit ihren schattigen alten Bäumen, in denen Eichhörnchen und Vögel wohnen, werden von allen gern zum Picknick genutzt. Grillen ist zwar verboten, doch für Kinderfeste und Geburtstage ist der Park dennoch ein tolles Terrain.

Hoch über Mainhattan: Auf dem Lohrberg

MainÄppelhaus Lohrberg Streuobstzentrum e.V., Hofladen, Erlebnisgarten und Äppel-Bistro, Klingenweg 90, 60389 Frankfurt a.M.-Seckbach. ✆ 069/35413 (Büro), 479994 (Hofladen), Fax 32397. www.mainaeppelhaus-lohrberg.de. karsten.liebelt@mainaeppelhauslohrberg.de. **Bahn/Bus:** Bus 30 bis Heiligenstock/Lohrberg, Bus 43 bis Budge-Heim/Lohrberg. **Auto:** Parkplatz am Eingang Berger Weg. **Rad:** Radanfahrt auf dem GrünGürtel-Radweg von Bergen oder Harheim, Berkersheim möglich. **Zeiten:** Hofladen und Naturerlebnis-Garten ganzjährig Di, Mi, Fr 10 – 15, Do 10 – 18 Uhr, Sa 11 – 14 Uhr, wenn Bistro geöffnet, Erlebnis-Garten auch Sa und So 14.30 – 18 Uhr, Selberpflücken von Obst zu den Öffnungszeiten des Ladens. **Infos:** Veranstaltungskalender ↗ Internetseite, alle Angebote für Kinder können auch für Kindergärten und Schulklas-

Hunger & Durst

MainÄppelHaus, Bistro Mai – Okt bei schönem Wetter Do – So ab 14.30 Uhr bis Einbruch der Dunkelheit. Apfelsaft und -wein, Apfel-Leberterrine, Apfelbratwurst, Apfelstreuselkuchen, Handkäs mit Musik, Hausmacherwurst, Spundekäs sowie Lohrberger Riesling.

 70

sen, Gruppen und Kindergeburtstage vereinbart werden, anika.hensel@mainaeppelhauslohrberg.de.

▶ Frankfurter Kinder müssen nicht unbedingt in den Taunus, auch im Stadtgebiet könnt ihr ein wenig Höhenluft schnuppern. Dazu braucht ihr nur den 190 m hohen Lohrberg zu besteigen. Hier – hoch über dem Nordosten der Stadt – seid ihr fernab vom Verkehrslärm und habt einen tollen Ausblick. Auf der Hochfläche gibt es etwas Wald, ausgedehnte Liegewiesen und einen schönen Spielplatz. An warmen Sommertagen lohnt sich ein Besuch auch deshalb, weil es auf dem kleinen Spielplatz ein kühles Planschbecken gibt. Ansonsten findet ihr auf diesem beschaulichen Flecken einen Sandkasten, Schaukeln und Bänke. Grillfans dürfen ganz in der Nähe sogar in einem Extra-Bereich mit Grillmulden loslegen. Außerdem ist die ↗ **Lohrbergschänke** mit ihrem zünftigen Gartenlokal nicht weit.

Auch die südliche Hangzone unterhalb des Lohrberg-Gipfels ist interessant, denn hier befinden sich Frankfurts letzter Weinberg und der ausgedehnte Beratungsgarten Lohrberg, betrieben vom Verein *Main ÄppelHaus Lohrberg,* in dem ihr zu Wochenmarktpreisen Obst und Beeren ernten dürft und den interessanten Naturerlebnisgarten mit Themenbeeten ansehen könnt.

 Das MainÄppel-Haus engagiert sich stark in der Naturerlebnispädagogik. In dem übervollen Veranstaltungskalender stehen zahlreiche Kurse für Kinder und Familien. Da werden Äpfel geerntet und gekeltert, es wird aus Kräutern Seife gemacht oder ihr geht auf Nachtwanderung mit Fledermausbeobachtung. Außerdem gibt es mehrere Feste und Oster-Ferienspiele.

Abenteuer gestalten und erleben

Sägen, graben, ernten und klettern: Abenteuerspielplatz Günthersburg

Wetteraustraße/Schlinkenweg, 60389 Frankfurt a.M.-Nordend. ℡ 069/4692040, Fax 299888334. www.abenteuerspielplatz.de. info@abenteuerspielplatz.de. **Bahn/Bus:** ↗ Günthersburgpark. **Zeiten:** Mitte März – April Mo – Fr 11 – 18, Mai – Okt Mo – Fr 12 – 18, in den Sommerferien Mo – Fr 11 – 19 Uhr, Mai – Okt auch Sa 13 – 18 Uhr, Nov – Feb 12 – 17 Uhr. **Infos:**

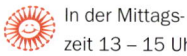 In der Mittagszeit 13 – 15 Uhr auf Anfrage zusätzlich kleine Werkangebote wie Speckstein schnitzen oder Ton kneten.

ASP Riederwald e.V., *15 Jahre Abenteuerspielplatz Günthersburg 1992 – 2007*, erhältlich auf dem Abenteuerspielplatz oder in der Vereinsgeschäftsstelle.

Für Kinder ab 6 Jahre, jüngere Geschwister spielen im Sandkasten und auf der Rutsche.

▶ Auf dem Abenteuerspielplatz beim Günthersburgpark ist viel los. Die Hauptaktivität ist der Bau von Holzhütten, da muss gemessen, gesägt, genagelt und geklopft werden. Doch das ist noch längst nicht alles: So gibt es einen hohen Felsen mit Boulderwand, bei der es mehr darum geht, in die Breite statt in die Höhe zu klettern. Ein entsprechender Kurs wird angeboten. Im Garten ist von Frühjahr bis Herbst, von der Aussaat bis zur Ernte immer etwas zu tun. Darüber hinaus gibt es auch noch einen Bolzplatz, eine Tischtennisplatte, einen Basketballkorb und ein paar konventionelle Attraktionen wie Sandkasten und die große Rutsche am Hang.

Bautenreiche Spiellandschaft: Abenteuerspielplatz Bockenheim

Bund Deutscher PfadfinderInnen, Ginnheimer Landstraße 37, 60487 Frankfurt a.M.-Bockenheim. ✆ 069/ 4365748 (nur Mo), Fax 43058413. Handy 0162/ 2802533. www.abenteuergelaende.de. asp-bockenheim@gmx.de. An der Bezirkssportanlage West, neben dem Clubhaus des VfR Bockenheim. **Bahn/Bus:** Bus 34 bis Universitätssportanlagen, Straba 16 Frauenfriedenskirche, neben Ginnheimer Landstraße 33 Hinweisschild Abenteuerspielplatz. **Rad:** U4, 6, 7, Straba 16 bis Bockenheimer Warte, dann über Gräf- und Sophienbis Ginnheimer Landstraße. **Zeiten:** Fasching – Weihnachten Mo – Fr 13 – 18, in den Ferien 11 – 18 Uhr; vormittags für Kinderläden, Krabbelstuben, Schulklassen, Einrichtungen aller Art nach Absprache geöffnet. **Preise:** offener Betrieb für Kinder 7 – 12 Jahre, für bestimmte Projekte und besondere Ferienverstaltungen jedoch Anmeldung und z.T. Kostenbeteiligung erforderlich, dann auch Essen zu 2,50 €. **Infos:** spannendes Programm in den Oster-, Sommer- und Herbstferien, mehrere Feste, alle Termine im Kalender auf der ↗ Internetseite.

▶ Der Platz an der Bezirkssportanlage West ist mit seinen Rasenflächen und Bäumen für Kinder 6 – 12 Jahre ein abwechslungsreiches Gelände. Wie auf den meisten Frankfurter Abenteuerspielplätzen spielt das Werkeln mit Holz, d.h. der Bau von Hütten, eine große Rolle. Es gibt ein mächtiges Holztor, ein hohes Baumhaus und andere Bauten, ein Planschbecken mit Bachlauf, eine Wasserrutsche (bei warmem Wetter), ein kleines Feuchtbiotop, ein tolles Holzschiff, einen Garten, eine Feuerstelle und sogar einen Pizzaofen. Ihr könnt außerdem klettern, Tischtennis, Volley-, Fuß- und Basketball oder Billard spielen. Ein Spielhaus mit Mädchen-Rückzugsraum ist nicht nur für schlechtes Wetter da, sondern bietet generell Raum für Spiele, Musik und Basteln. Auch kleinere Schmiede- und Schreinerarbeiten sind möglich. Unter einer mächtigen Trauerweide befinden sich Tische und Bänke, im Baum sind originelle Schaukeln befestigt. Und schließlich ist da noch der kleine Spielplatz für die jüngeren Kinder, mit Sitzecke für die Eltern, Sand, Wippe und weniger steiler Rutsche.

Freitags ist Feuertag: Backen im Steinofen, Grillen, Stockbrot rösten u.v.m. am offenen Feuer. Weitere Projekte sind z.B. Specksteinschnitzen, Bumerang- und Drachenbau, Batiken, Spielplatzübernachtungen oder Touren in selbst gebauten Indianer-Kanus. Darüber hinaus gibt es Ferienfreizeiten und für Feste lässt sich sogar der ganze Platz mieten (nur für Kindergruppen und in der Regel außerhalb der Ferien).

Hier wird gehämmert: Abenteuerspielplatz Riederwald

Abenteuerspielplatz Riederwald e.V., Kirschenallee, 60386 Frankfurt a.M.-Riederwald. ✆ 069/421050, www.abenteuerspielplatz.de. info@abenteuerspielplatz.de. Neben den Sportplätzen der SG Riederwald. **Bahn/Bus:** U6, 7, Straba 11, 12 Johanna-Tesch-Platz. **Rad:** U7 bis Eissporthalle, dann via Ostpark und Riederwald. **Zeiten:** März – Okt Mo – Fr 11 – 19, außer 1. Sa im Monat Sa 14 – 18 Uhr, in den Ferien jeden Sa; Nov – Feb Mo – Fr 11 Uhr – Einbruch der Dunkelheit. **Infos:** Für Kinder 6 – 13 Jahre. Der Abenteuerspielplatz Riederwald e.V. ist u.a. zuständig für die Abenteuerspielplätze ↗ Colorado Park und ↗ Günthersburg.
▶ Der Abenteuerspielplatz besitzt ein tolles Gelände mit mächtigen Bäumen. Es ist reichlich Werkzeug vorhanden, sodass ihr bestens fürs Sägen und Häm-

 Während der Sommerferien ist das Piratenboot des Abenteuerspielplatzes Riederwald der Hit: Ein altes offenes Mainfährschiff, auf das circa 25 Kinder passen und das auf dem Main verkehrt. Anmeldung und Info ✆ 069/299888333. Im Sommer außerdem jeden Do Hüpfburg und Stockbrot backen.

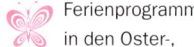 Ferienprogramm in den Oster-, Sommer- und Herbstferien.

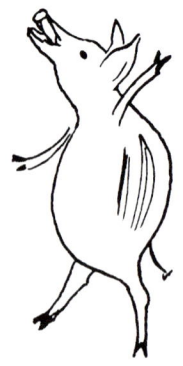

mern gerüstet seid. Eine Spezialität des Platzes ist die Halfpipe, zudem gibt es einen Bereich zum Matschen, eine Tischtennisplatte und einen Lagerfeuerplatz sowie klassische Spielgeräte wie Rutsche und Seilbahn für jüngere Kinder. Viel unternommen wird übrigens auch im benachbarten Wald, der quasi so etwas wie das »Abenteuer Natur«-Feld des Platzes ist. Bei schlechtem Wetter oder an kalten Wintertagen könnt ihr euch in das große Spielhaus, in dem sich Küche, WC und Werkzeugausgabe befinden, zurückziehen.

Main Street mit Saloon: Abenteuerspielplatz Colorado-Park

Abenteuerspielplatz Riederwald e.V., An der Raimundstraße, 60431 Frankfurt a.M.-Ginnheim. ✆ 069/561642, Fax 299888334. www.abenteuerspielplatz.de. info@abenteuerspielplatz.de. Neben Aldi. **Bahn/Bus:** U1 Ginnheim, Bus 64 bis Fallerslebenstraße oder U1 – 3 Miquel-/Adickesallee, Bus 64 bis Paquetstraße. **Rad:** U1 – 3, 8 Hügelstraße, dann Raimundstraße. **Zeiten:** Mai – Okt Mo – Fr 11 – 18 Uhr, 8. Mai – 30. Okt auch Sa 14 – 18 Uhr; Nov – April Mo – Fr 11 Uhr – Einbruch der Dunkelheit.

▶ Der Ginnheimer Abenteuerspielplatz liegt in einem Gebiet, wo sich bis in die 1990er Jahre hinein eine amerikanische Housing Area befand. Da passte es gut, dass die jungen Holzhüttenbauer auf dem 1997 gegründeten Spielgelände einen richtigen Wildwest-Ort aufbauten, samt einer *Main Street* mit Saloon, Läden und einem Mississippidampfer. Unter- und Vorderdeck des Dampfers sind über Rampen auch für Rollstuhlfahrer erreichbar. Wilden Westen verkörpert auch die Schlucht, der *Mini Grand Canyon,* auf dessen Höhe ein Pfad für Mountainbiker verläuft. Einzigartig in der Szene der Frankfurter Abenteuerspielplätze ist ferner die *Archery Range,* eine kleine Anlage zum Bogenschießen. Da dies große Vorsicht verlangt, wird diese jedoch nur gelegentlich nach

Absprache genutzt. Zudem ist eine Wasserspielland-schaft aufgebaut worden, wo ihr ganz toll planschen, matschen, Wasser stauen, Bachläufe buddeln und Brücken bauen könnt. Sogar eine 7 m lange Wasser-rutsche gibt es dort! Darüber hinaus findet ihr einen Irrgarten mit Douglasienwäldchen, Magnolienhain und Heckenlabyrinth. Die Kunstbegeisterten unter euch kommen auch nicht zu kurz: Bildhauern mit Holz und Speckstein, Masken aus Pappmaschee fer-tigen, Theater spielen und trommeln sind möglich.

ASP Riederwald e.V., Broschüre *10 Jahre Abenteuerspiel-platz Colorado Park 1997 – 2007,* auf dem Abenteuerspielplatz oder in der Vereinsge-schäftsstelle erhältlich.

Kinderparadies im Frankfurter Westen: Volkspark Niddatal

60431 Frankfurt a.M.-Ginnheim/Hausen. www.frank-furt.de. buergerberatung@stadt-frankfurt.de. **Bahn/ Bus:** U1, 9 Niddapark. **Rad:** Nidda-Radweg z.T. parallel zur U1 nach Südosten, dann parallel zur Bahnlinie nach Südwesten zum Spielplatz.

▶ Zwischen der A66 im Süden und dem Römerstadt-abschnitt der Nidda im Norden erstreckt sich ein brei-ter Streifen aus Wiesen und Wäldchen. Auf diesem Terrain wurde 1989 die Bundesgartenschau veran-staltet. Mittlerweile hat sich die ungezügelte Natur wieder eingerichtet. Das von einem dichten Wege-netz durchzogene Gelände ist ein viel besuchtes Naherholungsgebiet, in dem kleinere Kinder wunder-bar radeln und wandern – und im Herbst ihre Dra-chen steigen lassen können.

Nur wenige Meter südlich von der U-Bahn-Haltestelle Niddapark gibt es einen gut eingerichteten **Spielplatz** mit einem Spielturm mit zwei Rutschen inmitten ei-nes großen Sandfeldes, zwei Seilbahnen, tollen Schaukeln, Wippen und noch einigen anderen Gerä-ten – alles auf einer ausgedehnten Wiese. Dieses vielseitige Spielgelände ist seit Jahren der Lieblings-spielplatz meiner kleinen Enkel Hyun-Woo und Hyun-Seo im Frankfurter Westen. Nach Süden schließt ein Skaterplatz an, neben das rechts das **Restaurant** vom Sportverein *Blau-Gelb* liegt.

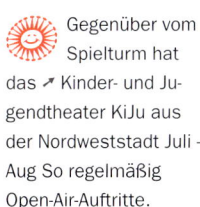 Gegenüber vom Spielturm hat das ↗ Kinder- und Ju-gendtheater KiJu aus der Nordweststadt Juli – Aug So regelmäßig Open-Air-Auftritte.

Hunger & Durst

Blau Gelb, Am Ginnhei-mer Wäldchen 3, Ginn-heim/Hausen. ℭ 069/ 532650. www.blau-gelb.de. Di – Fr 15 – 23, Sa, Fei 11 – 23, So 11 – 21 Uhr. Grie-chische Küche, Pizza, Pasta, Salate und klei-ne Gerichte.

Kleine Wildnis: Abenteuerspielplatz Nordweststadt

Kinderhaus/ASP Nordweststadt – Kommunale Kinder-, Jugend- und Familienhilfe, Am Hammarskjöldring 1, 60439 Frankfurt a.M.-Nordweststadt. www.frankfurt.de. info@kinderhaus-nordweststadt.de. **Bahn/Bus:** U1, 9 Bus 29, 60, 71, 72/73, 251 bis Nordwestzentrum. **Zeiten:** März – Okt Mo – Do 14.30 – 17.45 Uhr; während der Ferienspiele im Sommer Mo – Fr 10.30 – 17 Uhr, in dieser Zeit auch Mittagessen zu 2 €. **Infos:** Gehört zum Kinderhaus Nordweststadt, Niddaforum 8, 60439 Frankfurt a.M., ☎ 069/58707-455, Fax -456. Programm im Kinderhaus oder auf dem Abenteuerspielplatz erhältlich.

Auch das Kinderhaus Nordweststadt bietet Mo – Fr 13.30 – 18 Uhr sehr viele Aktivitäten an – ohne vorherige Anmeldung!

▶ Auf diesem tollen Abenteuerspielplatz – einem üppig bewachsenen Gelände mit vielen Bäumen und Sträuchern nahe dem Nordwestzentrum – können Kinder 6 – 12 Jahre allerhand unternehmen, z.B. Hütten bauen, an der Wand des hohen Burgturms klettern, mit Wasser und Erde matschen, mit Holz basteln oder malen. Sogar einen Gemüsegarten gibt es! Und im Steinofen könnt ihr eigene Pizza backen. Gegen Kaution werden Werkzeuge und allerlei Spiele verliehen. In den Sommerferien bietet der Abenteuerspielplatz zahlreiche zusätzliche Aktivitäten und Ausflüge. Die Ferienspiele beginnen und enden übrigens jeweils mit einem Fest. Am besten beschafft ihr euch das Programm schon frühzeitig!

Waldspielpark Carl-von-Weinberg

Golfstraße, 60528 Frankfurt a.M.-Niederrad. ☎ 069/212-30991, Fax 212-37853. www.frankfurt.de. gruenflaechenamt@stadt-frankfurt.de. Im Stadtwald, zwischen Golf- und Flughafenstraße. **Bahn/Bus:** Straba 21 oder Bus 61 bis Oberforsthaus. **Infos:** Bänke, Toiletten vorhanden, Hunde nicht erlaubt.

▶ Der schöne Waldspielpark ist aus einem Park hervorgegangen, das ist noch gut zu erkennen. Dieser bestand aus zwei von einem kleinen Waldstreifen getrennten Teilen. Der Spielplatz befindet sich in der größeren westlichen Hälfte. Die ausgedehnten Spiel- und Liegeflächen und Geräte wie Drehkarussell, Schaukeln – die eine zur Sicherheit der ganz Kleinen durch einen Bügel geschlossen – eine Liegeschaukel, drei Wippen und zwei Tischtennisplatten sowie drei kleine Spielhütten auf Stelzen und zwei Sandkisten, sind gewiss einladend. Die Attraktion des Platzes aber ist eine eigenartige Holzkonstruktion, die ein wenig nach einem Teil eines Schiffsrumpfes aussieht, an dem ihr klettern und rutschen könnt.

Waldspielpark Louisa

Stadtwald, Mörfelder Landstraße, 60528 Frankfurt a.M.-Niederrad. ℗ 069/632404, Fax 212-37853. www.frankfurt.de. gruenflaechenamt@stadt-frankfurt.de. **Bahn/Bus:** S3, 4, Straba 14 Bhf Louisa. **Auto:** Parken an der Darmstädter Landstraße. **Preise:** freier Zugang zum Spielpark. **Infos:** Kiosk bietet kalte und warme Getränke sowie Snacks, Toiletten, Behinderten-WC vorhanden.

▶ Der Waldspielpark Louisa lässt Kinderherzen höher schlagen. Die Liegewiese und die Spielfläche sind geräumig und ansprechend: zwei Schaukeln, Liegeschaukel, Wippe, Drehscheiben, eine Anlage mit drei kleinen Hütten, einem hohen Baumhaus und viel Sand, eine Hangrutsche, zwei Tischtennisplatten und Klanghölzer bieten allerlei Möglichkeiten zum Spielen und Herumtollen. Der Spielplatz enthält auch einen Streifen Waldwildnis mit dicken alten Eichen und einem quirligen Bach – ein guter Ort zum Verstecken spielen. Unter hohen Bäumen stehen Tische und Bänke zum Picknicken. An heißen Sommertagen wird sogar ein **Wassersprühfeld** aktiv und das Planschbecken gefüllt, in das eine kleine Rutsche hineinführt. Nur der Lärm von der stark befahrenen Mörfelder Landstraße und der Zugstrecke Frankfurt – Mannheim stört.

Grünflächenamt, Mörfelder Landstraße 6, Frankfurt a.M. ℗ 069/212-30991. www.frankfurt.de. Die Frankfurter Waldspielparks werden vom Grünflächenamt verwaltet. Sie sind zu jeder Tages- und Jahreszeit zugänglich und kosten keinen Eintritt. April – Sep gibt es 10.30 – 19 Uhr eine Aufsicht. Mitte Mai – Mitte Sep werden bei min 22 Grad 10 – 18 Uhr die Wasserspiele angestellt.

 Das **Wassersprühfeld** *auf Spielplätzen wurde in den 1960er Jahren in Frankfurt erfunden.*

Schon mal was vom *Schwanemer Deckelkuchen* gehört? Dann nichts wie ran an dieses köstliche Gebäck: So 14.30 – 18 Uhr werden vom Kobelt-Zoo im Zelt Kaffee, kalte Getränke und Omas selbst gebackener Kuchen angeboten.

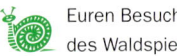 Euren Besuch des Waldspielparks könnt ihr mit einem Abstecher zum nahe gelegenen ↗ Verkehrsmuseum Schwanheim, zum ↗ Kobelt-Zoo oder mit einer Wanderung auf dem hier beginnenden Waldlehrpfad kombinieren.

 **Minigolf,** April – Okt Mo – Fr 12 – 18, Sa, So 10 – 19 Uhr. Verleih am Kiosk, Ausweis als Pfand, Erw und Kinder 1,50 €, auch Eis, Süßigkeiten und Würstchen.

Waldspielpark Schwanheim

Schwanheimer Bahnstraße, 60529 Frankfurt a.M.-Schwanheim. ✆ 069/212-30991, Fax 212-37853. www.frankfurt.de. gruenflaechenamt@stadt-frankfurt.de. **Bahn/Bus:** Straba 12, 19, Bus 51, 62, 68, 78 bis Rheinlandstraße. **Auto:** Parken vor dem Waldspielpark. **Rad:** Vom Main-Radweg via Straße Alt-Schwanheim. **Infos:** Kiosk und Toiletten in der Saison geöffnet.

▶ Der populäre Schwanheimer Waldspielpark liegt nur wenige hundert Meter südlich des gleichnamigen Frankfurter Vororts. Hauptattraktionen auf dem großen Waldgelände waren bislang unangefochten das **Wasserspielbecken** mit seinem Sprühfeld, wo es turbulent zugeht, und die steile Hangrutsche. Dazugekommen ist das **prähistorische Abenteuerland** mit drei großen Dinosauriern aus Holz und Stahl als integrativer Spielbereich. Jeder Dinosaurier hat eine besondere Funktion: Einer lädt zum Spiel mit Tönen und Klängen ein, einer besitzt Spielgeräte zum Thema Optik und einer fungiert als Schaufelbagger. Überaus originell ist auch der große, künstliche Meteoritenkrater, in dessen Sand ihr fantasievoll nach Fossilien suchen könnt. Es gibt noch viele andere Spielgeräte wie Seilbahn, Wippe, Drehkarussell und Schaukeln. Ihr könnt euch auch auf einem Bolzplatz, dem Beachvolleyballfeld, dem **Minigolfplatz** oder an den acht überdachten Tischtennisplatten vergnügen. Die große Liegefläche mit ihren alten Bäumen eignet sich indes wunderbar zum Picknicken, ein Kiosk versorgt euch April bis September mit Imbiss und Getränken. In der Nähe des Eingangs befindet sich zudem ein Grillplatz mit offenen und überdachten Feuerstellen.

Das Licht- und Luftbad auf der Maininsel

Kombinat Gmbh, Peter Hovermann, Niederräder Ufer 10, 60528 Frankfurt a.M.-Niederrad. ✆ 069/7940530-0, Fax -1. www.werkstatt-frankfurt.de. post@kombinat-frankfurt.de. **Bahn/Bus:** Straba 12, 15, 19, 21 Heinrich-Hoffmann-Straße/Blutspende-

© Peter Meyer

Rutschen, buddeln, grillen, auf Stelzen laufen oder Hula-Hoop üben: Auf der Insel könnt ihr Spielgeräte ausleihen

dienst. **Rad:** Main-Radweg. **Zeiten:** April – Sep 10 Uhr – Einbruch der Dunkelheit max 22 Uhr. **Infos:** WC am Café nur über eine Treppe erreichbar, ein weiteres in der Mitte der Insel ist ebenerdig, aber wenig gepflegt.

▶ Ein Nachmittag auf einer **Insel** mitten im Main ist mal was anderes. Über einen schmalen Steg kommt ihr dorthin. Auf der Insel könnt ihr spielen, herumtollen, picknicken, in einer Riesenbuddelkiste am Sandstrand matschen oder den vorbeiziehenden Schiffen zuschauen – nur im Fluss baden, das geht nicht. Aber Hunger und Durst können gestillt werden, denn auf der Insel bietet das **LiLu** – ein Ponton-Café, das wie ein eckiges Schiff aussieht – Snacks und Getränke an. Es besteht die Möglichkeit, Volleyballnetze, Boulekugeln, Strandliegen, Biertisch-Garnituren sowie einen Schwenkgrill zu mieten. Das alles wird ausgiebig auch für Geburtstagsfeten genutzt.

Auf der Insel befand sich seit 1900 bis zum Badeverbot im Main Mitte der 50er Jahre ein Strand- und Familienbad speziell für Arbeiterfamilien mit Garderobenhalle, Spiel- und Turnplatz sowie drei im Fluss abgetrennten Schwimmbecken. Fünf solcher Strandbäder gab es einst in Frankfurt. Dieses hier war die letzte Frankfurter Badeanstalt, zu der jüdische Bürger nach 1936 noch Zutritt hatten, aber nach Saisonende 1938 war es damit auch hier vorbei. – Derzeit finden im Licht- und Luftbad Renovierungsarbeiten

*Die **Insel** befindet sich im Hochwassergebiet. Das Lokal steht also nicht nur symbolisch auf einem Ponton. Hochwasser gibt es allerdings in der Regel nur im Winter.*

Hunger & Durst

LiLu-Café, Frankfurt, ☎ 069/67733653. Täglich April – Okt 10 – max 22 Uhr. Von dem Integrationsbetrieb Kombinat selbst betriebener Imbiss mit Tischen im Freien und Currywurst oder Kuchen zu günstigen Preisen.

statt, die bis spätestens Anfang Juni 2011 abgeschlossen sein werden. Die Bauarbeiten für ein geplantes Naherholungsgebiet rund um das Gelände werden noch bis Frühjahr 2012 andauern, den Betrieb des Bades selbst jedoch nicht beeinträchtigen.

Abenteuerspielplatz Wildgarten Sachsenhausen

Aktionsgemeinschaft für Kinder und Jugendarbeit Sachsenhausen e.V., Stresemannallee, 60596 Frankfurt a.M.-Sachsenhausen. ☎ 069/69536667, Fax 69536667. www.frankfurt.de. wilder.garten@gmx.net. Am Südende der Stresemannallee. **Bahn/Bus:** S3, 4 Stresemannallee. **Zeiten:** frei zugänglich.

Direkt neben dem Abenteuerspielplatz gibt es einen neuen Bolzplatz.

▶ Das Gelände des Sachsenhäuser Spielplatzes an der verkehrsreichen Stresemannallee ist urwüchsig mit Büschen und Bäumen bedeckt, also ein kleines Stück Wildnis zwischen all dem Beton. Viel Spaß haben manche Kinder an der echten alten Lokomotive, andere lieben das große Kriechtunnelrohr oder den hohen Aussichtsturm. Es gibt aber noch viel mehr, z.B. Piratenhaus, Klettergerüst, Rutsche, Seilbahn, Schaukeln und Lagerfeuerplatz. Bei Regen könnt ihr in diverse Hütten flüchten. Besondere Angebote sind die jährlichen Sommerferienspiele, das Sommerfest, die Herbstferienspiele und das Runkelrübenfest (Halloween auf hessische Art).

Waldspielpark Scheerwald

Sachsenhäuser Landwehrweg, 60598 Frankfurt a.M.-Oberrad. ☎ 069/653897, Fax 212-37853. www.frankfurt.de. gruenflaechenamt@stadt-frankfurt.de. **Bahn/Bus:** Straba 15, 16 Buchrainplatz oder Bus 81, 82 Buchrainstraße, danach 1,5 bzw. 1,1 km zu Fuß. **Auto:** Parkplatz vor der Sportanlage Beckerwiese. **Rad:** Main-Radweg flussaufwärts, circa 1 km hinter der Deutschherrnbrücke rechts, geradeaus via Speckgasse und Hansenweg durch Oberrad hindurch. **Infos:** WC und Umkleideräume vorhanden.

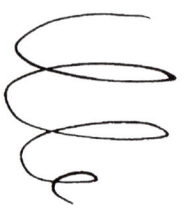

▶ In diesem großen, ausgesprochen schönen Waldspielpark südöstlich von Sachsenhausen erwarten euch nicht nur ein Spielplatz mit recht vielen Geräten und besonders tollen Schaukeln, sondern auch ein Wassersprühfeld, genug Sand, zwei Bolzplätze (zwei durch Bügel schließbar), vier überdachte Tischtennisplatten, ein Rollschuhfeld, ein Basketballplatz, ein Grillplatz, Tische und Bänke, hohe Bäume und eine **18-Loch-Minigolfanlage.** Schläger und Bälle zum Minigolf spielen bekommt ihr am Kiosk. Dort gibt es außerdem Bockwürste, Getränke und Süßigkeiten. An heißen Sommertagen macht sich angenehm bemerkbar, dass der gesamte Spielpark unter Schatten spendenden Bäumen liegt.

Waldspielpark Goetheturm

Sachsenhäuser Landwehrweg/Wendelsweg, 60599 Frankfurt a.M.-Sachsenhausen. ✆ 069/69685113, Fax 212-37853. www.frankfurt.de. gruenflaechen-amt@stadt-frankfurt.de. **Bahn/Bus:** Bus 48 Goetheturm, Bus 30, 36, OF-50 Hainer Weg oder Sachsenhäuser Warte. **Auto:** Parkplatz am Wendelsweg. **Rad:** ↗ Waldspielpark Scheerwald, Goethe-Wanderweg. **Infos:** Toilette vorhanden.

▶ An diesem vielseitigen Waldspielgelände lieben Kinder das Planschbecken, die 11 m lange Röhrenrutsche vom kleinen künstlichen Hügel und besonders den raffiniert angelegten Irrgarten: Ein 500 m langes Wegesystem, an dem ein 1,80 m hoher Bretterzaun entlangläuft. Aufgrund von allerlei Sackgassen ist es ganz schön schwer, schnell den Weg ins Zentrum zu finden! Dort erwartet euch ein Wasserspiel und ein GrünGürtel-Tier richtet seinen Kopf neugierig auf Ankommende. Die anderen Spielgeräte sind auch nicht zu verachten und Sand ist ebenfalls genügend vorhanden.

Für zusätzlichen Spaß sorgt die Besteigung des 43 m hohen **Goetheturms** von 1931, der 10 – 18 Uhr geöffnet hat. Wenn ihr die 196 Stufen bewältigt habt,

 Minigolf, April – Okt 11 – 18 Uhr. Erw 2 €, Kinder 1 €.

Hunger & Durst

Goetheruh, Am Goetheturm 1, Frankfurt a.M. ✆ 069/686830. April – Sep Mo – Fr 14 – 18, Sa, So, Fei 12 – 19 Uhr, bei gutem Wetter auch länger und im Okt geöffnet. Restaurant-Café neben dem Goetheturm, im Sommer mit Biergarten. Kleine und größere Gerichte, Kaffee und Kuchen, kalte Getränke, Eis.

Volles Rohr: Am Goetheturm könnt ihr rutschen, buddeln und klettern

© Peter Meyer

ist euch ein atemberaubender Rundblick auf Frankfurt, Offenbach und viel Wald garantiert. Versucht doch mal, euer Haus oder zumindest euren Stadtteil zu entdecken!

Abenteuerspielplatz Kiefernstraße

Int. Bund (IB) – Freier Träger der Jugend-, Sozial- und Bildungsarbeit e.V., Kiefernstraße 18a, 65933 Frankfurt a.M.-Griesheim. ✆ 069/389807-74, Fax 389807-75. www.internationaler-bund.de. asp-ffm@internationaler-bund.de. Eingang gegenüber der Gesamtschule. **Bahn/Bus:** Straba 11, 21, Bus 59 bis Waldschulstraße. **Rad:** Von Schleuse Griesheim über Ahorn- und Elektronstraße. **Zeiten:** Mo – Fr 12.30 – 17 Uhr. **Preise:** offene Freizeiteinrichtung für Kinder 6 – 15 Jahre.

▶ Wie es sich für einen Abenteuerspielplatz gehört, werden hier Holzhütten gebaut. Entsprechend eifrig wird hier gesägt und gehämmert. Darüber hinaus könnt ihr euch im Feuermachen üben, im großen Wasserspielbereich ausgelassen spielen, Fahrräder reparieren, Skulpturen schnitzen, im Garten arbeiten, kochen und basteln oder einfach Musik hören, toben und spielen. Bei schlechtem Wetter steht das 60 qm große Spielhaus zur Verfügung.

Großes Grillen

Grillplätze und -hütten in Frankfurt

Grünflächenamt, Mörfelder Landstraße 6, 60598 Frankfurt, ✆ 069/212-30991, Fax -37853. www.frankfurt.de. gruenflaechenamt@stadt-frankfurt.de.

Griesheim: Mainvorland am Westrand bei der Europabrücke, Anfahrt über die Schöffenstraße/Griesheimer Stadtweg.

Sossenheim: Grillplatz im Cäcilia-Lauth-Park nahe der Autobahn.

Römerstadt: nördlich der S-Bahnbrücke, Zufahrt über die Hadrianstraße. Wiese mit hohen Bäumen, Feuerstellen, Grillgerät mitbringen.

Rauchschwaden wallen über die Wiesen: Auf dem Lohrberg wird um die Wette gegrillt und gebrutzelt

Bonames: im Nordpark östlich der Homburger Landstraße. Wiese mit Grillmulden, Grillgerät mitbringen, Multikultiszene.

Rebstock: Parkgelände mit Weiher, Anfahrt über die Max-Bruss-Straße. Feuerstellen, Grillgerät mitbringen, Multikultiszene.

Seckbach: im Lohrpark auf dem Lohrberg nahe der Lohrbergschänke gibt's Feuerstellen, Grillgeräte mitbringen.

Ostpark: Grillplatz auf dem Parkgelände, nahe Weiher, Anfahrt über die Ostparkstraße. Toiletten und Kiosk vorhanden.

Fechenheim: Waldspielpark ↗ Heinrich-Kraft-Park. Großer Grillplatz mit offenen und überdachten Feuerstellen, 14 Grillstellen und Platz für 400 Pers, Tische, Bänke und Grills können mitgebracht werden. Kiosk und Toiletten vorhanden.

Sachsenhausen: Waldspielpark ↗ Scheerwald. 4 überdachte Grillstellen mit je 3 Rosten, Bänke und Tische im Freien, eigene Tische, Bänke und Grills können mitgebracht werden. Grillen bis 22 Uhr erlaubt, Kiosk und WC vorhanden.

Schwanheim: großer Grillplatz, offene und überdachte Feuerstellen, Mitbringen von Tischen, Bänken und Grills erlaubt. WC und Kiosk im benachbarten Waldspielpark.

Laut Satzung darf in öffentlichen Grünanlagen nur auf Plätzen gegrillt werden, die dafür ausgewiesen sind. Dort dürft ihr auf kreisrunden Betonflächen Grillgeräte aufstellen. Einige wenige Tische und Bänke sorgen für bescheidene Gemütlichkeit. Für die Entsorgung von Asche und Glut gibt es Behälter, der Restmüll kommt in Mülltonnen.

WINTER-SPORT

 Infos zum Rodeln und Skilaufen im Vogelsberg in: *Vogelsberg und Wetterau mit Kindern*, ISBN 978-3-89859-432-5, 12,95 €, pmv Peter Meyer Verlag.

Happy Birthday!
Geburtstagskinder haben bis zum Beginn des 18. Lebensjahres freien Eintritt. Lichtbildausweis als Beweis nicht vergessen!

Schlitten fahren und Eislaufen

Rodeln in Frankfurt

60313 Frankfurt a.M.-Seckbach. **Bahn/Bus:** ↗ Quellenwanderweg Lohrberg, Bus 43 ab U4 Seckbacher Landstraße bis Budge-Heim, kleinen Weg links vom Mediacampus aufwärts und hinterm Versuchsgarten links gehen.

▶ Wenn es doll geschneit hat, solltet ihr kurz entschlossen den Schlitten packen und euch zum Frankfurter **Rodelparadies** ↗ *Lohrberg* aufmachen. Unterhalb der Lohrbergschänke ist eine große Hangwiese auf der ihr sanfte, aber auch schwerere, recht steile Strecken fahren könnt. Noch mehr und anspruchsvollere Möglichkeiten für Rodler und Skiläufer bieten natürlich der nahe *Feldberg* und der ebenfalls nicht allzu ferne *Vogelsberg*.

Eissporthalle Frankfurt

Am Bornheimer Hang 4, 60386 Frankfurt a.M.-Bornheim. ℂ 069/212-39308 (Kasse), 212-30810 (Büro), Fax 212-30816. www.eissporthalle-frankfurt.de. ffm.eissporthalle-info@stadt-frankfurt.de. **Bahn/Bus:** U6, 7, Straba 12, Bus 38, OF 103 Eissporthalle/Festplatz. **Zeiten:** Sep – Anfang Herbstferien 9 – 12, 15 – 17.30, 20 – 22.30, Anfang Herbstferien – Anfang Nov 9 – 22.30, Anfang Nov – Mitte März (= Hauptsaison) 9 – 22.30, Mitte – Ende März 9 – 22.30, April 9 – 12, 15 – 17.30, 20 – 22.30 Uhr. **Preise:** Hauptsaison 6, 11er-Karte 60 €; Nebensaison 4, 11er-Karte 40 €; Kinder 6 – 17 Jahre Hauptsaison 4, 11er-Karte 40; Nebensaison 3, 11er-Karte 30 €; günstigere Konditionen für Gruppen ab 10 Pers und Schulklassen. **Infos:** Leihschlittschuhe Hauptsaison 3,50, Nebensaison 3 €, als Pfand Lichtbildausweis oder 50 € pro Paar erforderlich; auch Schleiferei und Laden.

▶ Es macht zweifellos großen Spaß, wie der Wind über die Eisfläche zu fegen oder elegante Pirouetten zu drehen und zauberhafte Sprünge und Figuren auf das Eis zu zaubern. Drinnen und draußen stehen dafür sage und schreibe vier Eisflächen zur Verfügung: die große Halle (1800 qm Eisfläche), die kleine Halle (675

Eistanz oder Eishockey: In der Eissporthalle könnt ihr euch in Kursen und Vereinen ausbilden lassen

qm), die überdachte Außenfläche (1800 qm) und der 400-m-Außenring (12 m breite Eisfläche). In der Eissporthalle trägt auch der Eishockey-Regionalligist **Löwen Frankfurt** seine Heimspiele aus – eine gute Gelegenheit, mal den Spielkünsten versierter Eishockeyspieler zuzuschauen. Bei den *Young Lions* könnt ihr dem Puck selbst hinterher jagen, www.young-lions.de.

Wenn ihr lieber Eiskunstlauf lernen wollt, seid ihr beim *FREC Frankfurter Roll- und Eissportclub* richtig, www.frec.de. Eisschnelllauf trainieren könnt ihr bei *Dynamo Frankfurt,* www.edffm.de oder beim ↗ *OEC Olympischen Eisschnellaufclub,* www.oec-frankfurt.

 Eiskunstlauf für Kleine und Kleinste in der Frankfurter Eissporthalle im kostenlosen Schnuppertraining Mo und Fr 15 – 16 Uhr.

Olympischer Eisschnelllauf Club Frankfurt

Am Bornheimer Hang 4, Eissporthalle, 60386 Frankfurt a.M. ✆ 069/776636, www.oec-frankfurt.de. peter.wiessenthaner@oecfrankfurt.de. **Zeiten:** Nov – März Kinderkurs Eisschnelllauf, April – Sep Kinderkurs Skaten (Inliner, Protektoren und Helm mitbringen). **Preise:** Jahresbeitrag Kinder 60 €, Aufnahmegebühr 15 €; Familien mit mehreren Kindern 120 €. **Infos:** Ausleihe von Schlittschuhen möglich, dann geringe Gebühr für das Schleifen.

▶ Die schnellste menschliche Art, sich auf zwei Beinen fortzubewegen, ist per Schlittschuh. Hierbei kann eine Geschwindigkeit von über 60 km/h erreicht werden.

Kinder ab 6 Jahre können beim Olympischen Eisschnelllauf Club einsteigen. Am Anfang geht es um die Technik des Gleitens und Kurvenfahrens. Da müsst ihr wirklich gut sein, wollt ihr mal als rasante Flitzer sturzfrei im Eisstadion Runden drehen! Kinder können in den Altersklassen 6 – 9, 9 – 11 und 11 – 14 Jahre trainieren. Ihr beginnt jeweils mit Aufwärmübungen, bevor es zum Schnelllauf auf den Außenring geht. Zum Abschluss der Saison gibt es einen Vereinswettkampf.

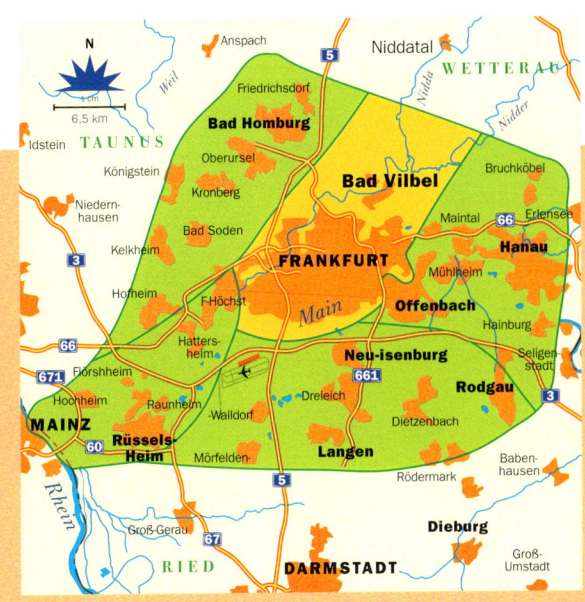

Frankfurt ist eine Großstadt? Ach wo, Frankfurt ist ein Dschungel! Wasserspaß, Radeltouren und Wanderungen sind ja längst noch nicht alles, was Frankfurt für aktive Familien in petto hat! Es gibt so viel Abenteuerliches zu entdecken, dass sogar eine zweite Griffmarke zum Thema Natur in Frankfurt notwendig ist.

Auf den folgenden Seiten geht ihr im Zoo auf die Pirsch und schnuppert im Palmengarten an Kaffeesträuchern und Bananenstauden.

Parks und Gärten

Durch Dschungel und Wüste: Im berühmten Palmengarten

Siesmayerstraße 61, 60323 Frankfurt a.M. ☎ 069/ 212-36689, -33939, Fax -37856. www.palmengarten-frankfurt.de. info.palmengarten@stadt-frankfurt.de.
Bahn/Bus: Haupteingang Siesmayerstraße: U6, 7 Westend oder U1 – 3, 8 Holzhausenstraße, anschließend jeweils Bus 36 bis Palmengarten; Eingang Palmengartenstraße: U4, 6, 7, Straba 16, Bus 32, 36, 50 Bockenheimer Warte. **Auto:** Tiefgarage unter dem Eingangshaus in der Siesmayerstraße 63. **Rad:** Von der Alten Oper via Bockenheimer Land- und Siesmayerstraße.
Zeiten: Haupteingang Siesmayerstraße 63 und Eingang Palmengartenstraße 11: Nov – Jan 9 – 16, Feb – Okt 9 – 18 Uhr, Eingang Zeppelinallee 18: So, Fei 10 – 16 Uhr. **Preise:** 5 €; Kinder 6 – 14 Jahre 2 €; Familien (2 Erw mit eigenen Kindern) 9,50 €. **Infos:** Hunde nicht erlaubt. Jahresprogramm als Faltblatt und im Internet.
Grüne Schule: ☎ 069/212-33391, Fax -37856, ditmar.breimhorst@stadt-frankfurt.de. Sprechzeiten Mo, Mi 9 – 11.30, Di, Do 13 – 16.30 Uhr.

▶ Der Palmengarten bietet eine wunderbare Pflanzenwelt aus allen Vegetationszonen unserer Erde. In einem Dutzend Glashäuser könnt ihr euch in dichten, feucht-heißen tropischen Regenwald mit Bananen und Orchideen oder in extrem trockene, tropische

UMWELT ERFORSCHEN

PFLANZEN & TIERE

🐛 Für Eltern und Großeltern: *Natur vor der Haustür – Stadtnatur in Frankfurt am Main* hrsg. v. Indra Ottich, Dirk Bönsel, Thomas Gregor, Andreas Malten und Georg Zizka, Stuttgart 2009, 204 Seiten, Kleine Senckenberg-Reihe 50, ISBN 978-3-510-61393-9, 17,80 €.

Weiche Federn: Bei der Vogelkundlichen Beobachtungsstation Untermain geht ihr auf Tuchfühlung zum Steinkauz

© Palmengarten Frankfurt, Grüne Schule

Halloween: Wenn die Grüne Schule zum Kürbisausstechen einlädt sind auch die Eltern plötzlich mit Feuereifer dabei

Der Naturpass gewährt als gemeinsame Jahreskarte für Zoo, Palmengarten und Senckenbergmuseum Erw für 90 und Kindern 6 – 14 Jahre für 40 € Eintritt.

Minigolf, Endhaltestelle Palmen-Express, April – Sep, Erw 2,50 €, Kinder bis 14 Jahre 1,50 €. Pfand für Schläger und Bälle 10 €.

Halbwüste mit dornigen Sträuchern begeben. Faszinierend ist auch der in den warmen Monaten im Freien aufgebaute Sukkulentengarten mit seinen vielen verschiedenen Kakteen und Agaven. Und dann sind da noch verschiedene Steppenwiesen, ein Staudenbiotop mit Bach, ein alpiner Gesteinsgarten mit allerlei Alpenpflanzen, eine Heidelandschaft, ein Rhododendrongarten, ein Rosengarten sowie eine Streuobstwiese wie sie die Eltern des Dichterfürsten Goethe im Frankfurt des 18. Jahrhunderts besaßen!

Der Palmengarten ist jedoch nicht nur ein botanisches Paradies, Kindern wird noch zusätzlich allerlei **Freizeitspaß** angeboten: zwei tolle Spielplätze, derjenige im Nordosten sogar mit Wasserspielanlage, Mini-Dschungel, ↗ Minigolfanlage und Kiosk, ein großer Weiher zum ↗ Bootfahren, ein Bähnchen, das das weite Gelände durchquert und Musiktheater ↗ Papageno. Die **Grüne Schule** nicht zu vergessen, die Kurse wie *Malen und kreatives Gestalten*, Kindergeburtstagsfeiern, Ferienprogramme und Lehrerfortbildungen organisiert und für die pädagogische Arbeit im Palmengarten zuständig ist.

Per Express durch den Palmengarten

60325 Frankfurt a.M. ✆ 0611/424952, Handy 0163/7750061. www.palmen-express.de. mail@palmen-express.de. **Bahn/Bus:** ↗ Palmengarten. **Zeiten:** April – Sep 10 – 18 Uhr. **Preise:** 1,20 €, 10er-Karte 9, Jahreskarte 45 €; Kinder 0,60 €, 10er-Karte 4,50, Jahreskarte 22,50 €.

▶ Eine Elektro-Lok mit 50 Sitzplätzen in bunten Wagen bummelt durch den Palmengarten. Die Fahrt dauert 7 Minuten und führt vom ↗ Papageno Theater im Südwesten zur Haltestelle an der Spielwiese im Nordosten. An der südwestlich gelegenen Haltestelle ist der Weiher mit ↗ Bootsverleih nahe, an der nordöstlichen der ↗ Minigolfplatz. An beiden Haltestellen warten tolle Spielplätze auf euch.

© Palmengarten Frankfurt

Die Bäume der nördlichen Erdhalbkugel

Botanischer Garten, Siesmayerstraße 72, 60323 Frankfurt a.M. ℡ 069/798-24790 (Anmeldungen), 798-24847, Fax -24835. www.botanischergarten.uni-frankfurt.de. botanischergarten@uni-frankfurt.de.
Bahn/Bus: U6, 7 Westend, dann zu Fuß Siesmayerstraße bis zum Ende oder U1 – 3 Holzhausenstraße, Bus 36 bis Palmengarten. **Rad:** ↗ Palmengarten.
Zeiten: März – Okt Mo – Sa 9 – 18, So, Fei 9 – 13 Uhr.
Preise: Eintritt frei. **Infos:** Jahresprogramm und Faltblätter zu Themen wie *Bedrohte Arten* oder *Schätze Ostasiens* am Eingang kostenlos erhältlich.

▶ Der Botanische Garten ist längst nicht so bekannt wie der benachbarte Palmengarten, deshalb herrscht hier kein so großer Andrang. 10- bis 14-jährige Biofans können im Botanischen Garten jedoch regelrecht auf Entdeckungsreise gehen und mitten in der mitteleuropäischen Großstadt nordamerikanische, ostasiatische und mediterrane Pflanzen und Bäume kennen lernen. Nicht minder exotisch sind das Alpinum und die Steppenheide. Andererseits

Hunger & Durst
Kiko Kinderkiosk,
Frankfurt a.M.
℡ 069/90029151.
www.palmengarten-gastronomie.de. Mai – Sep täglich 10 – 18 Uhr, April, Okt nur Sa, So. Im nördlichen Teil des Palmengartens beim Spielplatz und Minigolf. Sandwiches, Würstchen, Kuchen, Süßigkeiten, warme und kalte Getränke.

Choo Choo: Das Tempo des Palmen-Express ist eher gemächlich

Hier gibt es einen **Arzneipflanzengarten.** Er besteht aus 13 schön gestalteten Hochbeeten mit über 150 wichtigen Kräutern und Blumen, die nach Krankheitsbildern geordnet sind. Umfangreiche Infos weisen auf Wirkstoffe und Anwendungen hin.

Mit den Händen in Erde wühlen: Die Schulprojekte des Botanischen Gartens sind auch bei den Älteren beliebt

© Botanischer Garten Frankfurt am Main

Hunger & Durst

Tower-Café, ✆ 069/ 95048532. www.werkstatt-frankfurt.de. Mai – Sep Di – Sa 12 – 22, So, Fei 10 – 20, Okt – April Di – Sa 12 – 21, So, Fei 10 – 18 Uhr. Behindertengerechte Zugänge und Toiletten. Gemüse, Kräuter und Salat des Tower-Café kommen aus der Bioland-Gärtnerei der Werkstätten in Oberrad.

Biergartenseeligkeit unterm Tower: Am Alten Flugplatz

fühlt ihr euch in der Blumenwiese, auf der Düne, am Teich, am Moor, auf der Waldwiese, im Kiefern- oder Buchenwald wie im nahen Frankfurter Stadtwald. Im Übrigen ist hier auf kurzen Wegen eine beachtliche Zahl von Bäumen der nördlichen Erdhalbkugel versammelt und – wie toll – ihr könnt sie dank der Schildchen sogar identifizieren!

Naturparadies und Freizeitgelände auf dem Alten Flugplatz Bonames

60437 Frankfurt a.M.-Bonames. www.frankfurt.de. tower@werkstatt-frankfurt.de. **Bahn/Bus:** Bus 27 bis Nordpark, U2 Kalbach. **Rad:** Nidda-Radweg, ↗ Radtour Die Nidda entlang 2.

▶ Wo früher amerikanische Hubschrauberstaffeln und Kleinflugzeuge landeten, sind heute Natur und Freizeitspaß eingezogen. Von der langen, breiten Landefläche sind Teile entfernt und der Natur überlassen worden. Über der Landebahn fliegen jetzt Turmfalken und Mäusebussarde. In den Büschen nisten Nachtigallen und Goldammern. Auf der Feuchtwiese nebenan rasten Knäckenten, Rohrammern und Sumpfrohrsänger. Am Westende der Landebahn gibt es jetzt meh-

© Tower-Café

rere kleine Teiche, üppig umstanden von Schilf und bunt geschmückt durch gelbe Schwertlilien. Das ist die Welt von Teichhühnern und Wasserrallen, Wechselkröten, Gras- und Grünfröschen. Auf der restlichen Landebahn können Kinder angstfrei radeln, skaten oder Drachen steigen lassen. Mein kleiner Enkel Hyun-Woo hat hier mit dem Rad Kurven fahren geübt. Im ehemaligen Tower hat sich das unter Familien mit Kindern populäre **Tower-Café** eingerichtet. In einer ehemaligen Flugzeughalle ist ein ↗ Feuerwehrmuseum untergebracht, das einzige in Frankfurt übrigens. Zu den Nutzern des Alten Flugplatzes Bonames gehört außerdem die **Naturschule Hessen.**

Zoos und Tierparks

Sumatratiger und Bonobo-Äffchen: Ein Besuch im Zoo

Zoologischer Garten Frankfurt, Bernhard-Grzimek-Allee 1, 60316 Frankfurt a.M.-Ostend. ✆ 069/212-33735, 212-36952 (Informationen Zoopädagogik), Fax 212-45067. www.zoo-frankfurt.de. info.zoo@stadtfrankfurt.de. **Bahn/Bus:** U6, 7, Straba 12, 14, Bus 31 bis Zoo. **Rad:** Durch die Grünanlagen des City-Rings. **Zeiten:** alle Tage geöffnet, Sommer 9 – 19, Winter 9 – 17 Uhr; Sommer- und Winterzeit richten sich nach der Uhrumstellung. **Kasse Haupteingang** 9 – 18.30 bzw. 9 – 16.30, **Kasse Rhönstraße** 10 – 17.30 bzw. 10 – 15.30 Uhr. **Preise:** 8 €, Gruppe von min 20 Pers 6 €/Kopf sowie eine Begleitperson frei, Jahreskarte 60 €; Kinder 6 – 17 Jahre 4 €, Gruppe von min 20 Pers 3 €/Kopf sowie eine Begleitperson frei, Jahreskarte 25 €; Familien (2 Erw und Kinder) Tageskarte 20, Jahreskarte 90 €; 2 Std vor Schließung wie letzter Sa im Monat Erw 6, Kinder 3 €, Jahreskarte Opel-Zoo Kronberg und Zoo Frankfurt Erw 80 €, Kinder 6 – 14 Jahre 32 €. **Infos:** Familienfeiern, Kindergeburtstage ab 6 Jahre, spezielle Angebote für Behinderte.

© pmv, Ilka Engelhardt

In Holzwolle kuscheln: Das Orang-Utan-Kind im Bonobo-Wald liebt es warm und weich

Der Zoo hat zahlreiche Führungen für Schulklassen im Angebot: Welch spannende Ergänzung zum Biologieunterricht! Jährlich nehmen an ihnen 60.000 Schüler und Studenten teil.

▶ Der Frankfurter Zoo gehört zu den größten und meistbesuchten Tiergärten Deutschlands. Immerhin leben hier 4500 Tiere aus 500 Arten. Wenn ihr sie euch in Ruhe ansehen wollt, ist es ratsam, immer mal wieder hierher zu kommen, denn an einem Tag lässt sich das überhaupt nicht bewältigen. Auf die ganz Kleinen und die Kindergartenkinder machen die Pinguine, Flamingos, Kamele und baumhohen Giraf-fen (Giraffenhaus 8 – 12.15, 14.30 – 16.30 Uhr) gro-ßen Eindruck. Sie sind gern an den Weihern mit ihren Enten und Schwänen, lieben den Streichelzoo mit seinen Zwergziegen und bevölkern den Kinderspiel-platz mit seinen zahlreichen Spielgeräten. Ganz spannend ist auch das benachbarte große Labyrinth. Grundschüler zieht es dagegen mehr zum jüngst ge-schaffenen **Borgori-Wald,** einem modernen Men-schenaffenhaus mit ausgedehnter Außenanlage. Hier sieht's fast wie im Dschungel aus. Bonobos, Go-rillas und Orang-Utans können sich fast so verhalten wie zu Hause. Interessant sind **Terrarium** und **Exota-rium,** wo exotische Fische und Amphibien sowie me-terlange Giftschlangen leben. Anziehungspunkt ist ferner der **Südasiendschungel** mit dem beeindru-ckenden Sumatratiger und dem noch beeindrucken-deren Löwen.

Sehr viel Staunen löst bei Kindern und Erwachsenen gleichermaßen die Ausstellung über nachtaktive Tie-re im **Grzimek-Haus** aus. Die Tiere leben da praktisch in einer ver-kehrten Welt: Nachts ist das Haus drinnen taghell erleuchtet, tagsüber gaukelt man den Tieren vor, es sei finstere Nacht. Sie kommen deswegen aus ihren Höhlen und Verstecken und wuseln

Gut, dass die Scheibe da-
zwischen ist: Der Baumpy-
thon sieht zwar giftig aus,
ist aber für Lebewesen
größer als 40 cm harmlos

© pmv, Ilka Engelhardt

hinter dicken Glasscheiben hin und her. Zuerst ist es ein bisschen unheimlich und es braucht eine Weile, bis eure Augen sich an das schwache Licht gewöhnt haben – aber dann könnt ihr alles genau beobachten. Sehr beeindruckend!

Wenn ihr echte Naturforscher seid, versucht doch mal im **Vogelhaus** zwischen all den tropischen Pflanzen so viele Hühnchen und Kolibris zu entdecken wie es geht.

Zu den schönen – und altersübergreifenden Erlebnissen – gehört es auch, an den Robbenklippen zu stehen und den Robben, die sich an Land so drollig, im Wasser dagegen faszinierend, bei der Fütterung zuzusehen.

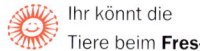 Ihr könnt die Tiere beim **Fressen** beobachten: Super! **Robbenklippen:** 11 und 15.30 Uhr. Exotarium: **Pinguine** außer Fr 10.45 und 15.45 Uhr; **Krokodile** Do 15.15 Uhr; **Tropengewitter im Exotarium:** 11.30 und 15.30 Uhr. Weitere Fütterungszeiten sowie Änderungen auf Aushängen!

Gehege unter Stadtwald-Bäumen: Der kleine Kobelt-Zoo

Schwanheimer Bahnstraße, 60529 Frankfurt a.M.-Schwanheim. ✆ 069/358135, www.kobelt-zoo.de. kobelt-zoo@web.de. Neben dem ↗ Verkehrsmuseum Schwanheim. **Bahn/Bus:** Straba 12, 19, Bus 51, 62, 68, 78 bis Rheinlandstraße. **Rad:** Main-Radweg. **Zeiten:** Mai – Sep Sa 14 – 19, So, Fei 10 – 19 Uhr; für Kindergärten und Schulen nach Vereinbarung auch unter der Woche. **Preise:** Gaben in die Spendenbox am Eingang erbeten. **Infos:** Termine bei Geschäftsführerin Elke Diefenhardt ab 19 Uhr erfragen, ✆ 069/35353047, alles rund um den Zoo bei Monika Greitzke, ✆ 069/358135.

▶ Der bereits 90 Jahre alte Schwanheimer Zoo ist eine private Stiftung und wird von einem Verein getragen. In Gehegen und unter schattigen Waldbäumen leben knapp 300 Tiere (über 50 Tierarten), alle Gehege sind vorbildlich beschriftet. Auf einem Teich schwimmen Enten und Schwäne. Esel, Ponys, Hausschweine, Waschbären und Kaninchen, Skuddenschafe, Frettchen, Zwergmangusten, Pfauen und allerlei andere Vögel könnt ihr entdecken. Es gibt sogar ein kleines Reptilienhaus mit Königskobra und Tiger-

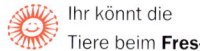 Wer dem Kobelt-Zoo etwas Gutes tun will, spendet auf folgendes Konto: Ges. Prof. Dr. W. Kobelt e.V., Volksbank Griesheim eG, Nr. 492809, BLZ 50190400.

pyton. Jüngere Kinder wie meine dreijährige Enkelin Su-Ha sind total fasziniert von dem überschaubaren, naturnahen Tierpark. Er besitzt sogar einen kleinen Spielplatz, auf den ihr allerdings nicht unbedingt angewiesen seid, denn der viel größere ↗ Waldspielpark Schwanheim ist nur wenige hundert Meter entfernt.

NATUR ENTDECKEN

Tiere und Pflanzen erforschen

StadtWaldHaus

Kuhpfadschneise, 60528 Frankfurt a.M. ℗ 069/683239, 212-34550, www.stadtwaldhaus-frankfurt.de. stadtwaldhaus@stadt-frankfurt.de. **Bahn/Bus:** Straba 14 Oberschweinstiege. **Auto:** Parkplätze an der Isenburger Schneise/Kuhpfadschneise. **Rad:** Auf Radwegen von Frankfurt und Neu-Isenburg, auf Regionalparkroute. **Zeiten:** März – Okt Mo – Do 9 – 16, Sa 12 – 18, So 10 – 18 Uhr, Nov – Feb Mo – Do 9 – 16, Sa 12 – 16, So 10 – 16 Uhr. **Preise:** Eintritt frei. **Infos:** Hunde nicht erlaubt; Cafeteria mit Getränkeautomat, Speisen können mitgebracht werden; zuständig für das Stadtwaldhaus: Grünflächenamt, Abt. StadtForst, Flughafenstraße 3, 60528 Frankfurt a.M.

▶ In dem Haus, aus dem eine Eiche aus dem Dach ragt, erfahrt ihr in einer Dauerausstellung Wissenswertes über die Lebensgemeinschaft Wald, z.B. wie Gräser, Kräuter, Sträucher, Bäume, Pilze, Algen, Moose, Würmer, Igel, Rehe, Schmetterlinge und Vögel voneinander abhängig sind. An ein paar Beispielen wird gezeigt, was alles so aus dem Werkstoff Holz hergestellt werden kann: Holzpflüge, Musikinstrumente und Computerpapier etwa. Allerlei interessante naturkundliche Erfahrungen könnt ihr im Erlebnisraum machen, wo Mikroskope bereitstehen. Total spannend ist es im Nachtraum, wo ihr einen Eindruck von dem Leben nachtaktiver Tiere vermittelt bekommt. Draußen locken außerdem ein variantenreicher ↗ Erlebnispfad, ein kleiner Biotop-Tümpel sowie Tiergehege mit Wildschweinen und Volieren, in denen verletzte Waldvögel gepflegt werden. Also: auf geht's!

Das Stadtwaldhaus ist naturpädagogisch aktiv. Dazu gehören so interessante Exkurse wie

© Annette Sievers

Auf den Spuren von Assel, Spinne und Steinläufer – Waldboden unter der Lupe, Veranstaltungen auf dem neuen Forsterlebnispfad, der Amphibien- und Reptilientag oder die Frankfurter Fledermausnacht. Am besten schaut ihr in den jährlichen Kalender Exkursionen & Veranstaltungen auf der Internetseite.

Besuch im Stadtwaldhaus: Nee, diese Wildschweinfamilie ist immer hier

On Tour mit der Naturfreundejugend Hessen

Herxheimer Straße 6, 60326 Frankfurt a.M. ✆ 069/75008235, Fax 75008207. www.naturfreundejugend-hessen.de. info@naturfreundejugend-hessen.de. **Preise:** Erw etwa 60 – 95 €. Mitglieder erhalten Vergünstigungen; etwa 40 – 60 €. **Infos:** Jahresprogramm im Internet und als Broschüre.

▶ Die Naturfreundejugend Hessen bietet für Kinder interessante Wochenend- und Ferienfreizeiten wie Kanufahrten (3 Tage, ab 8 Jahre), Kinderklettern (3 Tage, ab 8 Jahre), Landeskindertreffen (4 Tage, 6 – 12 Jahre) oder Reiterferien (7 Tage, ab 8 Jahre). Es lohnt sich, einen Blick in das Jahresprogramm auf der Internetseite zu werfen!

Aktiv bei der Naturfreundejugend im Naturfreundehaus Niederrad

Naturfreunde Frankfurt a.M., Am Poloplatz 15, 60528 Frankfurt a.M.-Niederrad. ✆ 069/6668803, Fax

Die Naturfreundejugend Hessen verleiht Diaserien und Bilderbücher, Gesellschaftsspiele, Großspiele für draußen und Werkzeuge, Zelte, außerdem Materialien für Zirkus und Theater.

@ Weitere wichtige Anbieter für Umweltschutzinformationen sowie Naturaktivitäten sind:
www.bund-frankfurt.de;
www.bundjugend-hessen.de;
www.nabu-frankfurt.de;
www.naju-hessen.de;
www.naturschule-hessen.de.

Natur-Ranger Team Frankfurt, ✆ 069/343258. www.natur-ranger.de. Auch die Natur-Ranger bieten allerlei naturkundliche Aktivitäten. Projektleiter Handy 0179/9713436.

6662677. www.naturfreundejugend-ffm.de. info@naturfreundejugend-ffm.de, kindergruppe@nfj-ffm.de.
Bahn/Bus: S7 – 9 Niederrad, dann Fußweg parallel zur Bahnlinie. **Rad:** Vom S-Bhf wie Fußweg. **Preise:** Ferienspiele: pro Woche 50 €. Mitglieder erhalten Vergünstigungen. **Infos:** Büro im Baumweg 10, 60316 Frankfurt a.M., ✆ 069/440106 (Anrufbeantworter).

▶ Besser als sie selbst kann man's gar nicht sagen: »Die Naturfreundejugend möchte Kindern und Jugendlichen die Möglichkeit geben, ihre Freizeit nach eigenen Ideen und Wünschen zu gestalten. Dabei stehen gerade im Hinblick auf die Entwicklung von sozialer und ökologischer Verantwortung die Worte Natur, Freunde und Jugend besonders im Vordergrund.« Es gibt Gruppen für Kinder 5 – 7 Jahre, Mo 16.30 – 18 Uhr, und 8 – 10 Jahre, Fr 15.30 – 18 Uhr, außer in den Ferien, die sich regelmäßig im Naturfreundehaus Niederrad treffen. Anmeldung über das Kontaktformular bzw. bei Maria Dämkes, ✆ 069/638978, und Jutta Lauber, ✆ 069/69616.
In den Ferien organisiert die Naturfreundejugend Frankfurt spannende Ferienspiele, wie die Theater- oder Waldwoche, und Freizeiten.

Untermain für Kids

Vogelkundliche Beobachtungsstation Untermain e.V., Büro, Marktstraße 15, 60388 Frankfurt a.M.-Bergen.

Wer bei den Untermain-Kids mitmacht, darf auch mal tümpeln und schauen, was im Main so lebt

© Vogelkundliche Beobachtungsstation Untermain e.V.

✆ 06145/546217 (Stefan Wehr), www.vogelkunde-untermain.de. stwehr@vogelkunde-untermain.de. Start der Exkursionen vom Sebastian-Pfeifer-Haus, mit ÖV schlecht zu erreichen, Anfahrtskizze unter www.vogelkunde-untermain.de/adressen.shtml. **Preise:** Kostenfrei. **Infos:** Themen und Termine ↗ Internetseite. Fragen zum Programm an Ulrich Eidam, ✆ 069/724637, ulieidam@yahoo.de.

▶ Von Februar bis Juni und von September bis November könnt ihr einmal im Monat mit den Leuten vom *Verein Vogelkundliche Beobachtungsstation Untermain* im Frankfurter Osten auf eine spannende Exkursion gehen. Da werden z.B. Vögel am Berger Hang gefangen und bestimmt oder alles beobachtet, was dort summt und brummt.

Frosch ist nicht gleich Frosch

Naturschule Hessen, Am Burghof 55, 60437 Frankfurt a.M.-Bonames. ✆ 069/50689972, Fax 50692661. www.naturschule-hessen.de. kontakt@naturschule-hessen.de. **Bahn/Bus:** S6 Frankfurter Berg Bahnhof, Bus 27 bis Alt-Bonames, dann 10 Min zu Fuß. **Preise:** Je nach Kurs 150 – 300 € pro Schulklasse. **Infos:** Überblick der Aktivitäten auf der Internetseite.

▶ In der Naturschule Hessen spielen naturkundliches Wissen und Exkursionen eine große Rolle. Das Programm besteht aus den beiden Blöcken Natur & Umweltbildung sowie Soziales Lernen. Da geht es etwa um die Geschichte der Nidda oder Heilpflanzen auf dem Alten Flugplatz Bonames. Die Einheiten dauern 3 – 4 Stunden und werden für Schulklassen unterschiedlicher Altersstufen angeboten. Es gibt auch eine ganze Reihe von Aktivitäten, bei denen ihr Teamfähigkeit entwickeln müsst, dazu gehören beispielsweise kooperative Interaktionsspiele oder der Bau und die Fahrt mit Flößen aus Gras auf der Nidda.

© Peter Meyer

Dieser Frosch z.B. ist eine Erdkröte, zu erkennen an ihrer breiten Schnauze

Die Naturschule Hessen bietet eine Sommerwerkstatt für Familien und beteiligt sich an den Ferienspielen der Stadt Frankfurt.

Auf Pfaden und Wegen

Erlebnispfad am StadtWaldHaus

Kuhpfadschneise, 60528 Frankfurt a.M. www.frankfurt.de. stadtwaldhaus@stadt-frankfurt.de. **Bahn/Bus:** ↗ StadtWaldHaus. **Zeiten:** Frei zugänglich.

▶ Auf dem Erlebnispfad erwarten euch viele tolle Aktivitäten und Überraschungen. Ihr könnt z.B. mit einem Klöppel auf Holz schlagen und versuchen, am Klang die Baumart zu erkennen. Oder ihr geht über einen Barfußpfad und erspürt, aus was der Untergrund besteht, unterhaltet euch wie die Spechte durch Klopfen oder ihr versucht einfach mal herauszufinden, welche Tiere in einem Haufen toter Äste leben. Den Erlebnispfad könnt ihr ohne Führung erkunden, an allen Stationen gibt es genügend Informationen und Anleitungen.

Lehrpfad Streuobstwiesen Berger Hang

umwelttelefon@stadt-frankfurt.de. **Länge:** 3,5 km, Einstieg zum Lehrpfad am Fritz-Schubert-Ring unterhalb des Freibades, Hinweg Berger Hang steil bergan, Rückweg den Berger Hang steil bergab, jeweils durch Querpassagen unterbrochen; bei Halbzeit Abstecher zum Einkehren in Bergen. **Bahn/Bus:** Bus 42 bis Riedbad Bergen-Enkheim. **Rad:** Von U7 Kruppstraße via Heinrich-Kraft-Park und Enkheimer Ried, circa 4 km. **Infos:** Eine große Infotafel weist den Weg, die Begleitbroschüre *Lehrpfad Streuobstwiese Berger Hang* mit Streckenplan gibt es – mit etwas Glück – in einer Box unterhalb vom Schwimmbad Enkheim, ganz bestimmt aber beim Umweltamt.

▶ Jahrhundertelang war der Berger Hang von terrassierten Weingärten bedeckt. Ab etwa 1850 kam der Weinbau durch Missernten und Schädlingsbefall in die Krise. An seine Stelle trat allmählich der Streuobstanbau. 1920 waren die Rebgärten auf dem Berger Hang vollständig verschwunden. Die Hochzeit des Streuobstanbaus war zwischen 1900 und 1950. Dann wurden die lokalen Obstarten durch billigere Produkte in- und ausländischer Plantagen verdrängt, die im großen Stil von Chemie und Technik Gebrauch machen. Zu den Opfern dieser Entwicklung gehörte auch der Berger Hang, die Streuobstwiesen wurden nicht mehr gepflegt. Erst in den 1980er Jahren er-

© Annette Sievers

Wächst und gedeiht auch ohne Chemie-Einsatz: Der Streuobst-Apfel

Die Streuobstwiesen am Berger Hang sind Teil eines über 7 km langen und durchschnittlich 500 m breiten Streuobstgürtels, der bis Hochstadt reicht: Hessens größte Streuobstwiese. In diesem Gebiet gibt es noch circa 150 Apfelsorten.

zwangen Umweltschützer, die erkannt hatten, zu welcher ökologischen und kulturellen Verarmung das geführt hatte, die Wende. Das Gelände wurde großflächig entbuscht, zahlreiche Bäume nachgeschnitten und lokale Sorten nachgepflanzt. Das gesamte Gebiet kam unter Naturschutz. In die halb verwilderte Obstlandschaft mischen sich Schilf- und Röhrichtinseln, die auf unterirdische Quellen hinweisen. An diesem sonnenverwöhnten Hang gedeihen Orchideen und die Hecken sind von Singvögeln bevölkert, auf den Wiesen weiden Schafe. Ein **Lehrpfad** vom Schwimmbad zum Berger Hang hinauf und zurück macht euch mit allen Besonderheiten von Streuobstwiesen bekannt. Leider gibt es entlang der Route keine Infotafeln, sondern nur die Nummern der Stationen. Die entsprechenden Infos befinden sich in der Begleitbroschüre *Lehrpfad Streuobstwiese Berger Hang*, die sehr informativ ist.

Naturlehrpfade im Stadtwald

www.frankfurt.de. gruenflaechenamt@stadtfrankfurt.de.

▶ Im Frankfurter Stadtwald gibt es drei Waldlehrpfade, auf denen ihr auf gemütlichen Rundwanderwegen dank zahlreicher Infos alle bekannten und weniger bekannten heimischen Baumarten bestimmen könnt.

Waldlehrpfad Schwanheim ab Waldspielplatz Schwanheim nahe Straba 12, 19 Rheinlandstraße. **Länge:** 5 km, markierter, leichter Rundweg, Wald, Waldrand, Wiesen, abwechslungsreich. Infos zu zahlreichen Baumarten, also Entdeckungstour für junge Baumfans. Ferner Infos zum ehemaligen Mainverlauf und Frankfurts größter Waldwiese. Höhepunkt ist der urwaldhafte kleine Rohsee: Sumpf, dicht bestanden von Stelzerlen, Schwertlilien und Sumpfdotterblumen, Lebensraum für Teichrohrsänger und Eisvogel. Bei meiner Recherche im Oktober 2011 fiel mir auf, dass zwi-

Hunger & Durst

Zur Alten Post, Marktstraße 50, Bergen. ☎ 06109/22421. Mo – Fr 17 – 24, So 17 – 23 Uhr. Schönes, altes Fachwerkhaus, war 1857 die erste Poststation von Bergen. Zivile Preise, gutes Essen, große Portionen.

In der ↗ **GrünGürtel-Freizeitkarte** sind alle Lehrpfade eingezeichnet. Unbedingt erforderlich!

▶ Tiere und Pflanzen fliehen seit Jahren vor der industrialisierten Landwirtschaft im Umland mit ihren Giften, ihrer Überdüngung, ihrer Monokultur und ihrem verschmutzten Grundwasser in die Städte, die zwar

HOCHHÄUSER STATT FELSENGEBIRGE

auch keine Umweltparadiese sind, wo sie aber doch Nischen finden. Mittlerweile könnt ihr in Frankfurt fast mehr Tier- und Pflanzenarten entdecken als auf den Feldern der Wetterau und des Taunus. Das gilt nicht nur für die Parks und Gärten, sondern sogar für die City. In Frankfurt lassen sich nicht nur Eichhörnchen, Kaninchen, Mäuse, Ratten, Enten, Tauben, Spatzen, Amseln, Elstern, Stare, Meisen, Bienen und Wespen beobachten, sondern auch Graureiher und Fledermäuse und viele andere.

Mich faszinieren immer wieder die Turmfalken, die sich zwischen Hochhäusern und Türmen ausgelassen bewegen, als seien sie in Schluchten oder an Felsen. Der NABU unterstützt sie bei der Anlage von Nistplätzen auf Hochhäusern, Schornsteinen und Türmen. Turmfalken nisten u.a. auf dem Fernmeldeturm Ginnheim, dem Henninger Turm, dem Schornstein des HKW Niederrad und dem Commerzbankhochhaus, wo das Fensterputzen schon mal warten muss, bis die kleinen Falken flügge sind (mehr Informationen unter www.nabu-frankfurt.de). Wenn ihr euch kundig machen wollt, braucht ihr auf jeden Fall ein Fernglas. ◀

Josef Reichholf, *Stadtnatur: Eine neue Heimat für Tiere und Pflanzen.* Oekom Verlag, München 2007, 318 Seiten, ISBN 978-3-86581-042-7, 24,90 €.

schen Waldspielpark Schwanheim und Rohsee zahlreiche Infotafeln fehlen.

Waldlehrpfad Weilruh ab Bus 30, 36 Hainer Weg, bis Einstieg in den Rundweg 1 km. **Länge:** 6,5 km inklusive Hin- und Rückweg vom bzw. zum Hainer Weg. Ganz flache Waldwanderung mit zahlreichen Infotafeln: zur Geschichte dieses Waldgebietes und seinen naturkundlichen Besonderheiten, Beschreibung der zahlreichen Baumarten. Besonders schön zum Unterbrechen sind der idyllische Kesselbruchweiher und das kleine Vogelschutzgebiet ↗ Grastränke. Jüngst neu konzipiert, trotzdem nicht überall ausreichend markiert.

Waldschadenslehrpfad ab S7 – 9 Frankfurt Stadion. **Länge:** 3,5 km durch Mischwald mit vielen Kiefern. Leichte Waldrundwanderung, auch mit Kinderwagen möglich. Infos zum Wald und den Ursachen sowie Erscheinungsweisen von Waldschäden, wobei Bäume als Beispiele für Schädigungsgrade dienen. Unzureichend markiert, Karte erforderlich.

Den Himmel erkunden

Sterngucker

Volkssternwarte Frankfurt, Physikalischer Verein, Robert-Mayer-Straße 2 – 4, 60325 Frankfurt a.M.-Westend. ✆ 069/704630, Fax 97981342. www.physikalischer-verein.de. info@physikalischer-verein.de. **Bahn/Bus:** U4, 6, 7, Straba 16, Bus 32 bis Bockenheimer Warte. **Rad:** Vom Opernplatz über Bockenheimer Landstraße und Senckenberganlage, 2 km. **Zeiten:** Büro Mo – Do 14 – 18, Fr 14 – 20 Uhr. »Astronomie am Freitag« (ohne Anmeldung): Fr Beginn zwischen 19 und 21 Uhr – circa 22 Uhr Beobachtungen des Abendhimmels bzw. Nachthimmels, 20 – 21 Uhr Multi-Media-Vorträge (für Kinder ab 12 Jahre geeignet). **Preise:** Beobachtungen/Sternwarte kostenlos, Vorträge 4,50 €; Kinder/Schüler bis 18 Jahre Vorträge 3 €, Familienkarte (Kinder bis 18 Jahre) 12 €. **Infos:** Programm erscheint halbjährlich auch als Broschüre. Spezielle Veranstaltungen sind anmeldepflichtig; für Kinder interessant ist der Kinderworkshop »Die Sonne«.

Zieht euch bei kühlem Wetter warm an, da nicht geheizt wird! Bei Regen, Schnee und Eis bleibt die Beobachtungskuppel geschlossen.

▶ Die Erde ist Teil einer riesigen Welt. Die moderne Astronomie lässt euch mit ihren Teleskopen Dinge im All sehen, die mit dem bloßen Auge überhaupt nicht erkennbar sind. In der Frankfurter Volkssternwarte dürfen auch Kinder ab 8 Jahre einen Blick in diese geheimnisvolle Sternenwelt werfen. In der Kuppel der Sternwarte ist ein Linsenteleskop mit 21 cm Öffnung und 3 m Brennweite aufgebaut. Im Sommer

wird ein zweites Fernrohr durch Hinzufügen eines Präzisionsfilters zum Spezialinstrument für Sonnenbeobachtungen ausgebaut: »Ohne die Sonne gäbe es uns nicht. Sie spendet uns Wärme und Licht. Aber sie kann noch mehr! Sie sagt uns die Zeit, zeigt uns die Himmelsrichtung, kann Feuer machen, sorgt für schöne Polarlichter, und manchmal beeinflusst sie auch unsere Laune.« (O-Ton) Ab und zu werden Veranstaltungen speziell für Kinder angeboten, z.B. zum Thema »Erde und Mond«.

Tyrannosaurus Rex begegnen

Naturmuseum Senckenberg

Senckenberganlage 25, 60325 Frankfurt a.M. ✆ 069/ 7542-0, 7542-1357 (Führung und Geburtstagsaktionen), Fax 746238. www.senckenberg.de. museum.paedagogik@senckenberg.de. **Bahn/Bus:** U4, 6, 7 und Straba 16 Bockenheimer Warte, Bus 32 bis Senckenbergmuseum. **Zeiten:** Mo, Di, Do, Fr 9 – 17, Mi 9 – 20, Sa, So, Fei 9 – 18 Uhr, Führungen für Schulklassen, Gruppen etc. 50 Min, Anmeldung min 2 Wochen im Voraus. **Preise:** 6 €; Kinder 6 – 15 Jahre 3 €; preiswerte Familienkarte und Gruppentickets. **Infos:** Kinderführung ab 7 Jahre, Mo 15 Uhr, 50 Min, offenes Programm, ohne Anmeldung, Begleitung der Eltern nicht erforderlich; Abenteuer Museum für Kinder 4 – 6 Jahre, 2 x im Monat, 1 1/2 Std; Museums-Stunde ab 4 Jahre, Di 16 Uhr, 1 x im Monat 1 Std, Begleitung der Eltern nicht erforderlich; Expedition Museum für Kinder 7 – 10 Jahre, Mi 16 Uhr, 1 1/2 Std, Anmeldung jeweils min 2 Wochen im Voraus; ferner Ferienprogramm.
▶ Das Senckenbergmuseum ist *das* Naturmuseum Hessens, wenn nicht gar Deutschlands. Jährlich kommen über 500.000 Besucher – in der Mehrheit übrigens Kinder und Jugendliche. Im gleichen Zeitraum bietet der große pädagogische Stab circa 4000 Führungen an!

Happy Birthday!
Geburtstagsführung im Senckenbergmuseum, für alle Geburtstagskinder 5 – 105 Jahre, bis 10 Pers (Kinder und/ oder Erw), 50 Min, 40 € zzgl. Eintritt; Kleine Leute feiern unter Riesen, Dinosauriergeburtstag für 5- bis 7-Jährige, max 8 Kinder und 2 Erw, 1,5 Std, 80 € zzgl. Eintritt; Geburtstagsfeier unter Dinosauriern, für 8- bis 10-Jährige, max 10 Kinder und 2 Erw, 110 Min, 90 € zzgl. Eintritt.

© Naturmuseum Senckenberg

Auf drei Etagen wird museumspädagogisch und medial hervorragend aufbereitet eine unglaubliche Menge von Ausstellungsstücken und Informationen geboten, die bei einem einzigen Besuch überhaupt nicht zu bewältigen sind. Das Museum zeigt die Entwicklung und heutige Vielfalt der Lebewesen auf der Erde, ferner die geologische Verwandlung unserer Erde über Jahrmillionen.

Im Erdgeschoss geht es schon spannend los. Auf den gewaltigen Fußabdrücken der Dinos gelangt ihr direkt in den großen Saal mit diesen vor langer Zeit ausgestorbenen Tieren. Ihr seid mitten unter riesigen Skeletten. Am größten ist der *Diplodocus.* Als alte Dinokenner entdeckt ihr natürlich ganz schnell den *Tyrannosaurus Rex,* den gefürchteten Räuber. Die Ausstellung im nächsten Raum ist nicht weniger beeindruckend. Hier sind die ebenfalls sehr großen Skelette von Elefanten und Walen zu sehen, darunter auch der Urwal und der Urelefant. Die Attraktion ist hier der 22 m lange Finnwal, nach dem Blauwal das größte heute lebende Tier. Zwischen Dino- und Walausstellung fällt eine Riesenanakonda, eine südame-

In den Staub, ihr Würmer – oder was machen die da? Die Kinderführungen im Senckenberg sind voller Überraschungen

rikanische Riesenschlange, auf, die dabei ist, ein Wasserschwein zu verschlingen. So hervorragend präpariert, dass ihr glauben könntet, dies geschehe wirklich gerade!

In einem Nebenraum sind Geologie und Astronomie Trumpf. Per Knopfdruck simuliert ihr an einem Großmodell den Ausbruch eines Vulkans: Es regnet Asche und Magma, die heiße Lava, fließt den Berg hinunter. Mit einem großen Rad dürft ihr ferner die Verschiebung von Kontinentalplatten steuern. Es gibt viel über Planeten zu sehen, z.B. wie sich die gleichzeitige Drehung der Erde um die Sonne und um die eigene Achse zueinander verhalten.

Im ersten Obergeschoss seht ihr in der großen **Vogelausstellung** 832 Vogelarten aus allen Kontinenten. In dieser Etage befinden sich außerdem Ausstellungen von Säugetieren, Amphibien und Reptilien sowie zur Entwicklung der Pflanzen. Außerdem gibt es noch einen Kinosaal, in dem fortlaufend schöne Naturfilme gezeigt werden.

Damit seid ihr jedoch keineswegs am Ende, es folgt noch das zweite Obergeschoss mit vielen **Insekten,** Spinnen, Schmetterlingen, Krabben, Krebsen und Garnelen. Unglaublich, wie viele Arten es gibt! Mein Enkel Hyun-Woo war zwar mittlerweile schon viermal im Senckenbergmuseum, ist aber immer noch fasziniert und stellt nach wie vor zahllose Fragen. Wir gehen auch immer wieder gern zu den **Fischen,** der zweiten Hauptausstellung in diesem Geschoss. Vor den Haien haben wir inzwischen unsere Angst abgelegt. Den 3 m langen Sägerochen bestaunen wir allerdings immer noch respektvoll und die schöne Ausstellung zu den Mainfischen hat uns längst zu eigenen Beobachtungen angeregt.

Hunger & Durst
Senckenberg Bistro,
Claudia Birth, Senckenberganlage 25, separater Eingang, Frankfurt a.M. ℗ 069/7542-1333. www.kaefer-senckenberg.de. Täglich 9 – 18 Uhr, Mi bis 20 Uhr. Feingebäck und Getränke, warmer Imbiss, Spaghetti mit Tomatensoße, belegte Brötchen in mediterraner Atmosphäre.

Homo Plattnasis: Bei der Kinderführung lernt ihr das Leben der ersten Menschen kennen

© Naturmuseum Senckenberg

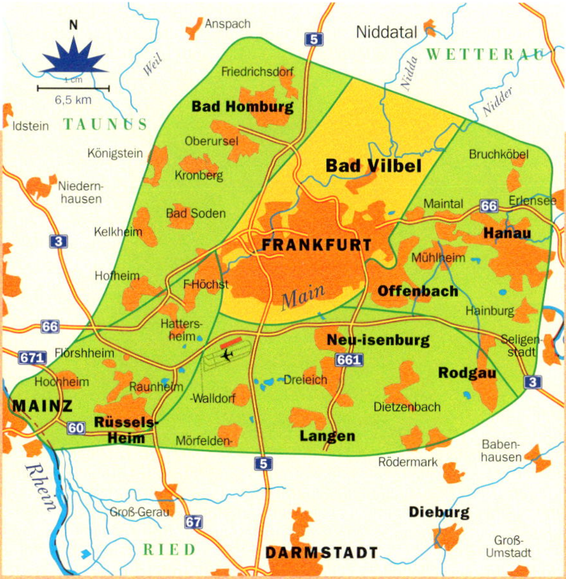
N
1 cm
6,5 km
Anspach
Weil
Niddatal
WETTERAU
Nidda
Nidder
Idstein
TAUNUS
Friedrichsdorf
Bad Homburg
Oberursel
Königstein
Kronberg
Bad Vilbel
Bruchköbel
Niedern-
hausen
Bad Soden
Maintal
Erlensee
Kelkheim
FRANKFURT
Hanau
Mühlheim
Hofheim
F-Höchst
Main
Offenbach
Hainburg
Hatters-
heim
Neu-isenburg
Seligen-
stadt
Flörshheim
Rodgau
Hochheim
Raunheim
Dreieich
MAINZ
-Walldorf
Dietzenbach
Rüssels-
Heim
Mörfelden-
Langen
Baben-
hausen
Rödermark
Rhein
Dieburg
Groß-Gerau
Groß-
Umstadt
RIED
DARMSTADT
5
3
66
671
60
661
67

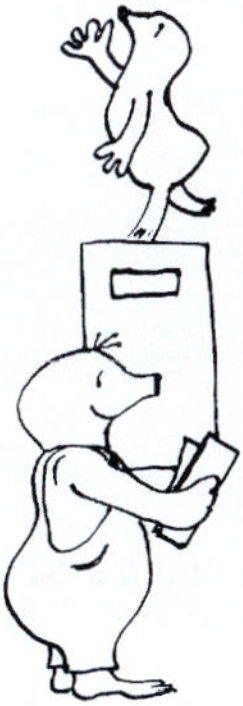

Dass Museen langweilig seien, halten inzwischen Frankfurter Kinder für ein Gerücht! Denn die Angebote der Museen, die es seit den 1980er Jahren besonders zahlreich in Frankfurt gibt, zeichnen sich längst durch vielseitige und erlebnisreiche Kinderprogramme aus. Viele nette Pädagogen sind mit kreativen Veranstaltungen um Kinder aller Altersgruppen bemüht.

Außer dem Museumsufer und den anderen Museen und Galerien könnt ihr an interessanten Themenstadtführungen teilnehmen oder mit der historischen Eisenbahn fahren.

SATOURDAY – Die Tour am Samstag für Familien

Museumsufer Frankfurt, 60311 Frankfurt a.M. www.kultur-frankfurt.de. **Preise:** Die **Museumsufer-Card** ermöglicht ein Jahr lang freien Eintritt in 33 Museen und Galerien für 75 €, als Familienkarte für 2 Erw und Kinder unter 18 Jahre 130 €, Kinder bis 6 Jahre sowie Ermäßigungsberechtigte 38 €; das **MuseumsuferTicket** gilt an 2 aufeinander folgenden Tagen für alle Dauer- und Sonderausstellungen in 33 Museen und Galerien für 15 €, als Familienkarte für 2 Erw und Kinder unter 18 Jahre 23 €, Kinder bis 6 Jahre sowie Ermäßigungsberechtigte 8 €.

▶ Am letzten Samstag im Monat ist der Eintritt frei im Archäologischen Museum, Bibelhaus Erlebnismuseum, Deutschen Architekturmuseum, Deutschen Filmmuseum, Dommuseum Frankfurt am Main, Historischen Museum Frankfurt (auf unbestimmte Zeit geschlossen), Ikonenmuseum, Jüdischen Museum und Museum Judengasse, kinder museum frankfurt, Naturmuseum Senckenberg, Museum der Weltkulturen, Museum für Angewandte Kunst und Museum für Moderne Kunst.

Halbjährlich erscheint das Faltblatt *Museumsuferfrankfurt Satourday* mit den Terminen von für Familien interessanten Veranstaltungen.

@ Kurzbeschreibungen, Anschriften und Webadressen weiterer Museen in Frankfurt findet ihr unter www.frankfurt.de.

FRANKFURT: MUSEEN & MEHR

Ich schau dir in die Augen, Kleines: Blick durch die Linse im ExperiMINTa

MUSEEN NACH THEMEN

@ Auf der Internet-
seite sind alle
Fahrzeuge des Vereins
abgebildet.

Bahnen & Betriebe

Mit der Dampflok am Frankfurter Mainufer entlang

Historische Eisenbahn Frankfurt e.V., Intzestraße 34, 60314 Frankfurt. ✆ 069/436093 (Mi 16 – 20 Uhr), Fax 436093. www.frankfurt-historischeeisenbahn.de. he60314@aol.com. **Strecke:** Eiserner Steg – Griesheim und zurück bzw. – Mainkur und zurück. **Länge:** jeweils 45 Min. **Bahn/Bus:** U4, 5 Dom/Römer, Straba 11, 12 Römer/Paulskirche, 5 Min zu Fuß zum Eisernen Steg. **Rad:** Main-Radweg. **Zeiten:** Termine auf der Internetseite. **Preise:** hin 4,50, beide Ziele 7 €; Kinder 6 – 12 Jahre 2 bzw. 3,50 €; Familie (2 Erw, 2 Kinder) 10 €.

▶ Auf den Gleisen der alten Hafenbahn könnt ihr hinter einer Diesel- oder Dampflok oder per Triebwagen am Frankfurter Mainufer entlang rattern. Gestartet wird am Nordufer des Eisernen Steges, Ziele sind Griesheim Übergabebahnhof im Westen bzw. Mainkur Stellwerk IV Fechenheim im Osten – diese Tour führt also auch ein Stück durch den Osthafen. Außerdem könnt ihr mit dem Verein **tolle Ausflugsfahrten** mit Dampfsonderzügen unternehmen, z.B. nach Königstein, Bad Nauheim und Stockheim oder Speyer, Rüdesheim und Wertheim.

Mit der Feldbahn im Rebstockpark unterwegs

Frankfurter Feldbahnmuseum, Am Römerhof 15f, 60486 Frankfurt a.M. ✆ 069/709292, www.feldbahn-ffm.de. ffmev@feldbahn-ffm.de. **Bahn/Bus:** Straba 17, Bus 34, 50 bis Leonardo-Da-Vinci-Allee. **Rad:** Vom Nidda-Radweg über Biegwald und Rebstockpark, nicht beschildert, ↗ GrünGürtel-Karte. **Zeiten:** Museumstage (ohne Fahrbetrieb!) 1. Sa im Monat 14 – 17, 1. Fr im Monat 17 – 19 Uhr. **Preise:** 5 €; Kinder 4 – 14 Jahre 2 €; Familienkarte (2 Erw und Kinder) 10 €. **Infos:** Termine für Fahrtage, Feste und Sonderveranstaltungen im Internet.

▶ Seit den 1950er Jahren wurden die für den innerbetrieblichen Materialtransport in Steinbrüchen, Ziegeleien, Kiesgruben und Industriebetrieben genutzten Kleinbahnen – auch Feldbahnen genannt – innerhalb von wenigen Jahren fast überall durch Lkw und Förderbänder abgelöst. Das Museum auf dem Rebstock bietet eine der wenigen Ausstellungen, wo ihr dieses Transportsystem der Torf-, Tongruben- und Ziegeleibahnen, Industrie-, Steinbruch-, Trümmer-, Untertage- und Forstwirtschaftsbahnen in großer Vielfalt nachvollziehen könnt. Dabei ist richtig was los, z.B. werden typische Arbeitsschritte wie das Rangieren, Kohle- und Wasserfassen, Kuppeln und Weichenstellen demonstriert. An besonderen Tagen werden auf Feldbahnen, die im Personentransport eingesetzt waren, Fahrten auf der 1,5 km langen, museumseigenen Strecke in den Rebstockpark angeboten.

 Empfehlen können euch meine Enkel Hyun-Woo und Hyun-Seo das **Feldbahnfest** mit viel Bahnbetrieb und Rahmenprogramm, einmal jährlich Ende Mai/Anfang Juni. Weitere tolle Feste für Kinder sind der **Teddy-Bären-Tag**, der **Modellbautag**, der **Lampiontag** und der **Nikolaus im Feldbahnmuseum**.

Frankfurter Feuerwehr heute

Branddirektion, Feuerwehrstraße 1, 60435 Frankfurt a.M. ✆ 069/212-75503, Fax 212-75509. www.feuerwehr-frankfurt.de. pressestelle.feuerwehr@stadt-frankfurt.de. **Bahn/Bus:** U5 Gießener Straße. **Zeiten:** Besuchertermine Sa 10 – 12, 13 – 15 Uhr, nur in Gruppen, 10 – 30 Pers, Anmeldung min 4 Wochen im Voraus, nach Absprache Führungen, Ansprechpartner: Nikolaus Meyer, ✆ 069/212-725503, wolfgang.kindler@stadtfrankfurt.de. **Preise:** je nach Größe der Gruppe ab 40 €. **Infos:** Nach Absprache spezielles, kostenloses Brandschutzerziehungsprogramm für Vorschul- und Grundschulkinder.

▶ Für viele Jungen ist Feuerwehrmann ein Traumberuf. Inzwischen zeigen aber auch Mädchen in wachsender Zahl Interesse für diese »heldenhafte« Aktivität, die in Actionfilmen einen festen Platz hat. Da ist es doch spannend, mal eine der neun Frankfurter Feuerwachen oder das neue **Brandschutz-, Katastrophenschutz- und Rettungsdienstzentrum** (BKRZ) zu

 Feuerwehrmuseum Frankfurt, Alter Flugplatz, Bonames. ✆ 069/503001. www.feuerwehrmuseum-frankfurt.de. So 9.30 – 12.30 Uhr, für Gruppen nach Absprache unter ✆ 069/53056819 oder 0173/6616986 auch an anderen Tagen. Hier gibt es noch mehr rund um das Thema Feuerwehr zu sehen – z.B. Feuerlöscher, Uniformen und Löschfahrzeuge aus den letzten Jahrhunderten; Erw 3 €, Kinder bis 14 Jahre 1 €.

Selbst spritzen dürft ihr, wenn ihr Mitglied bei einer **Jugendfeuerwehr** werdet. In 28 Frankfurter Stadtteilen können sich Kinder 10 – 17 Jahre anschließen. Zurzeit hat sie 480 Mitglieder – 93 davon sind Mädchen! www.jf-frankfurt.de.

Heimatmuseum Schwanheim, Alt Schwanheim 6, Schwanheim. ℄ 069/ 357134. www.schwanheim.com. So 14 – 16 Uhr.

besichtigen, sich die Löschgeräte und -fahrzeuge, die hohen Leitern und Schutzanzüge anzusehen und sich von einem gestandenen Feuerwehrmann erklären zu lassen, wie die Einsätze ablaufen!

Von der Pferdebahn zur computergesteuerten U-Bahn

Verkehrsmuseum Frankfurt am Main, Rheinlandstraße 133, 60529 Frankfurt a.M.-Schwanheim. ℄ 069/213-23131, Fax 213-23131. www.verkehrsmuseum.info. mail@verkehrsmuseum.info. **Bahn/Bus:** Straba 12, 19, Bus 51, 62 Rheinlandstraße. **Zeiten:** So, Fei 10 – 17 Uhr sowie nach Vereinbarung, Führungen ab 10 Pers. **Preise:** 3 €; Kinder bis 14 Jahre 1 €; Senioren, Studenten, Schüler 2 €.

▶ In dem Museum neben dem unter Denkmalschutz stehenden Schwanheimer Bahnhofsgebäude könnt ihr beinahe alle Typen von Bussen, Straßen- und U-Bahnen sehen, die einmal im Frankfurter Stadtverkehr eingesetzt wurden. Die bunte Palette reicht vom Pferdebahnwagen und Oldtimer-Omnibus bis zu ganz modernen U-Bahn-Fahrzeugen aus der jüngsten Vergangenheit. Einige könnt ihr auch betreten. Ganz toll ist die **Kinderfahrschule,** hier dürft ihr im Fahrer-

Stooopp: Das Signal sagt, dass ihr erst am Schalter gucken müsst

beide © Verkehrsmuseum Frankfurt am Main

stand einer Straßenbahn an der Kurbel drehen, Signale geben, Weichen stellen – also richtig Straßenbahnfahrer spielen!

Erleben & Experimentieren

Museum zum Mitmachen: Das kinder museum frankfurt

An der Hauptwache 15 (Zwischenebene), 60313 Frankfurt a.M.-Innenstadt. ✆ 069/212-35154, Fax 212-42078. www.kindermuseum.frankfurt.de. info.kindermuseum@stadt-frankfurt.de. **Bahn/Bus:** U 1 – 3, 6 – 8, S1 – 6, 8, 9 Hauptwache. **Zeiten:** Di – Fr 10 – 18, in allen hessischen Ferien auch Mo 10 – 18 Uhr. **Kolonialwarenladen** und **Werkstätten** Sep – Dez 15 – 17 Uhr an 2 So im Monat. **Preise:** 4 €; Kinder 6 – 18 Jahre 2 €; Familien 9 €. **Infos:** Alle Angebote im jährlich erscheinenden Programm, als Heftchen oder im Internet.

▶ Das Kindermuseum bietet spannende Ausstellungen (zeitlich begrenzt, Schwerpunktthema), die speziell für Kinder konzipiert sind: Bis Ende Juni 2011 gibt es die Ausstellung *Schatten & Licht* zu sehen. Hier könnt ihr nicht nur Wissen sammeln, sondern aktiv mitwirken. Neben Führungen werden Projekttage durchgeführt: Experimentieren, Ausprobieren und Forschen sind angesagt.

Im Herbst ist ein 100 Jahre alter **Kolonialwarenladen** für Familien mit Kindern ab 6 Jahre zum Mitspielen geöffnet. Euch bereitet es sicher großen Spaß, auf der alten Waage Mehl und Zucker auszuwiegen und an der Kasse Reichspfennige zu kassieren. In diesen Monaten könnt ihr zudem in den **Werkstätten** des Museums aktiv werden und in der Papier-, Schreib-, Druck-, Holz-, Linolschnitt-, Computer- oder Radiowerkstatt alte Techniken und moderne Medien ausprobieren.

In den Sommerferien ist im kinder museum im Rahmen der Ferienspiele einiges los, dann gibt es Tages-

Happy Birthday! Altersgerecht und erlebnisreich sind hier die Geburtstagspartys. 2 Std 100 € für 10 Kinder und 2 Erw; 3 Std 150 € für 10 Kinder und 2 Erw, jeder weitere Person 10 €, Anmeldung erforderlich Mo – Fr 10 – 15.30 Uhr.

 Das kinder museum gehört zum **Historischen Museum.** *Das ist jedoch wegen Renovierung der 5 historischen Bauten des Saalhof noch bis 2015 geschlossen. Ob das Kindermuseum jemals wieder zurück an den Römer kommt, ist offen. Zu gut gefällt es ihnen an der Hauptwache.*

© kinder museum frankfurt

Bauen bei der Sommeraktion des Kindermuseums: Für Mädchen eine tolle, oft die erste Erfahrung, immer noch ...

Seit 1989 geht dieses Konzept in verschiedenen Städten der Welt bereits mit Erfolg auf, seit 2005 kann sich endlich auch Frankfurt dauerhaft mit dieser Attraktion schmücken, die hier ihren Anfang genommen hat und sich aus eigenen Kräften finanziert.

werkstätten und Wochenkurse zu allerlei spannenden Themen. Während der Schulzeit betreibt das Museum die Vermittlung stadt- und kulturhistorischer Ausstellungen für Schüler bis zur 7. Klasse.

Blind kommunizieren im Dialog Museum

Hanauer Landstraße 137 – 145, 60314 Frankfurt a.M.-Ostend. ✆ 069/904321-44, Fax 904321-90. www.dialogmuseum.de. info@dialogmuseum.de. **Bahn/Bus:** U6, Züge 50, 55, 64 Ostbhf und 6 Min Fußweg, Straba 11 Osthafenplatz (hält direkt vor der Tür). **Zeiten:** Di – Fr 9 – 17, Sa, So, Fei 11 – 19 Uhr. **Preise:** 14 €, Casino for Communication 7, Kombiticket 18 €; Kinder 5 – 13 Jahre 7 €, Casino 4, Kombiticket 8,50 €; ermäßigt für Schüler ab 14 Jahre, Azubis, Studenten, Rentner, Schwerbehinderte 9,50 €, Casino 5, Kombiticket 11,50 €; Familien (Eltern mit max 3 Kindern bis 13 Jahre) 33 €, Casino 20, Kombiticket 48 €; Zuschlag Spezial-Tour (im Gegensatz zur 60 Min Standard-Tour 90 Min) 3,50, Zuschlag Workshops für Schüler 2,50 €. **Infos:** Für Kinder ab 5 Jahre in Begleitung der Eltern geeignet, Schulklassen ab der 2. Klasse. Dialog im Dunkeln kann nur in Begleitung eines Führers besucht werden; Reservierung erforderlich!

▶ Das Dialog Museum heißt Dialog Museum weil man hier nichts sieht. Logisch, oder?
Vom Foyer aus führt ein roter Noppenstreifen auf eine Treppe zu, deren Stufen ebenfalls mit Noppen belegt sind, zum Ausstellungseingang, der aus einem geheimnisvollen schwarzen Vorhang besteht. Eine Frau kommt, wird von der Garderobiere fröhlich begrüßt, streift mit einem langen weißen Stock über die Noppen und verschwindet zielstrebig im Dunkeln hinter dem Vorhang. Schon jetzt ist klar, dass es in die-

sem Museum anders zugeht als in anderen Museen. Ihr taucht dann ebenfalls ins Dunkel ein. Je acht Personen werden hinter dem Vorhang von einem blinden Führer in Empfang genommen. Die nächsten Stunden und Minuten ist es seine Stimme, der ihr folgt – und vertrauen müsst. Somit tretet ihr den Dialog an: Den zwischen Sehenden, die jetzt blind sind, und Nicht-Sehenden, die den Überblick haben.

Die Ausstellung besteht aus sechs Themenräumen, die einem Park, einer Stadt oder einer Bar nachempfunden sind. Düfte, Geräusche, Vogelgezwitscher, Straßenlärm, Wind und unterschiedliche Texturen versetzen euch in die Situation. Ihr müsst nun gemeinsam Aufgaben lösen, z.B. herausfinden, in welcher Stadt ihr euch befindet oder in einem Boot einen Fluss überqueren. So muss jeder seine Wahrnehmung und das, was er für selbstverständlich hielt, überprüfen oder auch Ängste überwinden.

Ergänzt wird das Angebot durch das **Casino for Communication.** Wie in einem Spielkasino gibt es Spieltische. Doch die hier sind klein und niedrig; 4 – 5 Spieler egal welchen Alters treffen aufeinander, um gemeinsam Aufgaben zu lösen: Begriffe und Bilder müssen assoziativ zugeordnet, eine geometrische Figur nach abstrakter Beschreibung angefertigt oder blind mit Bauklötzen Türme gebaut werden. Ein wunderbares Instrument der Integration und Kommunikation, nicht zuletzt für Schulklassen.

Verblüffende Erscheinungen im Explora

Explora – Museum + Wissenschaft + Technik, Glauburgplatz 1, 60318 Frankfurt a.M. ✆ 069/788888, Fax 787777. www.exploramuseum.de. info@explora-museum.de. **Bahn/Bus:** U5 Glauburgstraße, Straba 12 Rohrbachstraße/Friedberger Landstraße. **Auto:** Parkplätze direkt beim Museum. **Zeiten:** 11 – 18 Uhr; Führungen für Schulklassen und andere Gruppen nach Vereinbarung auch ab 9 Uhr möglich. **Preise:** 15 €; Kinder 4 – 6 Jahre 5 €, 7 – 14 Jahre 7 €; Familienkarte (El-

Hunger & Durst

DialogCafé, Hanauer Landstraße 137 – 145, Frankfurt a.M.-Ostend. ✆ 069/904321-44. www.dialogmuseum.de. Di – Fr 9 – 17, Sa, So, Fei 11 – 19 Uhr. Zwei Häuser weiter vom Museum liegt im Eingangsbereich des Casino for Communication das freundliche Café, wo ihr euch für die nächsten Erfahrungen mit Kuchen stärken könnt.

Happy Birthday!

Kindergeburtstage mit 2-stündiger, altersgerechter Führung sowie Kaffee und Kuchen aus der Explora-Cafeteria 80 € zzgl. Eintritt pro Person. 3-stündige Führung 150 € zzgl. Eintritt pro Person.

Konzentriert und zackig: David und Judith können die Ring-Pyramide schnell richtig umsortieren

tern, eigene Kinder) 35 €. **Infos:** Informativer Museumsführer 5 €.

▶ Im Explora könnt ihr – im Wortsinne – euren Augen nicht trauen. Nichts ist in Wirklichkeit so, wie es auf den ersten Blick scheint – und das macht die Sache so spannend. Auf einem Lamellenbild z.B. seht ihr *Luther,* schaut ihr das Bild ein wenig anders an, erscheinen *Zwingli* oder *Calvin* – drei Personen in ein- und demselben Bild. Oder die Skulptur, die plötzlich wie ein lebendiges Mädchen wirkt und euch anlächelt. Mit der Rot-Grün-Brille, die ihr für bestimmte Bilder bekommen habt, merkt ihr nach einigem Hinsehen, wie sich eine dreidimensionale Wahrnehmung, ein räumliches Sehen einstellt. Auch schon für jüngere Kinder sehr schön sind die vielen Guckkästen mit 3-D-Brillen ganz unterschiedlicher Motive: Frankfurt um die Jahrhundertwende, der kleine Muck, Insekten, Schmetterlinge, Raupen, Bienen, Wespen … Alles wirkt erstaunlich lebendig. Auch mit Schall und Klang könnt ihr verblüffende Erfahrungen machen und knifflige Spiele ausprobieren. Alles, was hier so wundersam erscheint, kann aber durchaus mit den Gesetzen der Physik und den Fähigkeiten des menschlichen Gehirns erklärt werden!

Happy Birthday!
12 Kinder 5 – 10 Jahre können hier Geburtstag feiern, Dauer 3 Std, 52 € sowie zusätzlich 20 – 35 € für verschiedene Programme.

Erfinder des Struwwelpeters

Struwwelpeter-Museum im Heinrich-Hoffmann-Haus, Schubertstraße 20, 60325 Frankfurt a.M.-Westend. ✆ 069/747969, Fax 742581. www.struwwelpeter-museum.de. info@struwwelpeter-museum.de. **Bahn/Bus:** U4, U6, 7, Bus 32 Bockenheimer Warte. **Rad:** Radweg parallel zur Bockenheimer Landstraße. **Zeiten:** Di – So 10 – 17 Uhr. **Preise:** 3, Führungen 4 €; Kinder 7 – 13

Jahre 1 €, Führungen 2 €. **Infos:** Ferienspiele im Angebot. Führungen min 2 Wochen vorher anmelden.

▶ Zur Erinnerung an den Frankfurter Arzt, der als Autor des *Struwwelpeter* weltberühmt wurde, ist das Heinrich-Hoffmann-Museum in der Schubertstraße eingerichtet worden. Ausgestellt sind u.a. seltene und exotische Ausgaben des Struwwelpeters, witzige Struwwelpeter-Parodien sowie Bilder und Dokumente, die *Heinrich Hoffmanns* (1809 – 1894) Leben als Arzt und Reformer der Psychiatrie in Frankfurt würdigen. Auch bissige Satiren des politisch engagierten Bürgers Hoffmann sind zu sehen. Soweit eher etwas für Erwachsene. Aber: Für Kindergärten, Hortgruppen und Schulklassen werden **Mitmach-Führungen** angeboten, die 1 – 1 1/2 Stunden dauern. Am Anfang erfahrt ihr in altersgemäßer Version einiges über die Entstehung des berühmten Buches und die Hintergründe der Geschichten, denen ein ausgesprochen autoritäres und ordnungsforderndes Erziehungsideal zugrunde liegt. Nach einer Spielpause geht die Führung durch die Ausstellung und endet im Spielzimmer, wo ihr mit Kostümen und Masken den Struwwelpeter nachspielen könnt.

ExperiMINTa — fragen, forschen und begreifen

Science Center Frankfurt am Main e.V., 60486 Frankfurt a.M.-Bockenheim. ℰ 069/71034346, Fax 71034346. www.experiminta.de. kip@experiminta.de.
Bahn/Bus: Straba 16, 17 Varrentrappstraße, direkt vor dem Science Center, U4, 6, 7 Bockenheimer Warte, 10 Min Fußweg, S3 – 6 Messc, 10 Min Fußweg.
Zeiten: Mo – Mi 9 – 18, Do 9 – 21, Fr 9 – 14, Sa 13 – 18, So 10 – 18 Uhr, auch Wanderausstellungen. **Preise:** 8 €; Kinder ab 4 Jahre 6 €, Familie 18 €; Gruppen ab 15 Pers 4 € pro Person. **Infos:** Workshops für Schulklassen, Lehrer, Familien.

▶ Am 1. März 2011 wurde in Bockenheim die Experiminta eröffnet, eine große Mitmach-Ausstellung zu

 Sep – April monatlich 1 – 5 Aufführungen verschiedener Kindertheaterstücke (Puppen- und Figurentheater). Erw 5, Kinder 4 €.

Wer kennt ihn nicht? Da steht er, der Struwwelpeter

© Struwwelpeter-Museum Frankfurt am Main

 Jeden So 11 Uhr Familienführung zu wechselnden Themen.

Spot an und los: Mit Solarautos um die Wette fahren

© Förderverein ExperiMINTa Frankfurt am Main e.V.

Happy Birthday!
Variante 1: Geburtstagsfeier für max 15 Kinder 7 – 14 Jahre, 3 Std. Entdeckertour und Mitmachaktionen durch das Museum, geschmückter Geburtstagsraum, Geschenk für Geburtstagskind. Mo – Mi 160 €, Sa, So 190 €, Eintritt bis zu 12 Pers darin enthalten, jede weitere Person 10 €. Variante 2: Wie Variante 1, aber ohne Mitmach-Aktionen. Mo – Mi 100 €, Sa 120 €. Speisen und Getränke könnt ihr in der Cafeteria kaufen. Infos und Anmeldung unter judith@experiminta.de.

Naturwissenschaften, Technik, Mathematik und Informatik. An 105 Experimentierstationen zu den Themen Bewegung, Kraft, Energie und Umwelt, Luft, Schwingungen/Wellen, Muster und Zahlen, Puzzle/Parkettierung sowie Optik könnt ihr auf spielerische Art mit viel Spaß und manchmal auch Kraft Naturgesetze oder Techniken erforschen und begreifen.
So könnt ihr z.B. an einer Riesen-Beißzange die Hebelgesetze verstehen lernen, euch selbst mit Flaschenzügen in die Höhe ziehen, ein Auge von innen begehen oder versuchen, euch auf ein Fakirbrett zu legen. Im 1. Stock gibt es eine Cafeteria, in der ihr euch mit Snacks und Getränken stärken könnt.

Bibelhaus am Museumsufer
Erlebnismuseum, Metzeler Straße 19, 60594 Frankfurt a.M.-Sachsenhausen. ✆ 069/66426525, Fax 66426526. www.bibelhaus-frankfurt.de. info@bibelhaus-frankfurt.de. **Bahn/Bus:** Straba 14, 15, 16, 19 Schweizer-/Gartenstraße, Bus 46 bis Oppenheimer Platz, U1 – 3, 8 Schweizer Platz. **Zeiten:** Di 10 – 17 Uhr, Mi 10 – 20, Do – Sa 10 – 17, So 14 – 18 Uhr.
Preise: 5 €; Kinder ab 3 Jahre 4 €; Familien (Eltern/Großeltern mit eigenen Kindern/Enkeln) 11 €.
Infos: So 14 – 15 und 16 – 17 Uhr öffentliche Führung, 45 Min, kostenlos.

▶ Das Erlebnismuseum im Bibelhaus ist seit Sommer 2010 geschlossen. Die Wiedereröffnung findet am 18. Mai 2011 statt – dann ist unser Buch jedoch längst in Druck. Es gilt aber als gewiss, dass die alte Konzeption weiterbesteht, die biblische Geschichte realitätsnah und spannend zu präsentieren. So werden die erfolgreichen Erlebnisstationen mit ihrem Bezug zum Alltagsleben in jener Zeit wie das Nomadenzelt der Erzväter und -mütter Israels und das nachgebaute Fischerboot vom See Genezareth aus der Zeit Jesu bleiben. Es wird zudem eine neue große Dauerausstellung hinzukommen, die noch mehr Inhalt und Museumsspaß bringen soll. Hier könnt ihr dann z.B. in einem neuen Erlebnisraum zum Neuen Testament Originalfunde der Israelischen Antikenverwaltung aus der Zeit Jesu bestaunen.

Kinder, die Geschichten und sich verkleiden lieben, werden mit der Ausstellung besonders angesprochen. Doch nicht nur für den Nachwuchs gibt es spezielle Angebote, sondern auch für Senioren.

Von der Buschtrommel zum Internet
Museum für Kommunikation Frankfurt, Schaumainkai 53 (Museumsufer), 60596 Frankfurt a.M. ℘ 069/6060-0, Fax 6060-666. www.mfk-frankfurt.de. mfk-frankfurt@mspt.de. **Bahn/Bus:** U1 – 3, 8 Schweizer Platz oder U4, 5, Straba 11, 12, 14 Willy-Brandt-Platz. **Zeiten:** Di – Fr 9 – 18, Sa, So, Fei 11 – 19 Uhr, 24., 25., 31. Dez und 1. Jan geschlossen. **Preise:** 2,50 €, Führung für Gruppe bis 15 Pers wochentags 30 €, Wochenende 40 €; Kinder 6 – 16 Jahre 1 €, Führung für Schulklasse pro 15 Pers wochentags 25 €, Wochenende 40 €, Kinderpostamt pro 15 Pers 40 €. **Infos:** Einstündige Werkstatt für Kinder ab 6 Jahre, Einlass jeweils zur vollen Stunde, zusätzlich zum Eintritt 1 € pro Kind, erwachsene Begleitperson 2 €. Anmeldungen für Führungen, Schulklassen, Kinderwerkstatt, ℘ 069/6060310, r.koelsch@mspt.de, Kindergeburtstage, Ferienangebote, Kindergärten, Kinder- und Jugendgruppen, ℘ 069/6060321, b.brand@mspt.de.
▶ Vor dem Eingang begrüßt *Pre-bell-man,* ein medial verkabeltes, leuchtendes Reiterstandbild des Koreaners *Nam June Paik* (1932 – 2006) die Besucher. Mit

Happy Birthday!
Es gibt unterschiedliche Angebote für Geburtstagsfeiern für Kinder zwischen 8 und 14 Jahre. 8 – 12 Kinder, 55 – 77 € zzgl. Eintritt. Wenn ihr auch etwas essen und trinken wollt, könnt ihr das über das Museumscafé.

© Museum für Kommunikation Frankfurt

Von der Brieftaube zum Chatten: Kommunikation per Computer ist heute normal

Hunger & Durst
Das Café im Museum für Kommunikation,
Schaumainkai 53, Frankfurt a.M. ℡ 069/ 6060-406. www.dascafe-frankfurt.de. Di – Fr 11 – 18, Sa, So, Fei 11 – 18.30 Uhr. Warme und kalte Getränke, allerlei Snacks und Gerichte.

alten Radios und gereckten Antennen reitet er wie einst Don Quichote gegen die Sprachlosigkeit an. Auf seine Weise stimmt es so auf das Thema Kommunikation ein, also auf das »Mitteilen, Verständigen, Verbinden«.

Das Museum zeigt im Untergeschoss in einer inhaltlich gut aufbereiteten und von audiovisuellen Medien unterstützten Dauerausstellung die **Geschichte der Kommunikation** von der Buschtrommel bis zum Internet. Ihr erfahrt hier, wie Nachrichten früher übermittelt wurden, wie sich Telefon, Funk und Fernsehen entwickelt haben und wie sie funktionieren. Es gibt viele technische Details zu sehen und auszuprobieren. Auch die Beförderung der Post und Reisen in der Postkutsche können nacherlebt werden.

Im **Kinderpostamt** können jüngere Kinder in Begleitung der Eltern oder mit einer Kindergruppe Post spielen – Briefe malen und schreiben, befördern, austragen oder empfangen. Der Knüller ist jedoch die **Kinderwerkstatt** im 1. Obergeschoss des Museums, wo Kinder ab 6 Jahre auf vielfältige Weise verschiedene Formen der Kommunikation selbst kennen lernen. Hier dürft ihr z.B. Gruß- und Glückwunschkarten, Briefpapier und -umschläge mittels verschiedener Drucktechniken gestalten, kleine Texte mit Bleibuchstaben setzen und drucken, aus Telefonkabeln Figuren, Schmuck und andere Kunstobjekte gestalten. In der Computerecke dürft ihr chatten und faxen sowie ein Bildtelefon ausprobieren. Allerdings ist die Reichweite auf den Raum begrenzt. Mit einem speziellen Computerprogramm könnt ihr bunte Bilder gestalten, ausdrucken und mit nach Hause

nehmen. Ein spannendes Objekt für junge Technik-
fans ist noch die **Funkstation** im 2. Obergeschoss,
die allerdings nur zu bestimmten Zeiten zugänglich
ist.

Kunst & Kultur zum Anfassen

Schirn Kunsthalle

Römerberg, 60311 Frankfurt a.M. ℗ 069/299882-0,
Fax 299882-240. www.schirn.de. welcome@schirn.de.
Bahn/Bus: U4, 5 Dom/Römer, Straba 11, 12, 14 Rö-
mer/Paulskirche. **Zeiten:** Di 10 – 19, Mi, Do 10 – 22,
Fr – So 10 – 19 Uhr, öffentliche Führungen Di 17, Mi
11, 19, Do 19, 20, Sa, So 15, 17 Uhr. **Preise:** Eintritt
variiert nach Ausstellung, 8 10 €, Mitglieder der Freunde der Schirn Kunsthalle e.V. Eintritt frei; Kinder 8 – 17
Jahre 6 – 8 €; Familie (2 Erw. und eigene Kinder) 16 –
20 €. **Infos:** Noch mehr Angebote für Kinder und Familien auf der Internetseite.

 Ferienprojekte
in den Oster-,
Sommer- und Herbstferi-
en bieten eine ideenrei-
che Auseinanderset-
zung mit den Ausstel-
lungsinhalten.

Früh übt sich, wer ein Yves
Klein werden will: Malen
mit Farbpigmenten beim
Kinder-Workshop

▶ Die Schirn ist kein Museum mit fester Ausstellung,
sondern ein Veranstaltungsort für Kunst. Und als solcher ist es eines der renommiertesten,
d.h. berühmtesten Ausstellungshäuser
Europas. Zu jeder Ausstellung bietet sie
spannende, vielfältige Formen der Kunst-
vermittlung für Familien, Kinder und
Schulklassen an. Die Angebote der *Kinderstunde* zielen sowohl auf Eltern, die
sich in Ruhe die Ausstellung ansehen
wollen und ihre Kinder in die Obhut der
Schirnpädagogen geben, als auch auf Eltern, die gemeinsam mit ihren Kindern
durch die Schirn streifen möchten.
In der *Kinderstunde XS* sonntags vormittags 11 Uhr können 4- bis 6-Jährige einen
Ausstellungsrundgang und eigenes Gestalten verbinden. In dieses Programm
gehören außerdem einige Veranstaltun-

© Schirn Kunsthalle Frankfurt 2010

Café – Bar – Restaurant an der Schirnkunsthalle, Innenstadt. ✆ 069/21999952. www.table-schirn.de. Di – So 10 – 18, Langschläferbuffet So 10 – 15 Uhr.

gen am Sonntag Nachmittag um 15 Uhr, zu dem zeitgleich eine öffentliche Führung für Erwachsene stattfindet. Da ist z.B. am 1. Sonntag im Monat die Führung durch die Handpuppen Max oder Lisa für die 4- bis 8-jährigen (1 Std.), wo der Zugang durch und durch spielerisch ist. Unter die Kategorie Spaß an der Kunst für die Minis gehört ganz sicher, was Rudi Gerharz, ein bekannter Erzähler der Frankfurter Kinderkulturszene, so an spannenden Geschichten den Kids am 3. Sonntag im Monat ab 15 Uhr zum Besten gibt.

Da geht es bei der Überblicks-Führung für Kinder ab 6 Jahren am 2. Sonntag im Monat (So 15 Uhr, 90 Min) schon etwas systematischer und kunstpraktischer (eigenes Gestalten nach der Führung) zu. Damit vergleichbar ist die Führung für Familien mit Kindern ab 6 Jahren am 4. Sonntagnachmittag mit anschließendem Workshop (So 15 Uhr, 120 Min).

Natürlich gibt es in der Schirn auch allgemeine und thematische Führungen mit Workshops für Kindergartengruppen und Schulklassen der Grundschulen, Mittle- und Oberstufen.

Kunst für Kinder im Museum für Moderne Kunst

MMK, Domstraße 10, 60311 Frankfurt a.M.-Innenstadt. ✆ 069/212-30447, 069/212-40691 (Anmeldung), Fax 212-37882. www.mmk-frankfurt.de. mmk@stadt-frankfurt.de, Anmeldung: kunstvermittlung.mmk@stadt-frankfurt.de. **Bahn/Bus:** U4, 5 Dom/Römer, Straba 11, 12, 14 Römer/Paulskirche, S1 – 6, 8, 9 Konstablerwache. **Auto:** Parkhaus Römer. **Zeiten:** Di, Do – So 10 – 18, Mi 10 – 20, öffentliche Führungen Di, Do, Fr, Sa 15.15, Mi 11, 18, So 11 Uhr, Themen in der Kalenderübersicht; Führungen für Gruppen (Anm. 14 Tage im Voraus), Familienführung jeder 2. und 4. So im Monat 15.15 Uhr, Kinder 6 – 10 Jahre, ferner öffentliche Führung für Kinder ab 8 Jahre, 1. Fr im Monat. **Preise:** 8 €; Kinder ab 6 Jahre 4 €; freier

Happy Birthday!

Ihr könnt auch einen Geburtstag als Kunsterlebnis feiern. Dabei macht ihr zunächst einen Streifzug durch die aktuelle Ausstellung. Anschließend könnt ihr im Arbeitszimmer des MMK das Erlebte in ein fantasievolles Produkt umsetzen. Wie wär's mit einer Reportage?

Eintritt am letzten Sa im Monat. **Infos:** Das MMK ist barrierefrei.

▶ Dieses Museum präsentiert in großer Vielseitigkeit zeitgenössische Kunst. Nicht nur Malerei, Skulptur, Video und Fotografie sind hier zu sehen, sondern auch ungewöhnliche Licht-, Ton- und Performancekunst. Die umfangreiche Sammlung verfügt über 4500 Kunstwerke von etwa 440 Künstlern und Künstlerinnen. Schmuckstück des Museums sind fraglos die hochkarätigen Werke der amerikanischen Pop-Art und des Minimalismus der 60er Jahre von Andy Warhol, Claes Oldenburg, Roy Liechtenstein, Donald Judd, Carl Andre oder Dan Flavin mit schrägen Schlafzimmern oder großen Comic-Bildern. Es sind aber auch die 1980er- und 1990er Jahre gut vertreten und die Sammlung reicht bis in die jüngste Zeit. Was haltet ihr z.B. von der Installation *Blitzschlag mit Lichtschein auf Hirsch* von Joseph Beyus? Es gibt sowohl langfristig angelegte Räume als auch Räume mit wechselnden Sonderausstellungen.

Das MMK bemüht sich sehr, Kinder an die moderne Kunst in ihrer ganzen Breite heranzuführen. Sozusagen ein erstes Schnuppern bieten die Führungen am 1. Freitag im Monat für Kinder ab 8 Jahre und die Familienführungen am 2. und 4. Sonntag im Monat für Kinder 6 – 10 Jahre zu ausgewählten Themen und Kunstwerken.

MMK NANO für Kinder 4 – 6 Jahre an jedem 1. Sonntag im Monat 11 – 13 Uhr und MMK Forscher für Kinder 6 – 10 Jahre jeden 3. Samstag im Monat 11 – 13 Uhr führen durch eigene Malversuche oder Experimenten mit geheimnisvollen Objekten an die Kunst heran.

Die aktuellen Ausstellungen werden ebenfalls von vielen Führungen und Workshops begleitet. Grundsätzlich ist es die Praxis des MMK, die künstlerische Fantasie der Kinder über das Erleben von Kunst zu eigenen Produktionen anzuregen.

Hunger & Durst

Triangolo Café Restaurant, Domstraße 10, Innenstadt. ℗ 069/ 289007. www.triangolo-mmk.de. Di – So 10 – 1 Uhr, Frühstück Sa, So 10 – 13, warme Küche Di – So 12 – 23 Uhr. Café, Restaurant, auch Sommergarten, feine italienische Küche.

FRANKFURT: MUSEEN & MEHR

Happy Birthday!
Kindergeburtstage im Liebieghaus: Sa- oder So-Nachmittag, 4 – 12 Jahre, max 12 Kinder, Dauer 3 Std, Kosten 150 € (inkl. Eintritt, Führung, Material).

*Mit **Plastik** ist kein Kunststoff gemeint, obwohl es auch Figuren aus Plastik geben mag. »Plastik« kommt aus dem Griechischen und ist der Sammelbegriff für »geformte Figuren«. Da gibt es solche, die aus einer weichen Masse wie Ton aufgebaut werden, das ist im engeren Sinn eine Plastik. Ferner gibt es solche Figuren, die aus einem Material herausgeschnitzt sind. Das sind **Skulpturen,** von dem lateinischen Wort für »Schnitzen«.*

Kleine Bildhauer im Liebieghaus

Skulpturensammlung, Schaumainkai 71, 60596 Frankfurt a.M. ✆ 069/650049-0, Fax 650049-150. www.liebieghaus.de. info@liebieghaus.de. **Bahn/Bus:** U1 – 3, 8 Willy-Brandt-Platz oder Schweizer Platz, 10 Min Fußweg, Straba 14, 15, 16, 19 Otto-Hahn-Platz 6 Min Fußweg, Bus 46 Städel 3 Min Fußweg. **Zeiten:** Di, Fr – So 10 – 18 Uhr, Mi, Do 10 – 21 Uhr; öffentliche Führungen Do 19, So 11 Uhr. **Preise:** 9 €; Kinder bis 12 Jahre frei, 12 – 18 Jahre 7 €; Familien (2 Erw und min 1 Kind) 16 €. **Infos:** Nach Vereinbarung Führungen für Gruppen sowie spezielle Führungen für Schulklassen mit anschließender praktischer Tätigkeit, ✆ 069/650049-110. Quartalsprogramm für Kinder und Erw als Broschüre im Haus erhältlich bzw. ↗ Internet.

▶ Das Liebieghaus, in einer alten, ausgesprochen repräsentativen Villa zu Hause, zeigt Skulpturen und Plastiken von der Antike bis zum 19. Jahrhundert, die Bildhauer aus Materialien wie Marmor, Sandstein, Bronze und Holz geschaffen haben. Diese Kunstwerke geben interessante Einblicke in das Leben und den Glauben der Menschen jener Epochen. Das Liebieghaus lässt in einem spannenden **Programm** Kinder diese nicht nur verstehen, sondern ermuntert sie, berühmte Werke als Anregung für eigene Kunst zu nehmen. Jeden 1. Sonntag im Monat (12 – 13 Uhr) finden die **Familiensonntage** für und mit Kindern 4 – 8 Jahre statt: Das sind Führungen, die spielerisch und lebensnah Kinder an die plastische Kunst heranführen. Ein Riesenspaß für die kleinen Freunde der bildenden Kunst im Alter von 4 Jahren sind auch die regelmäßigen Atelierkurse, die über 6 Wochen laufen (Do 15 – 17 Uhr), da können sie ihre ersten Skulpturen aus Ton oder Stein schaffen – der Beginn einer kreativen Laufbahn! Eine feste Einrichtung sind die Atelierworkshops für Familien mit Kindern 6 – 12 Jahre am 3. Sonntag im Monat 11 – 13 Uhr, wo Eltern und Kinder nach der Führung gemeinsam Ton formen und gestalten. Eine

Gemeinschaftsaktivität von Familien sind außerdem die Offenen Ateliers anlässlich der Sonderausstellungen (keine regelmäßigen Termine). Ohne die Eltern läuft dagegen die Kinderführung für 6- bis 10-Jährige am 4. Sonntag im Monat 11 – 12 Uhr. Eltern kommen zwar mit, ihnen wird aber die zeitgleiche öffentliche Sonntagsführung empfohlen. Kinder, die schon kleine Kunstprofis sind, dürfen sogar in der Veranstaltung »Kinder führen Kinder« am 2. Sonntag im Monat 15 – 16 Uhr eigenständig Altersgenossen 8 – 13 Jahre führen, ihre Lieblingswerke zeigen und einiges dazu erzählen.

© Liebieghaus, Foto Norbert Miguletz

Intensives Arbeiten mit Ton und Stein: Beim Kinder-Workshop im Liebieghaus entstehen tolle Skulpturen

Das Liebiegmuseum hat auch ein Ferienprogramm (im Sommer besonders groß), dazu gehören u.a. mehrtägige spezielle Workshops zu Sonderausstellungen und zur Sammlung.

Die alte Villa hat mal dem Kaufmann Liebieg gehört. In seine Wohnräume könnt ihr über eine schmale Wendeltreppe aufsteigen.

Das Städel

Städelsches Kunstinstitut und Städtische Galerie,
Holbeinstraße 1, 60596 Frankfurt a.M. ℅ 069/605098-0, 605098-200 (Beratung, Anmeldung), Fax 605098-111. www.staedelmuseum.de. info@staedelmuseum.de. **Bahn/Bus:** U1 – 3, 8 Schweizer Platz, Straba 14, 15, 16, 19 Otto-Hahn-Platz, Bus 46 Städel. **Auto:** Parkhäuser u.a. Am Theater, Willy-Brandt-Platz 5; Alt-Sachsenhausen, Walter-Kolb-Straße 16. **Rad:** Main-Radweg. **Zeiten:** Di, Fr – So 10 – 18, Mi, Do 10 – 21 Uhr. **Preise:** 7 €; Kinder bis 12 Jahre frei, 12 – 17 Jahre

Hunger & Durst
Café im Liebieghaus,
Schaumainkai 71, Frankfurt a.M. ℅ 069/635814. www.cafe-im-liebieghaus.de. Di – So 10 – 19, So 10 – 14 Uhr Frühstück. Im Garten finden manchmal Konzerte statt.

Happy Birthday!
Kindergeburtstag, Führung (Themenkatalog) und selbst malen in Workshops, Kuchenpause, bis 12 Kinder 4 – 15 Jahre, Sa oder So, 3 Std, 150 € inkl. Eintritt.

5 €; Familie (2 Erw und min 1 Kind) 15 €, Gruppen ab 10 Pers 5 € pro Person.

Am Städel wird zur Zeit in großem Stil gebaut. Unter der Erde ist ein Riesenerweiterungsbau entstanden, in dem in Zukunft die Malerei nach 1945 ausgestellt wird. In den alten Bauten wird gründlich renoviert. Alles soll im Herbst 2011 fertig werden. Bis dahin laufen trotzdem der Betrieb in der alten Ausstellungshalle und die Museumspädagogik weiter.

▶ Das Städel ist ein Kunstinstitut und eine Galerie mit einer umfangreichen Sammlung zu allen europäischen Epochen der Malerei seit dem 14. Jahrhundert. Ferner präsentiert es eine große grafische Abteilung mit Zeichnungen vom Mittelalter bis zur Gegenwart, eine kleinere Skulpturenausstellung und regelmäßig Sonderausstellungen.

Nun mögen sich Eltern fragen, ob das denn etwas für Kinder, insbesondere die jüngeren ist? Eindeutig ja. Denn das Städel tut einiges, um Kindern Kunst spannend und kreativ näher zu bringen. Die meisten Aktivitäten beginnen damit, dass die Kinder mit ausgewählten Kunstwerken vertraut gemacht und dabei angeregt werden, das Gesehene in eigene Werke umzusetzen.

Für junge Künstler ab 4 Jahre gibt es die Kinderstunde XS (2. und 4. So im Monat 11 – 13 Uhr, Kinder 4 – 6 Jahre), die Kinderstunde mit den Handpuppen Louis und Lulu (3. So im Monat 11 – 12 Uhr, 4 – 8 Jahre) und das Offene Atelier mit wechselndem Programm, bei dem Kunst erforscht und selbst gestaltet wird (So 14 – 17 Uhr, ab 4 Jahre). Am 1. Sonntag im Monat geht es mit dem Erzähler Rudi Gerharz 11 – 12 Uhr auf eine lustige Märchenreise durchs Städel. Bei den spannenden Geschichten zu den Gemälden wird lustvoll entspannt getanzt, gelacht und gesungen.

Kinder 4 – 13 Jahre haben ihre eigenen Veranstaltungen bei den Atelierkursen. Die älteren, schon erfahrenen Kunstfreunde zwischen 8 und 13 Jahre können von Kollege zu Kollege ihre Fähigkeiten in den

Das Städel mit Kinderaugen sehen: Kinderstunde mit den Handpuppen Louis und Lulu

© Städel Museum, Foto: Alexander Heimann

126

Künstler zeigen Kindern Kunst-Workshops weiterentwickeln (letzter Sa im Monat 10.30 – 13 Uhr). Einmal im Quartal dürfen sie unter dem Motto *Kinder führen Kinder* bereits selbst ihr Wissen an Altersgenossen weitergeben!

© Städel Museum. Foto: Alexander Heimann

Den Arm bitte etwas höher, dann noch etwas drehen und nicht mehr rühren: Wie das Bild von Mockes alias Ernst Ludwig Kirchner wirklich entstanden ist, erfahrt ihr bei »KInder führen Kinder«

Wie das Liebieghaus und die Schirn bietet das Städel ein interessantes Ferienprogramm und offeriert Kitas, Grundschulen und den Klassen der Sekundarstufen I und II zahlreiche Themen zur Auswahl für Führungen und Workshops.

Für Kinofans: die Geschichte der bewegten Bilder

Deutsches Filmmuseum, Schaumainkai 41, 60596 Frankfurt a.M.-Sachsenhausen. ☏ 069/961220-220 (Auskunft, Kasse), 961220-223 (Führungen), Fax 961220-999. www.dasneuefilmmuseum.de. info@dasneuefilmmuseum.de. **Bahn/Bus:** U1 – 3, 8 Schweizer Platz, Straba 15, 16, Bus 46 Gartenstraße/Schweizer Straße. **Auto:** Parkplatz Museumsufer.

▶ Im Frühsommer 2011 wird das Deutsche Filmmuseum baulich vollständig erneuert und mit vollkommen neu konzipierten Ausstellungen wieder eröffnet. Die zentrale Dauerausstellung wird über den 1. und 2. Stock verteilt sein. Teil 1 »Filmisches Sehen« widmet sich den medialen Vorläufern des Films, Teil 2 »Filmisches Erzählen« soll die grundlegenden Prinzipien

Entscheidend für die Entwicklung des Kinos war die Entdeckung, dass, wenn man eine Abfolge von Bildern nur schnell genug zeigt, das Auge einen zusammenhängenden Bewegungsablauf wahrnimmt. Wie beim **Daumenkino:** *Schaut euch mal unsere Buchseiten rechts unten genau an!*

der Filmsprache zeigen und auf dieser Basis die Geschichte des Films bis in die Gegenwart präsentieren. Der 3. Stock ist für die Sonderausstellungen reserviert. In den 4. Stock kommt eine große Filmwerkstatt, in der die Besucher mit Schnitt, Ton und Lichtsetzung experimentieren dürfen. Diese Einrichtung soll Kindern und Jugendlichen besonders zugute kommen. Außerdem soll das Kino auf den neuesten Stand gebracht sein. Wir sind gespannt!

Kunsthandwerk & Geschichte

Kelten und Römer in Frankfurt

Archäologisches Museum Frankfurt, Prähistorie, Römerzeit, Frühes Mittelalter, Klassische Antike, Alter Orient, Karmelitergasse 1, 60311 Frankfurt a.M. ✆ 069/212-35896, Fax 212-30700. www.archaeologisches-museum.frankfurt.de. info.archaeolmus@stadt-frankfurt.de. **Bahn/Bus:** U1 – 5, 8 Willy-Brandt-Platz, U4, 5 Dom/Römer, Straba 11, 12, 14 Willy-Brandt-Platz oder Römer/Paulskirche. **Zeiten:** Di – So 10 – 18, Mi bis 20 Uhr, letzter Sa im Monat Familienführungen. **Preise:** 6 €; Kinder 6 – 18 Jahre 3 €; letzter Sa im Monat Eintritt frei. **Infos:** Kostenlose Führungen So 11 Uhr. Detaillierter Überblick über das museumspädagogische Programm und Sonderausstellungen ↗ Internetseite.

▶ Das Archäologische Museum ist in der Kirche des ehemaligen Karmeliterklosters eingerichtet, die selbst auch sehenswert ist. Es zeigt in seinen fünf Abteilungen Prähistorie, Römerzeit, Frühes Mittelalter, Klassische Antike und Alter Orient zahlreiche Fundstücke aus Frankfurt und Umgebung, ist damit also zugleich auch eine Ausstellung der frühen Geschichte im Raum der heutigen Stadt Frankfurt. Viel zu sehen ist aus der Steinzeit – für Kinder ziemlich beeindruckend u.a. das Skelett eines steinzeitlichen Auerochsen! Ähnlich starken Bezug auf die Region hat auch die frühe keltische Epoche. Schaudern

Happy Birthday!
Kinder ab 8 Jahre können mit ihren Freunden im Archäologischen Museum Geburtstag feiern. Themen sind Steinzeitwerkstatt, griechische und römische Spiele oder Karl der Große. Dauer etwa 1,5 Std, 60 € zzgl. 3 € Eintritt pro Kind, Erw 6 €.

kann man vor dem Grab eines keltischen Fürsten samt prächtigen Grabbeigaben aus dem 7. Jahrhundert v.Chr. aus dem Stadtwald. Die Römerzeit spiegelt sich in der römischen Siedlung Nida wider, die sich an der Stelle des heutigen Frankfurter Stadtteils Heddernheim befand. Leben im frühen Mittelalter wird anhand der Entwicklung Alt-Frankfurts auf dem Römerberg gezeigt.

© Annette Sievers

Die Attraktion des Museums ist zweifellos die umfangreiche Ausstellung zur Entwicklung des **römischen Nidas** vom einfachen Heerlager zur blühenden Stadt – von einer dicken Mauer mit 8 Toren geschützt – mit Forum, Theater, Amphitheater und Thermen sowie einem kleinen Hafen. Durch die vielen Gegenstände und Modelle bekommt ihr einen guten Einblick in den römischen Alltag, wie sich die Menschen damals kleideten, wie sie wohnten, aßen, badeten und welche Gottheiten sie verehrten. Übliche Berufe waren damals schon Töpfer, Gold- und Silberschmied, Bäcker, Metzger, Maurer, Maler, Zimmermann, Schmied, Wagenbauer und Schreiner.

Spielzeug-Pferdchen: Auch die Kinder zu Römer-Zeiten hatten Spielzeug

Es empfiehlt sich, an einer **Familienführung** teilzunehmen, wo auf Kinder speziell eingegangen wird.

Ein breites **museumspädagogisches Programm** samt entsprechenden Werkstätten bietet Kindergärten, Schulklassen und anderen Gruppen die Möglichkeit, selbstständig in eine vergangene Zeit einzutauchen und sie erlebbar zu machen – etwa mit Geräten und Methoden der Steinzeit Getreide mahlen, Feuer anzünden oder Werkzeug aus Stein herstellen. In den Ferien könnt ihr euch für interessante Kurse anmelden, die über mehrere Tage gehen.

Happy Birthday! Kindergeburtstag für Kinder 7 – 12 Jahre, Spielen, Basteln und kinderspezifischer Einblick in die Dauerausstellung, 2 Std, max 10 Kinder, 100 €, Absprache für Kuchen und Getränke mit dem Buchcafé möglich.

Jüdische Kultur und Geschichte

Jüdisches Museum, Rotschildpalais, Untermainkai 14/15, 60311 Frankfurt a.M. ✆ 069/212-35000, Fax 212-30705. www.juedischesmuseum.de. info@juedischesmuseum.de. **Bahn/Bus:** U1 – 5, Straba 11, 12, 14 bis Willy-Brandt-Platz. **Zeiten:** Di – So 10 – 17, Mi

Juden-Ghetto: In dieser Gasse lebten zeitweise bis zu 3000 Menschen auf engstem Raum – heute ist sie in der Gasse Hinter der Staufenmauer verschwunden. Das Modell seht ihr im Museum Judengasse

© Annette Sievers

 Museum Judengasse, Kurt-Schumacher-Straße 10, 60311 Frankfurt, ✆ 069/2977419. Zeiten wie Jüdisches Museum, 2 €, Kinder 1 €. Reste der Frankfurter Judengasse überwiegend aus dem 18. Jahrhundert: Grundmauern von 5 Wohnhäusern, 2 Ritualbädern, 2 Brunnen und einem Kanal.

 Deutsches Architekturmuseum, Schaumainkai 43, Frankfurt a.M. ✆ 069/21236706. www.dam-online.de. Di, Do – Sa 11 – 18, Mi 11 – 20, So 11 – 19 Uhr. Eintritt 7 €, Kinder 6 – 18 Jahre 3,50 €.

bis 20 Uhr. **Preise:** Kinder 4 €; 2 €. **Infos:** Anmeldung von Führungen 069/212-38804, Fax 212-30705, backhaus@juedischesmuseum.de.

▶ Die Jüdische Gemeinde war einmal ein bedeutender Faktor in Wirtschaft und Kultur der weltoffenen Stadt Frankfurt. All das fiel den Verbrechen der Nazi-Zeit 1933 bis 1945 zum Opfer. An die Geschichte der Juden in Frankfurt mit all ihren Schwierigkeiten und den Holocaust erinnert dieses Museum. Außerdem gibt es einen Einblick in die religiöse Kultur des Judentums und den jüdischen Alltag. Schwerpunkte der Dauerausstellung sind Juden in Frankfurt 1100 – 1800, Jüdisches Leben – Jüdische Feste, Juden in

Frankfurt 1800 – 1950, Mayer Amschel Rothschild & Söhne.

Kunst und Handwerk aus Europa und Ostasien im MAK

Museum für Angewandte Kunst, Schaumainkai 17, 60594 Frankfurt a.M. ☎ 069/212-34037, Fax 212-30703. www.angewandtekunst-frankfurt.de. info.ange-wandte-kunst@stadt-frankfurt.de. **Bahn/Bus:** U1 – 3, 8 Schweizer Platz, Bus 46 Eiserner Steg, Straba 15, 16 Schweizer Straße/Gartenstraße. **Auto:** Kostenpflichtiger Besucherparkplatz hinter dem Museum (Zufahrt über die Metzlerstraße), 1 € pro Std, 24 Std geöffnet. **Zeiten:** Di – So 10 – 17, Mi 10 – 21 Uhr, am Ostermontag geschlossen, öffentliche Führungen Mi 19, So 15.30 Uhr. **Preise:** 8 €; Kinder 6 – 18 Jahre 4 €, öffentliche Führung im Preis enthalten, Schmeckerlecker-Workshop 23,50 €, Ferienworkshop 20 € pro Tag; letzter Sa im Monat (= Satourday) Eintritt frei. **Infos:** Führungen und Aktionen für Schulklassen, Kitas und freie Gruppen nach Anmeldung, breite Ferienprogramme. Anmeldungen für Führungen, Workshops, Kommunikation und Lernen unter ☎ 069/212-38530 oder knowhow.angewandte-kunst@stadt-frankfurt.de.

▶ Im Museum für Angewandte Kunst, kurz MAK, werden Dinge des täglichen Lebens aus verschiedenen Kulturkreisen und Epochen gezeigt, die durch Schönheit und Stil auffallen. In der ständigen Ausstellung gibt es Kunst und Handwerk aus Europa und Ostasien zu sehen. Das können wuchtige Truhen mit komplizierten Schlössern, mittelalterliche Gobelins (gewebte Bild»teppiche«), strenge Möbel der Renaissance oder hübsches Porzellan aus dem Jugendstil sein. Aus dem fernen China und Japan seht ihr zartes Glas und Teekeramik, aus dem Vorderen Orient, dazu zählen z.B. Türkei, Ägypten und Iran, Knüpfteppiche oder bunte Teller. Als Leseratten werden euch die Künstlerbücher und per Hand gemalten Bibeln interessieren. Vielleicht gefällt euch ja die Abteilung

Happy Birthday! Altersgerechte Workshops wie Keramik und Töpfern, Papierschöpfen, Drucktechniken und Buchgestaltung. Aber auch Fashion- oder Roboter Partys sind möglich. 2 Std, max 12 Kinder ab 6 Jahre 110 €.

An jedem Wochenende und in den Ferien täglich können Kinder 6 – 12 Jahre in Begleitung von Erwachsenen den **Kinderkoffer** ausleihen und damit auf Entdeckungstour durch das Museum gehen. In dem Reisekoffer befinden sich u.a. Rätsel und Suchspiele, die zu lösen sind und kleine Texte, die Geschichten über Ausstellungsstücke erzählen. Es gibt Kinderkoffer für die Abteilungen Mittelalter, Renaissance, Design, China und Orient.

Schnee-Eule aus der Jugendstil-Sammlung des MAK: Diese schöne Porzellan-Eule aus Kopenhagen ist schon über 100 Jahre alt, sie stammt nämlich von 1899

© Museum für Angewandte Kunst, Sammlung Jugendstil & Art Déco

Design besonders gut? Hier findet ihr Gebrauchsgegenstände wie Stühle, Geschirr und Küchengeräte, Handys, Uhren und vieles mehr, die mitunter ganz lustig anzusehen sind.

Kindern wird eine Menge geboten. An jedem 1. und 3. Sonntag im Monat finden z.B. parallel zur öffentlichen Führung für Erwachsene Führungen mit Aktionen für Kinder statt. Mit Schmecklecker können Kinder zwischen 6 und 12 Jahre an mehreren Samstagnachmittagen (14 – 16 Uhr) im Jahr eine Koch- und Geschmacksschulung belegen. Was ihr gekocht habt, dürft ihr natürlich anschließend verspeisen! Ihr werdet schnell merken, was natürlich und gut schmeckt bzw. wie synthetische Lebensmittel schmecken (Anmeldung ☎ 069/521753, andreas.eggenwirth@gourmetconnect.de).

In den hessischen Schulferien bietet das Museum für verschiedene Altersgruppen eine Reihe von Workshops an (10 – 15 Uhr): u.a. Keramik und Töpfern, Papier herstellen, Drucktechniken und Buchgestaltung, Unikate marmorieren, konstruieren und bauen in der Legowerkstatt, entwerfen und gestalten am Computer.

Ethnologische Schatzkammer am Museumsufer

Museum der Weltkulturen, Schaumainkai 29 – 37, 60594 Frankfurt a.M. ☎ 069/212-35913, 212-45277 (Bibliothek), Fax 212-30704. http://www.mwk-frankfurt.de. museum.weltkulturen@stadt-frankfurt.de.
Bahn/Bus: U1 – 3, 8 Schweizer Platz, Straba 14, 15, 16, 19, Bus 46 Schweizer Straße/Gartenstraße.

Zeiten: Bibliothek Mo, Di 9 – 15, Do, Fr 9 – 12 Uhr und nach Vereinbarung.

▶ In den Sammlungen des Museums der Weltkulturen befinden sich 67.000 Objekte (!), darunter Handwerk, Kunst und Religiöses, aus Afrika, Amerika, Ozeanien, Europa, Asien und Südost-Asien. Allerdings sind diese Sammlungen nicht öffentlich zugänglich. Da im Museum noch bis Ende 2011 oder Anfang 2012 Renovierungsarbeiten stattfinden, gibt es derzeit auch keine Ausstellungen.

Nach wie vor wird aber ein museumspädagogisches Programm angeboten. Jeden letzten Samstag im Monat 14 – 16 Uhr sind die Satourdays im neu gegründeten Forscherclub, wo sich Kinder 6 – 11 Jahre mit ethnologischen Fragen beschäftigen, an verschiedenen Terminen geht es da auch in die Stadt (Info und Anmeldung 069/212-38362). Es kann auch im Museum Geburtstag gefeiert werden. Für Schulklassen sind Projektwochen und Exkursionen zu einer Reihe von Themen möglich.

Seit Kurzem ist zudem die Präsenzbibliothek regelmäßig zugänglich. Hier sind 45.000 Bücher und 90 laufende Zeitschriften über große Teile der Welt versammelt.

Stadtführungen

Abenteuer über den Dächern der Main-Metropole: Main Tower

Main Tower, Neue Mainzer Straße 52 – 58, 60311 Frankfurt a.M. ✆ 069/9132-01, Fax 3650-4877. www.maintower.helaba.de. maintower@securitas.de. **Bahn/Bus:** S1 – 6, 8, 9 Taunusanlage. **Zeiten:** Außenplattform Ende März – Okt Mo – Do, So 10 – 21, Fr, Sa 10 – 23 Uhr; Nov – März Mo – Do, So 10 – 19, Fr, Sa 10 – 21 Uhr. **Preise:** 5 €; Kinder 6 – 12 Jahre 3,50 €; Familienticket (2 Erw, 2 Kinder, jedes weitere Kind 1,60 €) 13,50 €; Gruppen ab 30 Pers Erw 3,50 € pro

Für an Ethnologie interessierte Eltern und Großeltern: Bettina Beer, Hans Fischer, *Ethnologie: Einführung und Überblick,* ISBN 978-3-496-02795-9, 24,90 €. Dieter Kramer, *Alte Schätze und Weltsichten, Museen als Orientierungshilfe in der Globalisierung,* ISBN 978-3-86099-808-3, 18 €.

Hunger & Durst

Main Tower Restaurant & Bar, Neue Mainzer Landstraße 52 – 58, Frankfurt a.M. ✆ 069/36504777. www.maintower-restaurant.de. Di – Fr 11.30 – 14.30, 18 – 1, Sa, So 13 – 17, 18 – 1 Uhr. Gehobene Küche.

 Einen tollen Blick auf die Stadt habt ihr auch vom **Goetheturm** im Sachsenhäuser Wald, von der Aussichtsplattform der **Zeilgalerie,** Zeil 112 – 114, sowie vom Lohrberg aus. Frankfurts höchste Bauwerke, der **Commerzbank-Tower** mit 259,50 m und der **Europaturm** bzw. »Ginnheimer Spargel« mit 337,50 m, sind nicht öffentlich zugänglich.

Happy Birthday! Geburtstagskinder ab 10 Jahre können mit Frau Reimann mit Fragebogen, Ferngläsern und Stadtplan auf Entdeckungstour durch die Altstadt und das Bankenviertel zum Main gehen. Erstaunliches wird mit der Kamera eingefangen.

Kopf. **Infos:** Betreten der Aussichtsplattform für Kinder und Jugendliche unter 16 Jahre nur in Begleitung von Erwachsenen; bei schlechtem Wetter und stürmischem Wind Aussichtsterrasse geschlossen.

▶ Von der Aussichtsterrasse der 200 m hohen *Landesbank Hessen-Thüringen* (HeLaBa), dem Maintower, habt ihr einen fantastischen Ausblick auf die Stadt, auf Dom und Paulskirche, Römer, Bankenviertel und den Main mit seinen vielen Brücken. Der Blick reicht darüber hinaus weit ins Umland bis zu den Bergen des Taunus, Spessarts und Odenwalds. Mit großen Ferngläsern könnt ihr alles ganz nahe ranholen. Es existiert ein separater Eingang für den Maintower, an dem ihr die Tasche öffnen und einen Metall-Detektor passieren müsst. Die Aussichtplattform erreicht ihr bequem per Aufzug.

Kinderspezifische Stadtführungen

frankfurt 4 kids, Kinderführungen und -rallyes, Stefanie Reimann, Spohrstraße 53, 60318 Frankfurt a.M. ✆ 069/78987998, Handy 0173/3410732. www.kinderfuehrungen-frankfurt.de. info@fuehrungen-frankfurt.de. **Preise:** variieren je nach Größe der Gruppe, Dauer und speziellen Besichtigungswünschen. Eine 1,5-stündige Führung oder Rallye kostet 90 €. **Infos:** Kurzbeschreibungen der Angebote auf der Internetseite.

▶ Stefanie Reimann bietet altersgerechte Stadtrundgänge und Rallyes für Kinder ab 6 Jahre an. Möglich sind Entdeckertouren, Rundgänge durch die Altstadt, das Bankenviertel oder das Goethe-Haus sowie Krimiführungen mit historischen Gaunergeschichten. Für Kinder ab 8 Jahre gibt es Stadtrallyes durch das »Geheimnisvolle Frankfurt«, zu alten »Türmen und Wolkenkratzern«, »Rund um den Römerberg« oder – der Jahreszeit entsprechend – einen »Winterweihnachtszauber«. Besonders spannend sind nächtliche Streifzüge durch finstere Gassen.

Es sind nicht nur die tollen Museen, die Frankfurts künstlerisch interessierte Kinder anregen. Richtig spannend ist auch die vielseitige Kindertheater- und Film-Szene.

Unter diesen Voraussetzungen braucht ihr natürlich nicht die geringste Angst vor Schlechtwetterperioden zu haben! Denn zur kreativen Seite der Stadt Frankfurt gehören auch Konzerte, Musicals und Opern für Kinder sowie Musik-, Tanz- und Ballettschulen.

BÜHNE, LEINWAND UND AKTIONEN

Radio zum Anfassen

HÖREN, SEHEN & SPIELEN

Beim Hessischen Rundfunk zu Besuch

hr-Kinderredaktion, Bertramstraße 8, 60320 Frankfurt a.M.-Dornbusch. ✆ 069/155-3119 (Kinderführungen), Fax 155-4283. www.hr-online.de. fuehrungen@hr-online.de. **Bahn/Bus:** U1 – 3, 8 bis Dornbusch/Hessischer Rundfunk, Bus 32 bis Bertramstraße. **Zeiten:** Kinderführungen Mo – Fr 10 – 17.30 Uhr nach Vereinbarung, Vorlaufzeiten von min 6 – 8 Wochen. Kindergruppen ab dem 3. Schuljahr, max 25 Kinder. **Preise:** kostenlos.

▶ Die hr-Kinderredaktion bietet nach der Maxime »Radio und Fernsehen zum Anfassen« spezielle Kinderführungen. Das ist eine prima Gelegenheit, mal zu sehen, wie ein Studio aussieht und wie es dort zugeht oder mitzuhören, wenn gerade gesendet wird. Ihr dürft sogar die Moderation einer Radiosendung proben, bei einer richtigen Produktion mitmachen und auch dabei zusehen, wie die Aufnahmen anschließend bearbeitet werden, um sie sendegerecht zu machen. Wenn alles fertig ist, habt ihr schließlich den Riesenspaß, zu erleben, wie eure Stimmen im Rundfunk klingen. Schade nur, dass das gute Kinderprogramm von HR2 so stark reduziert wurde. *Kakadu* läuft Mo – Fr 13.30 – 14, *Domino Zauberflöte* mit Klassischer Musik und Geschichten rund um die Musik So 8.05 – 8.55.

Auch wenn das Wetter mal nicht mitspielt: Bei Stoffel und Stoffelchen im Günthersburgpark herrscht immer gute Stimmung

Theater für Kinder

Die große Bühne: Schauspiel Frankfurt

Junges Schauspiel Frankfurt, Neue Mainzer Straße 17, 60311 Frankfurt a.M. ✆ 069/212-37000, Fax 212-44646. www.schauspielfrankfurt.de. info@schauspiel-frankfurt.de. **Bahn/Bus:** U1 – 5, 8, Straba 11, 12 Willy-Brandt-Platz. **Preise:** Schauspielhaus 11 – 49 €, Kammerspiele 12 – 33 €, Box 9 €; Schüler, Studenten, Azubis Schauspielhaus, Kammerspiele und Bockenheimer Depot 8 €, Box 6 €, Gastspiele, Premieren 10 €; Inhaber Frankfurt-Pass, Schwerbehinderte ab 50 % mit einer Begleitperson, Arbeitslose 50 % Ermäßigung auf alle Vorstellungen außer Premieren, Gastspiele, Sonderveranstaltungen. **Infos:** Theaterpädagogik Martina Droste, ✆ 069/212-37588 oder -47877, martina.droste@buehnen-frankfurt.de.

▶ Das Schauspiel Frankfurt ist die große, schillernde Bühne der Mainmetropole. Allein wegen des spektakulären Charakters lohnt es sich, da mal reinzugucken – auch für Kinder!

Es verfügt über die vier Spielorte **Schauspielhaus** (Riesensaal und -bühne, rote Samtstühle für 689 Besucher), **Kammerspiele** (mittelgroß, ganz in Schwarz, 187 feine Ledersessel), **Box** (klein, hautnah, im Foyer) und **Bockenheimer Depot,** die unter Denkmalschutz stehende ehemalige Hauptwerkstatt der Frankfurter Straßenbahnen. Für Kinder, Jugendliche, Familien, Schulklassen und Pädagogen ist sogar eine eigenständige Abteilung zuständig: das Junge Schauspiel Frankfurt.

Familien mit Kindern von 5 bis 10 Jahren sind zwar nicht die Hauptpersonen, aber es gibt für sie immerhin mehrere Stücke pro Spielzeit, 2010/2011 waren das »Ronja Räubertochter« (Kinder ab 7 Jahre, Schauspielhaus) und »Die Bremer Stadtmusikanten« (Kinder ab 5 Jahre, Kammerspiele).

Da sieht es für Schüler der Gymnasien schon besser aus. Auf sie richtet sich hauptsächlich das Engage-

@ Für anstehende Aktivitäten des Schauspiels Frankfurt ➚ Internetseite.

Mit der Eintrittskarte könnt Ihr die öffentlichen Verkehrsmittel des RMV kostenlos benutzen!

ment der Theaterpädagogen. Sie können Spannendes über das Leben und Arbeiten hinter den Kulissen des Theaters (Führungen, Workshops) erfahren. Auch mit der ganzen Klasse können sie gut vorbereitet ins Theater gehen, denn für Lehrer gibt es zu jeder Neuinszenierung spezielle Vorstellungen mit Materialmappen für den Unterricht.

Freies Theaterhaus Frankfurt

Kindertheater, Jugendtheater, Schützenstraße 12, 60311 Frankfurt a.M.-City. ✆ 069/299861-0, -13 (Öffentlichkeitsarbeit), Fax -12. www.theaterhaus-frankfurt.de. henrietteleonhard@theaterhaus-frankfurt.de. **Bahn/Bus:** S1 – 6, 8, 9, U4 – 7 Konstablerwache oder Straba 14 Hospital zum Hl. Geist. **Preise:** 9 €, mit Frühstück 16 €; Kinder 3 – 13 Jahre 6 €, mit Frühstück 11 €; Schulklassen und Kindereinrichtungen 5, ab der 7. Klasse 6 € pro Kopf. **Infos:** weitere Spielstätte im Löwenhof; Beschreibung der Stücke des Ensemble Theaterhaus und des Theaters GrueneSosse sowie Termine der Aufführungen auf der Internetseite des Theaterhauses.

▶ Das Theaterhaus ist eine Hochburg des Kindertheaters, jedoch sind erwachsene Liebhaber durchaus willkommen. Es verfügt über zwei Bühnen mit 80 – 120 Plätzen und ein Café. Ihr bekommt ein vielseitiges Programm geboten: Schauspiel und Figurentheater, Märchen, Dramen und Komödien für Kinder ab 2 Jahre. Das Theaterhaus verfügt einerseits über ein eigenes Ensemble (2010/11 3 Premieren, ferner zahlreiche erfolgreiche Stücke zur Auswahl), außerdem sind hier das TheaterGrueneSosse (www.gruenesosse.de), das Theater La Sentiy Menti (www.sentymenti.de), das Figurentheater Eigentlich (www.figurentheater-eigentlich.de) und das Figurentheater Marius Kob aktiv. Die Vorstellungen am Wochenende sind für Familien mit Kindern. Toll, dass man hier auch Theater und Frühstück (So Vormittag bestimmte Termine) verbinden kann. Das Café des Theaters

 Auf www.theaterhaus-frankfurt.de auch Online-Ticketkauf möglich.

Anlässlich des *Internationalen Kinder- und Jugendtheaterfestivals Rhein-Main,* www.starkestuecke.net, gastieren hier regelmäßig Gäste aus unterschiedlichen Ländern.

FRANKFURT KREATIV

Kulturgesell-schaft Bergen-Enkheim, ☏ 069/121-41276. www.saalbau.com. Die Kulturgesellschaft bietet ein tolles Kindertheater-Programm an, gespielt wird in der Stadthalle Bergen-Enkheim, meistens Mi 15 Uhr, 5 €.

steht auch für Kindergeburtstage und Feste zur Verfügung. Die Woche über sind Kindergärten und Schulklassen dran.

Es gibt auch theaterpädagogische Angebote, ihr könnt zum Beispiel in Proben reinschnuppern, einen Blick hinter Kulissen werfen oder Gespräche mit Künstlern führen.

Gallus Theater

Kleyerstraße 15, 60326 Frankfurt a.M.-Gallus. ☏ 069/758060-20, Fax 758060-17. www.gallustheater.de. info@gallustheater.de. **Bahn/Bus:** S3 – 6, Straba 11, 21 Galluswarte, 100 Schritte zu den Adlerwerken, ein altes Industriegebäude. **Zeiten:** Sa 15, So 15, 17, Mo, Di, Do 11, Mi 11, 16 Uhr, nicht regelmäßig, Termine auf der Internetseite. **Preise:** variiert je nach Stücken unterschiedlich 7 – 10 €; Kinder 4 – 10 Jahre 5 – 8 €.

▶ Das Gallus Theater, in dem denkmalgeschützten Klinkerbau der ehemaligen Adlerwerke untergebracht, ist 1978 aus der Kulturarbeit mit ausländischen Jugendlichen im Stadtteil Gallus hervorgegangen. Der Leiter, Winfried Becker, ist stolz, dass es dem Theater weiterhin gelingt, Jugendliche einzubinden. Diese dürfen zu ihren eigenen Themen Theaterstücke konzipieren und aufführen. Auch auf Kinder wartet ein reichhaltiges Programm, das von Kinder- über Tanz- und Puppen- bis Figurentheater reicht. Die Vorstellungen sind häufig und bieten Stücke wie *Ritter Rost,* Clowntheater wie *Taluli im Märchenland* oder gar Tanztheater wie *Picknick im Kohlfeld,* eine Beschreibung findet ihr auf der Internetseite.

Schultheater-Studio Frankfurt

Ernst-Reuter-Schulen, Nähe Nordwestzentrum, Hammarskjöldring 17a, 60439 Frankfurt a.M.-Nordweststadt. ☏ 069/212-32044, Fax 212-32070. www.schultheater-studio.de. mail@schultheater.de. **Bahn/Bus:** U1, 9, Bus 29, 60, 71, 72/73, 251 Nordwestzentrum oder Bus 67 Praunheimer Weg oder S6 Eschersheim, umsteigen in die U1. **Auto:** Parkhaus Nordwestzentrum. **Preise:** 8 €; Kinder je nach Stück 4 – 6 €. **Infos:** Termine und sehr viel über die Angebote des Schultheaters findet ihr auf der Internetseite.

▶ Im Schultheaterstudio wird regelmäßig **Kinder- und Jugendtheater** geboten, sogar in englischer Sprache. Ein weiterer Schwerpunkt ist Theaterpädagogik, d.h. Lehrer, Erzieher, Sozialpädagogen und andere Interessierte können in Grund-, Aufbau- und Spezialkursen das Theaterspiel lehren lernen und sich zu Theaterpädagogen ausbilden lassen. Ferner können Schüler der Klassen 3 – 10 in **Workshops** und **Aktionstagen** Theaterluft schnuppern. Und dann ist da noch das Kinderensemble, in dem Kinder 8 – 12 Jahre regelmäßig Stücke proben und aufführen. Diese Altersgruppe kann auch im Rahmen der **Ferienspiele** Theaterluft wittern: Am Montag wird ein Stück erfunden und am Donnerstag oder Freitag derselben Woche bereits aufgeführt! Außerdem dürft ihr hier alles – wirklich alles – ausleihen, was ihr technisch für eure Aufführungen braucht. Das reicht von Podesten für Bühne und Zuschauerränge über Tonanlagen und Stoffe für das Bühnenbild bis zur kompletten Beleuchtung.

Frankfurter Flöhe: Kinder Kultur Programm

Veranstalter: Jugend- und Sozialamt Frankfurt, Team Politische und kulturelle Bildung, Eschersheimer Landstraße 241 – 249, 60320 Frankfurt a.M. ✆ 069/212-36495, Fax 212-30788. www.kinderkultur-frankfurt.de. andrea.breu@stadt-frankfurt.de. **Preise:** 4 €; Kinder 2 €; Inhaber Frankfurt Pass die Hälfte. **Infos:** Halbjährlich erscheinendes *Kinder-Kulturprogramm Frankfurter Flöhe*, erhältlich beim Jugend- und Sozialamt, Frankfurt-Forum und Tourist-Information auf dem Römerberg, in Kinderhäusern und Sozialrathäusern sowie auf der Internetseite.

Happy Birthday!
Kindergeburtstag für max 15 Kinder ab 8 Jahre, 5 – 7 Std, einen Nachmittag lang Theater spielen, Betreuung und Anleitung durch 1 Theaterpädagogen 225 €, mit 2 Leitern 375 €, Essen und Trinken nicht im Preis enthalten, kann aber von den Eltern gestellt werden.

 Dies ist der günstigste Eintritt in Kindertheater und -film in Frankfurt. Hier wird ein wirklich günstiges Programm auch für den schmalen Geldbeutel geboten.

▶ Das Team Politische und kulturelle Bildung organisiert das Theater- und Filmprogramm Frankfurter Flöhe mit rund 120 Theatervorstellungen und 60 Filmvorführungen im Jahr in Kinder- und Jugendhäusern, Kindertagesstätten und Gemeinden. Zu Gast sind renommierte professionelle Kindertheater-Ensembles aus ganz Deutschland.

© Papageno Musiktheater

Da lang musst du fahren: Jim Knopf zeigt Im Papageno-Theater Lukas den Weg durch die Wüste

Eintritt in den Palmengarten ab 1 Std vor Vorstellungsbeginn frei!

Papageno Musiktheater im Palmengarten

Siesmayerstraße 63, 60323 Frankfurt a.M.-Westend. ✆ 069/515038 (Info), 1340400 (Ticket-Hotline), Fax 95117740. www.papageno-theater.de. papageno.theater@arcor.de. Zugang über Siesmayerstraße 63. **Bahn/Bus:** ↗ Palmengarten. **Zeiten:** Nachmittagsprogramm Fr, Sa, So 16 Uhr, in den Ferien zeitweise auch Mi, Do, Abendprogramm Sa 19.30 Uhr, zeitweise auch andere Wochentage. **Preise:** Nachmittags 12,50 – 15,50 €, abends 18,50 – 20,50 €; Kinder 3 – 14 Jahre 9,50 – 12,50 €, Fr, in den Ferien auch Do Papageno-Kindertag, außer an Fei und 1 Woche vor und nach Weihnachten, dann auf allen Plätzen 20 % Ermäßigung; 10 % Ermäßigung für Gruppen ab 10 Pers (außer am Kindertag); 50 % für Frankfurt-Pass-Inhaber (nur an der Theaterkasse gegen Vorlage des Passes ab 15 Uhr). **Infos:** Sondervorstellungen für Kindergärten und Schulen.

▶ Das Musiktheater Papageno im Palmengarten ist in der Kinderkulturszene bekannt für sein musikalisches **Nachmittagsprogramm.** Gespielt werden Märchen, Abenteuer und Singspiele wie *Die kleine Zauberflöte, Jim Knopf und Lukas der Lokomotivführer* oder *Aladin und die Wunderlampe.* Alljährlich sind auch Weihnachtsstücke wie z.B. *Schwarzer Peter, Der Nussknacker* oder *Die Weihnachtsgeschichte* im Programm. Samstagabends indes gibt es **Opernschau-**

spiele für Erwachsene – gefragt sind *Rigoletto, der verfluchte Hofnarr* mit Musik von Verdi oder *Manche mögens heiß* nach dem Filmklassiker von Billy Wilder.

TheaterGrueneSosse

Löwengasse 27k, 60385 Frankfurt a.M.-Bornheim. ✆ 069/450554, Fax 450542. www.theatergruenesos-se.de. office@theatergruenesosse.de. **Bahn/Bus:** ↗ Freies Theaterhaus Frankfurt. **Zeiten:** Okt – Juni. **Preise:** Kinder 3 – 12 Jahre 6, 13 – 18 Jahre 9 €; Schulklassen bis 6. Klasse 5 €, ab 7. Klasse 7 € pro Kopf.

▶ Die 1981 gegründete Truppe hat sich »Kinder- und Jugendtheater mit engagiertem Programm für Kinder, Jugendliche und Erwachsene« auf die Fahnen geschrieben. Sie hat regelmäßig Auftritte auf der Heimatbühne im ↗ Freien Theaterhaus Frankfurt. Darüber hinaus spielt sie sozusagen überall: in Theatern, Bürgerhäusern und Stadthallen, Kulturzentren und Schulen, und zwar Stücke wie *Kleiner Klaus, großer Klaus, Die Kartoffelsuppe, Schutzmann und Katze, Klimaforscher* und *Heinrich der Fünfte.*

 Neben dem Papageno Theater befinden sich der Startplatz des ↗ Palmengarten-Expresses und ein Spielplatz. Die Bootsanlegestelle für den Palmengarten-Weiher ist auch nicht weit.

Seit 1998 besteht beim TheaterGrueneSosse das Junge Ensemble, in dem Laiendarsteller ab 16 Jahre mitspielen können.

© Annette Sievers

freunde & förderer freier theateraktion

protagon e.V., Orber Straße 57, 60386 Frankfurt a.M.-Riederwald. ✆ 069/94147-717, Fax 94147-719. www.protagon.net. office@ protagon.net. **Bahn/Bus:** Bus 44 bis Schlitzer Straße, Bus F-41 bis Sontraer Straße. **Zeiten:** Ende Juli – Mitte Aug (2011 5. – 21. Aug) täglich ab 17 Uhr.

▶ Zwischen Sonnemann-Brücke und Weseler Werft bietet der Verein zur För-

Protagonist beim Theater-Festival an der Weseler Werft: Der Klettermax ist hier der »Haupt-Handelnde«

derung von freien Theatergruppen, seit 2002 beim **Sommerwerft Theaterfestival** kostenlos Tanz, Musik, Performance, Disco, Poetry Slam, Filme und allerlei Drumherum.

Kinder- und Jugendtheater Frankfurt (KiJu)

Titusforum, Walter-Möller-Platz 2, Nordwestzentrum, 60439 Frankfurt a.M.-Nordweststadt. ℃ 06101/ 557424 (Mo – Fr 9 – 13 Uhr), Fax 557801. www.kiju-theater.de. kijuthea@t-online.de. **Bahn/Bus:** ↗ Nordwestzentrum. **Auto:** Parkhaus Nordwestzentrum. **Zeiten:** Aufführungen 16 Uhr. **Preise:** 14 €; Kinder ab 3 Jahre 6 €; Ermäßigung für Gruppen ab 20 Pers, Kitas, Schulen und Studenten. **Infos:** Sondervorstellungen für Schulen und Kindergärten nach Vereinbarung; zu bestimmten Terminen ferner Theaterkurse für Kinder ab 6 Jahren, Durchführung durch die Offenbacher Theater- und Ballettschule Gewächshaus.

▶ Seit 1969 gibt es dieses Kinder- und Jugendtheater professioneller Schauspieler. Inszeniert werden Märchen und Kindergeschichten. Spielstätte ist das Bürgerhaus Nordweststadt mit einem großen Theatersaal mit 300 Plätzen, das *Titusforum*. Ende Mai bis Mitte Juli verlässt das Kinder- und Jugendtheater allerdings seine Spielstätte, um auf einer weiten Wiese des Niddaparks – direkt neben dem großen ↗ Kinderspielplatz – das **Kindertheaterfestival Open Air** zu inszenieren.

Galli Theater

Hamburger Allee 45, unter dem Programmkino Orfeos's Erben, 60486 Frankfurt a.M.-Bockenheim. ℃ 069/ 97097153, Handy 0163/8060260. www.galli.de. frankfurt@galli.de. **Bahn/Bus:** Straba 16 Varrentrappstraße, 2 Gehminuten, Straba 17 Nauheimer Straße, direkt vor dem Theater, S3 – 6 Westbhf, 6 Gehminuten. **Preise:** 8 €; Kinder 5 €. **Infos:** Spielplan erhältlich, auch im Internet.

▶ Das Galli Theater hat ein starkes Kindersegment. Samstags und sonntags um 16 Uhr spielt es Grimm'sche Märchen und Clowntheater für Jung und Alt. Eine Schauspielerin erzählt ein Märchen und schlüpft dabei in verschiedene Charaktere und Rollen. Die Kinder sind hautnah dabei. Sie hören nicht nur zu, sondern werden selbst aktiv. Sie können der Schauspielerin ihre eigenen Ideen zurufen und dürfen sogar zeitweise auf die Bühne kommen und mitspielen.

Schön sind auch die Ferien-Theaterkurse, bei denen gemeinsam ein Stück anhand einer Märchenvorlage eingeübt wird. Zum Abschluss könnt ihr euer Werk vor euren Freunden und Eltern aufführen.

Alles in Bewegung

Die Tanzszene

Schule für Bühnentanz, Andrea Popp, Kurfürstenstraße 60, 60486 Frankfurt a.M. ✆ 069/702020, Fax 700302. www.tanzszene.de. info@tanzszene.de. Gegenüber der S-Bahnstation Westbhf überm Mitsubishi-Autohaus. **Bahn/Bus:** S4 – 6, Züge 30/40, 32, 34 Westbahnhof. **Zeiten:** Büro Mo – Do 16 – 21.30 Uhr, sonst Anrufbeantworter. **Preise:** Kinder bis 14 Jahre 1 Kurs/Woche à 60 Min 37,50 € im Monat, 2 Kurse/Woche à 60 Min 59 € pro Monat, 3 Kurse/Woche à 60 Min 69 €; Geschwister- und Familienrabatt. **Infos:** Eine Probestunde ist kostenlos.

▶ Hier können schon 2- bis 3-Jährige im Kurs Tanz für Mäuse Spaß an Ausdruck und Bewegung üben. Kinder ab 3,5 Jahre werden im Kurs Modern Dance in mehreren Stufen an die notwendigen Grundlagen für alle Tanzrichtungen herangeführt. In jede Unterrichtsstunde sind auch technische Übungen eingebaut. Klassisches Ballett kann auf dieser Basis ab 10 Jahre begonnen werden. Irgendwann haben besonders Tanzbegeisterte bestimmt Lust auf die Kur-

 Weitere Adressen: **Ballett Kerger-Schär,** Berkersheimer Weg 106, 60433 Frankfurt a.M., Handy 0173/6812120, www.ballett-kerger-schaer.de, kreativer Kindertanz ab 4 Jahren, Kinderballett; **TanzCentrum Bäppler-Wolf,** Friedberger Landstraße 296, 60389, Frankfurt a.M., ✆ 069/593701, www.tanzcentrum-baeppler-wolf.de, Kindertanz, Breakdance, Steptanz, Kinder ab 3 Jahre.

se Flamenco und Jazz Dance, jeweils in mehreren Stufen.

OT pur

Frankfurter Bauchtanzschule Nord-West, Falkstraße 72 – 74, Hinterhaus, 60487 Frankfurt a.M. ✆ 069/ 71034697, Fax 71034697. www.ot-pur.de. info@ot-pur.de. **Bahn/Bus:** U6, 7 Leipziger Straße, U4, Bus 32, 36, 75 Bockenheimer Warte, Straba 16 Juliusstraße, Bus 34 Sophienstraße, Bus 50 Falkstraße.

▶ Hier könnt ihr euch im Bauchtanz üben. Es werden verschiedene Kurse, Workshops und Tanzreisen für Frauen und Kinder angeboten. Auch Bollywood-Tanz und Samba stehen auf dem Programm.

Tanz- und Theaterwerkstatt Fe Reichelt

Schneckenhofstraße 20 HH, 60596 Frankfurt a.M.-Sachsenhausen. ✆ 069/616058, Fax 616058. www.tanzundtheaterwerkstatt-ffm.de. info@tanzundtheaterwerkstatt-ffm.de. **Bahn/Bus:** U1 – 3, 8 Schweizer Platz, Straba 14, 15, 16, 19, Bus 48. **Zeiten:** Büro Mo – Do 15 – 20, Fr 14 – 19 Uhr. **Preise:** Kinder monatliche Kursgebühr 40 – 125 €, 1 – 5 Std pro Woche, in den Ferien kein Unterricht.

▶ Nicht nur Erwachsene können hier viele tolle Tänze – sogar welche aus Indien, dem Orient und Afrika – lernen, auch für Kinder gibt es zahlreiche Kurse:

© Eberhard Schmitt-Burk

Traum-Tänzerinnen: Euren Traum vom Tanzen könnt ihr in verschiedenen Tanzschulen verwirklichen

© Eberhard Schmitt-Burk

Bequem so? Na, klar!

@ Wer sich nicht für einen Kurs entscheiden kann, findet auf der Internetseite Kurzcharakteristiken zu allen angebotenen Tanzstilen – außerdem tolle Fotos!

z.B. Ballett, Hip Hop, Street- oder Breakdance oder Steptanz. Selbst die Jüngsten lernen im *Eltern-Kind-Tanz* für Kinder ab 18 Monate bereits, sich zu bewegen.

Ballettschule das Studio

Dance, Art, Sport, Studio, Offenbacher Landstraße 7 – 13, Hinterhaus, 1. Stock, 60599 Frankfurt a.M.-Sachsenhausen. ℡ 069/48986467, www.das-studio.eu. info@das-studio.eu. **Bahn/Bus:** S2 – 6, Straba 14 Lokalbhf, Ausgang Darmstädter Landstraße, S 2 – 6, U1 – 3, 8 Südbahnhof, Ausgang Mörfelder Landstraße. **Preise:** Kinder 1 Unterrichtseinheit (45/60/90 Min) monatlich 38 €, 2 Einheiten 60 €, 3 Einheiten 72 €.
▶ Hier könnt ihr von der Pike auf Ballett-Tanz lernen im Kurs Pre-Ballett (Kinder ab 7 Jahre) sowie in Anfänger- und Fortgeschrittenenkursen (Kinder ab 8 – 10 Jahren). Der Ballettausbildung dient auch das Bodentraining für Kinder 6 – 9 Jahre. Für Kinder sind außerdem der Kindertanz ab 4 Jahre und der Charaktertanz ab 8 Jahre.

Musik für Kinder

Musik von Anfang an

Musikschule Frankfurt am Main e.V., Regionalleitung Schirn, Saalgasse 20, Schirn, 60311 Frankfurt a.M. ℡ 069/212-39849, Fax 212-39848. www.musikschule-frankfurt.de. info@musikschule-frankfurt.de, sabine.kalmer@musikschule-frankfurt.de. **Zeiten:** Büro Mo – Fr 9 – 16 Uhr. **Infos:** Anmeldung per Kontaktformular der Internetseite.

FRANKFURT KREATIV

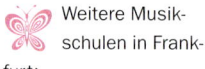 Weitere Musik-
schulen in Frank-
furt:

Creative Music School,
Spohrstraße 46, 60318
Frankfurt a.M., ✆ 069/
5974364, www.crea-
tive-music-school.de,
info@creative-music-
school.de, Büro Mo – Fr
9 – 20 Uhr;

Waggong, Germani-
astraße 89, 60389
Frankfurt, ✆ 069/
466202, www.wag-
gong.de, info@wag-
gong.de, Büro Mo – Fr
12 – 18 Uhr. Bietet
Kurse und Proberäume.

▶ Die Musikschule Frankfurt gehört mit 120 Musik
und Instrumentalpädagogen, die 4300 Schüler und
Schülerinnen unterrichten, zu den größten in
Deutschland. Die Zentrale befindet sich in der Kunsthalle Schirn, gleichzeitig wird aber in etwa 100 allge-
meinbildenden Schulen und Kindergärten in fast allen Stadtteilen unterrichtet. Da ist natürlich klar,
dass hier Kinder bereits in Eltern-Kind-Kursen (ab 1
Jahr) und in der musikalischen Frühförderung (ab 3
Jahre) für die Musik sensibilisiert werden und als-
bald auch über die musikalische Grundausbildung
(ab dem 6. Lebensjahr) auf das Musizieren mit Instrumenten vorbereitet werden. Ihr könnt hier praktisch jedes Instrument erlernen: Tasten- und Zupfin-
strumente, Holz- oder Blechblasinstrumente und
Schlagzeug. Darüber hinaus besteht die Möglichkeit,
in allerlei Ensembles einzusteigen. So kann die Musikschule mit eigenen Talenten ein tolles Musikpro-
gramm auf die Beine stellen.

Oper kennen lernen im Schauspielhaus

Opern- und Schauspielhaus, Schauspiel Frankfurt, Un-
termainanlage 11, 60311 Frankfurt a.M. ✆ 069/212-
37499, Fax 212-37440. www.oper-frankfurt.de.
info@oper-frankfurt.de. **Bahn/Bus:** U1 – 5, 8, Straba
11, 12 Willy-Brandt-Platz, Tickets der Oper schließen
Hin- und Rückfahrt mit dem RMV ein. **Zeiten:** Oper für
Kinder ab 6 Jahre Mitte Nov – Mitte April Di 16, Sa 14,
16 Uhr; Konzerte für Kinder ab 6 Jahre und Oper für Familien, je 5 Termine in der Saison. **Preise:** Oper für Kinder 11 €, Konzerte für Kinder 14 €, Oper für Familien
12 – 70 €; Kinder 5 – 18 Jahre Oper für Kinder 6 €,
Konzerte für Kinder 7 €; Oper für Familien 1 Erw voll
zahlend, 3 Freikarten für Kinder unter 18 Jahre, Freikarten sind aber ohne RMV-Fahrberechtigung.

▶ Die große Bühne der Stadt am Main ist das moderne Opern- und Schauspielhaus am Willy-Brandt-Platz.
Für die Opernfreunde sind das große Opernhaus mit
1369 Sitzplätzen (!) und die kleinen Kammerspiele

da. Natürlich richtet sich das Programm in erster Linie an Erwachsene, aber auch für Kinder wird einiges geboten.

In der *Oper für Kinder* bekommen 6- bis 10-Jährige einen ersten Einblick ins Musiktheater. Sie können hautnah Sänger, Musiker und andere Mitarbeiter des Opernhauses erleben. Die Aufführungen im Holzfoyer und 3. Rang dauern etwa 1 Stunde, die Texte von *Herzog Blaubart* und **Tristan und Isolde** sind auf Kinder zugeschnitten. Parallel dazu läuft die frühmusikalische Erziehung für 4- bis 6-Jährige, in der eine Kindermusikpädagogin mit den Kleinen bastelt, tanzt und musiziert. Zum Kinderprogramm der Oper (5 Termine in der Saison) gehören auch **Konzerte für Kinder ab 6 Jahre,** im Opernhaus, z.B. *Pinocchio* oder *Peter und der Wolf.* Fest etabliert ist ferner die Reihe **Oper für Familien,** ebenfalls im Opernhaus, mit Stücken wie Mozarts *Zauberflöte* und *Die Entführung aus dem Serail* oder Verdis *Don Carlo.* Seit der Saison 2010/11 gibt es einen Workshop, wo ihr in Kostüme geschlüpft in ausgewählten Musikstücken Oper am eigenen Leib erleben könnt.

Schulklassen und andere Kinder- und Jugendgruppen können als Ergänzung zu einem Vorstellungsbesuch bei einer Führung durch das Opernhaus oder beim Besuch einer Bühnenprobe hinter die Kulissen schauen.

Kindertanz in der Musikakademie

Dr. Hoch's Konservatorium, Sonnemannstraße 16, 60314 Frankfurt a.M.-Ostend. ℡ 069/212-44822, Fax 212-44833. www.dr-hochs.de. info@dr-hochs.de. **Zeiten:** Ballett nach Absprache; Kreativer Kindertanz Kinder ab 4 Jahre Mo 15 – 15.50, ab 6 Jahre Mo 15.50 – 16.40, ab 8 Jahre 16.40 – 17.30 Uhr. **Preise:** Kinderballett 5 – 18 Jahre 2 x 50 Min pro Woche wöchentlich 48 €, monatlich 144 €, jährlich 576 €; Kreativer Kindertanz und Musikkurse 50 Min pro Woche wöchentlich 26 €, monatlich 78 €, jährlich 312 €; bei Belegung mehrerer Kurse oder für Geschwister Ermäßigung.

▶ Aus dem traditionsreichen Dr. Hoch's Konservatorium kommen nicht nur gut ausgebildete Musikpädagogen, hier soll auch gleichzeitig Freude an der Mu-

sik und dem Musizieren geweckt werden. Die Talent-förderung von Kindesbeinen an steht im Mittelpunkt. Das beginnt mit den Eltern-Kind-Kursen für die 18 Monate alten Kleinkinder. 4- bis 6-Jährige üben in der Musikalischen Früherziehung. Anschließend folgt die Musikalische Grundausbildung der 6-Jährigen. Auf dieser Grundlage lassen sich zweifellos der Instrumentalunterricht und die Musiktheorie aufbauen. Etwas ungewöhnlich ist, dass ihr hier auch Ballett und Kreativen Kindertanz betreiben könnt.

Ferri & Perlico Perlaco

Ferri Georg Feils, Kinder-Musik-Theater, Metzstraße 8 (Büro), 60487 Frankfurt a.M.-Bockenheim. ✆ 069/700759, Fax 7073648. www.ferri-kindertheater.de. info@ferri-kindertheater.de.

▶ *Ferri* macht seit mehr als 20 Jahren Mitmach-Kinder-Musik-Theater für Kinder ab 3 Jahre. Manchmal tritt er allein auf, häufig auch mit Musikern der Gruppe *Perlico Perlaco.* Auf jeden Fall seid ihr genauso aktiv wie Ferri & Perlico Perlaco selbst: mit der Stimme oder mit Instrumenten, ihr tanzt oder spielt irgendwie mit – vor oder sogar auf der Bühne oder einfach im Publikum.

Ferri spielt auf Festivals, Kleinkunstbühnen, in Theatern, Stadthallen, Kulturhäusern, Schulen, Kindergärten, Bibliotheken, auf Straßen und Sommerfesten. In Frankfurt ist er häufig zu Gast. Das kann im ↗ Gallustheater, im ↗ Neuen Theater Höchst oder anderswo sein.

Ferri organisiert das jährlich in Frankfurt stattfindende **Kinderliedermacher-Festival,** bei dem Liedermacher aus ganz Deutschland auftreten und sich austauschen.

ZELLULOID & ZIRKUS

Kino für Kinder

Kinderkino & Frankfurter Flöhe

Berger Kino/Atelier, Berger Straße 71, 60316 Frankfurt a.M. ✆ 069/9450330, http://berger-kino-frankfurt-am-main.kino-zeit.de. kinoteamgmbh@aol.com.
Bahn/Bus: U4, Bus 34, 38, 43, 69, 103 bis Bornheim

Mitte. **Auto:** Parkhaus Bürgerhaus Bornheim. **Zeiten:** Regelmäßig Kindervorstellungen um 15 Uhr. **Preise:** 5,90 – 8,50 €; Kinder bis 12 Jahre 4 – 4,50 €.

▶ Tolle Kinderfilme könnt ihr außer im Berger Kino bei den Frankfurter Flöhen sehen. Und das ist auch richtig billig. Spielorte sind Fechenheim, Griesheim, Riederwald, Schwanheim, Am Bügel, Gallus, Bockenheim, Nieder-Erlenbach und Sachsenhausen. Die Termine findet ihr im halbjährlich erscheinenden Kinder Kultur Programm Frankfurter Flöhe und unter www.kinderkultur-frankfurt.de.

CineStar Metropolis

Eschenheimer Anlage 40, 60318 Frankfurt a.M. ✆ 069/95506401, www.cinestar.de. ffmmetropolis@cinestar.de. **Bahn/Bus:** U1 – 3, 8, Bus 36 Eschenheimer Tor. **Preise:** Mo, Mi 7,90 €, Do – So 8,90 €, Preise für 3-D-Filme deutlich höher; Kinder bis 12 Jahre 5,50 €; Di Kinotag Erw 6,50, Kinder 5 €; Happy Family-Preis für Filme mit Altersfreigabe 0 – 6 Jahre min 1 Erw, 1 Kind bis 11 Jahre 5,50 €; Happy Family-Film min 1 Erw, 1 Kind bis 11 Jahre 4,90 €.

▶ Das Riesenkino im Gebäude des alten Volksbildungsheimes besteht aus 12 Kinosälen. Die Leinwände sind sehr groß, die Sitze bequem. Hier ist kommerzielles Mainstreamkino zu Hause. Es gibt das **Kinderprogramm** *Happy Family,* dazu gehört der Happy Family-Film der Woche, der täglich gezeigt wird. Bei Premieren werden oft auch Happy Family-Feste organisiert. Meine beiden 6- und 9-jährigen Enkel lieben dieses Kino wegen der 3-D-Filme und der großen Leinwand.

Happy Birthday!
Geburtstag im CineStar für Kinder 6 – 11 Jahre, min 5 Kinder und 1 Erw Begleitperson, diese hat freien Eintritt. Kinderfilm 9,50 € pro Karte, 13,50 € für 3-D-Filme, inkl. Popcorn, Getränke und eine Freikarte für den nächsten Kinobesuch des Geburtstagskinds. Blick hinter die Kulissen zzgl. 1 € pro Kind. 10 Tage im Voraus buchen.

Im wahrsten Sinne des Wortes ein Filmpalast: Das Metropolis am Eschenheimer Turm

© Greater Union Filmpalast Rhein-Main GmbH

FRANKFURT KREATIV

 *Filmhits für Kinokids: Für herausragende Leistungen in der Kunst- und Kulturvermittlung an Kinder und Jugendliche erhielt das Programmkino Mal Seh'n im Mai 2011 den Berg-Berndt-Preis, vom Kuratorium Kulturelles Frankfurt. Wir gratulieren!*

Hunger & Durst

Café Filmriss, Frankfurt a.M.-Nordend. ℂ 069/5970845. Mo – Do 17.30 – 1, Fr 14.30 – 1, Sa 15.30 – 1, So 11.30 – 1 Uhr.

Kinderfreundliches Programmkino

Mal seh'n Kino e.V., Adlerflychtstraße 6 HH, 60318 Frankfurt a.M.-Nordend. ℂ 069/5970845, Fax 557342. www.malsehnkino.de. info@malsehnkino.de. **Bahn/Bus:** U5 Musterschule, 150 m Fußweg, Bus 30 Friedberger Platz, 600 m Fußweg, Bus 36 Adlerflycht-platz, 300 m Fußweg. **Zeiten:** Fr 15, Sa, So 16 Uhr. **Preise:** Kinderkino 3,50 € pro Person.
▶ Das kleine Stadtteilkino ist ein Programmkino, das künstlerisch interessante Spielfilme und Dokumentationsfilme aus aller Welt zeigt. Dazu gehört auch ein spannendes Kinderfilmprogramm. Außergewöhnlich ist die Kooperation mit dem Institut für Psychoanalyse Frankfurt. Das macht es möglich, ausgewählte Filme nach der Aufführung psychoanalytisch zu interpretieren und mit dem Publikum zu diskutieren.

Kino im Deutschen Filmmuseum

Schaumainkai 41, 60596 Frankfurt a.M. ℂ 069/212-38830, Fax 1220999. www.deutschesfilmmuseum.de. info@deutsches-filminstitut.de. **Bahn/Bus:** ↗ Deutsches Filmmuseum.
▶ Das Deutsche Filmmuseum bietet seit vielen Jahren ein hervorragendes Filmprogramm, dazu gehörten auch regelmäßig Kinderfilme. Gegenwärtig ist es wegen Umbaus geschlossen. Bei der für Sommer 2011 angekündigten Wiedereröffnung dürft ihr euch auf ein nagelneues Kino, das technisch auf der Höhe der Zeit ist, freuen. Und das Kinderfilm-Progamm wird sicherlich wieder ganz spannend werden und die Eintrittspreise hoffentlich familienfreundlich bleiben.

Kunstfertigkeiten & Ferienhits

Keramik selbst bemalen

Keramikstudio Coloria & Frankfurter Malschule, Eschersheimer Landstraße 86 (Ecke Wolfgangstraße), 60318 Frankfurt a.M. ℂ 069/95509798, Fax

24448441. www.coloria.de.
info@coloria.de. **Bahn/Bus:**
U1 – 3, 8 Grüneburgweg oder
Holzhausenstraße, Bus 36
Lessing-Gymnasium. **Zeiten:**
Di 14 – 20, Mi 14 – 21.30,
Do, Fr 11 – 20, Sa 11 – 19,
So 14 – 19 Uhr. **Preise:** Kin-
dermalkurs 3 Monate 12 x 3
Std 240 €, 1 Monat 4 x 2 Std
80 €, 3 Monate 12 x 2 Std
160 €, 1 Monat 4 x 2 Std

© Keramikstudio Coloria

55 €, Ferienkurs für Kinder 1 Woche 5 Tage à 3 Std
100 €. **Infos:** www.frankfurter-malschule.de.

Expressionismus pur: Die Kunstwerke der Kleinsten werden wie alle anderen mit Kunstverstand begut-achtet

▶ Bei Coloria könnt ihr sowohl herkömmliche Malkur-
se machen als auch an Modellier- und Töpferkursen
teilnehmen. In den Malkursen beschäftigen sich die
Anfängergruppen mit Aquarell- und Acrylmalerei, Tex-
tilkunst und dreidimensionalen Objekten. In den Fort-
geschrittenengruppen geht es auch um Ölmalerei,
Drucktechniken und neue Medien. Im Bereich Model-
lier- und Töpferkurse sind die 6- bis 13-Jährigen mit
dem Bemalen von Rohlingen beschäftigt, die anschließend gebrannt und nach 2 – 4 Tagen mit nach
Hause genommen werden können. Ab 14 Jahre lernt
ihr das Töpfern mit der sich schnell drehenden Töp-
ferscheibe.

Faszination Kinder- und Jugendzirkus

Zarakali, im Bund Deutscher PfadfinderInnen, Platen-
straße 79z, 60431 Frankfurt a.M.-Ginnheim. ✆ 069/
56807911, Fax 95636327. www.zarakali.de. info@za-
rakali.de.

▶ Im Kinder- und Jugendzirkus Zarakali könnt ihr die
vielen tollen Kunststücke lernen, die zu einem echten Zirkus gehören wie Balancieren auf dem Seil, auf
Stelzen laufen, Luftakrobatik am Trapez, Clownerie
und Zaubern und und und. Willkommen sind alle Kinder und Jugendlichen von 6 bis 18 Jahre, behinderte

Happy Birthday!
Ihr könnt hier auch Ge-burtstag feiern. Er dau-ert 2,5 Std, nach dem Aufwärmen beginnt der Spaß in der Manege. Bis 8 bzw. 15 Kinder 205 bzw. 315 €, mit Verpflegung 255 bzw. 395 €.

Café Gata Melata,
Frankfurt a.M. Fr 15 –
18 Uhr, im Sommer ein
weiterer Tag sowie Sa
für Kindergeburtstage.
Café im Zirkuswagen.

und nichtbehinderte. Dieser Aktivzirkus bietet feste Gruppen (Kinder ab 6 Jahre, 2 Std pro Woche, Training in einer bestimmten Disziplin), offene Gruppen (Ausprobieren bestimmter Disziplinen) und Ferienworkshops (Kinder ab 8 Jahre, bis zu einer Woche) zum Erlernen der Zirkuskünste. Höhepunkte sind fraglos das Zirkusfest am 2. Samstag im September und die regelmäßigen Vorführungen, darunter auch die Shows des Jugendensembles (12 – 18 Jahre).

Ferienkarussell: Ferienhits für Kids

Jugend- und Sozialamt 51.D1, Eschersheimer Landstraße 241 – 249, 60313 Frankfurt a.M. ✆ 069/212-33010 (Info Ferienkarussell), www.ferienkarussell-frankfurt.de. jugend-und-sozialamt@stadt-frankfurt.de. **Bahn/Bus:** U1 – 3, 8 Dornbusch. **Zeiten:** In den Sommerferien. **Mainspiele:** erste 2,5 Ferienwochen Mo – Sa 11 – 19 Uhr am Sachsenhäuser Mainufer, ✆ 069/299888333; **Opernspiele:** letzte 2,5 Ferienwochen, Mo – Sa 11 – 19 Uhr auf dem Opernplatz und in der angrenzenden Taunusanlage. **Infos:** Einzelne Aktivitäten ↗ Broschüre Ferienkarussell oder Internetseite, Anmeldeformular ebenfalls in der Broschüre enthalten bzw. im Internet herunterzuladen. Achtung: Es ist gut, sich mit der Anmeldung für Veranstaltungen zu beeilen, denn viele sind schnell ausgebucht!

▶ In den Sommerferien bietet das Ferienkarussell des Jugend- und Sozialamtes Frankfurt in Zusammenarbeit mit vielen Institutionen, Vereinen und Organisationen ein umfangreiches und interessantes Angebot an Tagesaktionen, Stadtteilausflügen, Kurzfreizeiten, integrativen Aktionen und Sportangeboten sowie Erlebniswochen in Frankfurt. Um an den einzelnen Aktivitäten teilzunehmen, braucht ihr die **Ferienkarte.**

Mit der **Ferienkarte** für Kinder 6 – 16 Jahre könnt ihr kostenlos die öffentlichen Verkehrsmittel im Tarifgebiet 50 benutzen, den ↗ Zoo und den ↗ Palmengarten besuchen, in die Museen und in alle Frankfurter Frei- und Hallenbäder gehen. Für die Erlebnisbäder und viele andere Aktivitäten müsst ihr allerdings eine zusätzliche Gebühr entrichten. Die Ferienkarte ist bei der Tourist-Info am Römerberg 27, der Verkehrsinsel an der Hauptwache und den Sozialrathäusern in den Stadtteilen erhältlich und kostet 33 €.

Auch die Museen sowie der ↗ Zoo und der ↗ Palmengarten denken sich für die Sommerferien allerlei für Kinder aus. Das findet ihr übersichtlich geordnet in dem Faltblatt *Fantasie verleiht Flügel*. Das reichhaltige Sommerferienprogramm der **Spielmobile** des Abenteuerspielplatzes Riederwald mit den **Mainspielen** und den **Opernspielen** nicht zu vergessen. Erwähnenswert sind auch die **Ferienspiele** in den *Kindertagesstätten* sowie die der ↗ *Naturfreunde,* der *Evangelischen Kirchengemeinden* und der *Katholischen Pfarrgemeinden.*

KinderKunstKlub

von Städel, Schirn und Liebieghaus, D-60596 Frankfurt a.M. T 069/605098-115 (Anmeldung), Fax 605098-111. www.staedelmuseum.de. kids@kinderkunstklub.de. **Preise:** Kinder 6 – 13 Jahre 20 € Jahresbeitrag.

▶ ↗ **Schirn,** ↗ **Städel** und ↗ **Liebieghaus** haben einen Kunstklub für Kinder 6 – 13 Jahre organisiert. Für einen Jahresbeitrag könnt ihr diese Häuser ein ganzes Jahr lang so oft besuchen, wie ihr wollt, und dürft an allen öffentlichen Veranstaltungen wie Kinder- und Familienführungen teilnehmen. Ferner gibt es für viele Angebote und Aktivitäten einen Rabatt und viermal im Jahr könnt ihr hinter die Kulissen der drei Häuser schauen, etwa sehen wie Skulpturen renoviert oder Bilder angebracht werden

Tipps für Bücherwürmer

Kinderbuch-Sonntage im Frankfurter Literaturhaus

Schöne Aussicht 2, 60311 Frankfurt a.M. ✆ 069/756184-0, 756184-19, Fax 756184-20. www.literaturhaus-frankfurt.de. info@literaturhaus-frankfurt.de. **Bahn/Bus:** Bus 30, 36 bis Schöne Aussicht oder U6, 7 Zoo, dann Straba 14 Hospital zum Hl. Geist. **Zeiten:** Genaue Termine im Veranstaltungskalender auf der ↗ Internetseite einsehbar. **Preise:** Erw und Kinder 4 €.

▶ An mehreren Sonntagen im Jahr lädt das Junge Literaturhaus Kinder und Jugendliche zu den Kinder-

DIE WELT DER BÜCHER

@ Das Programmheft kann auf der ↗ Internetseite heruntergeladen werden.

buch-Sonntagen ein. Innerhalb kurzer Zeit hat sich hier so etwas wie ein »Jour fixe« für junge Leseratten entwickelt. Bekannte Kinderbuchautoren und Illustratoren sprechen über ihre Bücher und lesen vor. Es wird gelacht, gespielt und gesungen.

Frankfurter LeseEule im Römer

Jugend- und Sozialamt, 60311 Frankfurt a.M. ✆ 069/ 212-36495, Fax 212-30788. www.kinderkultur-frankfurt.de. andrea.breu@stadt-frankfurt.de. **Zeiten:** im Nov etwa 3 Wochen, Mo – Fr 9 – 18, Sa, So 10 – 18 Uhr. **Preise:** Eintritt zur Ausstellung frei, für Veranstaltungen wird teilweise Eintritt verlangt. **Infos:** Gruppen vorher beim Jugend- und Sozialamt anmelden; Broschüre mit den Veranstaltungen des Rahmenprogramms ab Anfang Sep in Schulen, Stadtteilbibliotheken, im Jugend- und Sozialamt und im Frankfurt-Forum.

▶ Diese Gemeinschaftsausstellung namens *LeseEule* des Jugend- und Sozialamts, der Stadtbücherei, des Stadtschulamtes, des Börsenvereins des Deutschen Buchhandels sowie des Kinderschutzbundes präsentiert alljährlich im November über etwa 3 Wochen den großen und kleinen Bücherwürmern im Römer die neue Kinder- und Jugendliteratur. Dazu gibt es ein vielseitiges Rahmenprogramm aus Autorenlesungen, Filmen und Theateraufführungen.

KiBi – Literatur für Kinder und Jugendliche in 11 Sprachen

Zentrale Kinder- und Jugendbibliothek (KiBi), Stadtbücherei Frankfurt a.M., Arnsburger Straße 24, Bürgerhaus Bornheim, 60385 Frankfurt a.M.-Bornheim. ✆ 069/212-33631 (Information), 212-31501 (Verlängerung), Fax 212-31501. www.stadtbuecherei.frankfurt.de. kinderbibliothek@stadtbuecherei.frankfurt.de. **Bahn/Bus:** U4, 5 bis Höhenstraße, Bus 34, 38, 43, OF 103 bis Bornheim Mitte. **Zeiten:** Di – Fr 13 – 19, Sa 11 – 14 Uhr. **Preise:** Jahresbeitrag 12 €, Partnerausweis 6 €; Kinder bis 18 Jahre erhalten den Ausweis in

Die Aktivitäten der KiBi und der 17 Stadtteilbibliotheken findet ihr im zweimonatlich erscheinenden *Kinder- & Schülerkalender,* der in den entsprechenden Institutionen ausliegt.

jeder Bibliothek kostenlos mit Personalausweis oder Meldebescheinigung eines Elternteils. **Infos:** Medienpakete und Bibliotheksführungen für Schulklassen; Aktionen zur Leseförderung für Kinder ab 4 Jahre.

▶ Die Kinder- und Jugendabteilung der Stadtbibliothek im Bürgerhaus Bornheim hat eine Sonderstellung unter Frankfurts Bibliotheken: Sie bietet mit 34.000 Medien die größte Bandbreite an Kinder- und Jugendliteratur (in 11 Sprachen!) an. In der KiBi könnt ihr nicht nur Bücher, sondern auch Zeitschriften, CDs, CD-ROMs, Hörbücher und Spielfilme auf DVD sowie Spiele ausleihen. Hier bekommt ihr vieles, was die Stadtteilbibliotheken nicht haben.

Die Bibliothek ist schön gestaltet, alle Bücher und Medien sind nach Sachgebieten und Alter übersichtlich geordnet. Ihr könnt hier nicht nur in Büchern stöbern und lesen, sondern auch prima in der Kinderecke spielen oder locker in der Isla TeeLounge für Joungster sitzen, wenn es draußen nass und kalt ist. Regelmäßig gibt es kostenlose Aktionen für LeseMinis ab 4 Jahre und für die BücherBande ab 6 Jahre. 2-Jährige werden beim BibStart ans Medium herangeführt und in der LernWerkstatt können Schüler bis zur 10. Klasse Lexika und Lernhilfen, Lernsoftware, Easy Reader und Arbeitsplätze für die Hausaufgaben nutzen oder eine Stunde lang im Internet surfen. Dienstags und donnerstags gibt es 14 – 16 Uhr sogar eine Betreuung.

Kalbacher Kinderbuchmesse

Kinderverein Kalbach, Alte Turnhalle, Grubweg 5, 60437 Frankfurt a.M.-Kalbach. www.kalbacher-klapperschlange.de. kalbacher-klapperschlange@gmx.de. **Bahn/Bus:** U2 Kalbach, Bus 28 bis Rathaus Kalbach. **Zeiten:** Mitte Nov Sa 14 – 20, So 11 – 18 Uhr.

▶ Seit 1985 findet an einem Wochenende Mitte November in der Kalbacher Turnhalle eine richtige Kinderbuchmesse mit einem lebendigen Kulturbegleitprogramm statt. Es ist mehr Fest als Messe. Es gibt

Auf der großen Frankfurter Buchmesse im Oktober (www.buchmesse.de) gibt's ganz viele Bücher. Es gibt sogar Verlage, die nur Kinderbücher machen. Da könnt ihr ganz viel gucken und lesen!

Lesungen, Kindertheater, Kinderkino, zu Essen, Kaffee und Kuchen. Das Motto könnte lauten: lesen, zuhören, nachdenken, anschauen, diskutieren, Bücher lieben lernen und kaufen. Sogar ein eigener Literaturpreis wird vergeben: die *Kalbacher Klapperschlange*. Das ganz Besondere daran ist, dass Kinder ihn vergeben, die aus 60 neuen Kinderbüchern in den letzten 5 Monaten mindestens 5 lesen und beurteilen. Beim letzten Mal haben 140 Dritt- bis Neuntklässler mitgemacht!

FESTE & MÄRKTE

In Frankfurt leben Menschen aus mehr als 180 Nationen, die ebenfalls eigene Feste feiern wie z.B. die Kurden Newroz (Neujahr), die Inder Diwali (Lichtfest) oder die Vietnamesen Tetfest. Auf vielen sind Gäste herzlich willkommen.

Fete für alle

MultiKulti am Main – Museumsuferfest

Am Mainufer zwischen Friedensbrücke und Eisernem Steg, Tourismus + Congress GmbH Frankfurt, 60329 Frankfurt a.M. ✆ 069/212-38800, Fax 212-37880. www.museumsuferfest-frankfurt.de. info@infofrankfurt.de. **Bahn/Bus:** U4, 5 Dom/Römer oder Willy-Brandt-Platz oder U1 – 5, 8 Willy-Brandt-Platz. **Termin:** Letztes Wochenende im Aug Fr 17 Uhr – So Mitternacht, Abschlussfeuerwerk So 22.30 Uhr.

▶ Das ursprünglich als Tag der offenen Tür der zahlreich am Mainufer vertretenen Museen konzipierte Fest hat sich mittlerweile zu einem riesigen Kulturfest ausgeweitet, das über 2 Millionen Besucher anzieht. Auf einer Reihe von Bühnen wird Musik gemacht und getanzt – letzteres beeindruckend vielfältig auf der »Frankfurter Bühne« des Amtes für multikuturelle Beziehungen. Es gibt zahllose Essensstände mit fast allen Küchen der Stadt, in der immerhin Menschen aus über 180 Nationen zu Hause sind. Für Kinder bietet der Abenteuerspielplatz Riederwald spannende Spielangebote, so ein Hüpfkissen, eine Rollenrutsche, ein Wasserspiel, Geschicklichkeitsspiele, eine Kreativ-Ecke und einen Schminkstand. In der Sportweltarena der Frankfurter Vereine können Kinder Trampolinspringen und Kistenklettern.

Jung und Alt verfolgen übrigens gemeinsam voller Neugierde und Spannung die lebhaften Drachenbootrennen auf dem Main.

Glockenspiel, Turmblasen, Stadtgeläut

Frankfurter Weihnachtsmarkt, 60311 Frankfurt a.M.-Zentrum. ✆ 069/212-38990 (Info), Fax 212-31893. www.frankfurt-tourismus.de. feste@infofrankfurt.de. **Bahn/Bus:** U4, 5 bis Dom/Römer oder Straba 11, 12, 14 bis Römer/Paulskirche. **Zeiten:** 4 Wochen vor dem 22. Dez Mo – Sa 10 – 21, So 11 – 21 Uhr; Turmblasen von der Nikolaikirche Mi, Sa 18 Uhr, Glockenspiel Nikolaikirche täglich 9.05, 12.05, 17.05 Uhr; Großes Stadtgeläut Sa vor dem 1. Advent 16.30 – 17, 24. Dez 17 – 17.30 Uhr.

▶ Der Frankfurter Weihnachtsmarkt ist der größte Hessens und sehr vielseitig. Auf dem Römerberg dreht sich dann zwischen all den Büdchen das nostalgische Kinderkarussell zu Füßen einer riesigen Tanne. Auf dem Paulsplatz geht's weiter. Hier gibt es in den dekorativen Buden, Zelten und einem originalem Vogelsberger Fachwerkhaus Gegenstände aus Holz und Keramik, Adventsschmuck und Nippes, Bienenwachskerzen, Glaskugeln und dicke Pullis aus Schafswolle. Typisch frankfurterisch sind freilich die Bethmännchen aus Marzipan. Kinder freuen sich auf den Auftritt des Nikolaus (6. Dez 17.30 Uhr) oder erquengeln sich was vom süßen Naschwerk, dessen Duft über allem schwebt. Zum Rahmenprogramm gehören Geschichten zu Advents- und Weihnachtsliedern in der Liebfrauenkirche, Turmblasen vom Altan der Nikolaikirche und deren tägliches Glockenspiel. Ein akustischer Leckerbissen ist schließlich das Große Stadtgeläut von 50 gleichzeitig schwingenden Glocken aus 10 Kirchen (2010 konnten sich wegen bauli-

 Es herrscht dichtes Gedränge, ihr müsst immer ganz eng bei den Eltern bleiben! Steckt auch für alle Fälle einen Zettel mit eurer Adresse und der Handy-Nummer eurer Eltern ein.

Verlockende Pracht: Auf den Kinderkarussells auf dem Frankfurter Weihnachtsmarkt drehen auch die Großen schon mal eine nostalgische Runde

© Annette Sievers

FRANKFURT KREATIV

FESTKALENDER FRANKFURT

Die Zahl der Feste und Veranstaltungen in der Innenstadt rund um Römerberg, Zeil, Paulsplatz und Konstablerwache ist sehr groß, unmöglich, sie alle aufzuzählen. Ich führe auch nur jene der fast 200 Straßenfeste in den Stadtteilen an, die besonders kinderfreundlich sind.

© Annette Sievers

Schwellköppe: Karnevalszug durch Frankfurts City

Februar/Fastnacht:	Karnevalssamstag, **Frankfurter Garden erstürmen den Römer.**
	Karnevalssonntag, **Fastnachtszug** durch die Innenstadt, Zugweg unter www.grosser-rat.de.
	Rosenmontag, **Kinderfastnachtszug** durch Sindlingen.
	Rosenmontag, **Kindermaskenball** im Saalbau Bornheim ab 14.11 Uhr, Saalbau Goldstein ab 15 Uhr, im Saalbau Gallus ab 15.11 Uhr.
	Faschingsdienstag, **Klaa Pariser Fastnachtszug** durch Heddernheim.
	Faschingsdienstag, **Kindermaskenball** im Saalbau Nieder-Erlenbach ab 14.11 Uhr, im Saalbau Depot Oberrad ab 15.11 Uhr.
März:	2. und 3. Wochenende, **Frankfurter Kinderliedermacher-Festival.**
April:	Mitte April – Anfang Mai, **Frühjahrsdippemess,** große Kirmes mit Haushaltswarenmarkt, Festplatz am Ratsweg.
Mai:	Di nach Pfingsten, **Wäldchestag,** Frankfurter Lokalfest seit Goethes Zeiten, Kirmes im Stadtwald am Oberforsthaus, Bus 61, Straba 19 ab Hbf.

Letztes Wochenende, VGF Drachenboot Festival auf dem Main. 2011 fällt das VGF Drachenboot Festival wegen der Frauenfußball-WM aus.

Juni: 1. Wochenende, **Feldbahnfest** im ↗ Feldbahnmuseum.

Mitte Juni, **Berger Straßenfest,** 2 Tage Musik und Kulinarisches, wohl das schönste Straßenfest der Stadt.

Mitte Juni, **Rosen- und Lichterfest** im Palmengarten, Feuerwerk.

August: Anfang Juli – Anfang Aug, **Stoffel**, Musikfestival Stalburg Theater Offen Luft im Günthersburgpark.

1. Wochenende Fr – Mo, **Mainfest,** am nördlichen Mainufer und auf dem Römerberg, mittelalterlicher Ursprung, 350.000 Besucher, Spektakel: So 16 Uhr Fischerstechen, Mo 22 Uhr Feuerwerk.

2. Wochenende Fr – Mi, **Bernemer Kerb,** Bornheimer Markt mit Kirmes, eines der ältesten Feste der Stadt, Festplatz mit Kirmesbaum vor der Johanniskirche, Umzug in Trachten, Lisbeth-Verbrennung.

Mitte Aug, **Afrikanisches & Karibisches Kulturfest,** buntes Festival im Rebstockpark mit angesehenen Künstlern, Markt und Kinderprogramm.

3. Wochenende Do – Di, **Brunnenfest,** Sachsenhausen, traditionsreich, 2011 zum 521. Mal.

4. Wochenende Fr – So, **Museumsuferfest,** Kunst- und Kulturfestival, Abschlussfeuerwerk So 22.30 Uhr.

Ende Aug, **Rotlintstraßenfest,** Nordend.

September: 1. Wochenende, **Berger Markt** mit Stadtschreiberfest, Stadtteil Bergen-Enkheim.

2. – 3. Wochenende, Festplatz am Ratsweg, **Herbst-Dippemess,** große Kirmes.

2. Sa, **Zirkusfest** im Kinderzirkus Zarakali.

November: 3 Wochen lang, Kinder- und Jugendbuchausstellung **Frankfurter LeseEule** im Römer.

Dezember: Ende Nov – 22. Dez, **Frankfurter Weihnachtsmarkt.**

FRANKFURT KREATIV

cher Mängel nur 9 Kirchen mit 45 Glocken beteiligen). Zu diesem typisch Frankfurter Erlebnis kommen Tausende, um sich für die anschließende Bescherung einzustimmen.

Hervorgehoben werden muss auch der **Weihnachtsmarkt der Frankfurter Künstlerinnen und Künstler** in der Paulskirche (24. Nov – 22. Dez) und in den Römerhallen (3. – 22. Dez). Hier gibt es Bilder und Skulpturen aus allen Kunstrichtungen wie Malerei, Bildhauerei, Fotografie oder Grafik sowie Schmuck und schöne handwerkliche Gegenstände aus Keramik, Textil, Holz und Papier zu kaufen.

Familienweihnachtskonzert in der Alten Oper

Oper, Opernplatz, D-60311 Frankfurt a.M. ✆ 069/212-02, 1340400 (Ticket-Hotline), Fax 212-37499. www.oper-frankfurt.de. info@oper-frankfurt.de. Große Bockenheimer Straße. Bahn/Bus: U6, 7 Alte Oper.

▶ Die aus den Ruinen auferstandene Alte Oper ist von außen sehr eindrucksvoll, fast scheint es als sei die Antike mitten in Frankfurt zu Hause. Aber keine Angst, ihr dürft da auch rein und könnt sogar kinderfreundliche Konzerte erleben. Da gibt es zum einen das festliche Familienweihnachtskonzert im großen Festsaal für Kinder ab 5 Jahre (Kinder bis 14 Jahre 8 €, Erw 20 – 32 €), zum anderen die dauerhafte Veranstaltungsreihe der Familienkonzerte im kleineren Mozartsaal mit so gediegenen und wohlklingenden Musikereignissen wie Figaros Hochzeit, Opera buffa (für Kinder ab 5 Jahre) und Klassik am Sonntagnachmittag für Kinder 10 – 14 Jahre, Eintritt Kinder bis 14 Jahre 7 €, Erw 15 €.

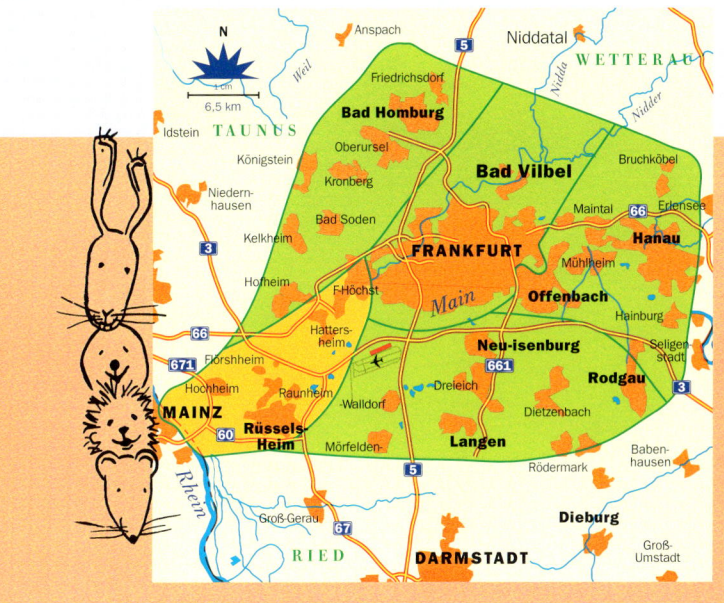

Untermain nennt man eigentlich den Main ab Aschaffenburg bis zu seiner Mündung in den Rhein. Östlich von Frankfurt ist der Untermain in der Griffmarke »Offenbach & Hanau« beschrieben. Hier geht's nun um seinen letzten Abschnitt von Höchst bis zur Mündung in den Rhein vor Mainz.

Die Region ist dicht besiedelt und es gibt viele Fabriken. Höchst und Rüsselsheim sind nur zwei Beispiele. Dennoch gibt es vielerorts fast idyllische Flecken, die zum Wandern und Radeln, Picknicken oder Grillen, Baden oder Paddeln einladen, zum Beispiel die Flussufer von Flörsheim-Keramag bis Kostheim und von Raunheim bis Rüsselsheim sowie die Rheininsel Maaraue. Nicht alles wird vom Fluss bestimmt und es gibt sogar echte Berge, wie die Flörsheimer Schweiz und die Weinhänge von Hochheim beweisen! Die ehemaligen Weilbacher Kiesgruben laden zu tollen Naturentdeckungen ein. Spannende Erkundungen in luftiger Höhe können Klettermaxe im Rüsselsheimer Kletterwald erleben. Und das hervorragend eingerichtete Industriemuseum in der Rüsselsheimer Festung ist nicht nur bei Regenwetter ein interessanter Ausflug.

FLUSS, AUE UND WEINBERGE

Hallen- und Freibäder

TIPPS FÜR WASSER-RATTEN

Hallen- und Freizeitbad An der Lache

Magistrat der Stadt Rüsselsheim – Sportamt, Abteilung Bäderverwaltung, Hans-Sachs-Straße 57, 65428 Rüsselsheim. ℂ 06142/17609-0, Fax 17609-15. www.stadt-ruesselsheim.de. Freizeitbad-Ruesselsheim@t-online.de. **Bahn/Bus:** Mo – Sa Stadtbus 11 bis Hallenbad. **Auto:** B43, Rugbyring, Friedrich-Ebert- und Hans-Sachs-Straße. **Rad:** Ab Bhf durch Alte Poststraße, Greben-, Königstädter, Haßlocher und Gutenbergstraße. **Zeiten: Freibad:** Mai – Sep Mo – Fr 10 – 20, Sa, So, Fei 8 – 20 Uhr; **Halle:** Mai – Sep Di, Mi, Fr 13 – 19, Sa, So, Fei 13 – 18 Uhr, 28. Juli – 22. Aug geschlos-

Sind sich beide nicht ganz geheuer: Mika macht es aber richtig, die Hand mit den Maiskörnern drauf muss man ganz flach machen, damit der Esel davon fressen kann

© Magistrat der Stadt Rüsselsheim

Gut lachen: Im Rüsselsheimer Freibad An der Lache geht es feucht-fröhlich zu

 Baby- und Kleinkinderschwimmen für 5 Altersgruppen (6 Wochen – 3 Jahre) im Angebot. Schwimmkurse für Kinder und Erwachsene auf Anfrage.

sen; Okt – April Di, Mi 13 – 21, Do 13 – 19, Fr 13 – 21, Sa, So, Fei 10 – 18 Uhr, in den Ferien ab 10 Uhr; Kassenschluss 1 Std vor Ende; geschlossen 1. Jan, Karfreitag, Ostern, 1. Mai, 3. Okt, 24. – 26. und 31. Dez. **Preise:** Tag 5 € (6 Punkte), Punktekarte (60 Punkte) 38,30 €; Kinder 4 – 18 Jahre Tag 2,50 €; letzte 1,5 Std Erw 2,50, Kinder 1,25 €; Familienkarte (2 Erw, 3 Kinder) 11 €. **Infos:** 60-Punkte-Karten gelten auch für das ↗ Waldschwimmbad Rüsselsheim.

▶ Im Hallen- und Freizeitbad An der Lache könnt ihr bei jeder Witterung und zu allen Jahreszeiten baden. Der **Hallenbadbereich** verfügt über ein Schwimmerbecken von 25 x 15 m mit Sprunganlage, ein Lehrschwimm- und ein Planschbecken mit bunten Spielfiguren. In der Erlebnishalle gibt es einen Schwimmkanal mit Strömung, Massage- und Sprudeldüsen, Schwallwasserduschen, 70-m-Röhrenrutsche, Whirlpool und eine Verbindung zum Außenbecken, das mit einem weiteren Whirlpool, Sitzecken, Wasserspielen und integrierter Rutsche ausgestattet ist. Außerdem gibt es noch Sonnenbänke, eine Sauna und Massageangebote.

Im beheizten **Freibad** gibt es ein Schwimmer- und ein Nichtschwimmerbecken, beide mit 50 x 21 bzw. 40 x 20 m richtig groß. Letzteres ist mit Wasserpilz, Wasserkanone und Rutsche versehen. Es gibt selbstverständlich auch einen Spielplatz und eine Cafeteria. Ihr könnt also hier ganz schön viel unternehmen.

Hallenbad Höchst
Bäderbetriebe Frankfurt GmbH, Melchiorstraße 21, 65929 Frankfurt a.M.-Höchst. ☎ 069/271089-1400,

Fax 271089-1404. www.bbf-frankfurt.de. info@bbf-frankfurt.de. **Bahn/Bus:** S1, 2 Höchst Bhf, dann Bus 51 bis Höchster Markt. **Zeiten:** Mo 7 – 9, Di und Do 7 – 18, Mi und Sa 7 – 22, Fr 7 – 20, So 9 – 20 Uhr, in den Sommerferien geschlossen, Eintritt bis 1 Std, Baden bis 20 Min vor Betriebsende. **Preise:** 4 €; Kinder ab 1,20 m – 18 Jahre 2,80 €; Familien (max 2 Erziehungsberechtigte mit max 3 Kindern unter 18 Jahre) 10 € (jedes weitere Kind 1 €), Monatskarte (für max 2 Erziehungsberechtigte und min 1 Kind) 80 €. **Infos:** Hallenbad Mitte Aug – Anfang Okt geschlossen.

▶ Das Höchster Hallenbad ist mit Schwimmer-, Nichtschwimmer- und Planschbecken ausgestattet – das reicht für die Grundbedürfnisse von Wasserratten aller Jahrgänge in der kalten Jahreszeit. Von 1- und 3-m-Brettern könnt ihr zum Köpper oder Salto ins Springerbecken ansetzen. Ferner bietet das schnörkellose Bad Sauna (erneuert), Massage und Gastronomie. Toll für Kinder ist, dass sie sich über eine Reihe von Kursen von der bleiernen Ente zur perfekten Wasserratte mausern können. Der Weg führt von der Wassergewöhnung (ab 4 Jahre) über den Anfänger- und den Aufbaukurs (ab 5 Jahre) bis zum Fortgeschrittenenkurs.

Bade-Oase im Industriegebiet: Silobad Unterliederbach

Bäderbetriebe Frankfurt GmbH, Hunsrückstraße 100, 65929 Frankfurt a.M.-Unterliederbach. ✆ 069/271089-1900, Fax 271089-1909. www.bbf-frankfurt.de. info@bbf-frankfurt.de. **Bahn/Bus:** Bus 53/54 bis Silobad/Ballsporthalle. **Auto:** Mainzer Landstraße, Bolongaro-, Leuna-, Liederbacher und Hunsrückstraße. **Rad:** Vom Radweg am Main über die Leunabrücke, dann via Leuna- und Liederbacher Straße. **Zeiten:** Mai – Anfang Sep täglich 7 – 20 Uhr; Eintritt bis 1 Std, Baden bis 20 Min vor Betriebsende. **Preise:** 4 €; Kinder ab 1,20 m – 18 Jahre 2,80 €; ↗ Preisstruktur wie Hallenbad Höchst.

Happy Birthday!
Im Hallenbad könnt ihr mit einer Gruppe ab 5 Kindern 6 – 15 Jahre Geburtstag feiern. Geburtstagstisch, freier Eintritt für Geburtstagskind und eine Begleitperson kosten 20 €, Essen und Getränke dürfen mitgebracht werden.

Babywassergewöhnung ab 12 Monate, Miniclub 1,5 – 4 Jahre, Anfängerschwimmkurse für Kinder ab 4 und 6 Jahre.

 Zugang zur **Mini-golfanlage** erhaltet ihr über die Kasse des Freibades. Mai – Anfang Sep 7 – 20 Uhr, 1,50 € pro Spiel.

Eine Rundwanderung um den idyllischen See bietet sich an, zu dessen festem Vogelbestand Blässhühner und Teichenten zählen, mitunter gesellen sich auch Graugänse, Reiher und Kormorane dazu.

▶ Das einstige Freibad der Höchst AG wurde nach seiner Übergabe an die Stadt Frankfurt in einen guten Zustand versetzt. Das Nichtschwimmerbecken ist mit seiner Froschinsel, dem Bodensprudler, dem Wasserpilz, den Nackenduschen und der Breitbahnwasserrutsche ein richtiges Spaßbecken. Im Gegensatz dazu ganz aufs Sportive ausgerichtet ist das 50 x 17 m große Schwimmerbecken mit 6 Bahnen, in das als Ausbuchtung das Springerbecken mit 3-m-Turm integriert ist. Kleine Wasserratten haben ihre Freude an dem Planschbecken mit Spritzigel und Rutschflächen (Sonnensegel!), an Land erwartet sie ein großer Spielplatz. Dort gibt es ferner zwei Beachvolleyballfelder, drei Tischtennisplatten, eine Minigolfanlage und ein Kiosk mit Terrasse.

Badesee und Waldschwimmbad Rüsselsheim

Magistrat der Stadt Rüsselsheim, Am Waldschwimmbad, 65428 Rüsselsheim. ℂ 06142/52900, 17609-0 (Sportamt), Fax 17609-15 (Bäderverwaltung). www.stadt-ruesselsheim.de. sportamt@ruesselsheim.de. **Bahn/Bus:** Stadtbus 51, 52 bis Waldweg. **Auto:** Von B43 Richtung Raunheim rechts in die Bonner Straße/Waldweg, dort ausgeschildert. **Rad:** Vom Bhf über Poststraße, Stettiner und Danziger Straße, Waldweg und Radweg Horlachegraben. **Zeiten:** Mitte Mai – Mitte Sep Mo – So 10 – 20 Uhr, Sa, So bereits ab 8 Uhr; Kassenschluss 1 Std vor Betriebsende. **Preise:** Tageskarte 2,50 € (zu 3 Punkten), ab 18.30 Uhr 1,25 €, Punktekarte (zu 60 Punkten) 38,30 €; Kinder 4 – 18 Jahre 1,25 € (zu 1 Punkt), ab 18.30 Uhr 0,70 €; ab 18.30 Uhr 1,25 €; Familienkarte (2 Erw, 3 Kinder) 7 €. **Infos:** 60-Punkte-Karte gelten auch für das Hallen- und Freizeitbad An der Lache; behindertengerechter Zugang, separater Sanitärbereich für Rollstuhlfahrer.

▶ Der 2,8 ha große Baggersee im Kiefernwald am Ostrand von Rüsselsheim ist seit 1972 ein beliebtes Schwimmbad. Im Eingangsbereich existiert ein schmaler Sandstreifen. Ansonsten ist das Seeufer naturbelassen mit Schilf und Weiden. Damit ihr ins Wasser kommt, sind an verschiedenen Stellen Einstiegstreppen. In dem idyllischen See, in dem Barsche, Rotaugen und Hechte zu Hause sind, tummeln

© Magistrat der Stadt Rüsselsheim

Burgenbauer: Im Waldschwimmbad Rüsselsheim herrscht diesbezüglich tiefstes Mittelalter

sich an sonnigen Sommertagen nicht nur viele Schwimmer, sondern auch zahlreiche kleine Kapitäne mit ihren Schlauchbooten. Gute Spielmöglichkeiten und viel Raum zum Herumtollen bieten sich auf dem Bolz- und dem Kinderspielplatz sowie der ausgedehnten Liegewiese, zudem gibt es Tischtennisplatten und ein Beachvolleyballfeld. Ein Kiosk steht bereit, ferner Roste zum Grillen. Noch etwas Besonderes: wenn an kalten Wintertagen die Eisdecke ganz dick ist, dürft ihr hier Schlittschuh laufen.

Unterwegs auf dem Wasser

Höchster Kanu-Club Wiking 1921 e.V.

Bootshaus An der Tillylinde 7, 60529 Frankfurt a.M.-Höchst. ✆ 069/ 35353264, www.hkcw.de. webmaster@hkcw.de. **Zeiten:** Kindertraining im Sommer Di, Do 17 – 18 Uhr, im Winter Training im Bootshaus. **Preise:** Aufnahmegebühr 10 €, Monatsbeitrag 5 €; Kinder bis 16 Jahre Monatsbeitrag 2,50, 17 – 21 Jahre 3,50 €, Aufnahmegebühr je 10 €; Rentner Monatsbeitrag 3 €. **Infos:** Ansprechpartner Kindertraining Michael Fröhlich.

▶ Der Club mit Bootshaus auf der Schwanheimer Mainseite bietet Kanufahren auf Main und Nidda. Für Kinder gibt es ein extra Trainingsangebot.

Hochheimer Kanuverein 1921 e.V.

Bootshaus Mainweg 33, 65239 Hochheim.
☎ 06146/3367 (Vorsitzender Peter Hofmann), 06144/31734 Jugendwart Dirk Laun, www.hochheimerkanuverein.de. Peters.Pc@t-online.de. **Preise:** Jahresbeitrag 60 €; Familie 2 Erw, min 1 Kind bis 18 Jahre 120 €.
▶ Der Hochheimer Verein zählt 150 Mitglieder, 50 davon sind Kinder – hier seid ihr also genau richtig!

Rüsselsheimer Ruder-Klub 08 e.V.

Boothaus An der Festung 2, 65428 Rüsselsheim.
☎ 06128/45933, www.rrk-online.de. rrk-rudern@rrk-online.de. **Zeiten:** Anfängertraining Mo – Fr 17 – 19 Uhr.
Preise: Monatsbeitrag 12 € zzgl. Rudern 6 €, Hockey 26,50, Tennis 2 €; Kinder bis 18 Jahre 8 €, zzgl. Rudern 4 €, Hockey 14, Tennis 2 €, Kinder 11 – 18 Jahre Hockey 33,50 €.
▶ Neben Anfängertraining im Rudern bietet der Verein auch Hockey und Tennis an. Im Sommer wird auf dem Main gerudert, im Winter auf einem Ruder-Ergometer im Bootshaus. Zum Rudern braucht ihr mindestens den Freischwimmer!

Wassersportverein Undine 1952 e.V.

Bootshaus Außerhalb an der Opelbrücke 101, 65428 Rüsselsheim. ☎ 06142/44299, www.undine-ruesselsheim.de. infobrief@undine-ruesselsheim.de. **Preise:** Aufnahmegebühr 30 €, Monatsbeitrag 4 €; Kinder bis 18 Jahre Monatsbeitrag 3 €, Aufnahmegebühr entfällt; Kinder bis 16 Jahre frei, wenn Eltern Mitglied sind.
▶ Die Undine mit Bootshaus an der Mainbrücke bietet Kanusport für alle Altersgruppen.

Kanu-Club 1924 Kelsterbach a.M. e.V.

Bootshaus Am Main 19, 65451 Kelsterbach.
☎ 06107/61467, www.kanu-club-kelsterbach.de. info@kanu-club-kelsterbach.de. **Preise:** Monatsbeitrag 3,50 €, Aufnahmegebühr 9 €; Kinder bis 8 Jahre kön-

Hunger & Durst
Bootshaus, An der Festung 2, Rüsselsheim.
☎ 06142/43855. Mo – Sa 17 – 0, So, Fei 11 – 14.30, 17 – 0 Uhr. Große Sonnenterrasse. Deutsche und kroatische Küche.

nen nur eintreten, wenn ein Erziehungsberechtigter Mitglied ist, Monatsbeitrag 0,25 €, Aufnahmegebühr 3 €, 9 – 14 Jahre Monatsbeitrag 1,25, Aufnahmegebühr 3 €, 15 – 18 Jahre 1,75 bzw. 6 €.

▶ Mit dem Kanu-Club könnt ihr auf dem Main und anderen Flüssen paddeln. Wer es rasanter mag, kann an den Wildwasseraktivitäten teilnehmen.

Boot fahren auf dem Ginsheimer Altrhein

Bootshaus Haupt, 65462 Ginsheim-Gustavsburg-Ginsheim. ☏ 06144/32771 (Hafen), 06147/8015 Büro Mo – Fr 9.30 – 12.30 Uhr, Fax 335553. www.boots-haus-haupt.de. info@bootshaus-haupt.de. **Bahn/Bus:** Bus MVG 54, 60, RKH-Bus 72 bis Friedrich-Ebert-Platz. **Rad:** S8 Gustavsburg, Radweg zum Ginsheimer Altrhein. **Preise:** Ruderboot 1 Std 7 €, 3 Std 18 €, 6 Std 30 €; Tretboot 1/2 Std 6,50 €, 1 Std 11 €, 3 Std 30 €; Kajak 2 Std 11 €, 3 Std 24 €, 5 Std 30 €; an Kindergeburtstagen günstigere Konditionen für Ruder- und Paddelboote, in den Schulferien Happy-Hour-Preise für Tretboote.

▶ Das Ginsheimer Altrheinufer ist im Sommer voller Leben. Hier fährt nicht nur die beliebte ↗ *Fähre Johanna* zur Rheinhalbinsel Nonnenau hinüber, sondern auch der Boots- und Kajakverleih Haupt ist vor Ort aktiv, der bei Familien mit Kindern reichlich Zuspruch findet.

Ruder-Club Nassovia Höchst 1881

Bootshaus Mainzer Landstraße 791, 65934 Frankfurt a.M.-Nied. www.nassovia-hoechst.de. e.eichfelder@ruderclub-nassovia.de. **Zeiten:** Kinderrudern 10 – 14 Jahre April – Sep Mo 17.30, Di 17, Fr 18 Uhr, Okt – März Mo 17.30, Di 17, Fr 17, Sa 14.30 Uhr; Jugendrudern 14 – 18 Jahre April – Sep Di 17, Fr 18 Uhr, Okt – März Di, Fr 17, Sa 14.30 Uhr. **Preise:** Monatsbeitrag 9 €, Aufnahmegebühr 50 €; Schüler, Studenten 25 €, Aufnahmegebühr 50 €; Familien (Eltern und Kinder über 14 Jahre) 36 €.

Hunger & Durst

Mainterrassen, Rudergesellschaft Nied, Mainzer Landstraße 793, Frankfurt a.M.-Höchst. ☏ 06142/162777. www.frg-nied.de. Täglich 11.30 – 23 Uhr. Einfaches Restaurant oberhalb des Rüsselsheimer Ufers mit Blick auf den Fluss. Gemischtes Publikum, griechische Fischspezialitäten und große Portionen zu normalen Preisen.

Bevor Kinder mit dem Wassersport auf dem Main beginnen, müssen sie gut schwimmen können. Nachweis erforderlich.

▶ Der Verein mit 290 Mitgliedern bietet spezielle Kindertrainings an. Im Winter rudert ihr auf dem Ergometer.

Ahoi: Nach Mainz oder Wiesbaden per Schiff

Primus-Linie, Frankfurter Personenschifffahrt Anton Nauheimer GmbH, Mainkai 36, 60311 Frankfurt a.M. ✆ 069/133837-0, Fax 282886. www.primus-linie.de. mail@primus-linie.de. **Zeiten:** Fahrten zu bestimmten Terminen. **Preise:** Flörsheim – Rüsselsheim – Rüdesheim Ende April – Okt hin und zurück 23,90 €, Rüsselsheim – Flörsheim – Frankfurt Ende Juni – Anfang Sep 19,50, Ginsheim – Mainz – Wiesbaden-Biebrich Mitte Juni – Ende Sep 10,50 €; Kinder 6 – 15 Jahre Flörsheim – Rüsselsheim – Rüdesheim Ende April – Ende Okt hin und zurück 11,95 €, Rüsselsheim – Flörsheim – Frankfurt Ende Juni – Anfang Sep 9,75, Ginsheim – Mainz – Wiesbaden-Biebrich Mitte Juni – Ende Sep 5,50 €; bis zu 3 Kinder unter 6 Jahre in Begleitung eines vollzahlenden Erw frei; Gruppenrabatt bei ausgewählten Tagesfahrten ab 10 Pers 10 %, ab 20 Pers 15 %, ab 30 Pers 20 %; in den hessischen und rheinland-pfälzischen Sommerferien Di und Do günstige Konditionen. Kombitickets für Rückfahrt mit RMV. **Infos:** Zwei Programmhefte (Sommerfahrplan, Winterfahrten) und detaillierte Internetseite, Tonbandansage ✆ 069/133837-13.

▶ Von Flörsheim, Rüsselsheim und Ginsheim könnt ihr mit dem Schiff Touren nach Frankfurt, Wiesbaden oder Mainz unternehmen – die Primus-Linie macht's möglich. Zu ihren Angeboten gehört übrigens auch

© Frankfurter Personenschifffahrt Anton Nauheimer GmbH

Volle Fahrt voraus: Mit der Primus in die weite Welt hinaus

die schöne Rheinstrecke vom Ginsheimer Altrhein zum Biebricher Schloss.

Radeln & Reiten

Main-Radweg 4: Von Hattersheim nach Mainz-Kastel

Strecke: Hattersheim – Okriftel – Eddersheim – Flörsheim – Hochheim – Maaraue – Bhf Mainz-Kastel. **Länge:** 24,5 km, flacher, ganz leichter Radweg, für sportliche Kinder ab 7 Jahre; Bhf Hattersheim – Okriftel für kleine Radbegeisterte mit Stützrädern zu empfehlen; Bhf Hochheim – Bhf Mainz-Kastel für junge Radler 5 – 7 Jahre gut geeignet. **Bahn/Bus:** S1 Hattersheim. **Rückweg:** ab Mainz-Kastel mit RE, S1 oder S9.

▶ Die Tour beginnt am **S-Bhf Hattersheim** und führt in östlicher Richtung zum nahen *Schwarzbach* hinüber, an dem ihr rechts Richtung Main radelt. Kurz darauf fahrt ihr an einem kleinen Gehege vorbei. Gut 1 km bachabwärts passiert der Radweg ein Wehr mit Wasserfall. Nun ist es nicht mehr weit bis zum Main. Zuvor durchradelt ihr noch ein Auwäldchen. Ab der Schwarzbachmündung seid ihr auf dem **Main-Radweg** – und bleibt darauf bis kurz vor Kastel. Bis zur Fähranlegestelle Okriftel ist es noch knapp 1 km, im Uferbereich könnt ihr einkehren oder euch auf dem schönen Spielplatz mit Holzschiff amüsieren. In **Okriftel** müsst ihr auf einer Straße durch den Ort, die Route ist ausreichend markiert. Am Rand des Nachbarortes **Eddersheim** seid ihr schließlich wieder am Main – auch hier könnt ihr einkehren und spielen. Hinter Eddersheim fahrt ihr ein langes Stück auf dem Hochwasserschutzdamm, es geht an ausgedehnten Auwiesen entlang. Die letzten 2 km vor Flörsheim radelt ihr di-

Radtourenkarte zu *33 schönste Radtouren Rhein-Main*, 1:100.000, pmv Peter Meyer Verlag, ISBN 978-3-89859-910-8, 10 €.

Mit dem Schiff kommste aber nicht weit: Hyun-Woo hat den Spielplatz geentert

© Liesel Burk

HÖCHST – MAINSPITZE

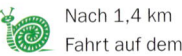 Nach 1,4 km Fahrt auf dem Hochwasserdamm solltet ihr einen Abstecher zur wenige hundert Meter südlich gelegenen **Schleuse Kostheim** unternehmen: Interessant, wie die Frachtschiffe in der Schleusenkammer Höhenunterschiede überwinden!

Hunger & Durst

Flörsheimer Bootshaus, Dr.-Georg-von-Opel-Anlage 1, Flörsheim a.M. ✆ 06145/6440. www.floersheimer-bootshaus.de. Mo, Di, Do – Sa ab 17, So und Fei ab 10 Uhr. Terrasse direkt am Main-Radweg, Bootsanleger. Schnitzel, kleine Gerichte, auch Kinderteller, selbst gebackener Kuchen, So 10 – 13 Uhr Frühstücksbuffet.

rekt am Flussufer. Ihr erreicht das Städtchen am **Bootshaus** und habt hier Gelegenheit zum Einkehren. Am westlichen Ortsende taucht zudem ein Spielplatz mit Schiff und steiler Rutsche auf.

Dicht hinter der Opelbrücke müsst ihr das Flussufer ein zweites Mal verlassen. Ihr rollt anschließend auf Straße durch ein Gewerbegebiet und den Flörsheimer Ortsteil **Keramag.** Dort kommt ihr endlich wieder an den Main und seid im *Rheingau* angelangt. Bis **Hochheim** führt die Route jetzt unterhalb bekannter Weinberge entlang. Direkt am Radweg befindet sich ein Spielplatz, wiederum mit einem großen Holzschiff, reichlich Sand und einem Tisch mit Bänken. Hinter Hochheim führt der Radweg erneut auf dem Hochwasserdamm und streift 4 km später Kostheim. Dann geht es auf die **Insel Maaraue.** Zuerst verläuft eure Route noch 1 km am Main abwärts, dann radelt ihr 2 km am Rheinufer entlang. Auf der Maaraue kommt ihr an zwei Restaurants, zwei Spielplätzen und einem Freibad vorbei. Am Nordende der Insel wird der Rheinarm *Floßhafen* überquert. Kurz dahinter erreicht ihr den **Bhf Mainz-Kastel:** Die Rückreise kann beginnen.

Ein schönes Stück Regionalpark RheinMain

Strecke: Eddersheim S-Bhf – NSG Weilbacher Kiesgruben – Bad Weilbach – S-Bhf Flörsheim, 65439 Flörsheim a.M. ✆ 06145/93381-12, Fax 93381-20. www.regionalpark-rheinmain.de. information@regionalpark-rheinmain.de. **Länge:** 11 km, kein starker Anstieg, streckenweise Panoramaweg, abwechslungsreich, auch gut als Wanderung geeignet. **Bahn/Bus:** Hinweg: S1 Eddersheim, Rückweg: S1 Flörsheim. **Rad:** Main-Radweg.

▶ Die Tour beginnt auf der Nordseite des **S-Bhf Eddersheim.** Nach 300 m auf der Straße Richtung Weilbach geht es rechts auf einen geteerten Feldweg. Anschließend radelt ihr 2,3 km weit einigermaßen geradeaus Richtung Nordosten an Wiese und Wald entlang; die letzten 800 m ab Wasserwerk Hattersheim führen durch Wald. Dann müsst ihr links zum 400 m oberhalb stehenden, riesigen ehemaligen Farbrührer der Farbwerke Höchst hinaufradeln. Dort wendet sich die Route nach links in Richtung Südwesten. Von jetzt an folgt ihr ganz lange der Markierung der **Regionalparkroute.** Es geht nun auf der 800 m langen Speierlingallee zum Kunstwerk *Rabe im Nussbaumquartier* und zum ↗ **Naturschutzgebiet Weilbacher Kiesgruben.** Hier macht ihr links einen Abstecher zu einem nur wenige Meter entfernten *Aussichtsturm.* Von dort aus besteht ein toller Blick auf dieses faszinierende Rekultivierungsbiotop mit einem See und mehreren Teichen, die von dichtem Röhricht umstanden sind.

Auf der Weiterfahrt in südwestlicher Richtung, an dem üppig bewachsenen Biotop entlang, biegt ihr auf Höhe eines zweiten *Aussichtsturms* an einer Kreuzung für einen Abstecher rechts ab. Hier fahrt ihr zwischen zwei großen Gruben, in denen riesige Bagger arbeiten und ein langes Laufband Kies transportiert, zum Aussiedlerhof Erhard (200 m) und zum ↗ **Naturschutzhaus Weilbacher Kiesgruben** (800 m) hinüber.

Ihr kehrt geradeaus wieder zum zweiten Aussichtsturm zurück und setzt anschließend rechts in südwestlicher Richtung die Tour auf der markierten Regionalparkroute Richtung Weilbach fort. Die Strecke führt via *Haus des Dichters* – das Goethes Dichtkunst und der vieler anderer Lyriker gewidmet ist – und *Aussichtsbastion,* beide jeweils auf einem Hügel gelegen (prima Aussicht!), am Ost- und Südrand von Weilbach vorbei. Kurz nachdem ihr die A3 überquert habt, erreicht ihr **Bad Weilbach.** Die Regionalparkroute führt mitten durch den einstigen Kurort. Es geht direkt am beschaulichen, mittlerweile allerdings reichlich verwilderten *Kurpark* mit Schwefelbrunnen vorbei. Ihr passiert dahinter – noch auf der Höhe – ein kleines

Hunger & Durst
Mönchhof, Mönchhofstraße 5, Eddersheim. ☎ 06145/546708. Di – So 11 – 23 Uhr. An der ↗ Schleuse Eddersheim am Mainufer, mit Biergarten. Gediegene, bürgerliche Küche, Di Schnitzeltag.

Regionalpark RheinMain, Das Pilotprojekt Hattersheim, Flörsheim, Hochheim. Freizeitkarte 1:15.000 für das Gebiet nördlich des Untermains, erhältlich bei den Verwaltungen oben genannter Städte sowie beim Planungsverband Ballungsraum Frankfurt/Rhein-Main, Bürgerservice, Am Hauptbahnhof 18, 60329 Frankfurt, ☎ 069/2577-1500, Fax -1501, www.planungsverband.de, service@pvfrm.de. *Regionalpark Rhein-Main. Der Regionalpark im Südwesten, Teil 1 West,* Freizeitkarte für das Gebiet südlich des Untermains, erhältlich u.a. bei der Stadt Rüsselsheim.

© pmv, Alexander Kraft, aus »33 schönste Radtouren Rhein-Main«

Gehege mit Damwild und eine Streuobst-wiese, bevor es etwa 500 m hinter dem Gehege von der Regionalparkroute auf dem Höllweg links steil bergab durch Fel-der nach **Flörsheim** und zum knapp 2 km im Südosten gelegenen S-Bhf hinunter-geht. Dieser letzte Abschnitt ist nicht mehr markiert.

Reiterverein Sindlingen

Allesinastraße 1, 65931 Frankfurt a.M.-Sindlingen. ℡ 069/373252 (Stalltelefon), www.reitverein-sindlingen.de. reitverein-sindlingen@freenet.de. **Bahn/Bus:** Bus 53/54, 55 bis Allesinastraße. **Zeiten:** So 15 – 16 Uhr, außerhalb der Ferien nur je-den 2. So Ponyreiten für Kinder 2 €, bei

Raststation: In der Flörs-heimer Warte könnt ihr schön einkehren

schlechtem Wetter in der Halle. Keine Anmeldung erfor-derlich. **Preise:** Ponyclub 1 x wöchentlich 1,5 Std Mit-glieder 45 € pro Monat, Nichtmitglieder Probemonat 60 €. Kinder Longenunterricht 15 Min nur für Mitglieder 13 €, Ponyreiten für max 4 Kinder 30 Min Mitglieder 15, Nichtmitglieder 18 €, Reitunterricht in der Gruppe 45 Min Mitglieder 15 €, Nichtmitglieder 18 €. Einzelun-terricht 30 Min 23 €, Springstunde 45 Min Mitglieder 15 €, Nichtmitglieder 18 €, Ferienspiele Mo – Fr 140 €.
Infos: Jahresbeitrag Kinder bis 18 Jahre 60 €, Familie 125 €.

Happy Birthday!
Geburtstagsfeiern für Kinder ab Grundschul-alter und 6 – 12 Pers, 2 Std am Wochenende, Reiten, ab 10 Kinder jedes weitere Kind 10 €, Zuschlag für Essen und Trinken.

▶ Der Sindlinger Reiterverein hat ein Herz für Kinder, er bietet z.B. Ponyreiten, das Programm *Spiel und Spaß mit Ponys* für Kindergärten, Schulen und Be-treuungsstätten und den tollen *Pony Club*. Hier kön-nen pferdebegeisterte Kinder ab 6 Jahre einmal in der Woche in einer Gruppe über 6 – 12 Monate hin-weg Erfahrungen mit Ponys sammeln und sich auf spätere Reitaktivitäten vorbereiten. Zwischen 8 und 9 Jahre solltet ihr schon alt sein, bevor ihr beginnt, auf größeren Pferden zu reiten. Beim Reitverein Sind-lingen wird euch dies zunächst mit der Longe in 15-

minütigen Einzelunterrichtseinheiten beigebracht. Nach einer individuell unterschiedlichen Zeit folgt darauf der Übergang zum Reitunterricht in der Abteilung (7 Schüler, 45 Min). Wenn ihr schon gut reiten könnt, dürft ihr Dressur- und Springunterricht für Fortgeschrittene nehmen und Ausritte wagen. Zum Angebot gehören ferner Voltigieren, Turnierteilnahmen, theoretischer Unterricht, Lehrgänge sowie Ferienspiele (Kinder ab 8 Jahre).

@ Weitere Adressen für Reitfans unter www.kreisreiterbund.de.

Abenteuer mit Seilen und Bällen

Abenteuerliche Wege von Baum zu Baum
Adventure Forest, Klettern & Outdoor, Ecke Evreuxring/Varkausstraße, Ostpark (Biergarten), 65428 Rüsselsheim. www.adventureforest.de. info@adventureforest.de. **Zeiten:** Ende März – Ende Okt in den Ferien 10 – 19 Uhr, sonst Mo – Sa 14 – 19, So, Fei 10 – 19 Uhr. **Preise:** Klettern 3 Std 19 €, Saisonkarte 170 €; Minis 5 – 7 Jahre, nur Kinderparcours 8 €, Kinder ab 1,50 m oder 8 – 13 Jahre (nur in Begleitung eines Erw) 13 €, Schüler, Studenten, Azubis 14 – 17 Jahre 16 €, Saisonkarte Kinder 100 €, Saisonkarte Jugendliche 130 €; Familien ab 3 Pers (max 2 Erw) pro Einzel-Eintrittspreis 2 € Rabatt, Gruppen ab 11 Pers 10 % Rabatt. **Infos:** telefonische Kontakte nur über Traben-Trarbach möglich ℰ 06541/817772, Fax 817774.

▶ Im Rüsselsheimer Stadtwald gibt es seit 2009 einen Kletterwald mit allerlei spannenden Pfaden. Es macht großen Spaß, sich über schmale Seile oder schwankende Holzstege von Kiefer zu Kiefer, von Plattform zu Plattform zu bewegen. Um die Spannung zu erhöhen, sind in die Routen allerlei Hindernisse und Spaßelemente eingebaut. Eine ganz leichte Strecke für kleine Kletterer ab 5 Jahre verläuft nur 1,50 m über dem Waldboden. Fast genauso leicht ist der Anfängerparcours, der in 1,80 m Höhe und etwas darüber verläuft. Weitaus anspruchsvoller ist dage-

Happy Birthday!
Kindergeburtstage bestehen aus einer normalen Kletteraktivität von 3 Std zzgl. Gurtausgabe und Einweisung von 30 Min. Essen und trinken könnt ihr anschließend im Biergarten des Lokals ↗ Waldbembelsche. Bis 10 Kinder normaler Eintritt, 11 Kinder 10 % Rabatt auf die Tickets, 12 Kinder Geburtstagskind frei, die anderen erhalten 10 % Rabatt auf die Eintrittskarten.

gen die Route zwischen 3 und 4 m Höhe, wo sich die älteren Kletterfreunde tummeln. Für die Profis und Genießer der Kletterszene sind schließlich der lange und elementenreiche Genießerparcours, der hoch oben in 10 – 12 m Höhe verlaufende Funparcours und der mit Schwierigkeiten gespickte Iron Man Parcours.

Minigolf im Ostpark, ✆ 06142/562528, www.zum-bembelsche.com, kontakt@bembelsche.com, Mo – Sa ab 12 Uhr – Einbruch der Dunkelheit, So, Fei ab 11 Uhr, Erw 2,50 €, Kinder 1,50 €.

Na, schmeckts? Eis-Picknick auf dem Waldspielplatz im Ostpark

Waldspielplatz im Ostpark

Ostpark Rüsselsheim, 65428 Rüsselsheim. ✆ 06142/83-2214, Fax 83-2243. www.ruesselsheim.de. oeffentlichkeitsarbeit@ruesselsheim.de. **Bahn/Bus:** Stadtbus 31, 32 bis Haßlocher Straße. **Auto:** A60/E42, Adam-Opel-Straße, Evreuxring. **Rad:** Main-Radweg, nordöstlich der Opelbrücke Regionalparkroute bis zum Nordteil des Ostparks. **Infos:** Für alle Aktivitäten in Rüsselsheim ein hilfreicher Wegweiser ist der *Stadtplan für Kinder und Familien.* Er kann auf der Internetseite bestellt werden.

▶ Dieser mit 40 ha ziemlich große Park im Osten von Rüsselsheim ist ein Gemisch aus Wald und Lichtungen und das meistbesuchte Naherholungsgebiet der Stadt. Dank des engmaschigen, gut ausgebauten

Wegenetzes könnt ihr hier nach Herzenslust wandern und radeln. Der Park wird durch die breite Varkausstraße geteilt. Im Süden des Geländes gibt es einen großen **Waldspielplatz,** wo ältere Kinder an Seilbahn, Drehscheibe, Wellenkarussell und der großen Spielanlage oder den Tischtennisplatten aktiv sind. Die Kleineren zieht es indes zu Spielturm und Rutsche. Ganz in der Nähe gibt es ferner das zünftige **Ausflugslokal Waldbembelsche** mit Biergarten. Hier befinden sich ein Waldkletterpark, eine ↗ Minigolfanlage, ein Bouleplatz, ein Beachvolleyballfeld, mehrere Tischtennisplatten, ein Trampolin und weitere Spielgeräte. Auch der Nordteil des Parks ist für Kinder interessant. Das gilt vor allem für die große Waldwiese mit der Wasserspielanlage und dem Kletterfelsen. In der Nähe befinden sich außerdem Damwild- und Vogelgehege mit Tauben, Fasanen und Hühnern sowie ein Bolzplatz.

Golfen am Beach Resort

Am Wickerbach 3, 65439 Flörsheim a.M. ✆ 06145/ 2061, www.sportpark-floersheim.de. info@sportpark-floersheim.de. **Zeiten:** April – Okt 9 Uhr – Einbruch der Dunkelheit. **Preise:** 5 €; Kinder bis 12 Jahre 3 €.
▶ Hier könnt ihr auf zwölf 20 – 60 m langen Bahnen auf einem sehr großen (10.000 qm), pappelbestandenen Gelände golfen. Im Sportpark sind u. a. auch Beachvolleyball und Einkehr in einem Restaurant möglich.

Kletterberg auf der Mülldeponie

Kletterpark Kraftwerk, 65439 Flörsheim a.M.-Wicker. ✆ 06145/9260-1011 (Katrin Höfels), Fax 9260-4011. Handy 0170/6317090 (Marc Stellbogen). www.mtr-gmbh.de/kletterwand.html. kletterteam@deponie-park.de. Zugang zur Kletterwand ausschließlich über die B40-Brücke. **Auto:** A671 Ausfahrt 4 Hochheim Nord, B40. **Rad:** Vom Flörsheimer Ortsteil Keramag/Falkenberg Regionalparkroute zur Deponie Wicker.

Hunger & Durst

Waldbembelsche – der Biergarten im Ostpark, nahe Varkausstraße in Höhe des alten Waldfriedhofs, Rüsselsheim. ✆ 06142/562528. www.waldbembelsche. com. Mo – Fr ab 11, Sa, So, Fei ab 10 Uhr. Selbstbedienungs-Biergarten mit hessischer und bayerischer Küche, Grüne Soße, Spundekäs, Handkäs mit Musik, Rippsche mit Kraut, Weißwörscht. Zahlreiche lange Tische und Bänke, alles unter Kiefern.

Hunger & Durst

Chamäleon Beach Resort, Am Wickerbach 3, Flörsheim a.M. ✆ 06145/937791-0. www.chamaeleon-beach.de. Mo – Sa ab 17.30, So ab 12 Uhr. Kleine Gerichte, Salat, Schnitzel, 4 Kindergerichte.

Kurs »Klettern unter Anleitung«, für Kinder ab 10 Jahre und max 9 Pers, 2 Std, Kletterausrüstung wird gestellt, 40 € pro Gruppe.

@ Eine Übersicht über Tiere, die auf der Deponie leben, gibt es als PDF-Datei unter www.deponie-park.de.

UMWELT ER-FORSCHEN

Happy Birthday!
Geburtstag mal als spannenden Naturstreifzug feiern: Kinder 7 – 12 Jahre »tümpeln« z.B. Mai – Aug mit Kescher und Becherlupe im Teich des Naturlehrgebietes oder sie spüren dem geheimnisvollen, alten Kiesgrubenschatz nach.

Zeiten: Ganzjährig Mo – Fr 9 – 14 Uhr Schulklassen und Gruppen nach Voranmeldung; 14 Uhr – Sonnenuntergang sowie Sa, So, Fei 10 Uhr – Sonnenuntergang für Einzelkletterer. **Preise:** Einzelkletterer erhalten gegen 25 € einen codierten Chip und Benutzerausweis für ein Kalenderjahr, der jährlich für 15 € verlängert werden kann. **Infos:** Fragen zum Kletterausweis bzw. zur Freischaltung des Kletterships an Katrin Höfels, Ansprechpartner für Kurs- und Gruppentermine Marc Stellbogen.
▶ An der Wand des Biomassekraftwerks auf dem Gelände der Wickerer Mülldeponie befindet sich eine 19 m hohe und 27 m breite Kletterwand. Ganz oben besitzt sie einen 6 m breiten Überhang.
Auf der 610 m großen Wandfläche sind Kletterpartien von leicht bis ganz schwierig möglich. Auch junge Klettermaxe finden hier also ihr Terrain, Kinder bis 14 Jahre dürfen die Kletteranlage allerdings nur unter Aufsicht eines Erziehungsberechtigten oder -bevollmächtigten nutzen.

Natur entdecken

Naturschutzhaus Weilbacher Kiesgruben
GRKW – Gesellschaft zur Rekultivierung der Kiesgrubenlandschaft, Frankfurter Straße 74, 65439 Flörsheim a.M.-Weilbach. ✆ 06145/9363-60, Fax 9363-69. www.weilbacher-kiesgruben.de. naturschutzhaus@weilbacher-kiesgruben.de. **Bahn/Bus:** S1 Eddersheim und 30 Min zu Fuß durch die Wiesen oder HLB-Bus 809 Hochheim – Flörsheim bis Alter Friedhof in Weilbach. **Auto:** A66, B519/B40, Landstraße Weilbach – Hattersheim. **Rad:** Vom Bhf Eddersheim wie Radtour ↗ Ein schönes Stück Regionalpark RheinMain. **Zeiten:** Mo – Do 9 – 16.30, Fr 9 – 13 Uhr, So (Mai – Sep außer in den Sommerferien) 14 – 17 Uhr. Feb – Nov Naturerlebnisprogramm für Familien mit Kindern meist So, aber auch Fr, Sa und Mo. Kindergruppe alle 14 Tage Mo –

Do nachmittags. **Preise:** Naturerlebnisprogramm für Familien 4 – 6 €; Kinder 3 – 12 Jahre 3 – 4 €, Ferienaktionen ab 6 €. **Infos:** Jährlicher Veranstaltungskalender, Termine für beliebte Feste *Tag der Erde* im Frühjahr und *Apfelmarkt* im Herbst, Angebote für Kindergruppen und -geburtstage, Ferienaktionen und Angebote für Familien ↗ Internetseite oder umfangreiche, im Naturschutzhaus erhältliche Broschüre. Verleih von thematischen Kisten für Unterricht und Projekte.

© pmv, Alexander Kraft, aus »33 schönste Radtouren Rhein-Main«

Blick aus dem Vogelnest: Und das war mal eine triste Industrielandschaft?

▶ Das Naturschutzhaus Weilbacher Kiesgruben, wenige hundert Meter nordöstlich von Weilbach, hat sich zu *dem* Zentrum für Natur- und Umweltbildung des Rhein-Main-Gebietes entwickelt. Es bietet dank zweier Seminarräume, einem Labor, einem Werkraum, einem Naturerlebnis- und Ausstellungsraum sowie einem Gewächshaus die Voraussetzungen für Seminare und Veranstaltungen. Am 29. Mai 2011 eröffnet direkt neben dem Naturschutzhaus das **Regionalparkbesucherzentrum** mit der Ausstellung *Landschaft auf den zweiten Blick* sowie Karten- und Informationsmaterial zum Regionalpark. Ein **Restaurant** lädt zukünftig Besucher zur Rast während der Fahrradtour oder auf einem Spaziergang ein. Im neu gestalteten Außenbereich befinden sich neben einer biologisch bewirtschafteten Gartenanlage mit Bauerngarten, Lehmofen, Kräuter- und Steingarten auch Kletter- und Balanciermöglichkeiten für Kinder.

Am besten, ihr macht eine Führung durch die Gartenanlage mit: Nur so könnt ihr die längst vergessenen Gemüse-, Getreide-, Faser- und Färbepflanzen des Bauerngartens kennen lernen.

»Wir legen bei unseren Angeboten großen Wert darauf, die Teilnehmer Natur direkt erleben und verstehen zu lassen sowie ihnen Anregungen für das eigene Handeln zu geben.« (Naturschutzhaus)

Hunger & Durst
Zum Wilden Esel,
Frankfurter Straße 76,
Flörsheim a.M.-Weil-
bach. ℭ 06145/7581.
www.delicador.de. Eröff-
nung am 25. Mai 2011.

Glänzendes Schmuck-
stück in zurückgeholter
Natur: Libelle

© Annette Sievers

Ein weiterer Höhepunkt des Naturschutzhauses ist das nur wenige Meter östlich gelegene ↗ **Naturlehrgebiet** in einer offen gelassenen Kiesgrube. Hier hat sich in wenigen Jahren eine artenreiche Tier- und Pflanzenwelt aus Feucht- und Trockenbiotopen gebildet, die Besucher zum Entdecken einlädt.

Eine echte Naturperle liegt 1,5 km südöstlich: Der von Wald umgebene **Silbersee** in der ehemals größten Kiesgrube des Weilbacher Terrains steht unter strengem Naturschutz und darf nicht betreten werden. Auf einem Rundweg mit mehreren Aussichtstürmen habt ihr jedoch einen Einblick in das Gelände. Zu den Bewohnern des Gebietes zählen 26 von 29 der am Untermain lebenden Libellenarten und neben Kröten, Molchen und Eidechsen selten gewordene Vogelarten wie die Beutelmeise, der gelbe Pirol und die Rohrweihe, ein Greifvogel, der im Sommer in den Schilfzonen des Silbersees brütet. Seit 2010 gibt es ein Artenschutzprojekt mit Wildeseln, das vom Opel-Zoo Kronberg betreut wird. Zusammen mit einer Kaschmirziegenherde beweiden Kulane (asiatische Wildesel) das Naturschutzgebiet. Die vierbeinige Naturschutzpflege sorgt dafür, dass Sträucher und Brombeerhecken zurückgedrängt und die wertvollen Biotope offen gehalten werden.

Naturlehrgebiet in einer ehemaligen Weilbacher Kiesgrube

GRKW – Gesellschaft zur Rekultivierung der Kiesgrubenlandschaft GmbH, Frankfurter Straße 74, 65439 Flörsheim a.M.-Weilbach. ℭ 06145/50373-20, Fax 50373-90. www.grkw.de. info@grkw.de. **Bahn/Bus:** ↗ Naturschutzhaus. **Zeiten:** frei zugänglich.

▶ Direkt östlich neben dem Naturschutzhaus Weilbacher Kiesgrube ließ die GRKW eine ehemalige Kiesgrube offen. Mittlerweile hat sich hier, aus allen

Winkeln des Untermains kommend, eine vielfältige Tier- und Pflanzenwelt eingefunden. Die Naturschützer haben ein wenig ordnend eingegriffen und z.B. die Teiche so angelegt, dass sie nicht austrocknen und eine Steilwand aufgeschnitten, um zu zeigen, wie die Naturgeschichte der Untermainregion verlaufen ist. Ihr könnt diesen breiten Kessel, in dem nah beieinander sehr unterschiedliche Biotope entstanden sind, auf einem Entdeckungspfad durchqueren und sehen, welche Vögel die Hecken und Steilwände bevölkern, ob Molche und Kröten in den Teichen le-

 Die **Naturfreunde Rüsselsheim** organisieren eine Gruppe für Kinder 6 – 12 Jahre, die sich 14-tägig Sa 15 Uhr im Naturfreundehaus zu spannenden Aktivitäten trifft.

▶ Seit den 1960er Jahren wurde im Dreieck zwischen Hochheim, Delkenheim und Massenheim im Westen und zwischen Weilbach, Marxheim und Eddersheim im Osten im großen Stil Kies abgebaut. So entstanden die **Hochheimer, Massenheimer** und **Weilbacher Kiesgruben.** Ab den 1970er Jahren wurden viele, inzwischen erschöpfte Gruben aufgegeben. Auf den verwüsteten Flächen entstanden Müllhalden oder wilde Badeseen. Die Situation änderte sich erst 1980 mit der Gründung der GRKW, der *Gesellschaft für Rekultivierung der Kiesgrubenlandschaft Weilbach*. Sie sorgte für die Beseitigung von Schäden und das Entstehen mehrerer Biotope mit heute einzigartiger Tier- und Pflanzenwelt. So wurden zwei Baggerseen, der **Silbersee** bei Hochheim, und der **Kiesgrubensee** bei Massenheim zu Naturschutzgebieten und regelrechten Vogelparadiesen. Schön zu beobachten von dem **Vogelnest** des 10 m hohen Naturbeobachtungsturms am Südrand des Silbersees. Zwischen den beiden NSG wurde jüngst ein origineller **Spielpark** angelegt, an das Massenheimer NSG grenzt ein neuer Golfplatz. Andererseits wird im Hochheimer Bereich noch Kies abgebaut und bei Massenheim entstand aus einer Grube die **Mülldeponie Wicker.**
Auch im Bereich der Weilbacher Kiesgruben wird zwar noch Kies abgebaut, doch ein Baggersee ist bereits zum Naturschutzgebiet geworden. Hier sorgen das ↗ **Naturschutzhaus** und ein ↗ **Naturlehrgebiet** für Umweltbildung und erlebnisorientierte Naturerfahrungen. ◀

KIESGRUBEN-LANDSCHAFTEN AM UNTERMAIN

ben oder sich Eidechsen an Sommertagen auf erhitzten Steinen sonnen.

Horlachegraben und Naturfreundehaus

Naturfreunde Rüsselsheim, Langseeweg 3, 65428 Rüsselsheim. ✆ 06142/53818, Fax 61564. www.naturfreunde-ruesselsheim.de. redaktion@naturfreunde-ruesselsheim.de. **Bahn/Bus:** Stadtbus 51, 52 bis Böcklinstraße, zum NFH 600 m am Horlachegraben entlang. **Rad:** Vom Rüsselsheimer Main-Radweg bis zum NFH, Schlussabschnitt an der Horlache entlang.
Zeiten: Naturfreundehaus Sa, So 14 – 18 Uhr, Nov – März nur So.

▶ Über ein langes Stück zieht sich am Ostrand von Rüsselsheim dieser breite, naturbelassene Wassergraben – Rest eines früheren Altmainarms – hin. Er steht unter Naturschutz, weil an ihm einige seltene Pflanzen- und Tierarten zu Hause sind, worauf der **Gewässerlehrpfad** hinweist. Es ist durchaus denkbar, dass ihr einen Eisvogel oder Graureiher auf Fischjagd beobachtet.

Diese gemütliche Kurzwanderung beginnt an der Ecke Waldweg und Lukas-Cranach-Straße und führt auf der linken Seite des beschaulichen Horlachegrabens in südöstlicher Richtung entlang. Das ist eine sehr beliebte Jogging-, Wander- und Radelroute, niemand muss sich hier einsam fühlen. Nach knapp 1,5 km biegt ihr links ein und seid kurz darauf am im Wald gelegenen **Naturfreundehaus.** Es bietet einen kleinen **Sinneserlebnispfad** und auch der Spielplatz ist nett. An den Tagen, an denen das NFH geöffnet ist, bekommt ihr Getränke, u.a. fair gehandelten Kaffee, und es gibt immer frischen Kuchen vom hiesigen Bäcker. Es hat aber niemand etwas dagegen, wenn ihr an den Tischen im Freien eure leckeren Sachen aus dem Proviantkorb auspackt.

Das **Naturfreundehaus** ist mit Selbstversorgerküchen und Tagungsräumen ausgestattet und eignet sich bestens für Jugendfreizeiten. Info: Günter Michel ✆ 0176/41052039, naturfreundehaus@naturfreunde-ruesselsheim.de.

Ein Denkmal seiner selbst: Reiher können reglos auf Beute lauern

© Peter Meyer

Bahnen, Betriebe & Museen

Riesenspaß mit kleinen Eisenbahnen

Dampfbahnclub Rhein-Main, Auf der Mainspitze, 65462 Ginsheim-Gustavsburg. www.dbc-rhein-main.de. walter@zkb-wab.de. **Bahn/Bus:** S8 Gustavsburg. **Rad:** Linksmainischer Radweg. **Zeiten:** Fahrtage April – Okt letzter So im Monat 10 – 17 Uhr, Lichterfest, Nachtfahrten bei schönem Wetter, letzter Sa im Aug 16 – 22 Uhr. **Preise:** Fahrpreis Erw und Kinder 0,50 € für 2 Runden auf dem äußeren Kreis der Anlage; 11 Fahrten 5 €. **Infos:** 1. Vorsitzender Manfred Treber, Vor der Pforte 5, 65474 Bischofsheim, ℀ 06144/6589, manfredtreber@web.de.

© Dampfbahnclub Rhein-Main

▶ Auf dem Vereinsgelände im Bereich der Mainspitze hat der rührige *Dampfbahnclub Rhein-Main* eine Kleinbahnanlage mit 1100 m Gleisstrecke, 15 Weichen, einer Kreuzungsweiche, zwei Kreuzungen, einer Drehscheibe und verschiedenen Abstellgleisen aufgebaut. Die Spurweiten liegen bei 127 und 184 mm. Dampf-, Diesel- und E-Loks drehen geräuschvoll ihre Runden. Ihre Wagen sind so groß, dass selbst erwachsene Passagiere Platz nehmen können, besonders Kindern macht die Fahrt aber einen Riesenspaß.

Ist er nicht schon zu groß dafür? Nein, nein, Lokführer zu sein, ist sowieso das Größte

☀ Dampfbahnfest mit zahlreichen Gastfahrzeugen am letzten So im Sep.

Werkstour beim Autobauer Opel

Opel Forum, Bahnhofsplatz, 65423 Rüsselsheim. ℀ 06142/7656-00 (Info), -01 (Gruppenreservierungen), Fax 7656-19. www.opel.de/ueber-opel/adam-opel-ag/standorte/werkstour.html. diewerkstour@de.opel.com. **Bahn/Bus:** RE, S8, S9 Rüssels-

@ Zum Thema Ferienspiele in Ginsheim-Gustavsburg, ↗ www.ferienspiele-gigu.de.

*Statistisch gese-
hen ereignet sich
alle 14 Sekunden ein
Unfall auf deutschen
Straßen. Jede Stunde
werden 45 Personen bei
Verkehrsunfällen ver-
letzt. Täglich verlieren 11
Menschen im Straßen-
verkehr ihr Leben, jeden
3. Tag trifft es ein Kind.*

Abenteuernach-
mittag in der
Rüsselsheimer Festung,
2 Std (ohne Rittertur-
nier und Picknick), für
bis 15 Kinder 70 € (inkl.
Material), Anmeldung
min 3 Wochen im Vo-
raus. Nach der kulturge-
schichtlichen Einfüh-
rung geht es auf eine
Entdeckungstour durch
die Festung. Anschlie-
ßend baut ihr Gegen-
stände aus dem früh-
neuzeitlichen Alltag. Der
erlebnisreiche Nachmit-
tag endet mit einem
kleinen Ritterturnier. Ihr
könnt jedoch noch ein
Picknick anschließen
(gefüllten Korb selbst
mitbringen!). Das Ganze
eignet sich auch prima
als Kindergeburtstag.

heim. **Auto:** Via Frankfurter bzw. Mainzer Straße; kostenpflichtiger Parkplatz am Nordende der Mainstraße
(Mainufer). **Rad:** Linksmainischer Radweg auf Höhe des
↗ Restaurants Mainterrassen via Mainstraße, Marktplatz und -straße immer geradeaus Richtung Süden bis
vor den Bhf. **Zeiten:** Führungen für Familien und Einzelpersonen Mo – Fr 11 und 15 Uhr; angemeldete Gruppen ab 10 Pers auf Anfrage Mo – Fr 10, 10.30, 13 und
14 Uhr. An produktionsfreien Tagen sowie gesetzlichen
Feiertagen in Hessen keine Werkstouren. **Preise:**
4,50 €; Kinder 6 (min) – 12 Jahre 2,50 €, Altersnach-
weis erforderlich; Behinderte 2,50 €, Gruppen ab 10
Pers 3,50 € pro Person. **Infos:** Prospekt *Opel – Die
Werkstour*.

▶ Treffpunkt für die circa 2-stündige Werkstour ist im
Opel Forum am Bahnhofsplatz. Zuerst fahrt ihr mit
dem Bus zum »Kino«, wo ihr die Geschichte des Au-
tobaus bei Opel von den Anfängen bis zur gegenwär-
tigen High-Tech-Fertigung gezeigt bekommt. Danach
geht's zu Fuß durch die lärmerfüllten Werkshallen.
Über Kopfhörer erfahrt ihr, wie Autos entstehen und
könnt dies mit eigenen Augen sehen: Bleche werden
durch Pressen zehntelmillimetergenau zu Karosse-
rieteilen geformt, Roboterarme greifen sich diese
und verschweißen sie zur Rohkarosserie. Schließlich
werden das Fahrwerk mit Motor und Getriebe und die
Karosserie in der Fertig- und Endmontage zum ganzen Auto zusammengefügt. Auch im Forum gibt es Interessantes zu bestaunen: mehrere um die hundert
Jahre alte Autos von Opel sowie großflächige Bilder
und Texte, u.a. von einem Autorennen im Jahre
1907. Falls ihr mittlerweile hungrig seid, könnt ihr
euch im Bistro stärken.

Museum der Stadt Rüsselsheim

Festung, Hauptmann-Scheuermann-Weg 4, 65428 Rüsselsheim. ✆ 06142/8329-50, Fax -65. www.stadt-rues-
selsheim.de. museum@ruesselsheim.de. **Bahn/Bus:**
Bus 1, 31, 32, 51, 52, 72 bis Parkschule. **Auto:**

A60/B42, Darmstädter Straße, Rugbyring, Frankfurter Straße.
Rad: Linksmainischer Radweg.
Zeiten: Di – Fr 9 – 13, 14 – 17 Uhr, Sa, So, Fei 10 – 17 Uhr; Führungen für Gruppen 2 Wochen im Voraus anmelden.
Preise: 1,50 €, max 25 Pers 25 €, Führungen für max 25 Pers 35 €, Stadtführung max 30 Pers 50 €, Stadtparkführung max 30 Pers 50 €, Fackelführung max 25 Pers 120 €; Kinder bis 6 Jahre Eintritt frei, Schüler und Jugendliche 6 – 18 Jahre 1 €, max 25 Pers 15 €. **Infos:** Führungen zu allerlei interessanten Themen, teilweise auch etwas für Kinder.

© Magistrat der Stadt Rüsselsheim

▶ Die Sanierung der Festung und des Museums und die Neugestaltung der Ausstellung dauert im Südflügel noch bis September 2011. Dagegen ist der Nordflügel schon fertig. Hier befindet sich die Ausstellung zur Stadtgeschichte seit 1945, der letzte Abschnitt der zukünftigen Ausstellung.

Er beginnt mit der Nachkriegszeit, die durch Not und Wiederaufbau sowie die Rückkehr zur politischen Demokratie nach der Zeit der Nazidiktatur bestimmt war. Die riesigen Opelwerke entwickeln sich zur modernsten Autofabrik Europas. Die boomende Industrie und Wirtschaft führt zu wachsendem Konsum und Wohlstand. Die Wohnungen werden neu eingerichtet, das Fernsehen kommt auf, immer mehr Autos werden angeschafft. Die »Gastarbeiter« kommen in großer Zahl, die Stadtplanung bewältigt große Aufgaben. Zeitlich spätere Entwicklungen wie Protestbewegungen und das Zeitalter der Roboter führen an

Die Festung in Rüsselsheim sieht aus wie eine Festung auszusehen hat: Mit Tor, tiefem Graben und Wehrumgängen

die Gegenwart heran. Die Ausstellung ist informativ, es ist praktisch, die Großeltern als Zeitzeugen dabeizuhaben.

BÜHNE, LEINWAND & AKTIONEN

Kunst & Kultur

Theater Rüsselsheim

Am Treff 1, 65428 Rüsselsheim. ✆ 06142/832784, Fax 8322786. www.theater-ruesselsheim.de. service@theater-ruesselsheim.de, n.hoeck@kultur123-ruesselsheim.de. **Bahn/Bus:** Bus 41, 42, 51, 52 bis Adam Opel Straße.

▶ Das Rüsselsheimer Theater ist der Kulturtempel des Untermaingebietes. Das Spektrum ist breit, dazu gehören Musical & Show, Oper & Operette, Konzerte, Jazz, Fremdsprachentheater, Schauspiel & Komödie, Ballett & Tanz, Kabarett & Comedy.

Das Kinderprogramm ist mit über 20 Stücken pro Spielzeit überaus reichhaltig. Dazu trägt zum einen das hauseigene Ensemble Junges Theater bei, zum anderen kommen zahlreiche Gastspiele bekannter Kindertheater dazu. Auch Konzerte werden dem Kinderpublikum ab und an geboten.

Kinderkunstwerkstatt KuK im Malkasten

Künstlervereinigung Malkasten Rüsselsheim e.V., Malkastenatelier, Uwe Wenzel, Landrat-Hardt-Heim, Darmstädter Straße 101, 65428 Rüsselsheim. ✆ 06151/91826-82, Fax -83. www.malkasten-ruesselsheim.de.

▶ Der Malkasten ist eine gemeinsame Einrichtung von bildenden Künstlern (Malerei, Grafik, Fotografie, Bildhauerei, Kalligrafie) und Kunsthandwerkern (Filz & Farbe, Keramik, Eisenskulptur, Textilien, Schmuck). Erstere glänzen von Zeit zu Zeit mit Gemeinschaftsausstellungen, Letztere sind mittlerweile weithin bekannt für ihre Kunsthandwerkermärkte am Wochenende nach Pfingsten und an den Tagen um den 1. Advent. Die Künstler (vorwiegend Frauen) geben ihr Können in der Kinderkunstwerkstatt im Mal-kastenatelier mit ihren Kursen am Do 15.30 und 17.30 – 19 Uhr sowie in den Samstagsworkshops in den Opelvillen zu den aktuellen Ausstellungen des Malkastens an euch weiter.

Kultur im Sommer

Kulturamt der Stadt, 65428 Rüsselsheim. ℡ 06142/ 832784 (Karin Krömer), Fax 832786. www.kultur-im-sommer.de. info@kulturportal-ruesselsheim.de. **Preise:** Veranstaltungen Kinderkultursommer frei, Veranstaltungen im Hauptprogramm kostenpflichtig. **Infos:** Programm ↗ Internet.

▶ Seit 1991 veranstaltet die Stadt von Ende Juni bis Ende Juli das Programm *Kultur im Sommer,* das zahlreiche Konzerte, Theater, Lesungen, Open-Air-Kino und vieles mehr, auch für Kinder, bietet.

Architektur Kunst

Bettina Gebhardt, Gallusstraße 45, D-65439 Flörsheim a.M. ℡ 06145/596835, www.kunst-raum-bildung.de. info@kunst-raum-bildung.de. **Infos:** Termine für Familien und Kinder auf der Internetseite.

▶ Viele Kinder sind von früher Kindheit an eifrige Baumeister. In den Wohnzimmern, in den großen Sandplätzen der Spielplätze und an den Sandstränden schaffen sie Türme, Häuser, Brücken, Burgen, ja sogar richtige fantasievolle Städte. Mein Enkel Hyun-Woo hat sogar Baustellen besucht, um bei der Arbeit von Baggern und Baukränen zuzusehen.
Auf solche Bedürfnisse passen sicher gut die Workshops der Architektin *Bettina Gebhardt,* die über Modellbau und Experimente Kinder an die Archiktektur und Baukunst mit all ihren Techniken und anderen Aspekten heranführt. Gegenstand sind z.B.: Stadt aus Papier, Hochhäuser der Erde oder Das energievolle Haus. Ihre Veranstaltungen sind im ↗ Architekturmuseum Frankfurt, GRKW Weilbach, Familientreff Hofheim und Kreativhaus Mainz.

@ Rüsselsheims Kulturangebot ist weit mehr als man von einer Stadt dieser Größenordnung (etwa 60.000 Einwohner) erwartet. Deshalb ist es auch für die ganze Untermainregion interessant. Für den Überblick ist das Internetportal www.kulturportal-ruesselsheim.de ganz hilfreich.

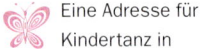 Eine Adresse für Kindertanz in Frankfurt-Höchst: **Die Tanzschule,** Bolongarostraße 113, 65929 Frankfurt-Höchst, ✆ 069/302976, www.die-tanzschule.de, info@die-tanzschule.de, Kindertanz, Clipdance, Hip & Hop, Steppen für Kinder, ab 3 Jahre.

Prima, Ballerina!

Höchster Ballettzentrum, Königsteiner Straße 41, 65929 Frankfurt a.M.-Höchst. ✆ 069/311915, www.ballettschule-luminita.de. info@ballettschule-luminita.de.

▶ Kinder können hier ab 3 Jahren mit tänzerischer Früherziehung beginnen. Damit werden Grundlagen aufgebaut für eine spätere Ausbildung im klassischen Ballett, die bis zur Bühnenreife führen kann. Gründerin und Leiterin der Schule ist eine ehemalige Ballerina der Bukarester Oper. Außer klassischem Ballett könnt ihr hier auch Unterricht in Step- und Jazztanz nehmen.

Theater- & Filmhelden

Theater, Musik, Kino, Bücher

KulturForum Hattersheim e.V., Im Nassauer Hof 1, 65795 Hattersheim. ✆ 06190/9377-0, Fax 9377-13. www.kulturforum.de. info@kulturforum.de. **Bahn/Bus:** S1 Hattersheim, Bus 831 bis Fuchstanzstraße oder Bus 834 bis Hessendamm. **Auto:** A66 Ausfahrt 13 Hattersheim, Hofheimer Straße, links in Mainzer Landstraße, Parkplatz »Posthof«.

▶ Das KulturForum Hattersheim im unter Denkmalschutz stehenden fast 200 Jahre alten *Nassauer Hof* im Zentrum des Untermain-Städtchens bietet das breiteste Kulturspektrum im gesamten Main-Taunus-Kreis: Theater, Kleinkunst und Kabarett, Musik, Bildende Kunst, Kinder- und Jugendkultur sowie Kino. Da ist für Kinder einiges dabei, und es lohnt sich, wenn ihr ab und an in den Terminkalender schaut. Zum Aktionsfeld des Kulturforums gehören auch die **Stadtbücherei** und die **Musikschule** im historischen *Posthof*. Beide unternehmen viel mit Kindern. In der Bibliothek könnt ihr nicht nur viele Bücher ausleihen, es werden auch allerlei Aktivitäten geboten, sogar Lesungen im Freibad. Die Musikschule sensibilisiert schon kleine Musiker und begleitet die größeren über Jahre beim Erlernen von Instrumenten.

Kinderkino in Rüsselsheim

Rex-Kino-Center, Waldstraße 22, 65428 Rüsselsheim. ✆ 06142/62339, www.galax-cinema.de. galax-cinema@web.de. **Zeiten:** Fr 16, Sa 15, So 15 Uhr Kinderfilm oder andere für Kinder geeignete Filme.

Neues Theater Höchst

Emmerich-Josef-Straße 46a, D-65929 Frankfurt a.M.-Höchst. ✆ 069/339999-0, -33, Fax -77. www.neues-theater.de. service@neues-theater.de. **Bahn/Bus:** RE, RB, S1, 2 bis Bhf Höchst, dann 300 m Fußweg. **Auto:** Kostenloses Parken auf dem 50 m entfernten Höchster Marktplatz nach 18 Uhr. **Infos:** Programm als Heft und Website.
▶ Etwa einmal im Monat wird in der Saison im Neuen Theater Höchst, in dem ansonsten Kultur für Erwachsene mit einem umfangreichen und vielseitigen Programm eindeutig das Sagen hat, Figurentheater für Kinder gespielt. Ferner gibt es im Rahmen des Filmforums freitags um 14.30 und samstags um 15 Uhr Kinderfilme zu sehen.

Kino in Höchst

Filmforum Höchst, Emmerich-Josef-Straße 46a, 65929 Frankfurt a.M.-Höchst. ✆ 069/212-45714, 212-45714 (Programmansage und Kartenreservierung, www.filmforum-höchst.com. info@filmforum-höchst.de. **Bahn/ Bus:** Bus 51, 53/54, 59 Emmerich-Josef-Straße. **Zeiten:** Kinderkino Fr 14.30 und So 15 oder 15.30 Uhr, manchmal auch Sa 15.30 Uhr. **Infos:** klaus-peter.roth.vhs@stadt-frankfurt.de.

Filmtheater Valentin, Windhorststraße 84, 65929 Frankfurt a.M.-Höchst. ✆ 069/3086927, Fax 3086648. www.filmtheater-valentin.de. programm@filmtheater-valentin.de. **Bahn/ Bus:** Bus 50,

Hunger & Durst

Nassauer Hof, Hattersheim. ✆ 06190/918191. www.nassauer-hof-hattersheim.de. Mi – Mo 11.30 – 24, durchgehend warme Küche bis 23 Uhr. Auch Biergarten, Grill- und Pfannengerichte, Schnitzel, Steaks, Fisch, mehrere Kindergerichte.

Hunger & Durst

Zum Bären, Höchster Schlossplatz 8, Höchst. ✆ 069/309343. www.zumbaeren.net. Täglich 10 – 23 Uhr. Hessische Küche und kinderfreundliche Gastronomie; Malstifte, Wickeltisch, Hochstühle und Platz – vor allem im Sommer draußen am Schlossplatz.

58 Höchster Friedhof. **Zeiten:** Kinderkino Fr 15 Uhr. **Infos:** Programm auf der Internetseite.
▶ Das legendäre Programmkino bietet auch regelmäßig Kinderkino.

FESTKALENDER HÖCHST – MAINSPITZE

Juni:	Mitte Juni – Mitte Juli, **Höchster Schlossfest** mit Kultur und Konzerten.
Juli:	2. Woche Mi – Sa, Hochheimer **Weinfest,** eines der größten Weinfeste im Rheingau, in der historischen Altstadt, 160 Stände, Kunstgewerbe, Karussells, Mo Feuerwerk.
August:	2. Wochenende Fr – So, Hattersheim, Ortsteil Eddersheim, **Fischerfest,** in den alten Gassen des Mainstädtchens.
	3. Wochenende, **Rüsselsheimer Markt, großes Volksfest.**
September:	Ende Sep – Anfang Okt, Rüsselsheim, **Interkulturelle Woche,** großes Multikultifest unter der Maxime »Offenheit und Toleranz«, zahlreiche Veranstaltungen.
November:	1. Wochenende Fr – Di, **Hochheimer Markt,** einer der größten landwirtschaftlichen Regionalmärkte Hessens, über 500 Jahre alte Tradition, Vergnügungspark, Krammarkt, Stuten- und Fohlenschau, Feuerwerk.
Dezember:	1. Advent, Fr – So: Der größte und vielleicht auch stimmungsvollste **Weihnachtsmarkt** der Stadtteile ist der in der Höchster Altstadt am Schlossplatz.

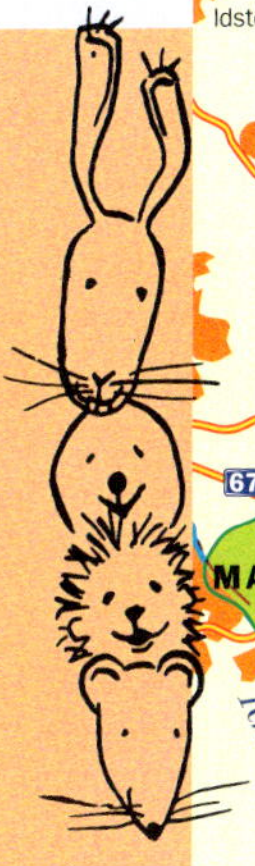

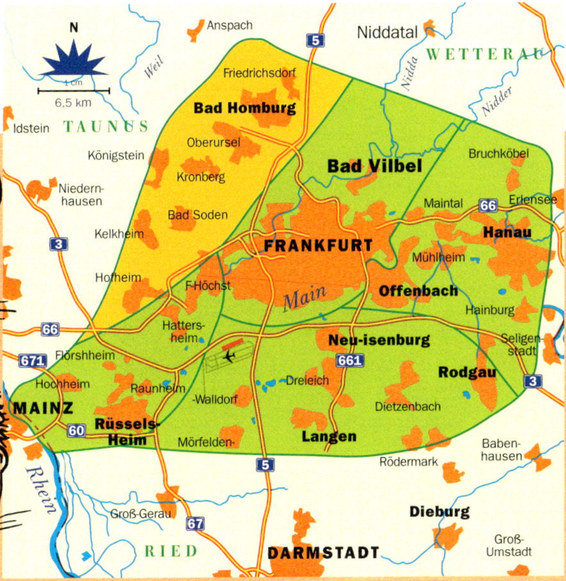
N
1 cm
6,5 km
Anspach
Niddatal
WETTERAU
Weil
Nidda
Nidder
Friedrichsdorf
Bad Homburg
Idstein
TAUNUS
Oberursel
Königstein
Bruchköbel
Bad Vilbel
Kronberg
Niedern-
hausen
Maintal
66
Erlensee
Bad Soden
Hanau
Kelkheim
3
FRANKFURT
Mühlheim
Hofheim
F-Höchst
Main
Offenbach
Hainburg
Hatters-
heim
66
Neu-isenburg
Seligen-
stadt
671
Flörshheim
661
Rodgau
Hochheim
Raunheim
Dreieich
3
MAINZ
-Walldorf
Dietzenbach
60
Rüssels-
Heim
Langen
Mörfelden-
Baben-
hausen
Rödermark
5
Rhein
Dieburg
Groß-Gerau
67
Groß-
Umstadt
RIED
DARMSTADT
5

FRANKFURT IM & AM WASSER

FRANKFURT PER RAD & ZU FUSS

FRANKFURT: SPIEL & ABENTEUER

FRANKFURT: TIERE, BLUMEN, UMWELT

FRANKFURT: MUSEEN & MEHR

FRANKFURT KREATIV

HÖCHST – MAINSPITZE

VORDERTAUNUS

OFFENBACH & HANAU

MÖRFELDEN – RODGAU

Dort, wo nordwestlich von Frankfurt die Landschaft allmählich ansteigt, liegt der Vordertaunus. An ihn schließt sich der Hochtaunus an, dahinter liegt, wie man sich denken kann, der Hintertaunus. Das klingt schon sehr einsam. Doch auch der Vordertaunus war bis in die 1970er Jahre eher bäuerlich geprägt. Dann zog es viele Städter ins Grüne der Villenorte Bad Homburg, Kronberg, Königstein und Bad Soden und mit ihnen wuchsen die Orte und Straßen.

Dennoch gibt es hier viel Grün und genügend Raum für spannende Radtouren und Wanderungen: etwa an den idyllischen Bächen Schwarzbach oder Urselbach entlang, durch die Felder von Ober-Eschbach nach Weißkirchen, von Eschborn nach Niederursel oder auf die Taunusberge von der Hohemark zum Fuchstanz. Kletterkünstler dürfen sich auf den abenteuerlichen Kletterwald in Kelkheim freuen. Und dann sind da noch die drei ganz großen Höhepunkte der Region: der spannende und vielseitige Freizeitpark Lochmühle, das geheimnisvolle Römerkastell Saalburg und der artenreiche Opel-Zoo in den Bergen nordwestlich von Kronberg. Das ist allerdings schon fast im Hochtaunus.

Schwimmbäder

Badespass am Taunushang

Frei- und Hallenbad Oberursel, Altkönigstraße 99 – 105, D-61440 Oberursel. T 06171/509-122, Fax 509-259. www.stadtwerke-oberursel.de. info@stadtwerke-oberursel.de. **Bahn/Bus:** Stadtbus 532 und 535 ab Oberursel Hbf, U3 bis Lahnstraße, dann Fußweg. Auto: B455, in Oberursel in die Altkönigstraße einbiegen, Parkplätze direkt am Gelände. **Zeiten:** Freibad Mai – Aug Mo, Mi, Fr 8 – 20 Uhr; Di, Sa, So 7 – 20, Do 7 – 21 Uhr. Im Sep Mo, Mi, Fr 8 – 19 Uhr, Di, Do, Sa, So 7 – 19 Uhr. Kassenschluss 30 Min vor Schließung. Halle Sep – Juni Di 7 – 21.30, Mi 6.30 – 8.30 und 13 –

Ja, seid mal schön froh, dass eure Mutti euch nicht mit ihrer Zunge den Dreck abschleckt, wie diese Giraffen-Dame im Opel-Zoo!

© Opel-Zoo

21.30 Uhr, Do 7 – 17, Fr (Warmbadetag) 6.30 – 21.30 Uhr (10 – 12 Uhr nur Senioren), Sa 7 – 19, So 7 – 13, Fei 7 – 12 Uhr. Kassenschluss 45 Min vor Schließung. **Preise:** Frei- und Hallenbad je 3, 10er-Karte 27 €, Kinder 4 – 18 Jahre je 1,50 €, 10er-Karte 13,50 €, Dauerkarte Freibad 25 €; Feierabendtarif ab 18 Uhr Erw 1,80 €, Kinder 1 €. Familien-/Dauerkarte Freibad 50 € (1 Erw), Anschlusskarte (Ehepartner) 35 €, Anschlusskarte 1. und 2. Kind je 11 €, 3. Kind 7,50 €.

▶ Das Oberurseler Schwimmbad an der zu den Taunusbergen aufsteigenden Altkönigstraße im nordwestlichen Stadtgebiet hat immer Saison.

Für die warme Jahreszeit ist ein **Freibad** angelegt, das aus einer schönen hügeligen, parkähnlichen Landschaft besteht. Es verfügt über ein großes Kombibecken, in dessen Schwimmersektor eine Sprunganlage mit 1- und 3-m-Brett integriert ist. Kleine Kinder können sich in einem Plantschbecken mit Rutsche und Sprudlern vergnügen. Zusätzlichen Spaß garantiert der mit Wippen, Schaukeln, einer Spielhütte und viel Sand ausgestattete Spielplatz unter Kiefern, der aber auch für die etwas Größeren interessant ist, zumal es ein langes Hangelseil gibt. Die Liegewiese ist groß, es existieren viele schattige Plätze unter mächtigen, alten Bäumen. Das Beachvolleyballfeld ist etwas für sportliche Jugendliche und Erwachsene. Ein Imbissstand mit Tischen, Stühlen und Sonnenschirmen bietet den Besuchern Speisen und Getränke.

In den kühlen Monaten könnt ihr euch im weiten Rund des **Hallenbads** betätigen. Es wurde an Jung bis Alt gedacht, denn es kann zwischen einem Schwimmer-, einem Nichtschwimmer- und einem Sprungbecken gewählt werden. Wassertemperaturen sind im Schwimmerbecken 27, im Nichtschwimmerbecken 31 Grad. Warmbadetag ist der Freitag, dann ist auch das Schwimmerbecken 30 Grad warm.

Erlebnisbad für alle Jahreszeiten

Rhein-Main-Therme GmbH & Co. KG, Niederhofheimer Straße 67, 65719 Hofheim am Taunus. ✆ 06192/97779-0, Fax 97779-99. www.rhein-main-therme.de. info@rheinmaintherme.de. **Bahn/Bus:** Bus 812 bis Rhein-Main-Therme. **Auto:** B519 Hofheim – Kelkheim. **Zeiten:** Wasserwelten, Saunalandschaft täglich 9 – 23 Uhr, Sauna jeden 1. und 3. Sa im Monat bis 2 Uhr. **Preise:** Wasserwelten Mo – Fr 3 Std 13 €, ganzer Tag 15 €, Sa, So, Fei und Ferien je 2 € Zuschlag; Kinder 4 – 15 Jahre Mo – Fr 3 Std 7 €, ganzer Tag 9 €, Sa, So, Fei und Ferien je 1 € Zuschlag; Schüler, Studenten Mo – Fr 3 Std 9 €, ganzer Tag 12 €, Sa, So, Fei und Ferien je 1,50 € Zuschlag. Familienkarte (2 Erw, 2 Kinder bis 15 Jahre) Mo – Fr 3 Std 32 €, ganzer Tag 35 €, Sa, So, Fei und Ferien Zuschlag je 2 € Erw bzw. Kinder 1,50 €. Mo – Fr Sondertarif für Bürger von Hofheim und Kelkheim 1,5 Std für Erw 5, Kinder 2 €. **Infos:** Schwimmschule und Tauchschule, Kurse und Termine auf der Internetseite.

▶ Mit der Rhein-Main-Therme haben die beiden Städte Hofheim und Kelkheim ein richtiges Badeparadies für die ganze Familie auf die grüne Wiese gestellt. Unter einer großen Glaskuppel liegen mehrere, von subtropischen Pflanzen umstandene Wasserlandschaften. Die **Erlebniswelt** im Zentrum wartet mit allen Raffinessen auf, die ein modernes Spaßbad bieten kann: Wasserfälle vor Grotten mit nachempfundenem Sternenhimmel, Fontänen, Strömungskanal und Whirlpools. Ein Wellenbad darf natürlich nicht fehlen. Wer es sportlicher liebt, stürzt sich von den Sprungtürmen in ein gesondertes 25-m-Sportbecken. Großer Andrang vom Kindern und Jugendlichen herrscht vor dem Aufgang zu den zwei 140 bzw. 150 m langen Rutschen. Die kleinen Besucher haben ein eigenes Kinderparadies für sich: die Kindererlebniswelt. Beim Ausflug nach draußen geht es an Massagedüsen und Sprudlern vorbei in ein Becken unter freiem Himmel, das in der warmen Jahreszeit Zen-

Happy Birthday! Badespaß inkl. Pommes, 1 Freigetränk, Geburtstagstisch, min 6 Kinder bis 14. Geburtstag, 13 € pro Person, das Geburtstagskind zahlt nichts! Info und Anmeldung ✆ 06192/97779-30.

FRISCHE LUFT & SPORT

trum des **Freibades** ist. Zeit zum Entspannen heißt das Motto in der Sauna oder im römischen Dampfbad. Der Fitnessbereich schließlich bietet verschiedene Möglichkeiten für das Training von Kondition und Ausdauer.

Wandern, Reiten & Kutsche fahren

Von der Großen Kurve zum Fuchstanz

61462 Königstein (Taunus). **Länge:** 3,4 km, leicht.
Bahn/Bus: U3 Hohemark, HLB-Bus 503, 505, 511 Hohemark – Sandplacken bis Große Kurve.

▶ Die Straße von Oberursel-Hohemark zum Sandplacken und großen Feldberg windet sich in mehreren langen Kehren durch den Taunuswald bergauf. 6 km nordwestlich von der Hohemark liegt die sogenannte **Große Kurve,** von der aus ihr die kurze leichte Wanderung zum Fuchstanz unternehmen könnt. Der Wanderweg beginnt gegenüber vom Parkplatz. Bis zum Fuchstanz geht es immer geradeaus durch Nadelwald. Die Strecke steigt stetig, die Steigung ist aber nie richtig schwer. Für Kinder gibt es viele interessante Dinge im Wald zu beobachten, einmal überquert ihr sogar einen quirligen kleinen Bach, den mein Enkel Hyun-Woo sehr liebt. Er hat hier schon mehrere Staudämme errichtet. Nach 1,7 km ist der **Fuchstanz** erreicht, eine ural-

An der Hohemark wird gegenüber der Endhaltestelle Hohemark der U3 ab Juni 2011 (Hessentag Oberursel) ein großes Touristen-Infozentrum über den Hochtaunus informieren. In das Haus wird eine Gaststätte mit »wellnessorientierter und regionaler Küche« mit rund 60 Plätzen integriert.

Der Fuchstanz bietet sich auch als Ziel einer Winterwanderung an! Die Lokale sind ganzjährig geöffnet.

© Annette Sievers

Kopfüber: Der Kleiber ist ein guter Kletterer

te Wegekreuzung, die schon bei den Römern bekannt war. Hier stehen zwei **Gasthäuser mit Biergärten,** in denen ihr euch preiswert versorgen könnt. Nach einer gemütlichen Pause könnt ihr zur **Großen Kurve** zurückkehren. Diesmal geht's immerzu bergab. Ihr könnt aber auch auf längeren Wanderungen nach Oberursel-Hohemark (6,5 km, 2 Std), Falkenstein (3 km, 1 Std), Königstein (4,5 km, 1,5 Std) oder Kronberg (5 km, 1,5 Std) hinunterwandern – aber Achtung: Das Bergabgehen geht ganz schön in die Beine, immer schön durchfedern!

Planwagenfahrt zum Geburtstag

Fahrteam Fuchs, Uwe Fuchs, Maximilian-Kolbe-Straße 1, 61440 Oberursel-Bommersheim. Handy 0172/6651356. www.kutschfahrten-fuchs.de. fahrteam-fuchs@gmx.de. **Preise:** 1 Std Planwagenfahrt 65,50 €, Animationsprogramm 2 Std 155 €, 3 Std 190 €.

▶ Ihr könnt mit Herrn Fuchs mit dem Planwagen eine Geburtstagstour durch die Felder des Vordertaunus unternehmen. Bis zu 10 Kinder passen auf das Gefährt. Die Fahrt dauert 1 Stunde. Es können auch längere Touren vereinbart werden. Zudem könnt ihr noch ein zwei- oder dreistündiges Animationsprogramm mit Kinderschminken, Kinderdisco/-tänzen, Schwungtuchspielen, Schatzsuche oder Basteln anhängen.

Reitschule Werner Kranz

im Reiterhof St. Georg, Mühlstraße 36, 65843 Sulzbach (Taunus). ✆ 06196/953374, Fax 74738. Handy 0179/1166469. www.reiterhof-kranz.de. meister@reit-schule-werner-kranz.de. Auf der Anlage des Reiterhofs St. Georg, südöstlich von Sulzbach. **Zeiten:** Büro Di – Fr 17 – 18, Sa 12 – 13 Uhr. **Preise:** Kinder bis 17 Jahre Longe (Grundreife) 1 Std 27 €, 10er-Karte 240 €, nach der Grundreife 10er-Karte 160 €, Einzelstunde Dressur, 30 Min 30 €, Springen, Ausritte Preise auf Anfrage.

Hunger & Durst

Waldgaststätte Fuchstanz, Reinhold Brendel, Tillmannsweg 1, Königstein (Taunus). ✆ 06174/21281. www.fuchstanz.de. Mo – Mi, Sa, So je nach Witterung bis 18 Uhr. Die beiden zünftigen Ausflugslokale am Fuchstanz wechseln sich in ihren Ruhetagen ab, sodass immer eines geöffnet hat. Es werden einfache Gerichte, Salate, Nudeln, Pfannkuchen, Eintöpfe, Kuchen u.v.a. geboten.

 Ponyclub für Kinder 4 – 6 Jahre, Di 17 – 18 Uhr, im Monat 38 €.

Zur Pferdetränke, Mühlstraße 36, Sulzbach/Ts. ✆ 06196/75216. www.reiterhof-kranz.de. Mo – Fr 17 – 23, So 10 – 18 Uhr. Restaurant/Café mit Blick in die große Reithalle, auch Terrasse, vier Kindergerichte.

▶ Der große Reiterhof St. Georg besitzt drei Reithallen, eine Longierhalle und einen Springplatz. Die Reitschule Kranz bringt euch das Reiten systematisch bei. Am Anfang steht der Longeunterricht, d.h. das Pferd wird an einer langen Leine geführt. Hier erlernt ihr in 10 – 15 Stunden die Grundlagen – Schritt, Trab, Galopp. Kinder ab 8 Jahre bauen diese Fähigkeiten im Gruppenunterricht bzw. in der Ausbildung in der Abteilung aus. Wenn ihr schon einiges drauf habt, könnt ihr Einzelunterricht in der Dressur oder im Springen nehmen oder Ausritte machen.

Erlebnis- & Kletterparks

Äktschenpark und Stallgeruch im Freizeitpark Lochmühle

61273 Wehrheim-Lochmühle. ✆ 06175/790060, Fax 790075. www.lochmuehle.de. info@lochmuehle.de. **Bahn/Bus:** Taunusbahn (RMV-Linie 15) bis Saalburg/Lochmühle. **Auto:** A5 Darmstadt – Kassel, Ausfahrt 16 Friedberg/Friedrichsdorf, Richtung Friedrichsdorf, Usingen/Wehrheim; A3 Frankfurt – Köln, Ausfahrt Bad Camberg, Richtung Usingen, dort B456 Richtung Bad Homburg; A661 Ausfahrt Oberursel Nord, B456 Richtung Usingen. **Zeiten:** April – Okt 9 – 18 Uhr, letzter Einlass 16.30 Uhr, Fahrbetrieb 10 – 17.30 Uhr. **Preise:** Besucher unter 90 cm frei, 90 – 120 cm sowie Senioren ab 65 Jahre und Behinderte ab 80 % (bei Vorlage des Ausweises) 10,50 €, ab 120 cm 12 €; Gruppen (Anmeldung per Fax oder Online-Formular erforderlich) ab 20 – 99 zahlungspflichtigen Pers

Pferde gibt es immer noch in der Lochmühle: Ponyreiten im Park

© Freizeitpark Lochmühle

10 €, ab 100 9,50 €; Horte/Schulklassen 9, Kindergärten 6 €, Begleitpersonen bei Schulklassen und Kindergärten 8,50 €; bei Anreise mit RMV bei Vorlage des Hinfahrt-Tickets wird Rückfahrt erstattet. **Infos:** Parkplan an der Kasse erhältlich.

© Eberhard Schmitt-Burk

▶ Von der früheren Funktion des Geländes als Getreidemühle mit Landwirtschaft zeugen noch die Mühlräder und Wasserläufe oder das kleine Landwirtschaftliche Museum, die Ställe mit Schweinen, Eseln, Kühen, Pferden, Kaninchen und Hühnern sowie die zahlreichen Tiere in kleinen Gehegen; die Schafe dürft ihr sogar streicheln. Dank dieses Erbes könnt ihr im Bruthaus Küken beobachten, die gerade aus dem Ei geschlüpft sind, mit dem Traktor eine Runde durch ein Lehrfeld mit Getreide, Gemüse und Kräutern drehen oder mit dem Floß auf dem Bach fahren. In dieser Tradition stehen auch das Milchhaus mit Melkkühen und das Ponyreiten.

Darüber hinaus bietet die Lochmühle das Programm eines spannenden Freizeitparks u.a. mit schwindlig machenden Pilz- und Kettenkarussellen, einer hohen, aber bequemen Helikopterbahn, Pendelbahnen, auf denen ihr euer Gleichgewicht testen könnt, schnellen Seilbahnen und einer wilden Achterbahn. Außerdem könnt ihr auf einem steil abfahrenden Wasserbob, zahlreichen z.T. ganz originellen Schaukeln, einer schnellen 6-Bahn-Riesen- oder Röhrenrutsche in die Tiefe rauschen und auf einem wunderbaren Groß-Trampolin oder Riesensprungkissen Salto vorwärts üben. Ihr könnt aber auch auf einer großen Spiel- und Liegewiese herumtollen oder Minigolf spielen. Kein Wunder, dass meine Enkel Hyun-Woo

Hyun-Woo, Hyun-Seo und Su-Ha lieben es: Eisenbahn fahren in der Lochmühle

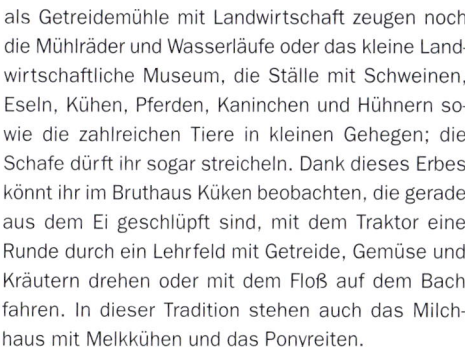

Seit Kurzem gibt es im Freizeitpark den Römerpfad, der daran erinnert, dass die Römer hier einmal ein Kleinkastell unterhielten.

(9 Jahre), Hyun-Seo (6 Jahre) und Su-Ha (4 Jahre) die Lochmühle lieben und auch von den Eisenbähnchen kaum weg zu bringen sind.

Zur Stärkung gibt es zum einen das SB-Restaurant mit Terrasse, das SB-Café und den Kiosk, zum anderen existieren aber auch Tische, wo Mitgebrachtes verzehrt werden kann, und eine größere Zahl von Grillplätzen und -hütten (im Eintritt eingeschlossen, aber Reservierung erforderlich).

Wege und Irrwege im Maisfeld

Maislabyrinth Oberursel, Richard Bickert, Kurmainzer Straße 49, 61440 Oberursel-Bommersheim. ✆ 06171/73685, Handy 0151/18415149. www.maisgeister.de. rbickert@gmx.de. Am südwestlichen Ortsrand. **Bahn/Bus:** U 3 bis Weißkirchen Ost, Bus 41 bis An der Bleiche, Bus 42 bis Kurmainzer Straße. **Auto:** Kurmainzer Straße, links am Ortsausgang Weiskirchen Richtung Steinbach. **Rad:** Vom S-Bhf Weißkirchen Ost am Radweg Niederursel – Oberursel auf der Kurmainzer Straße quer durch Weißkirchen. **Zeiten:** Mitte Juli – Anfang Okt So 11 Uhr bis Sonnenuntergang. **Preise:** 2,50 €; Kinder 4 – 10 Jahre 1,50 €, 11 – 16 Uhr 2 €. **Infos:** Kräutertag, Traktor- und Landmaschinen Oldtimertreffen, Kürbisfest, Erntedankfest, Termine auf der Internetseite.

▶ Es ist richtig spannend, durch das viel verzeigte Labyrinth des ausgedehnten Maisfeldes zu streifen. Für noch mehr Abwechslung sorgt ein kleiner Barfuß-Rundweg über Ackererde, Schlamm, Stroh, Sand, Schotter, Kies und Rindenmulch. Auf einer hohen Burg aus dicken Strohballen könnt ihr herrlich herumtoben. Und dann sind da schließlich noch die Planwagenfahrten zur vollen Stunde (1 € pro Person).

Abenteuerspielplatz Eschborn

In den Oberwiesen, 65760 Eschborn. ✆ 06196/490504, Fax 490300. www.eschborn.de. info@eschborn.de. Am Nordwestrand von Eschborn, nahe Frei-

Hunger & Durst

Würstchen, Zuckermais, Getränke, Kaffee und hausgemachter Kuchen. Tische und Bänke in der großen Scheune von Bauer Bickert.

bad, am Ufer des Westerbachs. **Bahn/Bus:** S3, 4 Darmstadt – Frankfurt – Eschborn – Kronberg (– Bad Soden). **Rad:** Vom Rathaus 300 m auf der Untertorstraße in nordwestlicher Richtung zur Evangelischen Kirche, dann 300 m den Westerbach aufwärts, rechts in Straße Am Hofgarten, links auf Brüder-Grimm-Straße zum Spielplatz. **Zeiten:** für Eschborner Kinder 6 – 13 Jahre Mo – Fr 14 – 18, Schulferien 12 – 18 Uhr, allerdings 1. – 4. Sommerferienwoche geschlossen. **Infos:** besondere Ferienprogramme, Sport, Klettern, Ausflüge, Radtouren, Freizeiten, verschiedene Projekte.

▶ Ihr könnt hier viele tolle Sachen anstellen, darunter Hütten bauen, im Nutzgarten arbeiten, am Bach spielen oder im Sand matschen. Auch ein Spielhaus mit Küche und Toberaum, ein kleines Gruppenhaus und eine Holz- und Fahrradwerkstatt sowie ein Ziegengehege gibt es. Werkzeuge und Platz sind reichlich vorhanden. Nicht zu vergessen: bekannte Großspielgeräte wie Seilbahn, Lokomotive und Reifenschaukel.

Paradies für Kletterfreunde

Sportpark Kelkheim, Mainblick 51a, 65779 Kelkheim. ☏ 06195/5151, Fax 2922. www.sportpark-kelkheim.de. info@sportpark-kelkheim.de. **Bahn/Bus:** ↗ Halligalli. **Zeiten:** Sportpark Mo – Fr 7 – 23, Sa 7 – 21, So, Fei 9 – 21, 24. und 31. Dez 9 – 18 Uhr, Waldseilgarten Ende März – Okt Di – Do 15 – 19, Fr 14 – 19, Sa, So 10 – 19, Schulferien, Fei Mo – Fr 11 – 19 Uhr. **Infos:** Termine für Individualkletterer in Halle, Hoch- und Waldseilgarten, Kletterkurs für Kinder, Eltern-Kind-Kletterkurs im Internet.

▶ Die Indoor-**Kletterhalle** des Sportparks Kelkheim gehört zu den größten und besten im ganzen Rhein-Main-Gebiet. Auf 700 qm Kletterfläche existieren über 100 verschiedene Routen in Schwierigkeitsgraden von 4 bis 9+. Viele Überhänge sorgen für zusätzliche Herausforderung. Kinder können hier ab 8 Jahre im Klettergrundkurs oder im Eltern-Kind-Kurs den

 Minigolf im Kurpark, Karl-Heinz Wensing, Kisseleffstraße, Bad Homburg v.d.H. ☏ 069/769424. April – Anfang Okt täglich ab 12 Uhr bis Einbruch der Dunkelheit, im Hochsommer bis 21 oder 22 Uhr. In der Innenstadt, am Römerbrunnen, direkt neben dem Biergarten Chalet. Kiosk mit Erfrischungsgetränken, Eis und Würstchen. Der Platz bietet Schatten spendende Bäume und Sitzgelegenheiten, Erw 2 €, Kinder 1 €. Handy 0170/2813751.

VORDERTAUNUS

 In den Ferien könnt ihr in Sportcamps mehrere Sportarten intensiv betreiben oder in Klettercamps ausgiebig klettern. Im September 2010 wurde im Sportpark Kelkheim die größte und modernste Boulderhalle Hessens eröffnet.

Einstieg in die Kletterei starten. Anschließend ist das regelmäßige Training im Kinderkletterclub empfehlenswert. Später – ab 15 Jahre – lässt sich euer Können in Fortgeschrittenenkurs weiter verbessern.

Nicht minder spannend ist der 14 m hohe **Hochseilgarten,** zwischen dessen zahlreichen präparierten Baumstämmen ein raffiniertes, mit unterschiedlichsten Hindernissen gespicktes Netz angelegt ist, das nicht einfach zu schaffen ist. Kinder müssen allerdings mindestens 12 Jahre alt sein, um hier zu klettern.

Auch spannend, aber äußerlich ganz anders ist der **Kletterwald,** wo der Wind es ab und zu im Blätterwald geheimnisvoll rauschen lässt. In den Bäumen ist ein ausgedehntes Netz mit 80 Stationen sowie zahlreichen Elementen in bis zu 10 m Höhe platziert, durch das 5 unterschiedlich schwere Parcours verlaufen. Die Hauptattraktion ist fraglos die fast 100 m lange Seilrutsche. Für kleinere Kletterfreunde gibt es sogar eine leichte eigene Route in Erdnähe.

Das ist längst nicht alles, im Sportpark Kelkheim wird auch Bogenschießen, Badminton, Squash, Speedbadminton, Beachsoccer, Beachvolleyball, Golf und Tischtennis betrieben.

Toben im Halligalli

Kinderwelt, Lorsbacher Straße 41, 65779 Kelkheim-Münster. ✆ 06195/672850, Fax 672851. www.halligalli-kelkheim.de. info@halligalli-kelkheim.de. **Bahn/Bus:** Königsteiner Bahn (HLB 12) Bhf Kelkheim, Bus 263 bis Lorsbacher Straße. **Auto:** B519 Kelkheim, L3014, L3016, Lorsbacher Straße. **Zeiten:** Mo – Fr 14.30 – 19, Sa, Fei, Schulferien 11 – 19 Uhr. **Preise:** Kinder 2 – 13 Jahre 6,50 €, ab 14 Jahre und Erw 3,50 €; Happy Hour 18 – 19 Uhr halber Preis, 11er-Karte 2 – 13 Jahre 65, ab 14 Jahre 35 €.

▶ Im Halligalli könnt ihr nach Herzenslust klettern und springen. Die größte Attraktion ist zweifellos das 8 m hohe Gerüstlabyrinth, von dem ihr nach der Be-

Happy Birthday!
Ihr könnt hier auch Geburtstag feiern. Das Programm heißt spielen, essen und trinken. Mo – Do kostet das 10 € pro Kind, Fr – So 11,50 €.

steigung auf einer von drei Bahnen zu Tal sausen könnt. Viele Kinder sind aber auch vom Hin und Her auf dem Wabbelberg begeistert. Es gibt viele andere Sachen, die Spaß machen wie die Trampolinanlage, die Tretfahrzeuge, das Step-on-Piano, die Kinderbaustelle oder Airhockey. Kleine Kinder können sich besonders auf das Mini-Karussell und die Kleinkinder-Kletterwand freuen. Ein Bistro gibt es auch, in der warmen Jahreszeit sogar einen Sommergarten. Ganz nah sind der ↗ *Waldseilgarten Kelkheim* und das Freizeitbad Kelkheim.

Hunger & Durst
Safari Snackbar, im Halligalli, ✆ 06195/672850. Biergarten mit Nudeln, Pommes, Schnitzeln, Salaten, Kuchen, Fruchtsäften, heißer Schokolade, Popcorn … hmm!

Tiere erleben

Elefanten am Taunushang: Der Opel-Zoo

Georg von Opel – Freigehege für Tierforschung von Opel Hessische Zoostiftung, Königsteiner Straße 35, 61476 Kronberg. ✆ 06173/325903-0, Fax 325903-11. www.opel-zoo.de. info@opel-zoo.de. Zoopädagogik ✆ 06173/78670, Fax 995279. **Bahn/Bus:** Bus 261 vom S-Bhf Kronberg bis Opel-Zoo. **Auto:** B455 Kronberg – Königstein. **Zeiten:** Winter (entsprechend Uhrumstellung) 9 – 17, Sommer 9 – 18, Juni – Aug 9 – 19 Uhr. **Preise:** 10,50 €, in Gruppen ab 20 Pers 9,50 €, Jahreskarte 40 €; Kinder 3 – 14 Jahre 6,50 €, in Gruppen ab 20 Pers 5,50 €, Jahreskarte 1. und 2. Kind je 15 €, weitere Geschwister frei; Ponyreiten (Kinder bis 6 Jahre) 1,50 €, Kamelreiten (Kinder 5 – 14 Jahre) 2 €; jede 20. Person einer Gruppe hat freien Eintritt. **Infos:** Zahlreiche Aktivitäten mit Kindergärten und Schulklassen, aber auch großes Programm für

UMWELT ERFORSCHEN

Sind schon abgehärtet: Elefanten im Taunus

© Opel Zoo

VORDERTAUNUS

Happy Birthday!
Geburtstage für Kinder 3 – 14 Jahre, 45 Min – 2 Std, Kombination aus Führung oder Rallye mit anschließendem Spaß auf dem Spielplatz, das ganze Jahr möglich, Nov – Feb jedoch etwas anders, je nach gebuchter Aktivität zusätzlich zum Eintritt 15 – 60 €.

Kinder außerhalb der Schule und Familien, Ostereiersuche an Ostersonntag und -montag, Laternenführung im Nov und Nikolaus im Zoo; Anmeldung und Info Zoopädagogik ✆ 06173/78670, Mo – Fr 13 – 14 Uhr, Terminkalender als Faltblatt sowie im Internet.

▶ Über 1400 Tiere in mehr als 200 teilweise vom Aussterben bedrohten Arten sind in dem großen **Landschaftszoo** an ausgedehnten Taunushängen zwischen Kronberg und Königstein zu Hause. Sie leben in weitläufigen Gehegen, oft in sozialen Verbänden. Eine besonders (ge)wichtige Rolle spielen die afrikanischen Elefanten, sie sind einer der Publikumsmagnete. Es gibt hier aber auch viele andere Tiere aus fernen Ländern, die neugierig machen, wie die Giraffen, die ihr beim Fressen vom ulkigen Futterbaum beobachten könnt sowie Zebras, Flusspferde und braune Hyänen. Zugleich ist auch die einheimische Tierwelt gut vertreten. Fuchs und Luchs haben eigene Gehege, Uhus und andere Vögel schauen aus ihren Volieren auf die Besucher herab, Stelz- und Watvögel waten oder schwimmen durch Wasserläufe und Teiche, in der begehbaren Freiflugvoliere über dem Hardtweiher tummeln sich Ibisse, Schwarzstörche und Entenvögel.

Im **Streichelgehege** können Kinder Edelziegen, Röhnschafe und Esel streicheln und füttern, im benachbarten hessischen Bauernhof aus größter Nähe in die Ponyställe, die Schauküche, das Bruthaus und die Hühnergehege schauen. Noch näher kommt ihr an die Tiere beim Kamel- und Ponyreiten heran.

Der Waldlehrpfad, der Geo-Pfad und der Apfellehrpfad mit Bienen-

Sein Revier sind normalerweise die weiten Savannen Afrikas: Gepard

© Opel-Zoo

stand und Insektenhotel vermitteln per Schautafeln und Modellen anschaulich Kenntnisse über die entsprechende Umwelt.

Nach dem Rundgang durch das gut markierte Gelände laden die beiden großen **Spielplätze** am Nebeneingang Philosophenweg mit der großen Kletter- und Spielanlage, Trampolin, Schaukeln, Rutschen, allerlei anderen Spielgeräten und reichlich Sand zum Toben ein. Im Sommer können hier auch **Grillhütten und -plätze** genutzt werden (kostenlos, Reservierung erforderlich). Hunger und Durst könnt ihr auch im **Restaurant Sambesi** mit Sonnenterrasse direkt neben dem Spielplatz für größere Kinder stillen. Zur Zoo-Gastronomie gehören ferner Kioske am großen Spielplatz und im Waldrevier, der Imbiss *Topsaray* am Gibbonweiher und das *Restaurant Lodge* am Haupteingang.

Die **Zooschule** und die Zoopädagogen sind überaus aktiv. Da fällt auch einiges für Familien mit Kindern ab. Es gibt zahlreiche thematisch interessante öffentliche Führungen und viele weitere Veranstaltungen. Besonders viel los ist in den Sommerferien. Total spannend finde ich Veranstaltungen wie »Abenteuer Zoo« (Kinder 6 – 12 Jahre) mit Lagerfeuer und Übernachtung im Zelt und »Zoofari – Afrikanische Nächte im Opel-Zoo« mit Schaufütterungen, Afrikanischen Rhythmen und Kinderprogramm im Juli oder August.

 Von Kronberg aus führt ein schöner 30-minütiger Spaziergang durch die Altstadt, Friedrich-Ebert-Straße, Eichenstraße und entlang dem **Philosophenweg** durch Kleingärten und Wiesen direkt zum Eingang des Opel-Zoos und ein Stück durch ihn hindurch.

 Zum Zoo könnt ihr eine schöne Radtour über die ↗ Safari-Route unternehmen.

Landwirtschaftlicher Lehrpfad auf dem Lernbauernhof

Lernbauernhof Maurer, Gerhard Maurer, Bienäcker 4, 61352 Bad Homburg v.d.H.-Ober-Eschbach. ✆ 06172/42208, Fax 42208. www.lernbauernhof-rhein-main.de. webmaster@lernbauernhof-rhein-main.de. **Bahn/Bus:** ab ↗ Bad Homburg Bf Bus 2, 12 bis Ober Eschbach Pfarrbornweg, Bus 11 bis Jahnstraße. **Auto:** A661 Ausfahrt 5-Nieder Eschbach Richtung Nieder-Eschbach/Kalbach/Bonames.

VORDERTAUNUS

Als Ergänzung zur konventionellen Landwirtschaft bietet sich ein Besuch des Lehrpfades für ökologische Landwirtschaft auf dem **Dottenfelderhof** *in Bad Vilbel an. ✆ 06101/5296-20, Fax -22, www.dottenfelderhof.de, info@dottenfelderhof.de. Eine Beschreibung findet ihr in Vogelsberg, Wetterau mit Kindern, Peter Meyer Verlag.*

Warum ist unser Mond so groß, mit anderen Planeten verglichen über hundertmal größer? Astronomen vermuten, dass in der Frühphase des Sonnensystems ein Körper von der Größe des Mars mit der Erde zusammengestoßen ist und dabei ein Teil der Erde herausgerissen wurde. Daraus soll der Mond entstanden sein.

▶ Der Lernbauernhof Maurer kann auf einem landwirtschaftlichen Lehrpfad an 14 Stationen erkundet werden. In der Infostation im Starthäuschen könnt ihr euch zunächst einmal auf einem Plan eine Übersicht verschaffen und Informationen zur Idee des Lernbauernhofes und zum Wandel in der Landwirtschaft studieren (2, 3). Dann könnt ihr in zwei offenen Hallen den beachtlichen Maschinenpark (Station 3) kennen lernen. Dann führt die Route links an einer Streuobstwiese (Station 5) vorbei, wo auch Schafe (Station 4) weiden. Auf dieser Seite schließt noch der bunte Bauerngarten (Station 6) an. Dann geht ihr rechts in das breite Wirtschaftsgebäude. Ihr dürft sogar in die Ställe (Station 7) mit Kühen und Schweinen schauen. Der Lehrpfad endet auf der rechten Seite des Hofes mit den Hasen- und Hühnerställen und den Stationen 8 – 11 zu Bienenhaltung, Düngung und Pflanzenschutz, Bodenfruchtbarkeit/Fruchtfolge und Demonstrationsfeldern. Der Lernbauernhof betreibt konventionelle Landwirtschaft und ist bemüht, den umweltfeindlichen Einsatz von Kunstdünger und Pflanzenschutzmitteln möglichst gering zu halten.

Ihr kehrt wieder zum Starthäuschen zurück und schaut zum Abschluss noch die informativen Stationen 12 – 14 an.

Sterne & Weltraum

Geheimnisvolles Weltall

Sternwarte Hofheim, Eppsteiner Straße, 65719 Hofheim am Taunus-Langenhain. ✆ 06192/6363, www.sternwarte-hofheim.de. info@sternwarte-hofheim.de. **Bahn/Bus:** Sa abends nur per Auto oder Rad erreichbar. **Auto:** A66 Ausfahrt 12-Hattersheim Richtung Eppstein/Hofheim/Kriftel. **Zeiten:** Sa ab 20 Uhr, im Sommer ab Einbruch der Dunkelheit, jeweils nur bei gutem Wetter. **Infos:** Gruppen bitte anmelden.

▶ Die im Herbst 2000 eröffnete Sternwarte, ein Neubau im Ortsteil Langenhain, ist mit leistungsfähigen Teleskopen ausgestattet. Sie ist auch für »interessierte Spaziergänger und engagierte Amateurastronomen« offen. Naturkundlich interessierte Kinder können hier auf »Entdeckungsreise in das unendliche All« gehen. Bei ungünstigem Wetter – Wolken, Nebel – ist es allerdings ratsam, sich vorher zu erkundigen, ob die Beobachtungen tatsächlich stattfinden.

Bahnen & Burgen

Auf der Gartenbahn mit Dampf und Pfiff

Dampf-Modellbahn im Grünen, DBCT Dampfbahnclub Taunus e.V., Mainstraße, 61440 Oberursel. ✆ 06171/54450, Fax 205638. www.dbc-taunus.de. auskunft@dbc-taunus.de. **Bahn/Bus:** U 3 Oberursel Lahnstraße, Bus 41 Oberursel Weilstraße. **Auto:** A661 Ausfahrt Richtung B455/B456. **Zeiten:** 7 Fahrtage April – Okt jeweils 2. So im Monat 10 – 17 Uhr, Kassenschluss 16.30 Uhr. **Preise:** Eintritt 1,50 €; Kinder bis 18 Jahre Eintritt und 1 Fahrkarte 0,50 €.

▶ Der Verein gestaltete auf einem über 5000 qm großen Gelände eine 900 m lange Gartenbahn mit einem Bahnhof, einem Fahrzeugschuppen, einer Drehscheibe, einem Tunnel und einer 13 m langen Brücke. Die Gleise haben Spurweiten von 127 und 184 mm. Über sie rollen originalgetreu nachgebaute Dampflokomotiven aus der Zeit von 1907 bis 1950, aber auch andere Triebfahrzeuge. Die Dampfloks werden standesgemäß mit Kohle befeuert. Die Wagen der Gartenbahnzüge sind so groß, dass auf ihnen Kinder bequem Platz nehmen können. Es macht einen Riesenspaß, mit ihnen bei recht zügigem Tempo Runden zu drehen. Da können viele erwachsene Eisenbahnnostalgiker nicht ruhig zusehen und schaffen sich auch mal aufs Bähnchen. Der Publikumsverkehr läuft auf der 200 m langen äußeren Rundbahn.

HANDWERK UND GESCHICHTE

Der Dampfbahnclub verfügt auch über eine wunderbare Modelleisenbahn. Auf einer Picknickwiese mit Sandkasten könnt ihr eine Pause einlegen. An den Fahrtagen bekommt ihr Würstchen, Getränke und Kuchen. Tische und Bänke sind zur Genüge vorhanden.

Besuch bei den Römern: Die Saalburg

Römerkastell Saalburg, Archäologischer Park, Prof. Dr. Egon Schallmayer, 61350 Bad Homburg v.d.H. ✆ 06175/9374-0, Fax 9374-11. www.saalburgmuseum.de. info@saalburgmuseum.de. **Bahn/Bus:** Stadtbus 5 Bad Homburg Bhf – Saalburg. **Auto:** B456 Bad Homburg – Usingen. **Rad:** Radtour (Mountainbike) oder Wanderung vom Sandplacken (Bus) zum Bhf. Saalburg/Lochmühle (Taunusbahn). **Zeiten:** März – Okt 9 – 18, Nov – Feb Di – So 9 – 16 Uhr, 24. und 31. Dez geschlossen, letzter Einlass 30 Min vor Schließung. **Preise:** 5 €, in Gruppen ab 20 Pers 3,50 €, Studenten, Zivis, Rentner, Behinderte 3,50 €; Kinder 6 – 18 Jahre 3 €, Kinder, Schüler, Studenten in Gruppen ab 20 Pers 2 €; Familienkarte für 2 Erw und eigene Kinder unter 18 Jahre 10 €. **Infos:** Vorträge, Führungen, Themen- und Aktionstage; öffentliche Führungen März – Okt an allen So und einigen Fei Erw 11, 13, 15 Uhr, Kinder ab 6 Jahre 11, 13 Uhr, 45 Min, max 30 Pers, Erw 60 € pro Gruppe zzgl. 3,50 € Eintritt pro Person, Kinder 40 € zzgl. Eintritt 2 €; Führungs- und Veranstaltungsservice ✆ 06175/9374-20 (Frau Krieger), krieger.c@saalburgmuseum.de; Termine in der Broschüre Saalburg Jahresprogramm sowie auf der Internetseite.

▶ Die Saalburg war zur Römerzeit ein Kastell, in dem etwa 600 Soldaten stationiert waren. Sie hatten die Aufgabe, einen Abschnitt des hier vorbei führenden Limes zu sichern. Dies war ein riesiger, 550 km langer Grenzwall vom Rhein bei Bonn bis zur Donau bei Regensburg, der das römische Imperium vor den benachbarten Germanen schützen sollte. Außerhalb des Kastells lag noch ein Dorf mit Handwerkern, Händlern und Gastwirtschaften.

Salve: Am Eingang zur Saalburg werdet ihr standesgemäß begrüßt

© Peter Meyer

Nach dem Abzug der Römer in der Mitte des 3. Jahrhunderts verfiel das Kastell allmählich, das bereits durch die Attacken der Germanen beschädigt war. Erst um die Wende des 19. zum 20. Jahrhunderts wurde es in Teilen als Forschungsinstitut und Freilichtmuseum wieder aufgebaut. Seit 2003 hat es durch die zusätzliche Rekonstruktion etlicher Gebäude und Außenanlagen sowie der Nachbildung spezieller Räume eine Belebung erfahren. Mittlerweile sind die Ausgrabungen und Rekonstruktionen abgeschlossen, nur im Außenbereich werden noch bis Ende 2011 die rekonstruierten Ruinen des Dorfes aus der wilhelminischen Zeit saniert.

Vor dem **Rundgang durch das Kastell** ist ein Blick auf den Lageplan gegenüber der Kasse und die Mitnahme des Faltblatts *Das Tor zur Antike* empfehlenswert. Und schon seid ihr am Horreum, dem ehemaligen Getreidespeicher, dem heutigen römischen Museum. Hier könnt ihr viel darüber erfahren, wie die Römer damals lebten und arbeiteten. Zu sehen ist beispielsweise, wie die römischen Handwerker, die Schmiede, Schuster, Schreiner usw. gearbeitet haben und welche Gegenstände sie schon herstellen konnten. Die Hobel und Zangen, Äxte und Hämmer sehen noch heute nicht viel anders aus.

In weiteren Gebäuden sind das Fahnenheiligtum, das Speisezimmer eines Offiziers sowie eine Mannschaftsunterkunft zu sehen. Beim Spaziergang durch den Park könnt ihr schließlich noch mehrere Brunnen, Teile einer Fußbodenheizung und die wieder hergestellten römischen Backöfen entdecken. An mehreren Wochenenden im Juli und August wird in ihnen nach alten römischen Rezepten Brot gebacken.

Für Kinder- und Jugendgruppen bietet die Saalburg ein umfangreiches **Programm:**

 Im Eingangsbereich des Römerkastells liefert das neue **Zentrale Limesinformationszentrum Hessen** einen ersten Überblick über den Obergermanisch-Raetischen Limes, Eintritt frei.

 Um die Saalburg führt ein 2,4 km langer, leicht zu laufender Rundweg. Dabei kommt ihr an einem rekonstruierten Limesabschnitt, römischen Schanzen und der Jupitersäule vorbei.

Symbole der Macht: Im Fahnenheiligtum wurden die Feldstandarten aufbewahrt

© Peter Meyer

Museumscafé Taberna,
Saalburg. ✆ 06175/
797125. www.saalburg-
museum.de. März – Okt
Mo, Di – So 10 – 18,
Nov, Dez, Feb 12 –
16 Uhr, geschlossen
24. und 31. Dez. Am-
biente einer römischen
Gaststube, römische
Gerichte nach Original-
rezept, auch Spaghetti,
Bratwurst, Pommes,
Schnitzel, Kaffee und
Kuchen, bei schönem
Wetter draußen.

Dazu gehören regelmäßige öffentliche Führungen durch die archäologische Sammlung (Führung intra muros) bzw. durch die Außenanlagen mit Kastellbad, Herberge, Schanzen und Limes (Führung extra muros). Außerdem gibt es Ferienprogramme und die Kinderaktionswoche in den Sommerferien sowie die Familientage in den Oster- und Herbstferien. Ihrem Alter gemäß erhalten die Teilnehmer Einblicke in die römische Geschichte und das Leben in Kastell und Dorf oder sie begeben sich auf die Spuren der Römer im Taunus. Je nach Angebot können sie sich dabei kleiden wie die Kinder in der Römerzeit, römische Kinderspiele ausprobieren, Bogenschießen und Speerwerfen üben – oder sogar eine Nacht im Museum erleben (16 – 10 Uhr am darauffolgenden Tag, zweimal in den Sommerferien 2011, Schlafsack und Isomatte mitbringen!).

BÜHNE, LEINWAND & AKTIONEN

Filmen, Filme sehen und gefilmt werden

Einfach mal drauf los knipsen

Sabine Kristan Fotografie & Kinderfotoschule, Herder-straße 34, 65719 Hofheim am Taunus-Marxheim. ✆ 06192/2000777, Handy 0173/ 6686310. www.sa-binekristan.de. mail@sabinekristan.de. **Zeiten:** zumeist Sa nach 13 Uhr, in den Ferien jedoch Mo – Fr ab 9 Uhr. **Preise:** 39 – 69 €. **Infos:** Kurse und Themen für max 8 Kinder 4 – 10 Jahre, Dauer etwa 3 Std, Termine auf der Internetseite.

▶ Eine Kinderfotoschule ist etwas Tolles. Ihr dürft hier mal so richtig drauf los fotografieren: einfach alles, was ihr mögt! Die Kurse von Frau Kristan laufen so: Erst unternehmt ihr etwas – z.B. einen Besuch bei der Feuerwehr Hofheim oder im Opel-Zoo Kronberg, wo ihr reichlich fotografiert. Anschließend bearbeitet ihr im Fotostudio die Fotos am Computer und macht daraus ein Buch, ein Memory oder Domino,

das ihr als Erinnerung mit nach Hause nehmen dürft. Für bestimmte Themen gibt es feste Termine. Ihr könnt aber auch eigene Themen vereinbaren.

Der Sucher ist zum Suchen da? Nach dem Fotokurs seid ihr garantiert schlauer

Traumfabrik Kinopolis Main-Taunus

Main-Taunus-Zentrum, 65843 Sulzbach (Taunus). ℂ 069/3140314 (Ticket-Hotline), 3140315 (Info-Hotline, Mo – Fr 10.30 – 13 Uhr), www.kinopolis.de. info@kinopolis.de. **Bahn/Bus:** Bus 253, 803, 804, 810, 814 MTZ/Busbhf. **Preise:** Mo – Do 6,70 €, Fr, Sa, So, Fei 7,70 oder 8,70 €; Kinder bis 11 Jahre 5 €, 3-D-Digitalvorstellungen Mo – Mi 7,50 €, Do – So, Fei 8,50 €, Schüler, Studenten Mo – Do 5,50 €, Fr – So, Sa 6,50 oder 7,50 €; für manche Filme günstiger Familientarif. **Infos:** Auch Filme für Schulklassen.

▶ Dieser Kinotempel mit sage und schreibe 12 Sälen ist die Traumfabrilk der Vordertaunus-Region. Der erste Saal ist der größte, die Leinwand ist hier besonders breit. In den Sälen 4, 9 und 10 ist auch 3-D-Kino zu Hause. Zwar ist der kommerzielle Film dominierend, es gibt aber auch Programmkino und Kinderfilme. Noch zahlreicher allerdings sind die Erwachsenenfilme, die für Kinder von 6 – 12 Jahren

Happy Birthday! Ihr könnt im Kinopolis Main-Taunus auch Geburtstag feiern. Gezeigt wird ein Film eurer Wahl aus dem aktuellen Programm. Min 6 Kinder bis 11 Jahre und ein Erw, 3-D-Film 12 € inkl. Popcorn, Getränk und Überraschungstüte, Geburtstagskind hat freien Eintritt. Max bis 7 Tage nach Geburtstag, Anmeldung 7 Tage im Voraus.

VORDERTAUNUS

Reservierung und Ticketkauf übers Internet möglich.

zugänglich sind. Für Kinder von Interesse ist noch der Kino-KidsClub für Kinder von 6 bis 11 Jahre. Dort trefft ihr euch einmal im Monat zum Filmeschauen, Basteln und Spielen.

Ballett-Studio Bad Vilbel

Frankfurter Strasse 85, Bad Vilbel. ☎ 06101/86594. www.tanzundtheaterwerkstatt-ffm.de. **Preise:** Einmalige Anmeldegebühr 5 €, Kurs 1 Std 39 € pro Monat/Kurs.

▶ Verschiedene Kurse Mo – Fr zwischen 15 und 18.30 Uhr. Zur Tanz- und Theaterwerkstatt gehört das Ballett-Studio Bad Vilbel. Hier werden Ballett, Tanz, Tanztheater und Musicals für Kinder angeboten.

FESTKALENDER VORDERTAUNUS

Februar/Fastnacht:	Faschingssonntag, Oberursel, Orscheler Fassenacht, **Karnevalszug.**
Mai/Juni:	Wochenende nach Pfingsten, Oberursel, **Brunnenfest,** beliebtestes Fest des Vordertaunus.
Juni:	10. – 19., Oberursel, **Hessentag,** www.hessen-tag2011.de.
	Letztes Wochenende, Fr – So, Hofheim, **KreisStadt-Sommer,** rund um den Kellereiplatz, Musik, Kulinarisches, Kunsthandwerk, Kinderprogramm.
Juli:	1. Wochenende, Friedrichsdorf, **Hugenottenmarkt.**
August:	1. Wochenende, Bad Homburg, **Amazing Thai,** rund um die Sala Thai im Bad Homburger Kurpark.
September:	1. Wochenende, Fr – Mo, Bad Homburg, **Laternen-fest.**
Oktober:	Mitte des Monats, 4 Tage, Oberursel, **Taunuskerb.**
	Um den 3. So, Hofheim, **Gallusmarkt,** Vergnügungspark, Kunst- und Krammarkt, verkaufsoffener So.

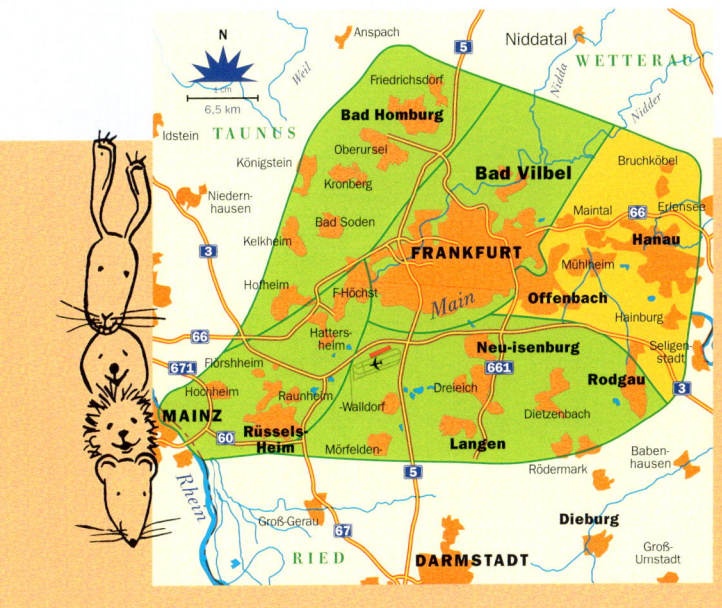

Zu den erholsamen Grünzonen von Offenbach gehören das Mainufer am Schloss Rumpenheim und der Schultheisweiher sowie das Naturschutzgebiet An den Steinbrüchen bei Steinheim. Das Offenbacher Lederwaren- sowie das Hanauer Puppenmuseum sind echte Attraktionen bei schlechtem Wetter.

Quer durch Hanau bewahrt die Kinzig viele lauschige Nischen und der Tierpark Klein-Auheim samt Forstmuseum gehört zu den schönsten Zielen im Rhein-Main-Gebiet. In der alten Fachwerkstadt Seligenstadt startet die Main-Radtour bis Frankfurt, die ihr in in diesem Buch in zwei Etappen beschrieben findet.

GRÜNE NISCHEN AM MAIN

Wer Aktivitäten weiter im Osten und Norden sucht, dem sei *Spessart mit Kindern,* ISBN 978-3-89859-407-3, empfohlen, pmv, 12,95 €.

Hallen- & Freibäder

Im Winter unter die Haube

Waldschwimmbad Rosenhöhe, Erster Offenbacher Schwimmclub von 1896 e.V., Am Waldschwimmbad, 63069 Offenbach-Rosenhöhe. ✆ 069/841169, www.offenbach.de. info@offenbach.de. Am südlichen Stadtrand. **Bahn/Bus:** Bus OF105 bis Waldschwimmbad. **Auto:** Ab Sprendlinger Landstraße/B46 via Odenwaldring, Senefelder Straße. **Rad:** Von der Südseite des Hbf Offenbach über Marien- und Senefelder Straße, Gravenbruchweg und Auf der Rosenhöhe. **Zeiten:** Nov – April Mo, Mi, Fr 7.30 – 19.30 Uhr, Di, Do schon ab 6, Sa 8.30 – 16.45, So 8.30 – 12 Uhr; **Freibad:** Mai – Sep Mo, Mi, Fr – So 7.30 – 19.30, Di, Do schon ab 6 Uhr. **Preise:** 3,50 €, 10er-Karte 30 €; Kinder 1,5 – 6 Jahre 1, 50 €, 10er-Karte 10 €, Jugendliche 7 – 18 Jahre 2,50 10er-Karte 20 €; Studenten, Schwerbehinderte wie Jugendliche.

▶ Offenbachs letztes **Freibad** besitzt keine spektakulären Einrichtungen, ist aber trotzdem eine regelrechte Schwimmbad-Oase: herrlich ruhig, mit einer großen Liegewiese, die von alten Bäumen beschattet wird. Daneben liegen ein Kinderspielplatz und ein Beachvolleyballfeld. Auch im Winter könnt ihr hier ba-

TIPPS FÜR WASSER-RATTEN

 Betreiber des Waldschwimmbades ist der **Erste Offenbacher Schwimmclub,** der neben Schwimmen und Wasserball auch Basketball, Tennis und Triathlon anbietet; www.eosc.de.

Super: So hoch hinaus kommt ihr in den Klettergärten in Offenbach und Hanau!

Restaurant da Franco,
Am Waldschwimmbad
6, Offenbach. ✆ 069/
836838. www.restaur-
antamwaldschwimm-
bad.de. Mai – Sep
11.30 – 22 Uhr; Okt –
April Mi – So 11.30 –
14.30, 17.30 – 22 Uhr.
Pizzeria mit Gartenlokal,
Mi und Fr frischer Fisch.

Happy Birthday!
Hier könnt ihr für 5 €
pro Person euren Ge-
burtstag im Wasser fei-
ern. Infos und Anmel-
dung an der Kasse.

den, dann verwandelt sich das Bad dank einer großen Haube in ein **Hallenbad.** Das Schwimmerbecken
ist in 8 Bahnen unterteilt. Kleinkinder und Nichtschwimmer treiben ihre Späße im Plansch- bzw.
Nichtschwimmerbecken, an allen Beckenrändern stehen Bänke.

Vom 10 Meter-Turm: El Dorado für junge Flugakrobaten

Heinrich-Fischer-Bad, Eugen-Kaiser-Straße 19, 63452
Hanau. ✆ 06181/365-6970, Fax 365-6971.
www.stadtwerke-hanau.de. doris.raeuber@stadtwerke-
hanau.de. **Bahn/Bus:** HSB-Bus 3 ab Freiheitsplatz bis
Heinrich-Fischer-Bad. **Auto:** A66 Ausfahrt 37 Erlensee,
über B8 Richtung Hanau Ausfahrt Lamboystraße, unter
Bahnunterführung hindurch, geht in Eugen-Kaiser-Straße über. **Rad:** Vom Mainufer oder Bhf Hanau-West
1,5 km die Kinzig aufwärts. **Zeiten:** Mai – Sep Di – Fr
6.30 – 10, Sa, So, Fei 8 – 10 Uhr, bei schlechter Witterung Di, Do 6.30 – 21, Mi, Fr 6.30 – max 17, Sa 8 –
max 18, So, Fei 8 – 18 Uhr, Okt – April Mo 15.30 – 17
(nur Frauen), Di, Do 6.30 – 22, Mi, Fr 6.30 – 18, Sa 8 –
22, So, Fei 8 – 19 Uhr, **Freibad:** Mai – Sep Mo – Fr
6.30 – 21, Sa, So, Fei 8 – 21, bei schlechter Witterung
Sa, So, Fei 8 – 18 Uhr. **Preise:** 3 €, 5er-Karte 11, Saisonkarte Sommer 44, Saisonkarte Winter 110, Jahreskarte 135 €; Kinder 3 – 17 Jahre 1,50 €, 5er-Karte 6,
Saisonkarte Sommer 25, Winter 70, Jahreskarte 80 €;
Familiensaisonkarte Sommer 90, Winter 220, Familienjahreskarte 265 €. **Infos:** Saison- und Jahreskarten gelten auch im Frei- und Hallenbad Lindenau.

▶ Zu den Attraktionen des großen **Freibades** gehören der Sprungturm mit 3-, 5-, 7- und 10-m-Brettern
sowie die 73 m lange Riesenrutsche. Es gibt außerdem ein großes Sportbecken mit 6 Bahnen, ein statt-
liches Nichtschwimmerbecken mit Massagedüsen
und Wasserkanonen und natürlich ein Planschbecken für die Kleinsten unter euch – sogar mit Sonnensegel. Auf der großen Wiese findet ihr außerdem

zwei kleine Spielplätze und einen Holzkohlegrill mit vier Grillplätzen, dessen Benutzung im Schwimmbadpreis inbegriffen ist. Ihr könnt auch Tischtennis spielen und auf Torwände kicken. Für den kleinen Hunger und Durst gibt es ein Kiosk, für den großen ist das Bistro am Eingang zuständig.

Bei kaltem und regnerischen Wetter wechselt ihr in die **Schwimmhalle** mit Sportbecken inklusive 1- und 3-m-Brett-Sprunganlage; für Nichtschwimmer steht ein kleines Becken zur Verfügung.

Euren Eltern und Großeltern könnte gefallen, dass Hanaus vielseitiges Stadtbad auch eine Sauna hat und Massagen anbietet.

 Außer Spielfesten bietet das Bad auch Babywassergewöhnung und Schwimmkurse für junge (ab 5 Jahre) und alte Schwimmanfänger. Weitere Angebote: Wassergymnastik, Sporttauchen, Rettungsschwimmen.

Für alle Jahreszeiten: Lindenau-Bad

Hallen- und Freibad Lindenau, Rue de Conflans 7, 63457 Hanau-Großauheim. ✆ 06181/54825, Fax 571099. www.stadtwerke-hanau.de. doris.raeuber@stadtwerke-hanau.de. **Bahn/Bus:** HSB-Bus 6 ab Freiheitsplatz bis Lindenaubad. **Auto:** B43a Ausfahrt Großauheim, in Großauheim Mitte am Rochusplatz links in Rochusstraße, Umgehungsstraße L3309 überqueren, 1. Straße rechts. **Rad:** Vom Hbf Hanau 3 km südostwärts. **Zeiten:** Okt – April Mo 12 – 14.30 (nur Frauen), Di – Do 6.30 – 21.30, Fr 6.30 – 18, Sa 8 – 18, So, Fei 8 – 16 Uhr, Mi ab 19 Uhr wegen Vereinstraining nur begrenzt nutzbar, bei schönem Wetter im Sommer vorzeitig geschlossen; **Freibad:** Mai – Sep Mo – Fr 6.30 – 21, Sa, So, Fei 8 – 21 Uhr. **Preise:** 3 €, 5er-Karte 11, Saisonkarte Sommer 44, Jahreskarte 135 €; Kinder 3 – 17 Jahre 1,50 €, 5er-Karte 6, Saisonkarte Sommer 25, Jahreskarte 80 €; Familiensaisonkarte Freibad 90, Familienjahreskarte 265 €, Saison- und Jahreskarten gelten auch im Heinrich-Fischer-Bad. **Infos:** Schwimmkurse für Kinder und Erwachsene, Sporttauchen, Sportschwimmen, Rettungsschwimmen, Wassergymnastik, Aqua-Power & Aqua Step.

▶ Das Frei- und Hallenbad Lindenau liegt im Sport- und Naherholungsgebiet von Großauheim. Im **Freien**

In großen und überfüllten Strandbädern verlaufen sich kleine Kinder sehr leicht, bei den meisten muss der Orientierungssinn erst trainiert werden. Deshalb sollten Ältere den Jüngeren Orientierungshilfen anbieten und diese viele Male abfragen, z.B. eine besonders farbige Decke oder der Sonnenschirm in unmittelbarer Nähe zu einem einzeln stehenden Baum, zum Spielplatz und so weiter.

warten auf euch ein 50 m langes Schwimmer- und ein kleines Nichtschwimmerbecken, in das ihr auf einer Breitrutsche hineinsausen könnt, außerdem ein Planschbecken mit Sprudlern, ein Spielplatz, Tischtennisplatten und ein Beachvolleyballfeld. Die Liegewiese ist groß und bietet an heißen Tagen genügend Baumschatten.

In der **Halle** befinden sich ein Sportbecken mit Sprunganlage mit 1- und 3-m-Brett sowie ein Nichtschwimmerbecken mit Massagedüsen und Wasserspeier, ein Planschbecken, Sonnenbänke, Sauna und Cafeteria.

Seen & Flüsse

Schultheisweiher im Mainbogen

Amt für Umwelt, Energie und Mobilität, Berliner Straße 60, 63065 Offenbach-Rumpenheim. ✆ 069/8065-2190, Fax 8065-2276. www.offenbach.de. umweltamt@offenbach.de. 0,5 km nordwestlich von Offenbach-Bürgel, 1 km westlich von Rumpenheim. **Bahn/ Bus:** Bus OF101, OF107 bis Marstallstraße, dann 20 Min Fußweg. **Rad:** Main-Radweg nordöstlich vom Campingplatz Bürgel verlassen. **Zeiten:** ganzjährig frei zugänglich, Badesaison Mai – Mitte Sep 11 – 19 Uhr, Aufsichtspersonal ✆ 069/869157 (nicht immer besetzt), 0151/18846746. **Infos:** Sport- und Badeamt, 63061 Offenbach am Main, ✆ 069/8065-2350, Fax -2219, sportbadeamt@offenbach.de.

Muss sich nun ihr Revier wieder mit den Badegästen teilen: Der Schultheisweiher ist z.T. Naturschutzgebiet für Wasservögel

© Peter Meyer

▶ An der Südwestseite dieses gut 10 ha großen Weihers (max Wassertiefe nur 3,11 m) – einer ehemaligen Kiesgrube, die jetzt malerisch von Bäumen gesäumt ist – befindet sich ein Sandstrand mit einer großen Liegewiese, zum Teil wird Fkk praktiziert. Baden ist erlaubt, Dusche und WC (z.T. auch rollstuhlgerecht) sind vorhanden, es gibt aber keinen Kiosk. Der mit Nährstoffen extrem angereicherte Schultheisweiher musste jahrelang bei sommerlich heißem Wetter häufig längere Zeit wegen zu hoher Blaualgen-Konzentration für Badende gesperrt werden. Blaualgen vernichten durch ihre Toxine u.a. die für das Ökosystem überaus nützliche Teichmuschel. Beim Menschen können sie unangenehme Allergien auslösen – Kleinkinder sind besonders stark gefährdet! Nach der fünfjährigen Seesanierung (2004 – 2010) scheint diese Gefahr mittlerweile gebannt und ab dem 1. Mai ist Baden wieder möglich.

Ferner könnt ihr den beschaulichen Rumpenheimer See, der nur 1 km vom Main-Radweg entfernt ist, auf einem Rundweg umwandern oder -radeln. Dessen Nordhälfte ist als Naturschutzgebiet gesperrt. Im Herbst und Winter, wenn die Badegäste längst gegangen sind, rasten oder überwintern Zugvögel am See. Dann dominiert das Stimmengewirr der zahlenmäßig überaus starken Enten- und **Taucher**-Gemeinschaften. Zu sehen sind ferner Kormorane, Reiher und Gänsesäger. Das ist die Zeit, wo ihr mit dem Fernglas ausgerüstet erstaunliche Vogelbeobachtungen machen könnt.

 Lustig ist es, den **Haubentauchern** *zuzusehen. Die schlauen Wasservögel mit Häuptlingshaube können lange und weit tauchen. Könnt ihr auch so lange die Luft anhalten? Wo taucht der Haubentaucher wieder auf?*

Birkensee: Ein Hauch von Riviera

Strandbad, Betreiber Wassersportclub Birkensee e.V., Forellenstraße 4, 63452 Hanau. ℰ 06181/16260, Am Nordoststrand von Hanau. **Bahn/Bus:** Ab Hanau Freiheitsplatz HSB-Bus 8 bis Ikea, 10 Min Fußweg. **Auto:** A66 Ausfahrt 36 Hanau-Nord, B45 Richtung Hanau, an der 1. Ampel links ins Gewerbegebiet Nord-/Oderstraße, nach 2 km links, auf der Forellenstraße Autobahn überqueren, dann ausgeschildert. **Zeiten:** Mai – Sep 10 – 20 Uhr. **Preise:** 4 €; Kinder unter 10 Jahre 2 €.

 Der See mit max 5,30 m Wassertiefe ist auch bei Tauchern, Surfern und Anglern beliebt. Alles ist gestattet, dafür sind zzgl. Eintritt bzw. 10 € Gebühren fällig, die am Strandbad zu zahlen sind.

Hunger & Durst

El Lago, Forellenstraße 4, Hanau. ✆ 06181/13501. Ganzjährig geöffnet, wegen seiner schönen Lage immer einen Besuch wert. Spanische Küche mit viel Fisch, aber auch Schnitzel, Rumpsteak und Hähnchen.

Infos: Umkleidekabinen, Garderoben, Duschen, Verleih von Luftmatrazen und Liegen.

▶ Der waldgesäumte Birkensee liegt zwar nur 200 m von der A66 entfernt, aber dank der vielen Bäume dringt das Autogedröhne nur gedämpft herüber. An der Südseite dieses beschaulichen Gewässers befindet sich ein **Strandbad,** das durch seine große Terrasse geschmückt mit Hibiscus, Zitronensträuchern und Palmen gar den Eindruck erweckt, direkt an der italienischen Riviera zu liegen.

Im See leben allerlei Fische, darunter auch Marmorkarpfen, die durch ihren Appetit auf Algen die Wasserqualität hoch halten. Auf dem schmalen Sandstreifen seines Ufers können die Jüngsten unter euch Burgen bauen und im abgegrenzten Planschbereich Schwimmen üben. Wer sportlich ist, kann weit hinausschwimmen oder mit dem Schlauchboot oder per Luftmatratze in See stechen. Auch Surfer und Segler sind auf einem dafür freigegebenen Abschnitt unterwegs. Nicht erlaubt ist allerdings das Ballspielen, sodass es für ältere Kinder und Jugendliche an Land etwas langweilig werden kann. Für Familien mit Kleinkindern ist der See aber sehr empfehlenswert. Auch Hunger und Durst braucht hier niemand erleiden, es gibt sowohl einen Kiosk mit gepflegter Terrasse als auch das gute spanische Lokal **El Lago.**

Strandbad Bärensee

Platzverwaltung am See, 63486 Bruchköbel. ✆ 06181/12306, Fax 1807961. www.baerensee.de. info@baerensee-online.de. 1 km südwestlich von Erlensee-Rückingen am Nordrand von Hanau. **Bahn/Bus:** HSB-Bus 8 bis Niddastraße oder Ikea, dann 20 Min zu Fuß. **Auto:** A66 Erlensee/Neuberg, B40 Richtung Erlensee, Wegweiser am Ortseingang. **Rad:** Vom Bhf Wilhelmsbad über Wilhelmsbad, stets durch Wald. **Zeiten:** ganzjährig geöffnet, Baden Mai – Sep Mo – Fr 10 – 19 Uhr, Sa, So und Fei 7 – 22 Uhr. **Preise:** 2 €; Kinder 6 – 18 Jahre 1,30 €. **Infos:** Badeaufsicht durch DLRG

an Wocheneneden und in den Ferien, Umkleidemöglich-
keiten und Duschen am Strand, WC für Behinderte.

▶ Der Bärensee, eine ehemalige Kiesgrube mit Quelle, gehört zu Bruchköbel, liegt aber viel näher bei Hanau und Erlensee. Er ist 5 ha groß und maximal lediglich 3,50 m tief. In Ufernähe ist er sehr flach, das ist
prima für kleinere Kinder, die sich in einer abgegrenzten Zone tummeln können.

Er ist umgeben von ausgedehnten **Campingzonen.**
Der Anteil der Dauergäste ist sehr hoch, viele verbringen hier das Wochenende, manche sogar die Sommerferien. Gleichzeitig wird der im Wald liegende See
an warmen Tagen von Ausflüglern stark besucht,
denn das **Strandbad** im Südwesten lockt mit einem
breiten Sandstrand und einem reichhaltigen Freizeit-
angebot: breiter Sandstreifen für junge Burgenbauer,
Spiel- und Bolzplatz, Tischtennisplatten, Tischfußball
und Minigolfanlage. Am Nordostufer liegt ein weiterer
kleiner Sandstrand, hier geht es viel ruhiger zu.

ber die Freizeitanlage führen zwar die Leitungen einer Starkstromtrasse, das scheint aber viele Badegäste kaum zu stören. Die Sanitäranlagen – auch be-
hindertengerechtes WC – sind passabel, die Wasserqualität ist – außer bei längeren Hitzeperioden – gut.
Der flache Badesee erwärmt sich rasch und kann bis
zu 27 Grad erreichen.

Hunger & Durst
**Brasserie am Bären-
see,** Oderstraße 44,
63452 Hanau
☏ 06181/1890859,
www.brasserie-baeren-
see.de, brasserie.bae-
rensee@t-online.de.
Kleine Gerichte, Sup-
pen, Salate Schnitzel.

 **Minigolf am
Bärensee,** Bruch-
köbel. ☏ 06181/
83379. Öffnungszeiten
Ostern – Herbst solange
das Wetter schön ist.
Erw 1,55, Kinder 6 – 18
Jahre 0,85 €.

Boot fahren & Rudern

Offenbacher Rudergesellschaft Undine 1876 e.V.,
Bootshaus Dieburger Straße 68, 60386 Frankfurt a.M.-
Fechenheim. ☏ 069/813030, 15149 (Schnupperrudern), www.undine-offenbach.de. undine@undine-offen-
bach.de. **Preise:** Jahresbeitrag 150 €, Aufnahmegebühr
75 €; Kinder bis 13 Jahre Jahresbeitrag 90 €, 14 – 18
Jahre sowie Azubis und Studenten 105 €, Aufnahmegebühr jeweils 30 €; Ehepartner Jahresbeitrag 75 €, Familie mit 1 Kind 300, mit 2 Kindern 315 €.

▶ Für Kinder interessant ist das kostenlose Schnupperrudern. Hier könnt ihr über einen Zeitraum von 4 Wochen ein- oder zweimal pro Woche testen, ob euch das Rudern Spaß macht und ob ihr in den Verein eintreten wollt. Es gibt auch ein Bootshaus mit Restaurant am Fechenheimer Mainufer.

Offenbacher Ruderverein 1874 e.V.

Starkenburger Straße 156, 60386 Frankfurt a.M.-Fechenheim. ✆ & Fax 069/411119. www.orv1874.de. rudern@orv1874.de. **Preise:** Jahresbeitrag 138 €; Kinder bis 16 Jahre Jahresbeitrag 54 €, Schüler, Studenten, Azubis 16 – 26 Jahre 72 €; bei einem voll zahlenden Erw zahlt 2. Erw der Familie 54 €, Schüler, Studenten, Azubis 24 €, Kinder bis 16 Jahre frei. **Infos:** Ihr müsst 11 Jahre alt sein und schwimmen können.
▶ Im Verein könnt ihr rudern und segeln. Im September findet ein Drachenbootrennen statt.

Kanu-Klub Mühlheim e.V.

Joachim Trach, 1. Vorsitzender, Ludwigsplatz 6, 63165 Mühlheim a.M. ✆ 06108/68596, www.kanu-klub.de. info@kanu-klub.de. **Preise:** Jahresbeitrag 30 €, weiteres Familienmitglied 18 €, jeweils zzl. Verbandsbeitrag 15 €; Kinder 18 €, zzgl. Verbandsbeitrag bis 13 Jahre 7,50, 14 – 18 Jahre 10 €; Azubis, Studenten 18 €, Familie 60 €.
▶ Das Bootshaus in der Fährenstraße 40 liegt an der Anlegestelle der Fähre Mühlheim – Dörnigheim. Direkt davor befindet sich der Bootssteg. Hier unterhält der Klub im Sommer eine Slalomstrecke. Im Sommer wird auf dem Fluss trainiert, im Winter in verschiedenen Hallenbädern.

Mühlheimer Ruderverein 1911 e.V.

Fährenstraße 38, 63165 Mühlheim a.M. www.mrv1911.de. vorstand@mrv1911.de. **Preise:** Monatsbeitrag 20 €; Kinder bis 14 Jahre 11 €, 15 – 18 Jahre 14 €.

▶ Der Verein bietet im Sommer mehrmals in der Woche Training für Anfänger und Fortgeschrittene. Das Bootshaus mit Restaurant liegt an der Fähre Mühlheim – Dörnigheim.

Hanauer Ruder-Club Hassia 1904 e.V.

An der Ochsenwiese 1a, 63450 Hanau. ℰ 06181/39760, Handy 0177/931857 (Yuri Hussain, Anmeldung Kinderrudern). www.ruderclub-hassia.de. yuri.hussain@arcor.de. **Zeiten:** Kindertraining Mo 17, Mi 16, Fr 16.30, Sa 10 Uhr. **Preise:** Jahresbeitrag 230 €; Kinder bis 18 Jahre Jahresbeitrag 110 €; Ehepartner, Azubis, Studenten bis 27 Jahre Preis wie Kinder.
▶ Der Verein mit Bootshaus bietet Rudern für Kinder ab 10 Jahre an.

Hanauer Rudergesellschaft 1879 e.V.

Am Mainkanal 22, 63450 Hanau. ℰ 06181/20545, www.hrg1879.de. sport@hrg1879.de. **Preise:** Aufnahmegebühr 50 €, Jahresbeitrag 200 €; Kinder bis 18 Jahre Aufnahmegebühr 25 €, Jahresbeitrag bis 14 Jahre 80, 15 – 18 Jahre 100 €.
▶ Die Rudergesellschaft mit Bootshaus engagiert sich seit den 1970er Jahren stark im Kinderrudern für Kinder 10 – 14 Jahre. Derzeit trainieren hier etwa 30 Mädchen und Jungs. Das Ruderrevier reicht von der Staustufe Krotzenburg bis zur Staustufe Mühlheim.

Boot fahren auf der Kinzig

Aqua Fun Bootsverleih, Dieter Kleinhenn, Hospitalstraße 14, 63454 Hanau-Kesselstadt. ℰ 06181/79124, 1011, Fax 978453. www.bootsschule.com. An der Philippsruher Allee, bei Hellerbrücke und Kinzigmündung. **Zeiten:** April – Okt bei gutem Wetter Mo – Sa 14 – 20, So, Fei 10 – 20 Uhr. **Preise:** Tretboot für 5 Pers 1 Std 14 €; Kanu 1 – 2 Pers 1 Std 14 € und 3 – 4 Pers 16 €.
▶ In einem Boot die Kinzig entlang zu paddeln, ist ein Riesenspaß, ist die Kinzig in Hanau doch stellenwei-

Hunger & Durst

Steak House 38, Fährenstraße 38. ℰ 06108/825236. www.38grad.com. Mi – Sa ab 17 Uhr, bei schönem Wetter ab 16 Uhr, Sa ab 12, So ab 10 Uhr. Steaks, hessische Küche, kleine Gerichte für Kinder, bei gutem Wetter Biergarten.

Die Kinzig darf zum Schutz der Brut- und Laichplätze nicht vor dem 15. Juli befahren werden!

se sehr beschaulich. Ihr gleitet an Weiden vorbei, im Wasser schwimmen Enten. Die Tour ist maximal 4 km lang und führt vom Startplatz an der Kinzigmündung bis zu den Kaiserteichen.

Ruderclub Möve Großauheim 1919 e.V

Krotzenburger Straße 37a, Bootshaus an der Mainpromenade, 63457 Hanau-Großauheim. ✆ 0157/ 73888949, www.ruderclub-moeve.de. info@ruderclub-moeve.de. **Preise:** Aufnahmegebühr 25 €, Jahresbeitrag 140 €, Ehepartner Jahresbeitrag 55 €; Kinder bis 14 Jahre Aufnahmegebühr 25 €, Jahresbeitrag 75 €, 14 – 17 Jahre 100 €; Studenten, Azubis wie Jugendliche, Familie ab 3 Pers Jahresbeitrag 210 €.

▶ Im Ruderclub Möve sind etwa 30 Kinder 10 – 14 Jahre aktiv. In der Rudersaison April – Oktober wird zweimal pro Woche trainiert. Im Winter übt ihr auf dem Ergometer oder in der Halle.

FRISCHE LUFT & SPORT

Radeln & Skaten

Main-Radweg 1: Von Seligenstadt nach Hanau-Steinheim

Strecke: Seligenstadt – Kleinkrotzenburg (– Klein-Auheim) – Hanau-Steinheim. **Länge:** 14 km, stets flach durch Auwiesen, immer am westlichen Mainufer entlang flussabwärts. **Bahn/Bus:** RB, RE Hanau – Wiebelsbach-Heubach, RB, RE Hanau – Groß-Umstadt, Bhf Seligenstadt. **Rad:** Main-Radweg.

▶ Ihr startet in **Seligenstadt** an der Anlegestelle der ↗ Autofähre unterhalb der mächtigen Basilika. Es geht auf dem Main-Radweg flussabwärts Richtung Frankfurt. Am Anfang begleitet euch das Fachwerkstädtchen noch ein Stück, das etwas höher liegt und sich zum Fluss hin durch eine Mauer schützt. 1,6 km nördlich war seit 1961 das *Atomkraftwerk Kahl* aktiv. Es wurde 1985 stillgelegt. Danach begann in mühevoller und riskanter Kleinarbeit eine aufwändige Entsorgung des abgerissenen Bauschutts, was über 20 Jahre dauerte.

Es geht bis **Kleinkrotzenburg** durch Auwiesen. Der Ort ist mit dem nordwestlichen Nachbarn **Hainstadt** zusammengewachsen und jetzt auch als Verbandsgemeinde *Hainburg* verbandelt. Beide Orte werden vom Main-Radweg lediglich gestreift. Am Nordrand von Kleinkrotzenburg befindet sich eine **Schleuse.** Im Hintergrund ist auf dem rechten Ufer kilometerlang das riesige *Kohlekraftwerk Staudinger* zu sehen, dessen Emissionen die Umwelt schwer belasten. 3 km nördlich von Hainstadt geht es an **Klein-Auheim** vorbei (Abstecher zum Wildpark Alte Fasanerie möglich). Schön ist hier der Blick auf das gegenüberliegende Großauheim mit seiner malerischen Kirche. Bis zur mächtigen Eisenbahn- und Straßenbrücke am Nordrand von **Steinheim,** dem Etappenziel, sind es nun noch 5 km. Ihr fahrt am Ostrand dieses Hanauer Stadtteils entlang. Kurz hinter der Autobahnbrücke liegt links die malerische Altstadt mit Stadtor, Stadtmauer, Schloss, Park und Kräutergärtchen. Hier könnt ihr in einem der Cafés oder Lokale prima einkehren. Nach dem tollen Abstecher sind es nur noch 2 km bis zur schon angeführten Eisenbahn- und Straßenbrücke am Nordostrand von Steinheim. Unterwegs werft ihr noch einen Blick auf den Hanauer Hafen mit Kränen und hohen Silos. Bei der Brücke befindet sich übrigens die S-Bahnstation Steinheim – gut zu wissen fürs bequeme Weiterkommen.

Main-Radweg 2: Von Steinheim nach Frankfurt

Strecke: Hanau-Steinheim – Steinbruchseen – Dietesheim – Mühlheim – Rumpenheim (– Schultheisweiher) – Bürgel – Frankfurt. **Länge:** 20 km, stets flussabwärts auf dem flachen, abwechslungsreichen linksmainischen Radweg. **Bahn/Bus:** S8, 9 Steinheim. **Rückweg:** Ab Eisernem Steg durch die Schweizer Straße zum

© Annette Sievers

Berühmtes Kloster mit schönem Kräutergarten: Die Seligenstädter Einhard-Basilika

Hunger & Durst
Bistro Treppchen, Hans-Sachs-Straße 3, im Huttenhof, mitten in der Altstadt, Hanau-Steinheim. ✆ 06181/6753224. Mo – Sa 17 – 23, So, Fei 17 – 23 Uhr (warme Küche bis 22 Uhr), bei schönem Wetter Biergarten ab 15 Uhr. Gaststätte, Biergarten, reichlich hessische Küche: Mei gudd Supp, Flasch!

**Bootshaus des WSV
1926 Offenbach-Bürgel**
↗ Frankfurt, Wandern,
»Im Fechenheimer Main-
bogen unterwegs«.

Zum Schiffchen,
Schmiedegasse 8, Rum-
penheim. ✆ 069/
865501. www.zum-
schiffchen.de. Di – Do
11.30 – 14.30, 18 –
22, Fr – So 11.30 – 22
Uhr. Restaurant an der
Rumpenheimer Main-
fähre, mit Sommerter-
rasse, italienische und
deutsche Küche, auch
mehrere Gerichte für
Kinder.

Südbhf, S5, 6 oder U1 – 3, 8 ab Schweizer Platz. **Rad:**
Main-Radweg.

▶ Die zweite Etappe der Main-Radroute Seligenstadt – Frankfurt beginnt an der Eisenbahn- und Straßenbrücke am Nordostrand von **Steinheim.** Auf den
nächsten 4 km radelt ihr durch Auwiesen. Etwa auf
halber Strecke taucht am Nordufer des Mains das
barocke *Schloss Philippsruhe* auf. Kurz vor Dietesheim zweigt nach links die Route zu den nahe gelegenen ↗ **Steinbruchseen** ab – ein toller Abstecher.
Gleich danach kommt die massive **Schleuse Dietes-
heim/Kesselstadt.** Anschließend fahrt ihr an Dietesheim entlang, das sich wie alle Orte bis Offenbach
durch Damm und Mauer vor Hochwasser schützt. Es
geht weiter durch Auwiesen bis zur Fähranlegestelle
von **Mühlheim.** Hinter Mühlheim führt die Route wieder durch Mainwiesen, dann kommt **Rumpenheim.**
Direkt am Ufer befindet sich das *Rumpenheimer
Schloss,* daneben ist die **Gaststätte Zum Schiffchen,** eine ↗ Autofähre verbindet regelmäßig mit
dem Nordufer. Danach radelt ihr auf der Strecke
nach **Bürgel** ein letztes Mal durch Wiesen. Auf halbem Wege zweigt links die Route zum ↗ **Schulthei-
weiher** ab – ein weiterer reizvoller Abstecher. Das
Bürgeler Mainufer erweist sich als ein gemütlicher
Flecken mit Rasen und Bänken. Zum Einkehren bietet sich das Lokal des **Bootshauses des WSV 1926
Offenbach-Bürgel** an. Kaum dass ihr an Bürgel vorbei seid, taucht auch schon Offenbach auf. Die Ufer-
promenade ist nett zurecht gemacht mit Ruheliegen
am Wasser und diversen Spielgeräten. Unter der
Carl-Ulrich-Brücke hindurch geht's zum teilweise stillgelegten Nordhafen Offenbachs. In der Kneipe ↗ Hafen 2 habt ihr noch eine konventionelle Einkehrmög-
lichkeit. Ab der Autobahnbrücke habt ihr schließlich
wieder begrünten Flussradweg unter euren Reifen.
Bald nach der **Schleuse** taucht das ↗ **Ausflugslokal
Gerbermühle** mit Biergarten auf. 500 m weiter
schließlich passiert ihr das **Oberräder Rudererdorf**

mit seinen volkstümlichen Lokalen. Ihr seid jetzt in **Frankfurt.** Zuerst habt ihr den Osthafen im Blick, dann die riesige Halle des Großmarktes, wo bald Einrichtungen der Europäischen Zentralbank einziehen werden, bald darauf die mehrstöckigen neuen Häuser des Projektes *Wohnen am Fluss* und die Frankfurter Skyline. Die Fahrradreise endet am **Eisernen Steg.**

Von Schloss zu Schloss

Strecke: Schloss Rumpenheim – Mühlheim – Schleuse Kesselstadt – Schloss Philippsruhe – Schleuse Kesselstadt – Dörnigheim – Rumpenheim. **Länge:** 13 km, flache, leichte Rundtour am Main. **Bahn/Bus:** RB, RE Maintal-Ost oder S1, 2, 8, 9 Offenbach-Ost. **Rad:** Main-Radweg.

▶ Gestartet wird die Rundtour in **Rumpenheim** unterhalb des Schlosses an der Anlegestelle der ⚲ Autofähre. Ihr radelt am Südufer flussaufwärts, wo es zunächst durch Wiesen geht. Mit einem deutlichen Abstand zieht sich rechts der Hochwasserdamm hin. Nach 2,5 km seid ihr in **Mühlheim.** Auch hier verkehrt eine Fähre. Auf der anderen Seite liegt *Dörnigheim* – malerisch anzusehen. Während ihr am Ufer durch Wiesen ostwärts rollt, begleiten euch nun – 1,5 km hinter einem Damm geschützt – die Häuserfronten von *Mühlheim* und *Dietesheim.* Kurz dahinter geht es auf der **Schleusenbrücke** von **Kesselstadt** über den Main. Wenn ihr Glück habt, liegt gerade ein Schiff in der Kammer und ihr könnt zusehen, wie es stromaufwärts gehoben oder -abwärts gesenkt wird. Danach verläuft die Route noch 1,5 km am Nordufer mainaufwärts. Vor **Schloss Philippsruhe** befindet sich unterhalb des Schlossgartens ein toller Spielplatz mit Seilbahn, Rutschen, Kletternetzpyramide und Grillstelle. Genießt

 Ihr könnt die Tour auch in Dörnigheim, Mühlheim, Kesselstadt oder Steinheim beginnen.

Alles Gold, was glänzt: Das Hauptportal von Schloss Phlippsruhe

© Tourist Information Hanau

OFFENBACH & HANAU

Hunger & Durst

Zur Mainlust, Fischergasse 28, an der Fähre, Maintal-Dörnigheim. ☎ 06181/9493-0. www.hotel-mainlust.de. Mai – Aug Mo – Fr 12 – 14/17 Uhr, Sa, So, Fei ab 11.30 Uhr, Sep – April Mo – Mi, Sa ab 17, So, Fei 11.30 – 15 Uhr. Hotel-Restaurant mit Mainblick von der Terrasse.

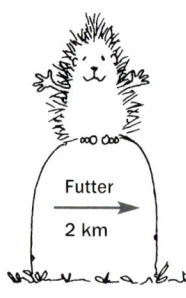

Futter
2 km

Hunger & Durst

Zum Grünen See Eck, Am Hansteinweiher 75, Mühlheim a.M. ☎ 06108/8257776. Im Sommer täglich 11 – 22 Uhr, im Winter Mo Ruhetag. Lauschig gelegen mit Terrasse über dem Grünen See, italienische Küche.

den großzügig angelegten Park, unternehmt einen Streifzug durchs Schlossmuseum und stillt Hunger und Durst auf der ➚ **Schlosserrasse** oder im Museumscafé! Anschließend geht es wieder zur **Schleuse Kesselstadt** zurück, ihr bleibt aber nun mainabwärts auf dem Nordufer. 2 km nach der Schleuse gibt es im Uferbereich von *Dörnigheim* mehrere Lokale, einen Bolzplatz und mehrere Kinderspielbereiche – also genügend Möglichkeiten für eine erholsame Pause. Danach sind es nur noch 2,5 km bis zur Anlegestelle der Fähre nach **Rumpenheim,** dem Start- und Zielort.

Wandern & Spazieren

Rundgang durch das Labyrinth der Dietesheimer Seenplatte

Strecke: S-Bhf Dietesheim – Grillhütte – Vogelsberger See – Oberwaldsee – Hansteinweiher – Grüner See – S-Bhf Dietesheim. **Länge:** 4 km, viel Wald. **Bahn/Bus:** S8, S9 Dietesheim. **Rad:** Abstecher vom Main-Radweg.

▸ Ihr geht vom **S-Bhf Dietesheim** auf der Allee Am Wingertsweg zum 700 m südöstlich gelegenen Parkplatz für das Seengebiet. Dort befinden sich eine **Grillhütte** mit viel Platz und eine Wiese zum Herumtollen. 300 m südöstlich davon seid ihr am ersten großen Steinbruchgewässer, dem **Vogelsberger See,** der gegen den Uhrzeigersinn, also nach rechts, ein größeres Stück weit umrundet wird. Auf der West- und der Ostseite gibt es jeweils einen Aussichtspunkt. In diesem Bereich existieren mehrere Möglichkeiten zum Picknick – sogar eine Schutzhütte. Nach 200 m entfernt ihr euch kurz ein Stück vom See und geht dann zum Nordostrand hinunter, wo auf einem Holzsteg ein üppiger Sumpf durchquert wird. Anschließend steigt ihr über eine Treppe einen Hang hinauf. Auf der Höhe geht es in nordwestlicher Richtung weiter. Bald darauf führt ein Brückchen über den schmalen Engpass, der den Vogelsberger See mit dem **Oberwaldsee,** dem zweiten großen Steinbruchgewässer, verbindet. Steile Felsen sowie der Ausblick auf beide Seen beeindrucken an dieser Stelle. Danach führt der Rundweg durch Wald, es geht zum 450 m nördlich gelegenen Angel- und Baggersee **Hansteinweiher.** Die

© pmw, Cornelia Kastelan

Die Brücke der Mutigen: Wer da runterspringt, wird von allen bewundert

Route verläuft am Südrand des ruhigen Sees entlang. Danach biegt ihr links ab zum nahen **Grünen See,** wo ihr im Speiselokal **Zum Grünen See Eck** einkehren könnt. Es geht am Nordrand des verwunschenen Waldgewässers entlang. Zum Schluss wandert ihr zum südlich gelegenen Parkplatz der Seenplatte an der Grillhütte hinüber, dem Start und Ziel des Rundweges, und kehrt anschließend auf bekanntem Wege zum **S-Bhf Dietesheim** zurück.

▶ In die Seenlandschaft der 1982 aufgegebenen Basaltsteinbrüche ist unter kräftiger Mithilfe des Menschen eine vielfältige Tier- und Pflanzenwelt eingezogen. Sogar die steilen Felswände, die an vielen Stellen die Seen umgeben, sind bewohnt. In ihren Klüften und Höhlen hausen Eisvögel, Turmfalken und Fledermäuse. An den Ufern wurden mehrere Flachwasserbereiche geschaffen, die als Röhrichtzone mit Rohrkolben, Schilf und Schwertlilien bewachsen sind. Diese Zone ist auch Laichgebiet für Fische und Lebensraum für Wasservögel und seltene Libellen. In den feuchten Mulden im angrenzenden Wald haben sich stark bedrohte Froscharten, Kröten und Molche niedergelassen. Die ehemaligen Steinbrüche sind allmählich ein sehr wichtiges Rückzugsgebiet für bedrohte Pflanzen und Tiere geworden. ◀

WINNETOU-GEBIET: STEINBRUCHSEEN

?!

Stadt Hanau, *Die Bulau im Bereich Hanau und Erlensee,* Informationen und Wanderkarte. Kostenlos erhältlich bei der Tourist-Info Hanau, ↗ Info & Verkehr oder unter www.hanau.de.

Die sechs in Hessen vorkommenden **Spechtarten** *sind: Bunt-, Grau-, Grün-, Mittel-, Klein- und Schwarzspecht.*

Im Auwald der Kleinen Bulau unterwegs

63450 Hanau. www.hanau.de. touristinformation@hanau.de. **Bahn/Bus:** Von Hanau Hbf HSB-Bus 2, 7 bis Kiefernweg. **Rad:** An der Kinzig flussaufwärts.

▶ Zwischen Erlensee und dem Ostrand von Hanau bildet die Kinzig zahlreiche naturbelassene Schleifen mit Kies- und Sandbänken sowie Uferabbrüchen. Wenn Hochwasser kommt, darf sie das Gelände ungehindert überfluten. Das sind die besten Voraussetzungen für ein urwaldhaftes Auwaldparadies. So findet ihr im feuchten Uferbereich Weichholzaue aus Weiden und Erlen. Flussferner, wo es trockener ist, breitet sich dagegen Hartholzaue aus Stileichen, Eschen und Ulmen aus. Viele seltene Tier- und Pflanzenarten sind in dieser naturnahen Landschaft zu Hause, besonders Gewässer liebende Vögel wie Bachstelze und Reiher und Amphibien wie Feuersalamander und Teichmolch sowie die Alt- und Totholz bewohnenden Käfer- und Vogelarten. Unter den 68 Brutvogelarten befinden sich alle in Hessen vorkommenden **Spechtarten,** für die die Eichen hervorragende Lebensräume sind. In den Schwarzspechthöhlen kann man auch Fledermäuse, Eulen und Hohltauben entdecken. Aus der Vogelwelt sollten vielleicht noch der Pirol, der Eisvogel, der Kuckuck und die Waldschnepfe erwähnt werden. Wanderungen durch die Bulau sind im Frühjahr besonders schön, wenn Buschwindröschen, Lerchensporn oder Bärlauch wahre Blütenteppiche bilden. Vier gemütliche, kurze Rundwanderungen in der **Kleinen Bulau** bei Hanau beginnen:

1: Ab Neuhofstraße, Markierung Schwarzer Käfer, 2,5 km; Wald, am Anfang und Ende Kinzig-Amazonien.

2: Ab Neuhofstraße, Markierung Roter Vogel, 4,3 km; Wald, über die Hälfte des Weges am wildwüchsigen Kinzigufer entlang, Weichholzaue, umgestürzte Bäume, Totholz, die spannendste Bulau-Wanderung.

3: Ab Feuerbachstraße, Markierung Blauer Schmetterling, 2,8 km; Wald, auch ein Stück an der Kinzig.

4: Ab Feuerbachstraße, Markierung Braunes Eichhörnchen, 4,4 km; Wald, aber nicht am Kinzigufer entlang.

Historische Kuranlagen Wilhelmsbad

Staatsbad Wilhelmsbad, 63454 Hanau-Wilhelmsbad. ✆ 06181/9065090, Fax 9066086. Handy 0174/ 2496931. www.schloesser-hessen.de. info@schloesser-hessen.de. 3 km nordwestlich vom Stadtzentrum in Hanau. **Bahn/Bus:** RB Bhf Wilhelmsbad oder ab Freiheitsplatz HSB-Bus 1 bis Bhf Wilhelmsbad. **Auto:** A66 Ausfahrt 36 Hanau West, Richtung Kesselstadt via Maintaler Straße, dann Burgallee/Wilhelmsbad. **Rad:** Vom Dörnigheimer Mainufer durch den Südosten von Dörnigheim und den Wald zum S-Bhf Wilhelmsbad. **Zeiten:** Informationszentrum im Fürstenbau, ✆ 06181/9066295, April – Okt Sa 13 – 17, So 10 – 17 Uhr; Führungen durch die Wohnräume des Erbprinzen April – Okt Sa 14, 15, 16, So 11, 12, 14, 15, 16 Uhr; nach Vereinbarung Sonderführungen an Wochentagen. **Preise:** Parkanlagen Eintritt frei, Burg Führungen durch die Wohnung des Erbprinzen 4 €, Familien 8 €, auch nach Vereinbarung unter ✆ 06184/922116 oder 0160/7941940, Eintrittskarte im Infozentrum; Kinder unter 18 Jahre 2,50 €; Familienkarte (2 Erw, 3 Kinder) 10 €. **Infos:** Termine und Preise als Jahresprogramm auf der Internetseite; Anmeldungen für Lesungen und Führungen beim Infozentrum im Fürstenbau, dort auch Plan und Beschreibung des Parks.

▶ Ob es wohl stimmt, dass vor knapp 300 Jahren zwei alte, kranke Frauen beim Kräutersuchen im Wald eine Quelle fanden, daraus tranken und bald darauf eine heilsame Wirkung verspürten? So ganz genau weiß das heute niemand mehr. Sicher aber ist, dass es im heutigen Wilhelmsbad eine Quelle gab, die Erbprinz *Wilhelm von Kassel* 1777 dazu ver-

 Minigolfanlage im historischen Park, Parkpromenade 8, 63454 Hanau-Wilhelmsbad, ✆ 06181/83379, April – Okt täglich 13 – 20 Uhr, Erw 2,50 €, Kinder 6 – 14 Jahre 2 €, auch Eis und Getränke. Für mehr Hunger & Durst gibt es das nahe italienische Restaurant Kleine Parkwirtschaft (April – Okt täglich ab 11 Uhr), das den Minigolfplatz betreibt.

Hunger & Durst

Zum Wilhelm, Burgallee 127, im Bhf Wilhelmsbad, ✆ 06181/840300. www.zumwilhelm.de. April – Sep Mo – Fr 11 24, Sa, So, Fei 11 – 24, Okt – März Di – Sa 17 – 24, So 10 – 24 Uhr. Gasthaus mit Biergarten und hessischer Küche, auch Gerichte für Kinder.

anlasste, eine Bad- und Kuranstalt errichten zu lassen. Hier vergnügten sich Adlige und reiche Bürger im Spielkasino, im *Comoedienhaus* und auf einem schönen Pferdekarussell, das unterirdisch zunächst von Menschen (!), später von Pferden angetrieben wurde. Im 19. Jahrhundert versiegte die Quelle und der Kurbetrieb wurde eingestellt.

Heute hat der Park vor allem Familien mit Kleinkindern einiges zu bieten: Das Karussell steht zwar still, wird aber derzeit renoviert. Ihr könnt jedoch die Teufelsschlucht auf einer Hängebrücke überqueren, den Schneckenberg besteigen oder Minigolf spielen. Im Arkadenbau ist das ↗ Hessische Puppenmuseum untergebracht und im Comoedienhaus finden heute auch für Kinder geeignete Theater und Konzerte statt.

Erlebniswelten: Reiten & Klettern

Gestüts- und Reitanlage Goldockerhof

Clara-Grein-Straße 400, 63075 Offenbach-Rumpenheim. ✆ 069/868965, Fax 86777956. www.goldockerhof.de. info@goldockerhof.de. Am Ostrand des Ortes. **Bahn/Bus:** Bus OF101 bis Schlosspark. **Rad:** Auf dem Main-Radweg bis Rumpenheim.

▶ Die in Mainnähe gelegene Reitanlage verfügt über eine Reithalle, Reitplätze für Springen und Dressur, Koppeln, eine Pferdepension, einen Reiterladen und ein Restaurant. In der FN-Reitschule könnt ihr mit Longeunterricht starten. Über verschiedene Kurse geht's dann im Laufe der Jahre bis zum wettkampffähigen Können in Springreiten und Dressur.

Von Baum zu Baum im Wildpark

Gauditours, Helbig Veranstaltungsmanagement GmbH, Fasanariestraße 106, 63456 Hanau-Klein-Auheim. ✆ 06152/18758-10, Fax -55. www.gauditours.de. info@gauditours.de. Waldseilpark im Wildpark.

Ponyreiten und Ponykurse für Kinder ab 4 Jahre, z.B. *Kurs Spaß mit Ponys* für 4- bis 7-Jährige und Ponyclub für 8- bis 10-Jährige.

Hunger & Durst

Reiterstube Goldockerhof, Offenbach. ✆ 069/868964. www.goldockerhof.de. Mo – Fr 15 – 23, Sa, So 11 – 23 Uhr. Speisegaststätte und Biergarten mit Mittagstisch, Kaffee und Kuchen, preiswert.

Bahn/Bus: ↗ Wildpark Alte Fasanerie. **Rad:** Vom Main-Radweg Abzweigung am Nordostrand von Hainstadt. **Zeiten: Hochseilgarten** Ende März – Okt 2 x im Monat So zu festen Terminen für Einzelpersonen und Kleingruppen, Anmeldung erforderlich; für Unternehmen, Schulklassen und andere Gruppen auch nach Vereinbarung; Betreuung durch erfahrene Trainer, komplettes Material, 4 Std Klettern, freier Eintritt in den Wildpark bei bestätigter Teilnahme. **Waldklettergarten:** Ende März – Okt Fr 13 – 19, Sa, So, Brücken- und Feiertage 10 – 19 Uhr, letzte Einweisung 2 Std vor Kletterschluss; Schulklassentermine Mi – Fr ab 9 Uhr. **Preise:** Hochseilgarten 49 €, Waldklettergarten 3 Std 18 €; Hochseilgarten 12 – 17 Jahre und min 1,50 m groß 39 €. Waldklettergarten Kinder 8 Jahre/min. 1,40 m – 13 Jahre 10 €, 14 – 17 Jahre 12 €, Schüler, Studenten, Azubis bis max 27 Jahre 15 €; Familien (max 2 Erw und 3 Kinder bis 13 Jahre) 50 €. **Infos:** Kindergeburtstag min 8 Kinder 10 € pro Kopf.

▶ Im Wildpark gibt es Klettern gleich im Doppelpack: nämlich den **Hochseilgarten** im Süden, wo ihr zwischen 23 senkrechten, bis zu 12 m hohen Stämmen klettert und balanciert, und den üppig grünen **Waldklettergarten.** Junge Outdoorfans finden sicher den Klettergarten viel abenteuerlicher. Durch das Netz von Stahlseilen, das zahlreiche Bäume mit kleinen Plattformen verbindet, führen 6 Parcours, die mit allerlei Elementen gespickt sind. Da müsst ihr balancieren, hangeln, rutschen, schwingen und klettern, könnt euch aber zwischendurch immer wieder auf Plattformen ausruhen. Keine Angst, ihr seid durch Klettergurt und Helm gesichert und geschützt. Die Routen besitzen unterschiedliche Schwierigkeitsgrade, sodass sich hier jeder hinauf wagen kann. Für die 8-jährigen Anfänger ist der leichte Parcours 1 in 2 –

© Gauditours

Klettertreppe: An der Strickleiter zu eurem Hochbett sind die Stufen hoffentlich näher beieinander

Happy Birthday!
Im Hochseilgarten können 10 Kinder ab 12 Jahre/1,50 m bis 15 Jahre für 29 € pro Person feiern.

🦉 *Vor dem Klettern gibt's eine Einweisung in die Sicherungstechnik durch einen erfahrenen Trainer. Kinder bis 12 Jahre dürfen nur in Begleitung eines Erwachsenen starten.*

Hunger & Durst

Jagdhaus, Fasanerie-
straße 106, Klein-Au-
heim. ℘ 06181/
969292. www.restau-
rant-jagdhaus-alte-fasa-
nerie.de. April – Okt Di –
Do 12 – 22, Fr, Sa 12 –
23, So 11 – 22 Uhr, Di
Ruhetag. Gutbürgerliche
Küche.

In den Sommer-
ferien Ferien-
camp für Kinder 8 – 14
Jahre, Aktivitäten wie
Klettern, Bogenschie-
ßen, Survivaltraining, 1
Woche 129 €.

3 m Höhe gerade richtig. Geübtere Kletterkünstler toben sich auf den schwierigen Parcours 5 und 6, die
bis in 7 bzw. 9 m hinaufführen, aus.

Von Ast zu Ast im Fun Forest

Abenteuerpark Offenbach, Bieberer Straße 276a,
63071 Offenbach. ℘ 069/8570200-0, Fax 8570200-
1. www.abenteuerpark-offenbach.de. office@abenteuer-
park-offenbach.de. Im Leonhard-Eißnert-Park. **Bahn/
Bus:** Bus OF102 bis Stadion Bieberer Berg. **Rad:** Grünring Offenbach. **Zeiten:** April – Juni 10 – 19, Juli 9 – 19,
Aug, Sep 12 – 19, Okt 10 – 18, 1. Woche im Nov 11 –
17 Uhr, teilweise abweichende Zeiten, Übersicht auf
der Internetseite, für Schulen und Gruppen ab 15 Pers
nach Absprache. **Preise:** ab 18 Jahre 18 €, Profipaket
(alle Routen, 3 Std Kletterzeit) 21 €; Kinder 6 – 7 Jahre
für Kinderparcours 5 €, 7 – 13 Jahre 13 € nur mit 1 erwachsenen Kletterbegleitung pro 2 Kinder, Schüler,
Studenten und Azubis 16 €; für Familien ab 3 Pers,
Schulen und Gruppen ab 11 Pers Rabatte; Mi Familien-
Funtag Kinder bis 14 Jahre frei.
▶ Im Waldkletterpark könnt ihr zwischen 140 Buchen
und Eichen spannende Streifzüge in luftiger Höhe unternehmen: auf beinahe einem Dutzend Routen klet-

© Abenteuerpark Offenbach

**Wie der Sausewind durch
den Wald düsen: Die
Seilrutsche bringt euch in
Schwung!**

tern, an Seilen schwingen, auf schmalen Balken balancieren und euch über Hängebrücken hangeln. Es gibt 13 Parcours mit unterschiedlichen Schwierigkeitsgraden. Kinder ab 6 Jahre klettern auf einem Parcours in geringer Höhe. Kinder 7 – 10 Jahre können 6 leichte bis mittelschwere Routen nutzen. Ihr seid durch einen Gurt gesichert und tragt einen Helm.

Wieder auf dem Boden angekommen, könnt ihr euer Abenteuer in luftiger Höhe durch erdiges Fühlen, Tasten und Riechen ergänzen – den kleinen Waldspielplatz nicht zu vergessen. Und wenn ihr schließlich hungrig und durstig geworden seid, kehrt ihr zum Abschluss im Bistro ein.

Einen Überblick über die Routen bekommt ihr in dem Prospekt *Fun Forest Offenbach am Main,* den ihr direkt beim Abenteuerpark bestellen oder im Internet herunterladen könnt. Auf der Internetseite findet ihr außerdem Bilder und Beschreibungen.

Garten, Tiere und Hüttenbau

Kinder- und Jugendfarm OF e.V., Rheinstraße 5 – 7, 63071 Offenbach. ✆ & Fax 069/823357. www.kinderfarm-of.de. info@kinderfarm-of.de. **Bahn/Bus:** OF106 bis Buchhügelallee, Bus OF107 bis Spessartring. **Zeiten:** März – Okt Di – Fr 15 – 18 Uhr, in den Oster-, Sommer- und Herbstferien ab 13 Uhr, 1. Sa im Monat Mai – Sep 15 – 18 Uhr offenes Angebot sowie 1. So im Monat Familiensonntag 15 – 18 Uhr. **Preise:** kostenlos, Anmeldung nicht erforderlich, Kinder unter 6 Jahre nur in Begleitung Erwachsener. **Infos:** Projektangebote für Schulen, Kitas und Gruppen; Feste und Veranstaltungen, Termine auf der ↗ Internetseite.

▶ Die Kinder- und Jugendfarm ist ein tolles Angebot für Kinder, die gern im Freien sind und etwas unternehmen wollen. Es gibt reichlich Platz zum Spielen und Toben. Ihr könnt euch z.B. im Hüttenbau messen, sägen, hämmern und malen. Wenn schließlich ein stabiles, bunt bemaltes Holzhaus steht, könnt ihr stolz auf euch sein.

Im Garten dürft ihr Kräuter, Gemüse und Salate anbauen. Dazu gehört natürlich auch, alles im Sommer oder Herbst zu ernten und köstliche Gerichte daraus zuzubereiten. Oder ihr kümmert euch um Ponys und

Achtung! Die Kinder- und Jugendfarm wird Ende 2011/Anfang 2012 umziehen. Der neue Standort steht jedoch noch nicht fest.

Happy Birthday!
Geburtstagsfeiern nach Vereinbarung, meist Sa. Vereinsmitglieder zahlen 30 € Miete fürs Gelände, alle anderen 40 €. Falls ein Lagerfeuer geplant ist, ist das – ebenso wie der größere Wasserbedarf – anzumelden, 10 € kostet das Feuerholz.

UMWELT ER-FORSCHEN

 Forstmuseum im Wildpark Alte Fasanerie, ✆ 06181/69191. Im Forstmuseum könnt ihr viel über den Wald erfahren – biologisch, ökologisch, wirtschaftlich, geschichtlich. Das Museum organisiert auch regelmäßig tolle Veranstaltungen, zum Beispiel an Halloween oder Weihnachten.

Kaninchen: Ställe ausmisten und die Tiere versorgen oder sie einfach nur streicheln und lieb haben. Donnerstags wird auf dem weitläufigen Gelände ein großes Lagerfeuer entzündet. Wenn das Wetter schlecht ist, besteht die Möglichkeit, sich in den beheizten Winterraum zurückzuziehen.

Wald, Wetter, wilde Tiere

Wildpark Alte Fasanerie Klein-Auheim

Fasaneriestraße 106, 63456 Hanau-Klein-Auheim. ✆ 06181/69191, 690676 (Info-Zentrum), Fax 95019-40. www.erlebnis-wildpark.de. hfwildparkfasanerie@forst.hessen.de. Haupteingang im Norden, 2. Eingang im Nordwesten, dort auch Kiosk. **Bahn/Bus:** Odenwaldbahn RE, RB von Hanau Hbf bis Klein-Auheim, danach halbstündiger Spaziergang. **Auto:** B45 Ausfahrt Klein-Auheim, dann ausgeschildert. **Rad:** Vom Main-Radweg Abzweigung am Nordostrand von Hainstadt. **Zeiten:** April – Sep täglich 9 – 18, Okt – März Mo – Fr 9 – 16 Uhr, Sa, So und Fei 9 – 17 Uhr. **Greifvogel-Flugschau:** März – Okt, Di – Fr 16, Sa 14, 16 und So, Fei 13, 15, 16.30 Uhr, wenn Mo Fei ist Di geschlossen, sowie nach Vereinbarung. **Preise:** 5 €, Greifvogel-Flugschau 3 €; Kinder 4 – 14 Jahre 3 €, Greifvogel-Flugschau Kinder bis 11 Jahre 2 €, Familie (Eltern oder Großeltern mit Kindern bis 11 Jahre) 8 €; Gruppen ab 20 Pers 4 €/Erw, Schulklassen 2 €/Schüler. **Infos:** Hunde nicht erlaubt. Restaurant Jagdhaus ↗ Von Baum zu Baum, Gauditours.

▶ Breite, gut ausgebaute Wege leiten euch durch die Wälder und Lichtungen der Alten Fasanerie. Im **Eingangsbereich** könnt ihr Waschbären, Marderhunde, Iltisfrettchen, Füchse sowie die vom Aussterben bedrohten Haustiere Rhönschaf und Thüringer Waldziege bewundern. Die Volieren sind mit Tauben, Fasanen, Kolkraben, Schnee-Eulen u.a. bevölkert. In der Nähe befinden sich ferner ein kleiner Streichelzoo

© Wildpark Alte Fasanerie Klein-Auheim

Schönste Wildkatze unserer Breiten: Den Luchs hatte man schon fast ausgerottet, dem Wildpark ist wieder Nachwuchs gelungen und trägt damit zum Erhalt der Art bei

mit Ziegen, ein **Spielplatz,** Bänke und Tische zum Picknick sowie das Forstmuseum.

Im eigentlichen **Wildpark** leben Dam-, Rot- und Sikahirsch, Wildschwein, Reh, Mufflon, Elch, Wisent, Luchs und Fuchs, Polarwolf, Dachs, Steinmarder und im Feuchtbiotop Störche in ausgedehnten Gehegen. Auf dem 3,5 km langen Rundweg kommt ihr an allen Tieren vorbei, außerdem auch am Waldseilpark, der Tierweitsprunggrube, dem Baumtelefon, dem Waldindianerdorf mit Tipis, dem Waldtheater, dem Pfad der Waldirrtümer, dem Barfußpfad und dem Keltischen Baumhoroskop. Falls es jahreszeitlich passt, dann lasst euch keinesfalls die Greifvogel-Flugschau beim Damwildgatter entgehen (www.falkenzucht.de)!

Zur Orientierung dient eine Karte im Eingangsbereich oder ihr markiert euch im Faltblatt *Erlebnis Wildpark* eine Rundtour.

Feste Fütterungsstationen im Herbst und Winter: Wölfe und Luchse Di 11, Do 11, So 15 Uhr, Wildkatzen und Marderhunde Mi 10 Uhr.

*Einige Wildtierarten wie Elch und Wisent dürfen keinesfalls gefüttert werden! Den anderen Tieren dürft ihr nur das an der Kasse gekaufte **Futter** geben, sonst kriegen sie Bauchweh. Ein Päckchen kostet 1 €.*

Mit Robin Hood oder Ronja Räubertochter durch den Wildpark

Hessische Landesforstverwaltung, Informationszentrum, Wildparkschule & Fortbildungsstätte, Fasaneriestraße 106, 63456 Hanau-Klein-Auheim. ✆ 06181/ 690676, Fax 95019-40. www.erlebnis-wildpark.de. hfwildparkfasanerie@forst.hessen.de. **Bahn**/**Bus:** ↗ Wildpark Alte Fasanerie. **Zeiten:** Nach Vereinbarung, Aktivitäten für Familien mit Kindern Fr, Sa, So zu be-

Als Waldindianer dürft ihr Bisons füttern – oder, naja, fangen wir mal mit den Ziegen an …

© Wildpark Alte Fasanerie Klein-Auheim

Happy Birthday!
Für Geburtstagsfeiern stehen mehrere naturnahe Themen zur Auswahl (1,5 – 3 Std). Z.B. könnt ihr mit Robin Hood oder Ronja Räubertochter abenteuerlich durch den Wildpark streifen. Für die Aktivität zahlt ihr pauschal zwischen 25 und 75 € zzgl. Eintritt, Erw 4, Kinder bis 14 Jahre 2 €.

stimmten Terminen. **Preise:** Kinder 8, erwachsene Begleitperson 6 €.

▶ Der ↗ Wildpark und das Forstmuseum bieten ein tolles Programm für Kinder aller Altersstufen an. Da sind beispielsweise die zu jedem Termin buchbaren **Themenführungen** für Kindergärten, Schulklassen und Kindergeburtstage. Je nach Alter seid ihr als Waldindianer und auf den Spuren der Waldkobolde unterwegs oder ihr verfolgt als junge Naturforscher in Exkursionen Tiere und Natur im Wechsel der Jahreszeiten. Für Schüler der weiterführenden Schulen gibt es inhaltsreiche Führungen zu den Themen *Wolf, Haustiere und ihre Vorfahren* oder *Lebensraum Wald & Waldökologie.*

Spannend und für Kindergruppen aller Jahrgänge buchbar sind **Lagerfeuer** (1 Std, 25 €, Brötchen und Würstchen mitbringen!) und **Abend- oder Nachtwanderungen** (2,5 Std, 85 €, Taschenlampen mitbringen).

Familien mit Kindern können ohne Anmeldung fast wöchentlich zu bestimmten Terminen an weiteren spannenden **Veranstaltungen** teilnehmen, wie z.B. Survivaltraining oder Nachtwanderungen mit Lagerfeuer oder Kräutersuche mit der kleinen Wildparkhexe mit Tanz am Lagerfeuer und Grillen der mitgebrachten Brötchen als Abschluss.

Weitere prima Angebote sind: Planwagenfahrten, jeden Sa, So, ab 13 Uhr, Dauer 20 Min, bei trockenem Wetter, Start am Haupteingang alle 20 – 30 Min, Kutschfahrten, Dauer 1,5 Std, nach Vereinbarung mit Herrn Bauer, ✆ 0177/7345775 und Ponyreiten, bei schönem Wetter, auf einem Rundkurs im Wildpark.

Waldzoo im Hainbachtal

Waldstraße 275, 63071 Offenbach. ☎ 069/852520, www.waldzoo-offenbach.de. kontakt@waldzoo-offenbach.de. **Bahn/Bus:** Bus OF101 bis Stadthalle. **Zeiten:** Di – So 10 – 18, Ende Okt – Ende März nur bis 17 Uhr. **Preise:** 2,50 €; Kinder 3 – 14 Jahre 2 €, Futter 0,50 €; Ermäßigung für Kindergärten und Schulklassen. **Infos:** An der Kasse des Waldzoos gibt es Eis und Getränke.

▶ In dem kleinen, von Wald umgebenen Zoo gegenüber der Stadthalle geht es sehr eng zu, viele Gehege sind recht klein. Für kleinere Kinder bis etwa 6 Jahre kann der Zoobesuch aber durchaus spannend sein. Die meisten Bewohner zählen zur einheimischen Tierwelt, wie z.B. Huhn, Meerschweinchen, Kaninchen, Texelschaf, Wellensittich, Fasan und Höckerschwan. Aus dem europäischen Umfeld kommen dagegen das schottische Hochlandrind und das Shetland-Pony, das kleine Zoobesucher streicheln dürfen. Dann gibt es noch Exoten wie das Afrikanische Zwergschwein, den Großen Mara aus Südamerika, den Waschbär aus Nordamerika und das Bennettkänguru aus Australien.

Klima, Wind und Wetter

Wetterpark Offenbach, Buchhügelallee 400, 63071 Offenbach. ☎ 069/83836896, www.wetterpark-offenbach.de. info@wetterpark-offenbach.de. Haupteingang Buchhügelallee 400, Nebeneingang Weserstraße. **Bahn/Bus:** S1, 2, 8, 9 Offenbach Ost, OF106 bis Endstation Buchhügel (Messstation in Sicht). **Auto:** Parkplatz in der Goerdelerstraße ausgeschildert. **Rad:** Grünring Radweg. **Zeiten:** 8 – 22 Uhr, öffentliche Führungen Mai – Okt 1. und 3. So 11 Uhr. **Preise:** Eintritt frei. **Infos:** Auf der Internetseite werden alle Stationen detailliert vorgestellt. Anmeldung und Info für Führungen für Schulklassen oder Familien in Gruppenstärke beim OF-Info-Center, ☎ 069/83836896, ↗ Info & Verkehr.

▶ »Die Atmosphäre ist der Ort des Wetters und unser Lebensraum. Wie für den Fisch das Wasser be-

Happy Birthday!
Warum nicht einmal Geburtstag im Waldzoo feiern? 20 – 25 Kinder können dann an einem einstündigen Streifzug durch den Zoo teilnehmen. Anmeldung empfohlen, 2 €/Kind.

Was verraten die Wolken über das Wetter? Welche Form hat ein Regentropfen? Wie schwer ist Luft? Im Wetterpark Offenbach gibt es allerhand zu entdecken!

OFFENBACH & HANAU

241

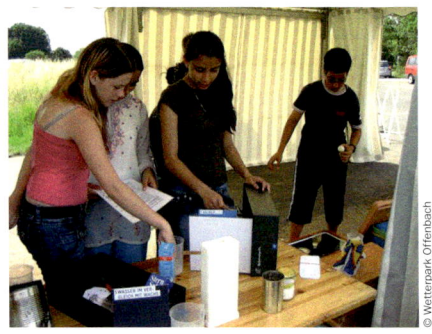

© Wetterpark Offenbach

Jetzt machen wir unser Wetter einfach selbst: Experimente im Wetterpark

 Viele naturwissenschaftliche Projekte und Kurse für Kinder ab 7 Jahre gibt es auch bei der **Jungen VHS Hanau,** Ulanenplatz 4, 63452 Hanau, www.vhs-hanau.de, z.B. Sternenabende.

Hunger & Durst

Gaststätte am Wetterpark, Am Wetterpark 3, Offenbach a.M. ✆ 069/85708826. www.gaststaette-wetterpark.de. Di – So 11.30 – 22 Uhr, durchgehend warme Küche. Mit Biergarten, auch Kaffee und Kuchen und mehrere Kindergerichte.

stimmt die Luft die Qualität unseres Lebensraums.« So genial einfach und kurz lassen sich leider nicht alle Wunderdinge des Klimas und Wetters erklären. Da müsst ihr euch schon anstrengen, um die Texte und Grafiken der 12 Infostationen zu verstehen, die die Entstehung und den Verlauf von Erscheinungen wie Blitz und Donner, Hagel, Wind und Wolken, Tag und Nacht, Jahreszeiten, Klimazonen und vieles mehr erklären. Prima, dass sich die Initiatoren um Verständlichkeit bemüht haben und die Gestaltung ansprechend ist.

Ein Feld von 20 roten Windfahnen zeigt euch die aktuelle Windrichtung. Mittels der Beaufort-Skala lässt sich seine Stärke ermitteln. Vom 13 m hohen Wetterparkturm könnt ihr sogar die Sichtweite bestimmen. Bei klarem Wetter reicht diese über 30 km ins Umland. An einem Tröpfchenzähler lassen sich, falls es gerade regnet, Menge und Intensität des Niederschlages ermitteln. Sehr interessant ist das große Modell des Wettersatelliten vom Typ *Meteosat 9,* der sich in einer Höhe von 36.000 km über dem Äquator befindet. Daran wird ersichtlich und verständlich, wie die Wetterbeobachtung aus dem All funktioniert.

Naturfreundlicher Kindergeburtstag

Umweltzentrum Kinzigaue, Stadt Hanau, Philipp-August-Schleißner Weg, 63452 Hanau. ✆ 06181/3049-148, Fax 3049-152. www.umweltamt-hanau.de. umweltzentrum@hanau-stadt.de. **Zeiten:** Kindergeburtstag für 15 Kinder, 2,5 Std, 90 €, zusätzliche Std zzgl. 40 €. **Infos:** Jahresprogramm ↗ Internetseite des Umweltamtes unter Umweltzentrum.

▶ Im Umweltzentrum gibt es viel zu erleben, u.a. ein Riesenprogramm an interessanten Naturexkursionen und spannenden naturwissenschaftlichen Experimenten für Kindergärten und Schulklassen.

Im und auf dem Gelände des Umweltzentrums könnt ihr zudem Geburtstag feiern und dabei z.B. Nisthilfen für Insekten bauen, Stockbrot am Lagerfeuer backen oder eine Fotorallye durch die Umgebung starten. Es gibt einen ganzen Katalog von tollen umweltfreundlichen Aktivitäten. Eltern sorgen für Essen und Trinken, Einwegverpackungen sind nicht erwünscht.

Gold, Leder und mehr

Schmuck basteln im Deutschen Goldschmiedehaus

Gesellschaft für Goldschmiedekunst e.V., Altstädter Markt, 63450 Hanau. ℮ 06182/256556, Fax 256554. www.gfg-hanau.de. gfg-hanau@t-online.de. **Zeiten:** Kindergeburtstag 6 – 10 Kinder 8 – 12 Jahre Di – Sa ab 14 oder 14.30 Uhr, 2 Std. Schmuckworkshops für Kinder 8 – 12 Jahre, in den Oster-, Sommer- und Herbstferien, bestimmte Termine, jeweils 14.30 – 16.30 Uhr. **Preise:** Kindergeburtstag und Schmuckworkshop jeweils 8 € pro Kind inkl. Material.

▶ 1597 durften sich calvinistische Glaubensflüchtlinge aus Frankreich und den Spanischen Niederlanden in Hanau niederlassen. Unter ihnen befand sich eine größere Gruppe von Gold- und Silberschmieden. Das war der Beginn einer großen kunsthandwerklichen Tradition in der Stadt an Main und Kinzig. Zwar ist die große Zeit mittlerweile vorbei, aber es gibt immer noch Gold- und Silberschmiede in der Stadt. Eine der renommiertesten Goldschmiedeschulen Europas ist hier zu Hause und das Goldschmiedehaus am Altstädter Markt zählt zu den wichtigsten Ausstellungshäusern der Gold- und Silberschmiedekunst in Deutschland.

Da ist es doch toll, dass Kinder hier kunsthandwerklich Geburtstag feiern oder Workshops machen kön-

HANDWERK UND GESCHICHTE

nen. Das läuft so: Zuerst führt euch ein Goldschmied durch die aktuelle Ausstellung. Das macht Spaß und regt die Fantasie an. Dann wird euch noch gezeigt, wie mit dem Material – Silber, Perlen, Schmucksteine, Filz und Draht – gearbeitet wird. Anschließend lasst ihr der Fantasie freien Lauf und stellt euren eigenen Schmuck her.

Happy Birthday!
Für eure Geburtstagsfeier stehen mehrere Themen zur Auswahl. Immer schaut ihr euch zunächst im Museum um, anschließend gestaltet ihr selbst etwas. Bis 12 Kinder 90 €, jede weitere Person 5 €. Speisen und Getränke können mitgebracht werden.

Lederwaren aus aller Welt

DLM – Deutsches Ledermuseum Offenbach, Frankfurter Straße 86, 63067 Offenbach. ✆ 069/829798-0, Fax 810900. www.ledermuseum.de. info@ledermuseum.de. **Bahn/Bus:** S1, 2, 8, 9 Ledermuseum, dann ein Stück zu Fuß, ausgeschildert. **Auto:** A661 über Kaiserlei; öffentlicher Parkplatz schräg gegenüber dem Museum. **Rad:** Main-Radweg, knapp 1 km östlich von der Kaiserleibrücke rechts, etwa 1 km die Ludwigsstraße hinunter zur Frankfurter Straße. **Zeiten:** Di – So 10 – 17 Uhr. **Preise:** 4, Gruppen ab 10 Pers 3 €; Kinder ab 3 Jahre bzw. Schüler 2 €, Gruppen ab 10 Pers 1,50 €; Familienkarte 8 €.

Was man alles aus Leder machen kann: Im DLM sind viele exotische Dinge ausgestellt

© Deutsches Ledermuseum Offenbach

▶ Seit Juli 2010 ist das DLM wegen Renovierung und Neugestaltung geschlossen. Deshalb müsst ihr euch zunächst einmal eine ganze Weile gedulden, bis ihr die wunderbare **Ethnologische Ausstellung** mit dem Zelt der Tuareg und dem Kajak der Inuit sowie den zahlreichen Gegenständen aus dem Alltag nordamerikanischer, arktischer und afrikanischer Völker, das große **Schuhmuseum** mit Schuhen aus aller Welt oder die erstaunlich vielfältige Kunst in Leder im **Museum für angewandte Kunst** bewundern könnt. Die Wiedereröffnung wird etappenweise ablaufen. Mitte März 2011 ging es schon mal los mit der Abteilung *Angewandte Kunst in Leder vom Mittelalter bis zum Barock.* Ende des Jahres oder Anfang 2012 soll schließlich mit der neuen Sammlung

Asien alles fertig sein. Dann kommt auch wieder die gewohnte Museumspädagogik voll auf Touren.

Wagengrab des Keltenfürsten

Haus der Stadtgeschichte, Herrnstraße 61, D-63065 Offenbach. ✆ 069/8065-2446, Fax 8065-2469. www.haus-der-stadtgeschichte.de. haus-der-stadtgeschichte@offenbach.de. **Bahn/Bus:** S1, 2, 8, 9 Marktplatz, Ausgang Herrnstraße/Büsing Palais. **Rad:** Main-Radweg. **Zeiten:** Di, Do, Fr 10 – 17, Mi 14 – 19, Sa, So 11 – 16 Uhr, öffentliche Führungen nach Vereinbarung. **Preise:** 2,50, Jahreskarte 10 €; Kinder 6 – 14 Jahre 1, Jahreskarte 5 €; Familienkarte 5 € (Eltern, Kinder bis 17 Jahre), Jahreskarte 20 €; Fr Eintritt frei. **Infos:** Führungen für Kindergärten und Schulklassen.

▶ Im Mittelpunkt steht die Offenbacher Stadtgeschichte von den Anfängen bis ins Industriezeitalter – Bronze- und Eisenzeit, römische Kaiserzeit, Frühmittelalter und Industrialisierung sind besonders hervorgehoben. In der Materialfülle fallen das Wagengrab eines Keltenfürsten und das über 2 m hohe Puppenhaus einer reichen Offenbacher Familie aus dem Jahre 1757 auf. Die Geschichte der Industrialisierung wird anhand der für Offenbach typischen Lederherstellung dargestellt

Es macht Spaß, an den Touch-Screen-Monitoren alte Fotos aus Offenbach anzuschauen. Sie sind übrigens alle mit einem abrufbaren Text versehen, sodass ihr immer erfahrt, um was es sich handelt.

Ein Schloss entdecken: Schloss Philippsruhe

Historisches Museum, Philippsruher Allee 45, 63454 Hanau-Kesselstadt. ✆ 06181/295-564, -571, Fax -1665. www.hanau.de. touristinformation@hanau.de. **Bahn/Bus:** Ab Hbf HSB-Bus 5, ab Westbhf HSB-Bus 5, 10, MKK-Bus 23, 28. **Rad:** Vom Main-Radweg über die Schleuse Kesselstadt, dann etwa 1 km flussaufwärts. **Zeiten:** Di – So 11 – 18 Uhr, Führungen auch außer-

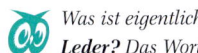 *Was ist eigentlich* **Leder?** *Das Wort haben die Germanen und Kelten geprägt. Bezeichnet wird damit die von allen Haaren befreite, gegerbte und getrocknete Haut von Tieren. Die Haare werden abgeschabt, dann werden chemische Stoffe zum Gerben eingesetzt, die die Haut imprägnieren und haltbar machen. Nicht gegerbte, getrocknete Tierhäute werden zu Pergament. Das wurde einst als Papier verwendet. Aber das steht auf einem anderen Blatt ….*

Happy Birthday!

Für Kindergeburtstage gibt es verschiedene Themenschwerpunkte und Aktivitäten zur Auswahl, 1 Std 41 €, 1,5 Std 55 €.

Was ist wohl drin, in der Schatzkiste der Prinzessin? Kinder gehen auf Entdeckungsreise im Schloss Philippsruhe

Happy Birthday!
Kindergeburtstag im Museum, verschiedene Programme: für Kinder ab 4 Jahre Kinder- und Familienführung oder KinderMalWerkstatt, ab 6 Jahre KinderBastel-Werkstätten oder KinderMalWerkstätten, ab 8 Jahre KinderForscher-Werkstatt oder Kinder-SchmuckWerkstatt. Weitere Infos im Faltblatt »Geburtstag feiern im Museum«. 10 Kinder 60 €, jedes weitere Kind 5 €, max 15 Kinder.

Beletage kommt aus dem Französischen und bezeichnet das »schöne Hauptgeschoss« eines Schlosses.

halb der Öffnungszeiten. **Preise:** 2,50 €; Kinder bis 14 Jahre 1,50 €; Familienkarte (2 Erw und Kinder) 5 €, Gruppen ab 10 Pers pro Person 1 €.

▶ Das Historische Museum Hanau breitet sich fast über das ganze Schloss Philippsruhe aus. So kommt es, dass ihr auf dem Rundgang auch die Prachtzimmer des Schlosses kennen lernt, wie den Speisesaal und die **Beletage.** Da gibt es luxuriöse Möbel, Kamine, Spiegel und prächtig geschmückte Decken zu sehen. In diesen Rahmen passen zweifellos auch die verschiedenen kunsthandwerklichen Ausstellungen (Porzellan, Schmuck).

Das alles ist schon recht märchenhaft. Zum Leben erwacht das ganze in dem hübsch geschmückten kleinen Raum am rechten Ende des Obergeschosses. Dort könnt ihr euch gemütlich auf eine Bank setzen und *Dornröschen* gespannt lauschen. Dies ist eine Ehrung für Jakob und **Wilhelm Grimm,** die bekanntlich in Hanau geboren wurden. Die beide Professoren waren übrigens weit mehr als bloße Märchensammler. Mit ihrem *Deutschen Wörterbuch* schufen sie die Grundlagen für eine deutsche Hochsprache, und sie waren entschiedene Gegner der absoluten Monarchie, wofür sie mehrfach bestraft wurden.

Im Obergeschoss gibt es noch etwas Besonderes zu entdecken: das **Papiertheatermuseum** mit über 20 kompletten Papiertheatern aus dem 19. Jahrhundert und einer ganzjährig bespielten Papiertheaterbühne – alles wunderschön bunt und märchenhaft.

Die kleine, informative Ausstellung zur **Geschichte der Stadt** wird wahrscheinlich nur die Älteren unter euch interessieren. Sie ist verständlich und kritisch dargestellt. Erstaunlich, wie stark sich die Bürger der Stadt im Kampf für Demokratie 1830 und 1848 engagierten.

Puppen von der Antike bis zur Gegenwart

Hessisches Puppenmuseum, Parkpromenade 5, 63454 Hanau-Wilhelmsbad. ✆ 06181/86212, www.hessisches-puppenmuseum.de. hesspuppenmuseum@aol.com. Im Arkadenbau der Kuranlage Wilhelmsbad. **Bahn/Bus:** RE, RB bis Hanau-Wilhelmsbad, von dort zu Fuß oder HSB-Bus 1 bis Bismarckturm. **Zeiten:** Di – Fr 10 – 12 und 14 – 17, Sa, So 10 – 17 Uhr. **Preise:** 3,50 €; Kinder 1 €; Familie 7 €. **Infos:** Führungen für Erwachsenen-, Jugend- und Kindergruppen ab 8 Jahre, auch Kindergeburtstage, Details und Programm der abwechslungsreichen Veranstaltungsreihe mit Kinderclub (fast monatlich) auf der Internetseite.

▶ Die Wilhelmsbader Puppen-Sammlung reicht von tönernen Puppen und Nachziehtieren aus der Antike über hölzerne Prinzessinnen aus dem 16. Jahrhundert, feine Porzellandamen um 1870, kostbare Puppenhäuser und Kaufläden aus dem 19. und Anfang des 20. Jahrhunderts bis hin zu Barbie- und Playmobilfiguren aus der Gegenwart. Zauberhaft sind das Modell *Leben in einer japanischen Stadt* mit 493 Papierpüppchen und das *größte Miniaturkaufhaus der Welt.* Und natürlich darf hier auch gespielt werden, dazu liegen Spiel- und Basteltipps aus.

Kochkünste der Steinzeit

Schloss Steinheim, Museum für Ortsgeschichte & regionale Vor- und Frühgeschichte, Schlossstraße 9, 63456 Hanau-Steinheim. ✆ 06181/659701, Fax

Hunger & Durst

Museumscafé, Zugang frei, Hanau-Kesselstadt. ✆ 06181/258010. www.hanau.de. Di – So 12 – 17.30 Uhr. Prunkvolles Ambiente, Kaffee und Kuchen sowie kalte Getränke im 1. Stock des Schlosses.

Happy Birthday!

Entdeckungstour durch die Sammlung, anschließendes Basteln, 1,5 Std, 10 Kinder 60 €, jedes weitere Kind 5 €, Getränke und Kuchen können mitgebracht werden.

1. Sa im Monat 10 – 12 Uhr Puppenberatung und -reparatur.

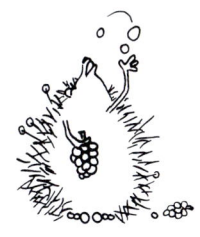

Happy Birthday!

Kindergeburtstage 10 Kinder 60 €, jedes weitere Kind 5 €, max 15 Kinder, Dauer 2 Std; ab 6 Jahre KinderBastelWerkstatt, ab 8 Jahre KinderKochOrgien, KinderTonWerkstatt, KinderSchmuckWerkstatt, KinderBastelWerkstatt, ab 9 Jahre KinderTonWerkstatt, ab 10 Jahre KinderBastelWerkstatt.

Hunger & Durst

Café Huttenhof, Hans-Sachs-Straße 3, Hanau-Steinheim. ✆ 06181/ 62385. www.online-steinheim.info. Di – Sa 9 – 18, So 10 – 18 Uhr. Eindrucksvolles altes Bauwerk mit großem Innenhof und Tischen im Freien, gute Auswahl an Kuchen, Torten und anderen Leckereien.

Bergfried ist kein Jungenname, sondern so nennt man den Hauptburgturm.

659701. www.museen-hanau.de. museen@hanau.de. **Bahn/Bus:** S8, 9 Hanau-Steinheim, HSB-Bus 4 Richtung Klein-Auheim bis Am Obertor. **Auto:** B43a nach Steinheim; Parkplätze am Main. **Rad:** Main-Radweg. **Zeiten:** ganzjährig Do – So 10 – 12 und 14 – 17 Uhr, Turmbesteigung März – Okt. **Preise:** 2 €; schulpflichtige Kinder 1,50 €; Familienkarte (2 Erw und Kinder) 4 €, Führung Gruppen bis 30 Pers 35 € zzgl. 1 € pro Kopf. **Infos:** Führungen nach telefonischer Vereinbarung auch außerhalb der Öffnungszeiten, min 2 Wochen vorher anmelden: Museumsverwaltung Hanau, ✆ 06181/ 295564 (Mo – Fr). Tolle Aktivitäten für Kinder zu bestimmten öffentlich zugänglichen Terminen, ➚ Internet oder Broschüre *Hanauer Kultur/Kinderkultur,* erhältlich in allen Hanauer Museen und bei der ➚ Tourist-Info.

▸ Im von einem 40 m hohen, zinnen- und türmchengekrönten Bergfried überragten Steinheimer Schloss zeigt die Stadt ihre archäologischen Schätze aus der Stein-, Bronze- und Römerzeit sowie dem frühen Mittelalter, zudem Steinheimer Ortsgeschichte. Das Museum beschränkt sich dabei nicht auf trockene Präsentation, sondern gibt euch allerlei Möglichkeiten, diese Zeit aktiv nachzuerleben. So dürft ihr z.B. in den Kochtopf der Steinzeitmenschen schauen, im Lehmofen Steinzeitbrot backen und Schmuck nach Steinzeitmode basteln, nach römischen Rezepten kochen und wie die Römer spielen, wenn ihr euch für kinderspezifische Erlebnisführungen anmeldet oder mit euren Freunden Geburtstag feiert und ein entsprechendes Thema wählt.

Unbedingt solltet ihr den **Bergfried** besteigen. Von da oben habt ihr nämlich einen ganz tollen Blick auf die Altstadt mit ihren vielen schönen Fachwerkhäusern und der Stadtmauer. Steinheim – seit 1974 Stadtteil von Hanau – besitzt die Stadtrechte seit 1320 und ist damit ein richtig altes Städtchen. Nach langen Jahren baulichen Elends ist dank umfangreicher Restaurierung in jüngerer Zeit wieder ein wenig vom alten Glanz zurückgekehrt.

Malen, Tanzen, Theater spielen

Jugendkunstschule Offenbach

1. Hessische Jugendkunstschule, Herrnstraße 61, Eingang B, 63065 Offenbach. ℡ 069/812397, Fax 826841. www.jugendkunstschule-offenbach.de. **Bahn/Bus:** S1, 2, 8, 9 Marktplatz. **Zeiten:** Büro Mo – Fr 9 – 12, Di auch 14 – 17.15 Uhr. **Infos:** Ferienkurse, Exkursionen, Projekte, Kooperation mit Schulen, Kindergärten, Seniorenzentren und Freizeiteinrichtungen, ferner Jugendkunstschulmobil durch Offenbacher Stadtteile.

@ Über Kurse, Wochenend- und Ferienprojekte informiert das Jahresprogramm, als Broschüre im Büro erhältlich oder ↗ Internetseite.

▶ In den zahlreichen und thematisch breit gestreuten Kursen der Jugendkunstschule können Kinder und Jugendliche zwischen 2 und 16 Jahre eine ganze Menge rund um Malerei und Grafik lernen. 2 – 3 Jahre alte Vorschulkinder machen ihre ersten Schritte im Bauen, Malen und Gestalten oder der Keramik, bei den Älteren gehen die Aktivitäten weit über diese Grundtechniken hinaus. So sind u.a. Kalligrafie, Seidenmalerei, Comics und Cartoons angesagt. Erstaunlich reichhaltig ist das plastische Gestalten vertreten, dazu gehören die Arbeit mit Ton, Gips, Holz, Draht und die Herstellung von Schmuck. Ferner gibt es eine Fotowerkstatt. Auch Theater spielen, Marionettenbau und -spiel, Zaubern und Jonglieren könnt ihr hier erlernen. Am besten ihr schaut euch das tolle Programm gleich an.

Theateratelier 14h: Theater für Kinder in Offenbach

c/o Projekt Bleichstraße 14H e.V., Bleichstraße 14 HH, 63065 Offenbach. ℡ 069/82363990, www.theateratelier.info. post@projektbleichstrasse.de. **Bahn/Bus:** S1, 2, 8, 9 Marktplatz. **Auto:** Vom Marktplatz via Waldstraße, auf Höhe des Martin-Luther-Parks links in die Bleichstraße. **Preise:** Vorverkauf 4,30 €, Kasse 5,50 €; Kinder Vorverkauf 3,30 €, Kasse 4 €; Kindergärten, Schulklassen Vorverkauf 3 €, Kasse 3,80 €.

▶ Das Projekt Bleichstraße 14H wurde 1991 als Ateliergemeinschaft gegründet. Daraus entwickelte sich bald ein 100 qm großes Theater, in dem 90 Zuschauer Platz finden. Hier könnt auch ihr häufig mit spannenden Theateraufführungen rechnen: Auf dem Spielplan stehen regelmäßig Kinderstücke, außerdem gastieren hier bekannte Kindertheater.

Das Theateratelier ist Spielort für die Reihe *Theaterdonnerstag,* die jährlichen *Kindertheatertage* und das Internationale Kinder- und Jugendtheaterfestival Rhein-Main *Starke Stücke.*

Cinemaxx

Berliner Straße 210, 63067 Offenbach. ✆ 01805/ 24636299 (Kartenreservierung), Fax 069/80907110. www.cinemaxx.de. **Preise:** Mo, Mi 6,50 €, Di 6 €, Do – So 7,50 €; Kinder unter 12 Jahre 5 €, Schüler, Studenten, Azubis Mo – Mi 6,50 €, Do – So 7,50 €; Familientarif nur So. **Infos:** 3-D-Filme höherer Eintritt.

▶ Der Filmpalast verfügt über 7 Säle mit breiten Leinwänden und bequemen Sitzen. Gezeigt werden Mainstreamkino und 3-D-Filme, für euch werden auch Kinderfilme angeboten. Wenn ihr in den kostenlosen Klexxi-Club für Kinder 4 – 11 Jahre eintretet, erhaltet ihr jeden 7. Kinobesuch gratis, freien Eintritt an eurem Geburtstag sowie Infos über Aktionen und Überraschungen.

Happy Birthday!

Kindergeburtstag mit Film, Popcorn und Getränk ab 7 Kinder 4 – 11 Jahre nach Anmeldung. 11 € pro Kind, 3-D-Film 14,50 €, Geburtstagskind frei. Blick hinter die Kulissen zzgl. 2 €.

Hunger & Durst

Hafen 2, ✆ 069/ 98558511. www.hafen2.net. Di – So 12 – 23, Mo ab 17 Uhr, im Sommer bis der letzte Gast geht. Jan geschlossen. Kaffee und Kuchen, kleine Gerichte. Außerdem jeden Fr 20 Uhr **Programmkino** sowie neuerdings an bestimmten Terminen Sa 16 Uhr **Kinderkino,** Erw 5 €, Kinder bis 12 Jahre 3,50.

Hafen 2: Tolles Gelände für ausgewilderte Kinder

© Annette Sievers

Theaterclub Elmar

Christian-Pleß-Straße 1a, 63069 Offenbach.
℡ 069/852714 (Kartenreservierung), www.theaterclubelmar.de. info@theaterclub-elmar.de.

▶ Das kleine, mobile Ensemble hat außer volkstümlichen Schwänken auch Kindertheater und Märchen im Programm. Allerdings gibt es nur wenige Vorstellungen. Spielstätten sind das **Capitol** und das ↗ **Ledermuseum Offenbach.** Für junge Theaterfans interessant ist die Kindergruppe (7 – 14 Jahre), die eifrig probt und so manches Stück auf die Bühne bringt, z.B. *Jim Knopf und Lukas der Lokomotivführer.* In der *Märchenrevue* treten Kinder, Jugendliche und Erwachsene gemeinsam auf.

Das Gewächshaus

Sabine Meissner, Bettinastraße 19, 63069 Offenbach.
℡ 069/82378996, Fax 82360404. www.dasgewaechshaus.de. info@dasgewaechshaus.de. **Zeiten:** Ballett und Tanztheater Anfänger Do 16.15 – 17, Fortgeschrittene 17.15 – 18.15 Uhr, Yoga Mo 17 – 18 Uhr, Theaterkurs im KiJu Frankfurt Di 15.15 – 16.15, 16.30 – 17.30 Uhr. Preise: Ballett 26 €, Tanztheater 28 €, Yoga 24 €, Theaterkurs im KiJu Frankfurt 26 € im Monat.

▶ Das Gewächshaus bietet verschiedene Kurse für Kinder an. Im Ballettunterricht lernt ihr einfache Schritte und entwickelt auf spielerische Art ein Gefühl für Musik, Bewegung und Koordination. Beim Tanztheater habt ihr viel Gelegenheit zum Ausprobieren – ihr erfindet gemeinsam eigene Geschichten, aus denen dann ein kleines Theaterstück wird. Entspannung findet ihr im Yogakurs, wenn ihr auf spannende Fantasiereisen mit wilden Tieren oder geheimnisvollen Feen geht. Darüber hinaus bietet das Gewächshaus gemeinsam mit dem Kinder- und Jugendtheater Frankfurt einen Theaterkurs für Kinder ab 6 Jahre an.

*Das **Capitol** in der Goethestraße 5 ist seit 1954 offiziell Offenbachs Stadt- und Musicaltheater. Das Gebäude mit dem markanten Kuppelbau wurde 1916 als Synagoge fertig gestellt, im Zuge der »Reichskristallnacht« vom 9. auf den 10. Nov 1938 von den Nationalsozialisten geschändet und danach von ihnen als »Nationaltheater« für Film- und Theateraufführungen genutzt sowie für Kundgebungen und Feiern missbraucht.*

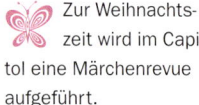 Zur Weihnachtszeit wird im Capitol eine Märchenrevue aufgeführt.

Locomotion — Tanzkünste für Kinder

Vilbeler Straße 5, 63073 Offenbach-Bieber. ✆ 069/89994943, Fax 85701622. www.locomotion-offenbach.de. info@locomotion-offenbach.de. **Preise:** alle Kurse 29 € im Monat.

▶ Die Tanzschule Locomotion bietet ein vielseitiges Programm für Kinder: Die tänzerische Früherziehung ist für *Pampersflitzer* (2 – 3 Jahre) und *Tanzmäuse* (3 – 5 Jahre); in die Tanzkurse für ältere Kinder gehen *Tanzbären* (5 – 7 Jahre) und *Youngsters* (7 – 9 Jahre). Ihr könnt hier aber auch Ballett (5 – 9 Jahre), Streetdance (ab 8 Jahre), orientalischen Tanz (ab 8 Jahre), afrikanischen Tanz (5 – 7 Jahre) und Theater spielen (ab 9 Jahre) lernen. Ferner gibt es einen eigenständigen Kurs Kreativer Tanz für behinderte Kinder (ab 6 Jahre).

 **Jugendkunstschule der Stadt Hanau (JUKS),** Ulanenplatz 4, Hanau. ✆ 06181/92380-20. www.vhs-hanau.de. Büro Mo 8 – 12, 13 – 16, Di, Mi 8 – 12, 15 – 18.30, Do, Fr 8 – 12 Uhr, während der Schulferien Mo – Fr 9 – 12 Uhr. Im Rahmen der Volkshochschule betreibt die Stadt eine Jugendkunstschule, in der sich Kinder 3 – 15 Jahre in einer Reihe von Kursen zum Malen, Zeichnen und Gestalten betätigen können. Auch Theater wird gespielt.

Central-Kino-Center

Freiheitsplatz 12a, 63450 Hanau. ✆ 06181/24821, Fax 254186. www.kino-hanau.de. central@kino-hanau.de. **Preise:** Erw und Kinder bis 13 Jahre 7 €; vor 19 Uhr Kinder bis 11 Jahre bei Filmen ohne Altersbeschränkung oder Freigabe ab 6 Jahre 5 €, Kinder 12 und 13 Jahre 6 €, bei Freigabe ab 12 Jahre Kinder bis 13 Jahre 6 €, Mo Kinotag Kinder 4,50 €.

▶ Das Kino zeigt fast täglich auch für Kinder geeignete Filme. Außerdem gibt es ein Kunstfilm-Programm. Außergewöhnlich ist, dass auch türkische Filme im Programm sind.

Kindertheater im Comoedienhaus Wilhelmsbad

Parkpromenade 1, 63454 Hanau-Wilhelmsbad. ✆ 06181/295-8129, Fax 295-903. www.hanau.de. comoedien@hanau.de. **Bahn/Bus:** Vom Freiheitsplatz HSB-Bus 1 bis Bhf Wilhelmsbad, dann wenige hundert Meter zu Fuß. **Infos:** Vormittagsvorstellungen für Kindereinrichtungen im Comoedienhaus sowie im Congresspark Hanau nach Vereinbarung.

▶ Im ausgedehnten Gebäudekomplex des ehemaligen Nobelkurorts ↗ Wilhelmsbad befindet sich außer dem weithin bekannten ↗ Puppenmuseum auch der Kulturtempel Comoedienhaus. Von außen ist das ein ausgesprochen bescheidenes Bauwerk. Nichts, aber auch gar nichts, deutet darauf hin, dass euch im Innern ein stilvolles kleines Rokokotheater erwartet. 200 Besucher finden hier ein gemütliches Plätzchen. In dem gut gefüllten Veranstaltungskalender stehen Theater, Chanson, Kabarett, Kammeroper, Operetten-Kabarett, Komödien, Konzerte und Lesungen – und durchaus regelmäßig Kinder- und Figurentheater, Kinderoper und Erzählcafé für Kinder. Verbindet den Besuch doch mit einem Spaziergang im Park des Wilhelmsbades!

@ Auf der Internetseite der Stadt Hanau findet ihr unter Kultur neben den Kinderveranstaltungen des Comoedienhauses viele andere interessante Termine, z.B. die Vorlesestunden der Stadtbibliothek, das Kindertheater der Stadtteilbibliothek Großauheim und alle museumspädagogischen Aktivitäten der Hanauer Museen.

Brüder-Grimm-Märchenfestspiele

Park Schloss Philippsruhe Amphitheater Hanau, Philippsruher Allee 45, 63456 Hanau-Kesselstadt. ✆ 06181/24670 (Festspielbüro), 24677, Fax 24671. www.hanau.de/kultur/grimm. maerchenfestspiele.hanau@t-online.de. **Bahn/Bus:** Vom Hbf HSB-Bus 5, ab Westbhf HSB-Bus 5, 10, MKK-Bus 23, 28. **Rad:** Am Mainufer, per Radweg von beiden Mainufern gut erreichbar. **Zeiten:** Mitte Mai – Mitte Juli. **Preise:** Tageskasse 9,50 – 20 €; Kinder 3 – 14 Jahre 6,50 – 17 €; Familienticket (2 Erw, 2 Kinder bis max 14 Jahre) 25 – 50 €.

▶ Seit 1985 finden alljährlich von Mitte Mai bis Ende Juli im Amphitheater vor der romantischen Kulisse des Schlossparks mit dem barocken ↗ Schloss Philippsruhe die Brüder-Grimm-Märchenfestspiele statt. Das ist eine Riesenveranstaltung, zu der über 75.000 Kinder und Erwachsene aus allen Winkeln des Rhein-Main-Gebietes herbeiströmen. Zu sehen gibt es dann natürlich märchenhaftes Theater, darüber hinaus Märchenmusicals.

© Tourist-Information Hanau

Haben sie aufgeschrieben: Die Brüder Grimm

🦉 *Die Grimm'schen Märchen sind in über 160 Sprachen übersetzt worden. Sie sind nach der Bibel das meistgelesene Buch der Welt.*

FESTKALENDER OFFENBACH & HANAU

Februar/Fastnacht: Rosenmontag, Seligenstadt, origineller **Faschings-umzug.**

März/April: 2 Wochenenden Sa, So, Ronneburg, **Historischer Ostermarkt.**

30. April, 1. Mai, Ronneburg, **Walpurgisnacht und Mittelalterlicher Maimarkt.**

Mai: Mitte Mai, **Internationaler Museumstag,** viel los in Hanauer und Offenbacher Museen.

3. Wochenende – Ende Juli, Hanau, Schloss Philipps-ruhe, **Brüder Grimm-Märchenfestspiele.**

Pfingsten, Sa – Mo, Ronneburg, **Ritterturnier.**

Juni: 23., Hanau, Ortsteil Steinheim, **Altstadtfest und Jo-hannisfeuer.**

3. Wochenende, Offenbach, am Main vom Büsing Pa-lais bis zum Isenburger Schloss, **Offenbacher Main-uferfest,** Kultur, Musik und Sport.

September: 1. Wochenende, Fr – Mo, **Hanauer Bürgerfest** auf den Mainwiesen, Riesenvolksfest.

2. Wochenende, Offenbach, Wilhelmsplatz, **Kulturfest der Nationen.**

2. Sa, **Drachenbootrennen** des Offenbacher Ruder-vereins 1874 e.V.

2. So, **Kinzigtal total** – Vorfahrt fürs Fahrrad, großes Radelfest.

Letztes Wochenende, Sa, So, Ronneburg, **Historische Burgfestspiele.**

Oktober: 1. Wochenende, Sa – Mo, Ronneburg, **Historische Burgfestspiele.**

November/Dezember: 1., 3. Advent, Sa, So, Ronneburg, **Historischer Weih-nachtsmarkt.**

13. – 22. Dez, Seligenstadt, **Weihnachtsmarkt.**

26. Nov – 22. Dez, Hanau, **Weihnachtsmarkt.**

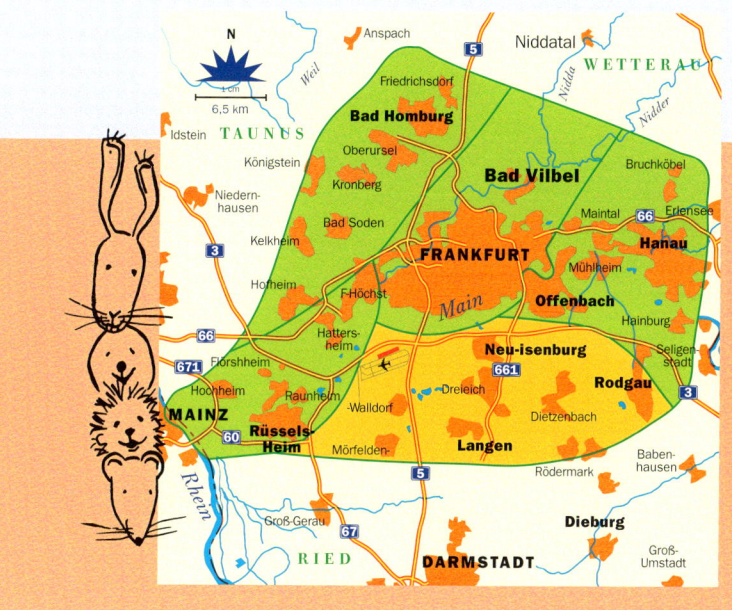

N
6.5 km

Anspach
Niddatal
Niddatal
Weil
Nidda
WETTERAU
Nidder
Friedrichsdorf
Bad Homburg
Idstein
T A U N U S
Oberursel
Bruchköbel
Königstein
Kronberg
Bad Vilbel
Niedern-
hausen
Bad Soden
Maintal
66
Erlensee
Kelkheim
FRANKFURT
Hanau
Hofheim
Mühlheim
F.-Höchst
Main
Offenbach
Hatters-
heim
Hainburg
66
Neu-isenburg
Seligen-
stadt
671
Flörsheim
661
Rodgau
Hochheim
Raunheim
Dreieich
3
MAINZ
-Walldorf
Dietzenbach
60
Rüssels-
Heim
Mörfelden
Langen
Baben-
hausen
Rhein
5
Rödermark
Groß-Gerau
67
Dieburg
R I E D
DARMSTADT
Groß-
Umstadt

Das Gebiet zwischen Mörfelden-Walldorf im Westen und Rodgau im Osten besteht zu 45 Prozent aus Wald, in den die Orte wie große Lichtungen eingestreut sind. Früher waren das Bauerndörfer, heute sind es Wohnstädte von Menschen, die als Pendler in Frankfurt, Offenbach, Hanau und Darmstadt arbeiten – Dreieich hat 40.000, Langen und Neu-Isenburg jeweils 35.000 Einwohner, Rodgau hat 43.000 und Obertshausen 24.000 Einwohner.

Das gut ausgebaute Wegenetz in den Wäldern und Fluren bietet Familien mit Kindern viele Möglichkeiten zum Radeln und Wandern, denn die durchweg flachen Strecken sind herrlich leicht zu radeln. Die ganz großen Freizeitattraktionen der Region sind der Langener Waldsee und der Rodgausee. Beliebt sind daneben das Freibad Langen und das Erlebnisbad Obertshausen. Sehenswert ist natürlich der Flughafen Rhein-Main.

WALD- UND WIESEN- LUST SÜDLICH DES MAINS

ADFC-Regional-karte Rhein-Main, BVA Bielefelder Verlagsanstalt, 1:75.000, ISBN 978-3-87073-256-1, 6,80 €. Recht nützlich für alle Rad- und Wandertouren in der Region.

Frei- und Hallenbäder

Spaßbad par excellance
Erlebnisbad Monte Mare, Badstraße 19, 63179 Obertshausen. ℗ 06104/8019-0, Fax 8019-99. www.monte-mare.de. obertshausen@monte-mare.de. Am Südostrand von Obertshausen. **Bahn/Bus:** Mo – Sa Bus OF-86 bis Erlebnisbad. **Auto:** A3 Ausfahrt 53 Obertshausen, von Offenbach B448 bis Obertshausen, dort zum Sportzentrum/Schwimmbad. **Rad:** Radwege von den S1-Bhf Nieder-Roden, Dudenhofen, Jügesheim und Weiskirchen. **Zeiten:** Mo – Fr 9.30 – 22, Sa 9 – 23, So, Fei 9 – 22 Uhr; Einlass bis 2 Std vor Ende, Badeschluss 30 Min vor Ende; am 24. und 31.12. 9 – 15 Uhr, 1.1. 12 – 22 Uhr; **Freibad:** 9 – 19 Uhr. **Preise:** 2 Std 5 €, 4 Std 8, Tageskarte 11 €; **Freibad:** 3 €; **Sauna- und Wasserlandschaft:** 2 Std 10 €, 4 Std 14, Tageskarte 18 €; Kinder 4 – 15 Jahre 2 Std 4,50 €, 4 Std 6,50, Tageskarte 8,50 €; **Freibad:** 2 €; Ermäßigungsbe-

TIPPS FÜR WASSER- RATTEN

Happy Birthday!
Kinder unter 16 Jahre haben an ihrem Geburtstag freien Eintritt. Oder aber ihr feiert hier mit euren Freunden einen Erlebnistag-Geburtstag.

Trubel am und im Wasser: Der Langener Waldsee ist der beliebteste See in Rhein-Main

beide © Monte Mare

Verschwörung im Monte Mare: Der spritzt am Delfin rum? Na, dem werden wir's heimzahlen …

rechtigte zahlen wie Kinder; preiswerte Familienkarten und Gruppentarife. **Infos:** Wochenend- und Feiertagszuschlag 1, Nachzahlgebühr pro angefangene Std 1,50 bzw. 1 €; Solarien kosten extra. Kinder unter 10 Jahre haben nur in Begleitung eines Erw Zutritt zum Bad.

▶ In Obertshausen befindet sich das einzige Spaßbad des Kreises Offenbach. Es ist ausgesprochen vielseitig und bietet Kindern eine ganze Menge – und es ist das ganze Jahr über geöffnet.

Babyschwimmen und Kleinkinder-Kurse (Alter 9 Wochen – 1,5 Jahre), Wasserspaß für Kleinkinder (2,5 – 5 Jahre), Kinderschwimmkurse (Seepferdchen, ab 5 Jahre), Freischwimmerkurs, Schnuppertauchen (ab 10 Jahre).

Als Spaßbad bietet es natürlich tolle Erlebnisbecken in Innen- und Außenbereich mit Wasserfällen, lebhaftem Strömungskanal, Abenteuerschiff, Bachläufen und zwei Whirlpools. Für kleinere Kinder ist extra ein Wasserspielbereich mit Grotte, Wasserfall und Rutsche gemacht. Größere Kinder vergnügen sich am Rutschturm, von dem sowohl eine Trichterrutsche (28 m Länge, rasante Beschleunigung), eine Block-Hole-Rutsche (Länge 104 m, fantastische Lichteffekte) und eine Reifenrutsche (Länge 70, Abfahrt per Reifen und zu zweit möglich) in die Tiefe führen.

Für schwimmfreudige Kinder und Erwachsene gibt es darüber hinaus das Sportbecken (Länge 25 m, 4 Bahnen). Ganz auf Eltern und Großeltern ausgerichtet sind die ebenfalls recht vielseitigen Bereiche Sauna und Wellness.

Freizeit- und Familienbad Langen

Teichstraße 28, 63225 Langen. ℘ 06103/903120, www.langen.de. magistrat@langen.de. Am östlichen Stadtrand. **Bahn/Bus:** Bus 661 bis Schwimmbad. **Auto:** Südliche Ring-, Darmstädter und Dieburger Straße, Hügel- und Teichstraße. **Rad:** Vom S-Bhf Langen über Bahnanlage, Bahn- und August-Bebel-Straße, Fahr- und Obergasse, Hügel- und Teichstraße. **Zeiten:** Mitte Mai – Mitte Sep 8 – 20.30 Uhr, Kassenschluss 45 Min, Badeschluss 15 Min vor Schließung des Bades. **Preise:** 3,50 €, 10er- 30, Saisonkarte 60, Jahreskarte 150 €; Kinder 4 – 17 Jahre 2,50 €, 10er- 20, Saisonkarte 40, Jahreskarte 85 €; Schüler und Studenten wie Kinder; Familiensaisonkarte je Elternteil 40 €, 1. Kind 25 €, 2. 20 €, jedes weitere Kind frei, Jahreskarte je Elternteil 85, 1. Kind 45, 2. 35 €, jedes weitere Kind frei. **Infos:** Dauerkarten gelten auch am ↗ Langener Waldsee und ↗ Hallenbad Langen; Wickelraum, Behindertentoilette.

▶ Gut ausgestattetes Aktiv-Freibad mit beheiztem 50-m-Schwimmbecken, das sich zu Recht familienfreundlich nennt. Das separate Sprungbecken mit einem Turm, von dem ihr aus 5, 3 und 1 m Höhe zu kraftvollen Sprüngen abheben könnt, ist fest in der Hand von unerschrockenen 10- bis 18-Jährigen. Schwimmanfänger haben viel Spaß in der Badelandschaft des Nichtschwimmer- und Erlebnisbeckens mit Wildwasserkanal, Flächen- und 50-m-Riesenrutsche. Auch das Baby- und Kleinkinder-Planschbecken ist keineswegs monoton gestaltet. Die große Liegewiese bietet viel Baumschatten. Es gibt einen schönen Kinderspiel- und einen Basketballplatz, ein Beachvolleyball- und ein Badmintonfeld sowie Tischtennisplatten. Ein Kiosk bietet Snacks und Getränke.

Winterquartier der Langener Wasserfreunde

Hallenbad Langen, Südliche Ringstraße 75, 63225 Langen. ℘ 06103/203-456, www.langen.de. magistrat@langen.de. Im Süden von Langen gegenüber vom

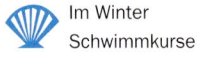 Im Winter Schwimmkurse für Kinder ab 5 Jahre, Anmeldung bei der Bäder Langen GmbH, ✆ 06103/203-450. 10 Unterrichtseinheiten à 45 Min 36 €.

Rathaus. **Bahn/Bus:** Mo – Sa Bus 73 bis Rathaus, Bus 663 bis Zimmerstraße. **Auto:** A661 Ausfahrt 20 Langen, B486, Dieburger, dann Südliche Ringstraße; gebührenfreie Parkplätze am Bad. **Rad:** Vom S-Bhf Langen über Bahnanlage, Bahn-, Goethe und Südliche Ringstraße. **Zeiten:** Mitte Sep – Mitte Mai Mo 13.30 – 21.30, Di – Fr 8 – 21.30, Sa 8 – 18.30, So 9 – 15 Uhr; Kassenschluss 45 Min, Badeschluss 15 Min vor Betriebsschluss. **Preise:** ↗ Freizeit- und Familienbad; Familienjahreskarte je Elternteil 50 €, 1. Kind bis 17 Jahre 40 €, 2. 30 €, jedes weitere Kind frei. **Infos:** Mi, Do Warmbadetage, Zuschlag 1, 10er-Karte 8 €. Dauerkarten gelten auch am ↗ Langener Waldsee sowie im ↗ Freizeit- und Familienbad Langen.

▶ Auch im Winter müssen Wasserratten in Langen und Umgebung nicht auf das geliebte Nass verzichten. Das geräumige Hallenbad ist insgesamt sehr sportlich ausgerichtet. Es bietet euch ein großes Schwimmerbecken (50 m lang, 28 Grad), ein Sprungbecken mit 5-m-Plattform, 1- und 3-m-Brettern sowie ein Lehrschwimmbecken. Für Kleinkinder gibt es ein Planschbecken. Es existiert ein Automat für Süßigkeiten sowie warme und kalte Getränke.

Strandbäder

St. Tropez am Baggersee

Strandbad Rodgausee, 63110 Rodgau-Nieder-Roden. ✆ 06106/733148 (Badeaufsicht), Handy 0170/2361727 oder 0171/6501558 (Kiosk). www.rodgau.de. sport@rodgau.de. **Bahn/Bus:** S1 Rodgau-Nieder-Roden, Bus OF-99 bis Chemnitzer Straße. **Auto:** B45 Ausfahrt Jügesheim, B459 nördlich von Nieder-Roden; Parkplätze für 2000 Autos. **Rad:** Radwege von Heusenstamm, Dietzenbach, Jügesheim und Nieder-Roden; auch als Wanderwege nutzbar. **Zeiten:** Mai – Mitte Sep 8 – 20 Uhr, letzter Einlass 19.30 Uhr. **Preise:** 3 €, 10er- 25, Saisonkarte 50 €; Kinder 4 – 16 Jahre

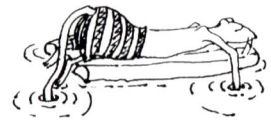 Saisonkarten sind im Rathaus/Bürgerbüro Rodgau-Jügesheim billiger zu haben!

© Strandbad Rodgau

1,50 €, 10er- 10, Saisonkarte 25 €; ab 18 Uhr halber Preis. Ermäßigungsberechtigte zahlen wie Kinder. Familienkarte (2 Erw, 1 Kind, jedes weitere 1 €) 6 €, Saison 70 €. **Infos:** 10er-Karten sind übertragbar, Saisonkarten nicht.

▶ Der Badesee im Rodgauer Ortsteil Nieder-Roden ist, wie fast alle Seen der Region, aus einer Kiesgrube hervorgegangen. Am Nordrand des 30 ha großen Gewässers wurde vor Jahrzehnten ein nettes Strandbad angelegt, das die 1979 gegründete Rockband *Rodgau Monotones* seinerzeit als »St. Tropez am Baggersee« besang. Auf jeden Fall zieht sich am Ufer ein Sandstreifen hin, an dem kleinere Kinder Burgen bauen und in einer tollen Wasserspielanlage ausgelassen matschen können. Für sie ist zudem ein kleiner Nichtschwimmerbereich abgegrenzt – natürlich nicht zu vergleichen mit dem weiten Seeabschnitt, in dem sich die Schwimmer tummeln. Jedoch gehört den Badenden nicht der ganze See: Im Westteil wird immer noch Kies abgebaut und auch die Angler durften sich einen Bereich abstecken, um Forellen, Hechte, Welse, Zander und Karpfen zu fischen. Außerdem sind die Nackedeis mit einem eigenen Strandabschnitt bedacht worden. Einen schönen Seeblick habt ihr von der Cafeteria des Strandbades. Zusätzlichen Spaß bereiten die vier Beachvolleyballfelder im Strandbad und die recht große Skateranlage mit Halfpipe vor dem Eingang.

Am Rodgausee leben viele Vögel. Versucht doch mal herauszufinden, welche das sind. Kommen im Herbst eigentlich auch Zugvögel?

33 schönste Radtouren Rhein-Main, Peter Meyer Verlag. Die Tour *Badesee-Achter* bringt euch zu gleich mehreren Badeseen im Rodgau.

MÖRFELDEN – RODGAU

261

Empfehlenswert ist eine Wanderung ↗ von Zeppelinheim zum Langener Waldsee.

Seit 2002 werden die Schwimmwettkämpfe des Ironman European Chamionship im Langener Waldsee ausgetragen. Im Juli stürzen sich dann rund 2000 Männer und Frauen in die Fluten, angefeuert von 15.000 Zuschauern. www.ironman.de. Das Team der Waldseehaie ist dann dabei, www.waldseehaie.de.

Langener Waldsee

Strandbad, Betreiber Bäder Langen GmbH, Weserstraße 14, 63225 Langen. ✆ 06103/203-450, 069/692688 (direkter Kontakt für Strandbad), Fax 203-49600. www.waldsee-langen.de. magistrat@langen.de. Nahe der B44 zwischen Walldorf und Zeppelinheim. **Bahn/Bus:** S3, 4 Dreieich-Buchschlag, von dort aus in der Badesaison alle 30 Min Waldseebus 0F-65 Mai – Sep Sa, So, Fei, in den hessischen Sommerferien auch Mo – Fr, Voraussetzung Badewetter. **Auto:** Am See 800 Parkplätze, Pkw 3, Krafträder 1,50 €. **Rad:** An der Regionalparkroute. Markierte Radwege von Höchst bzw. Schwanheim, Frankfurt/Friedensbrücke, Zeppelinheim, Neu-Isenburg, Dreieich-Buchschlag, Mörfelden-Walldorf und Langen, alles zünftige Waldrouten. Ab S3, 4 – Bhf Flugsicherung beschilderter Radweg über Kirchschneise. Am Bad großer, bei schönem Wetter bewachter Fahrradparkplatz. **Zeiten:** Mitte Mai – Mitte Sep 8 – 20.30 Uhr, auch Fkk-Strand, Badeaufsicht vorhanden. **Preise:** 3,50 €, 10er- 30, Saison- 60 €, 12-Monatskarte 150 €; Kinder 4 – 17 Jahre 2,50 €, 10er- 20, Saison- 40 €, 12-Monatskarte 85 €; Ermäßigungsberechtigte zahlen wie Kinder. Familiensaisonkarte je Elternteil 40 €, 1. Kind bis 17 Jahre 25 €, 2. Kind 15 €, jedes weitere Kind frei, 12-Monatskarte je Elternteil 85 €, 1. Kind bis 17 Jahre 45 €, 2. Kind 35 €, jedes weitere Kind frei. **Infos:** Dauerkarten gelten auch im ↗ Freizeit- und Familienbad sowie im ↗ Hallenbad Langen. Hunde nicht erlaubt.

▶ Nach 1938 ist durch Kiesabbau 2,5 km nordwestlich von Langen allmählich eine richtige Seenplatte entstanden. Im Zentrum dieses Gebietes – mittlerweile 4 Seen – liegt der **Waldsee,** mit 72 ha das größte Gewässer (max Wassertiefe 18,8 m). Seit Jahren ist das der meistbesuchte Badesee des Rhein-Main-Gebietes. An heißen Sommertagen platzt er schier aus allen Nähten.

Das große Strandbad nimmt einen breiten Streifen des Nordufers ein. Kinder und Nichtschwimmer dürfen sich allerdings nur im Randbereich tummeln, während gute Schwimmer weit in den See hinausschwimmen. Die Liegeflächen am Sandstrand sind leider ganz kahl, sodass ihr auf den Schutz von mitgebrachten Sonnenschirmen angewiesen seid. Die wenigen Son-

© Annette Sievers

Schon fast wie im Süden: Die Kiefern duften, spenden aber keinen Schatten am Langener Waldsee

nensegel des Strandbads reichen nicht aus. Es existieren einfache sanitäre Anlagen, die Duschen reichen aber bei Massenandrang längst nicht aus. Das gilt auch für den Kiosk, für dessen recht vielseitiges Angebot ihr an solchen Tagen lange anstehen müsst. Bislang fehlt ein großer, abwechslungsreich ausgestatteter Spielplatz. Vier Beachvolleyballfelder machen das Strandbad zur Trainings-Hochburg der 12- bis 14-Jährigen. Toll für Kinder ist, dass im Strandbad gezeltet werden darf, das können ein paar Stunden oder mehrere Tage sein. Schön auch, dass es einen Grillplatz gibt. Und noch etwas: Wenn ihr schon gut schwimmen könnt, verwehrt es euch niemand, mit dem Schlauchboot in See zu stechen.

Auf der Westseite des Waldsees ist mittlerweile ein stattlicher **Bootshafen** angelegt worden. Im Nordwesten wird dagegen immer noch Kies gebaggert. Andererseits ist man dabei, das vom **Kiesabbau** geschädigte Ufer zu rekultivieren. So wird es hier in Zukunft Wiesen und Amphibienteiche geben. Im Bereich der früheren Ostgrube existieren dank umfangreicher Rekultivierungsarbeiten zum einen ein kleiner See, der sich bereits in ein üppiges Biotop verwandelt hat, und ein etwas größerer See, der nach erheblichen Auffüllungen erst noch seine Ufervegetation bekommt. Schon jetzt könnt ihr die Seenplatte auf einem 6,5 km langen Rundweg erkunden (1,5 Std).

Der Langener Waldsee ist Lebensraum zahlreicher Fische, Vögel und Pflanzen, z.B. Neunauge, Hecht, Muschel, Krebs, Schwan, Kanadagans, Kormoran und Reiher. Damit ihre Lebenswelt intakt bleibt, badet bitte nicht außerhalb des abgegrenzten Strandbades und werft keinen Müll in die Landschaft.

MÖRFELDEN – RODGAU

FRISCHE LUFT & SPORT

Radeln, Wandern, Reiten

Erst radeln, dann baden

Strecke: Zeppelinheim – Langener Waldsee und zurück. **Länge:** 8 km hin und zurück auf flachen, einfach zu befahrenden Waldstrecken. **Bahn/Bus:** S7 Zeppelinheim.

▶ Ihr fahrt vom S-Bhf Zeppelinheim zunächst 600 m nach **Zeppelinheim** hinein und biegt dann auf Höhe der Kirche und des *Zeppelinmuseums* rechts ab. Es geht nun durch dichten Laubwald auf einem breiten Weg gut 1,5 km immer geradeaus. Dann biegt ihr nach links ab in die Widderschneise, überquert nach circa 400 m die B44 und radelt schließlich noch 1 km geradeaus, bevor ihr rechts schnurstracks auf das nahe **Strandbad** des ↗ Langener Waldsees zusteuert. Auf dem Rückweg könnt ihr entweder wieder dieselbe Strecke fahren oder die 2,5 km längere, jedoch abwechslungsreichere Route über den Walldorfer Waldsee nehmen, in dem ihr ebenfalls baden könnt.

Die Radelroute eignet sich auch gut als Wanderung!

Hessisches Landesvermessungsamt, Nördlicher Odenwald, NO Ost, 1:50.000.

Patershäuser Hof und Heusenstammer Schloss

Strecke: Dietzenbach – Heusenstamm. **Länge:** 5,5 km, durch Wald und Feld, leicht. Auch als Radtour zu machen. Sogar für Kinderwagen geeignet. **Bahn/Bus:** S2 Dietzenbach-Steinberg, zurück S2 ab Heusenstamm.

▶ Ihr beginnt die Wanderung an der Ostseite des Nordausgang des S-Bahnhofs des Dietzenbacher Stadtteils **Steinberg.** Es geht zunächst rechts an der kanalisierten Bieber entlang durch ein Gewerbegebiet. Nach 600 m trefft ihr auf die Waldstraße, die ihr rechts einbiegt. Auf dieser bleibt ihr etwa 250 m. Dann folgt ihr links dem Rad- und Wanderweg nach Heusenstamm in den Wald. Bald darauf erreicht ihr eine große Lichtung. Im Waldrandbereich liegt links ein uriger kleiner Weiher. Ihr geht nun über 2 km am linken Rand der Lichtung entlang, die von Wiesen

© pmv, Rolf Wegst

Hofleben ganz nah: Im Patershäuser Hof kriegt man noch was vom Geschehen mit

und Felder bedeckt ist. Nach 400 m passiert ihr den **Patershäuser Hof,** der auf ein ehemaliges Benediktinerkloster zurückgeht (1741 erbaut). Heute ist der Hof ein ökologisch-dynamisch wirtschaftender Biolandbetrieb mit Hofladen. Dort könnt ihr euch mit guten Lebensmitteln eindecken: Fleisch, Wurst, Molkereiprodukte, Säfte, Gemüse, Obst und Getreide.

1,5 km südlich führt die Route nochmals durch Wald. Am Ende dieser Passage wartet rechts ein großes Baumhaus auf euch. Dann seid ihr auch schon am Rande von **Heusenstamm.** Dort verläuft die Tour via Richard-Wimmer-Straße, Patershäuser Weg, Frankfurter Straße und Schlossstraße. Letztere säumen schöne Altstadthäuser. Und sie führt direkt auf ein echtes **Schloss** zu. Das werdet ihr euch natürlich nicht entgehen lassen. Es gibt hier übrigens auch eine **Schlossschänke.** Im Westen liegt nur wenige hundert Meter entfernt der **S-Bahnhof Heusenstamm,** der Endpunkt der Reise.

Hoch zu Ross

Reiterverein Gravenbruch e.V., Reithalle, 63263 Neu-Isenburg. ℡ 06102/52096, www.rv-gravenbruch.de. vorstand@rv-gravenbruch.de. Am Südwestrand von Gravenbruch. **Bahn/Bus:** Wehnert-Bus 651 bis Gravenbruch Forsthaus. **Auto:** B459. **Preise:** Aufnahmegebühr

Hunger & Durst

Hofgut Patershausen, Ommert s Biohof. Heusenstamm. ℡ 06104/67963, www.hofgut-patershausen.de. Im Sommer So, Fei 11 – 19 Uhr Gartenbewirtung mit leckeren Ökowürsten und verschiedenen kleinen Gerichten. Mo – Fr 15 – 19, Fr auch 9.30 – 12 Uhr.

Hunger & Durst

Schloss-Schenke, Im Herrngarten 1, Heusenstamm. ℡ 06104/2964. www.schloss-schenke-heusenstamm.de. Di – Fr 12 – 14, ab 17 Uhr, Sa ab 17 Uhr, Mai – Sep So 12 – 22, Okt – April So 12 – 16 Uhr. Deutsche Küche im Gewölbekeller, im Sommer Biergarten mit Grillgerichten.

MÖRFELDEN – RODGAU

100 €, Jahresbeitrag und 10er-Karte 180 €; Kinder bis 18 Jahre Aufnahmegebühr 60 €, jedes weitere Kind 30 €; Jahresbeitrag 90 €, jedes weitere Kind 60 €. Spielreit-Stunde für Kinder 7 – 10 Jahre 120 €, 10er-Karte bis 10 Jahre 150 €.

▶ Der Reiterverein Gravenbruch bietet mit einem geräumigen Stall und einer großer Reithalle (20 x 40 m), zwei Reit-/Dressurplätzen, Springplatz mit Naturhindernissen und einer Führanlage Reitfreunden viele Möglichkeiten. Wenn ihr schon 6 Jahre alt seid, lernt ihr mit Ponys den richtigen Umgang mit den Tieren, wie man sie putzt und die Trense anlegt. Auch der Stall muss sauber gemacht werden. Im Unterricht lernt ihr dann euren Fähigkeiten entsprechend spielerisch Reiten – bis ihr gut genug seid für einen zünftigen Ausritt in den benachbarten Wald.

Spielen & Klettern

Bewegung ist Trumpf
Indoorspielplatz Rodgau GmbH, Gutenbergring 5, 63110 Rodgau-Nieder-Roden. ✆ 06106/268169, www.indoorspielplatz-rodgau.de. info@indoorspielplatz-rodgau.de. Gewerbegebiet, nahe Interform. **Bahn/Bus:** Mo – Fr Bus OF-41 bis Gutenbergring. **Zeiten:** Mo – Fr 14 – 19 Uhr, Sa, So, Fei und Ferien 10 – 19, aber Sommerferien nur 12 – 19 Uhr. **Preise:** 2, 10er-Karte 18 €; Kinder ab 2 Jahre 4, 10er-Karte 36 €; Mo Mütter, Di Väter in Begleitung von min 1 Kind über 2 Jahre frei.

▶ Hier könnt ihr einen bewegten Nachmittag verbringen. Ganz toll ist es, den Kletterturm zu besteigen und anschließend durch die Röhrenrutsche zu sausen. Gleichermaßen rasant geht die Abfahrt auf der breiten Riesenrutsche vonstatten. Bewegt geht es auch auf dem Trampolin und in der Hüpfburg des Piratenschiffes zu. Das können sich die jungen Klettermäxe am Kletterberg nicht erlauben: Nur wer die Sache ruhig und konzentriert angeht, erreicht den Gip-

Happy Birthday!
Geburtstagskinder können hier mit min 5 weiteren Kindern bei Pommes, Würstchen und Schaumküssen toben und feiern. Pro Kind 9 €, Geburtstagskind und zwei Begleitpersonen frei.

 Bitte Rutschsocken mitbringen!

fel. Die Minis unter euch brauchen nicht zu fürchten, von den Großen umgerannt zu werden, sie haben einen eigenen kleinen Bereich mit Minihüpfburg, Bällezimmer und Softplay-Dschungel.

Am besten kommt ihr hier nicht hungrig her – es gibt zwar eine große Cafeteria, aber es ist nicht erlaubt, Essen und Getränke mitzubringen.

Mit der Strickleiter auf die Bäume

Kletterwald Langen, Mörfelder Landstraße, 63225 Langen. ✆ 06103/7019981, www.kletterwald-langen.de. info@kletterwald-langen.de. 15 Min zu Fuß westlich vom Bhf Langen am Waldrand. **Bahn/Bus:** S3, 4 Bhf Langen, ab dort Mo – Sa Bus OF-72 bis Steubenstraße. **Zeiten:** April – Okt 10 – 18 Uhr, bei Sturm, Regen, Gewitter geschlossen. **Preise:** Max 3 Std 19,50 €; bis 14 Jahre 13,50 €, ab 14 Jahre 16,50 €; Gruppen ab 12 Pers Erw 17,50 €, Kinder bis 14 Jahre 11,50 €, ab 14 Jahre 14,50 €, Familien 1 Erw 17,50 €, 2 Erw 33 €, jedes eigene Kind bis 14 Jahre 10,50 €, ab 14 Jahre 13,50 €, günstiger Tarif ab 2 Std vor Schließung der Anlage. **Infos:** Betreiber H & D Kletterwald Langen GmbH & Co. KG, Rittershausstraße 8, 61231 Bad Nauheim, ✆ 06032/8699888, Fax 8699981.

▶ Die schöne Anlage im Laubwald westlich von Langen bietet ein Gewirr von Drahtseilen, die zahlreiche Bäume mit kleinen Holzplattformen verbinden. Das ganze ist bestückt mit etlichen Elementen – Strickleitern, Hängebrücken, Schaukelhölzern, Wackeltunnel, Seilabfahrten etc. Da könnt ihr schon eine Menge Abenteuer erleben. Durch den Kletterwald führen insgesamt 10 Parcours unterschiedlicher Schwierigkeitsgrade. Ihr müsst übrigens mindestens 1,30 m groß sein. Am Anfang geht es, nachdem ihr gelernt habt, wie ihr euch mittels Klettergurt und Karabinerhaken sichert, zunächst über den Einweisungsparcours. Nur wer diesen erfolgreich meistert, darf auch auf andere Parcours.

 Minigolf, Am Wasserturm, Rodgau-Jügesheim. ✆ 06106/620008. www.meinrodgau.de. Mitte April – Anfang Okt, Mo – Sa ab 13, So, Fei ab 12 Uhr bis Einbruch der Dunkelheit. Erw 1,50 €, Kinder bis 16 Jahre 1 €.

Achtung! Kinder zwischen 1,30 und 1,40 m dürfen nur in Begleitung eines Erwachsenen klettern und brauchen außerdem das unterschriebene Anmeldeformular und die Einverständniserklärung der Erziehungsberechtigten.

Happy Birthday! Geburtstagsfeier Kinder bis 14 Jahre 11,50 €, ab 14 Jahre 14,50 €, Erw 17,50 €, Picknick müsst ihr selbst mitbringen.

Der Kulturverein Bürgerhäuser bietet in einem Zelt beim Labyrinth Kabarett, Musik und Theater, www.buergerhaeuser-dreieich.de.

Minigolf, Bahnhofstraße 60, Dreieich-Offenthal. Mo – Sa 14 – 21, So, Fei 10 – 21 Uhr. Direkt neben der Haltestelle Offenthal der Dreieichbahn. Erw 2 €, Kinder bis 16 Jahre 1 €.

Auf verschlungenen Wegen durchs Maisfeld

Maislabyrinth Götzenhain, Familie Frank, 63303 Dreieich-Götzenhain. ✆ 06103/87252, Fax 87252. hof-kleegarten@gmx.de. **Bahn/Bus:** AST OF-66 bis Römerweg Mo – Sa, etwa stündlich verkehrendes Sammeltaxi, Abfahrt min. 30 Min vorher anmelden, ✆ 06103/63555. **Auto:** A661 Ausfahrt 19 Sprendlingen Nord, L3317 bis zum Nordrand von Götzenhain, dann links ab Im Höchsten. **Rad:** Dreieichbahn bis Götzenhain, via Langener, dann Dietzenbacher Straße und Vor der Pforte, schließlich in die Flur. **Zeiten:** Mitte Juli – Anfang Sep Sa 14 – 19, So 11 – 18 Uhr. **Preise:** 2 €; Kinder bis 14 Jahre 1 €. **Infos:** Gruppen bitte vorher anmelden.

▶ In diesem großen Maisfeld ist ein ausgeklügeltes Wegenetz angelegt: Da könnt ihr ganz schön oft in Sackgassen landen! Die Wege ergeben jedes Jahr ein anderes Muster, das man freilich nur aus der Luft erkennen kann. Damit der Streifzug zwischen den 2 m hohen, extra dicht gepflanzten Maisstauden noch spannender wird, sind im Labyrinth 10 Tafeln mit Fragen zu Landwirtschaft und Stadt aufgestellt. Wenn ihr sie alle findet und sogar noch die richtigen Antworten gebt, habt ihr gute Chancen bei der Verlosung eines kleinen Gewinns. Würstchen, Getränke, Kaffee und Kuchen könnt ihr an den Tischen und Stühlen verzehren, die auf einer Wiese am Eingang zum Maisfeld bereitstehen.

Wie auf dem Abenteuerspielplatz

Kinder- und Jugendfarm Dreieichhörnchen, Förderverein Kinder- und Jugendfarm e.V., Reuterpfad 25, 63303 Dreieich-Sprendlingen. ✆ 06103/469091, www.dreieichhoernchen.de. silvia.kestem@dreieichhoernchen.de. Nordwestrand von Sprendlingen, im Wald. **Bahn/Bus:** Mo – Fr Bus OF-67, Anruf-Sammeltaxi Dreieich OF-68 bis Hegelstraße. **Auto:** Von der Frankfurter Straße über die Ulmenstraße in den Reuterpfad.

Zeiten: Mo – Fr 14 – 18 Uhr, Sprechzeit der hauptamt-
lichen Mitarbeiter Mo – Fr 11 – 13.30 Uhr. Während der
Ferienspiele für den offenen Betrieb geschlossen. Für
Kindergärten, Horte und Schulklassen an Vor- und
Nachmittagen n.Vb. **Preise:** Kinder 6 – 14 Jahre Mitgliedschaft 7 € monatlich und 5 € jährlich für Unfallver-
sicherung. **Infos:** Auch Kinder ohne Mitgliedschaft können hier spielen; Kinder unter 6 Jahre nur in Begleitung
eines Erwachsenen.

▶ Auf dem naturbelassenen Gelände geht's zu wie
auf einem Abenteuerspielplatz: Ihr könnt hier große
Hütten bauen oder mit allerlei Rohstoffen und Werk-
zeugen basteln. Oder ihr macht echte Gartenarbeit:
sät, pflegt und erntet. Auf dem neu angelegten Hügel
könnt ihr im Sommer klettern, im Winter bei Schnee
rodeln. Es gibt auch Tiere, die ihr streicheln dürft und
versorgt. Weitere tolle Sachen sind: das Baumhaus,
der Seilgarten, der Geschicklichkeitsparcours, der
Sinnespfad, die Holzwerkstatt und der selbst erbau-
te Lehmofen, in dem ihr Brot und Pizza backen könnt.
Außerdem werden Kindergeburtstagsfeiern am Lagerfeuer und Ferienspiele (Frühjahr, Sommer, Herbst)
angeboten. Das Ziel der Pädagogen ist dabei stets,
die Kinder zu unterstützen, »handwerkliche und krea-
tive Anlagen im freien Spiel zu entfalten.«

Happy Birthday!
Auf dem Farmgelände
sind Mo – Fr 14 – 18
Uhr Geburtstagsfeiern
möglich – sogar mit La-
gerfeuer! Sitzgelegen-
heiten, Tische und Ge-
schirr werden gestellt,
Verpflegung und Geträn-
ke müsst ihr selbst mit-
bringen.

Auf dem Lehrpad unterwegs

Grastränke bei Neu-Isenburg

63262 Neu-Isenburg. ℅ 06102/432705, Fax
069/2129760021. www.frankfurt.de. umwelttele-
fon@stadt-frankfurt.de. An der Schneise Feuerlinie
F5, parallel zur Babenhäuser Landstraße. **Bahn/Bus:**
Bus 30, 36 bis Hainer Weg/Frankfurt, danach 2,2 km
Fußweg, oder OF-51 bis Am Mühlgraben oder Bansa-
mühle, danach 1,5 km zu Fuß. **Auto:** Parkplatz Babenhäuser Landstraße/Kesselbruchschneise. **Rad:** Wald-
touren vom Frankfurter Goetheturm via Wenzelsweg

UMWELT ER-FORSCHEN

 Ihr könnt den Besuch gut in Rundwanderungen von Neu-Isenburg, vom Hainer Weg in Frankfurt-Sachsenhausen oder in den Waldlehrpfad Weilruh integrieren.

 Eigentlich tolle Freizeitflecken, aber von Fluglärm stark betroffen: Waldsee bei Walldorf und Waldspielpark Tannenwald bei Neu-Isenburg.

HANDWERK UND GESCHICHTE

und Kesselbruchschneise oder vom Neu-Isenburger S-Bhf über Jacobi- und Kesselbruchweiher. **Zeiten:** April – Mitte Okt So, Fei 9.30 – 17.30 Uhr. **Preise:** Eintritt frei. **Infos:** Gepflegt wird die Einrichtung vom Naturschutzbund Deutschland, www.nabu.de, und der Schutzgemeinschaft Deutscher Wald, www.sdw.de.

▶ Das kleine Vogelschutzgebiet um den Weiher *Grastränke,* in dem die Frösche um die Wette quaken und ständig ein munteres Vogelkonzert herrscht, liegt rechtlich zwar im Frankfurter Stadtwald, muss geografisch aber Neu-Isenburg zugeordnet werden, das nur 1,5 km entfernt ist. Das Gelände mit der Wildtränke ist von einem Zaun umgeben und nur an Sonn- und Feiertagen zugänglich. Als Ziel ist der urwüchsige Flecken, der sich übrigens auf der Route des *Waldlehrpfades Weilruh* befindet, allemal interessant, zumal hier etliche seltene Tierarten leben, z.B. der Eisvogel oder die Adonislibelle. Unter mächtigen Eichen, Buchen und Sommerlinden führt ein **Lehrpfad** durch das Gelände. Auf den zahlreichen Infotafeln erfahrt ihr sehr viel über die einheimische Vogelwelt sowie Tiere und Pflanzen des Stadtwaldes. Sehr interessant sind die Ausstellungen von Vögeln, Vogelnestern mit Eiern, Vogelkästen und Nisthilfen, in die ihr reinschauen könnt, sowie Waldpilzen, die durch ausliegende Informationsmappen unterstützt werden.

Betriebsbesichtigung

Flieger hautnah

Rhein-Main-Flughafen, Besucherservice, 60549 Frankfurt a.M. ✆ 069/690-70291, Fax 690-53341. www.frankfurt-airport.de. rundfahrten@fraport.de. **Bahn/Bus:** S8, 9 Flughafen. **Zeiten: Besucherterrasse:** Terminal 2 April – Okt 10 – 18 Uhr, Einlass bis 30 Min vor Schließung. 45-minütige **Flughafen Erlebnisfahrt Mini** für Einzelpersonen, Familien und Kleingruppen Mo – Fr 13, 14, 15, 16, Sa, So, Fei und hessische Schulferien auch 11, 12 Uhr. **Preise:** Besucherterrasse 5 €, Flughafen Erlebnisfahrt 8 €; Besucherterrasse Kinder 6 – 15 Jahre 3 €, Flughafen Erlebnisfahrt 7 €; Familienticket Besucherterrasse (2 Erw, 3 Kinder) 9 €, Familienticket Flughafen Erlebnisfahrt (2 Erw, 3 Kinder) 24 €. **Infos:** Buchung der Erlebnisrundfahrt am Rundfahrtschalter im Terminal 1, Ebene 0, von dort gemeinsam zum Rundfahrtbus. www.rundfahrten.frankfurt-airport.de.

▶ Es gibt verschiedene Möglichkeiten, ein bisschen Einblick in den riesigen Frankfurter Flughafen zu gewinnen – dem mit Abstand größten Flughafen in Deutschland, der weltweit zugleich zu den bedeutendsten Luftfahrt-Drehkreuzen zählt. Das geht z.B. als Passagier auf dem Weg in die Ferien, aber auch als Zaungast. Frei zugänglich sind die großen Abflughallen und darunter die Ankunftsebene mit ihren Geschäften. Einen guten Ausblick auf das Flugfeld habt ihr von der **Besucherterrasse** in Terminal 2. Hier ist es richtig spannend: Ihr könnt die Flugzeuge beim Starten und Landen beobachten, beim Ein- und Ausladen zusehen und versuchen, das übrige geschäftige Treiben zu enträtseln. Nicht gerade schön ist allerdings, dass ihr beim Zugang zur Terrasse eine Sicherheitskontrolle durchlaufen müsst. Denkt daran, dass spitze und scharfe Gegenstände und Flüssigkeiten nicht erlaubt sind. Auch Gepäckstücke und euren Hund dürft ihr nicht mitbringen.

Noch näher am Geschehen seid ihr auf der 45-minütigen **Rundfahrt Mini** mit dem Besichtigungsbus, bei der ihr direkt auf dem Flughafen eine Runde dreht und ganz nahe an den parkenden Flugzeugen aus vielen Ländern vorbeifahrt, die gerade aufgetankt werden oder in die Passagiere ein- oder aussteigen. Vielleicht kommt ihr am riesigen Super-Airbus A380 vorbei? Auf der Rundtour könnt ihr auch einen Blick auf die Frachthallen, die Wartungshalle für Flugzeuge, die Feuerwachen, die Tower und anderes werfen. Hö-

Die Umweltbelastungen durch Emmissionen sind im Flugverkehr enorm. Z.B. betrug 2008 der Ausstoß von Kohlendioxid g/Pkm für das Flugzeug 356, während er für die Eisenbahn lediglich bei 77 lag. Weitere Daten unter www.umweltbundesamt.de. Ihr habt die Wahl: Müsst ihr denn tatsächlich in den Urlaub fliegen? Als Reiseführerverlag zieht pmv Konsequenzen und publiziert seit 2010 nur noch Ziele, die per Bahn zu erreichen sind. Die bei der Buchproduktion entstandenen CO_2-Emissionen gleichen wir durch die Förderung von Energieprojekten aus.

@ www.fluglaerm.de, www.atmosfair.de (hier könnt ihr wie pmv Ausgleichszahlungen vornehmen).

Hunger & Durst
Alte Burg, Fahrgasse
50, Dreieichenhain.
✆ 06103/84913.
www.alte-burg-
dreieich.com. Mo – Sa
17 – 24 Uhr. Schönes
altes Fachwerkhaus in
Burgnähe. Hessische
Küche, Ebbelwoi-Wirt-
schaft.

hepunkt der Besichtigung ist aber fraglos – nicht nur
für Kinder – vom anhaltenden Bus aus, die Starts
und Landungen aus direkter Nähe beobachten zu
können.

Was bei eurer Reise in ferne Länder bequem und
praktisch ist, verursacht vielen Menschen in der Region Probleme: Die startenden und landenden Flugzeuge sind nämlich ganz schön laut. Das ständige
Getöse ist nicht nur schwer zu ertragen, es kann auf
Dauer auch Bluthochdruck und Herzinfarkt hervorru-
fen, was in einer 2010 veröffentlichten Langzeitstu-
die des Wissenschaftlers Matthias Egger vom Institut für Sozial- und Präventivmedizin der Universität
Bern belegt wurde. Deswegen und um den Kelsterbacher Wald zu bewahren, haben in den 1980er und erneut in den vergangenen Jahren viele Bürger der Region gegen den Ausbau des Flughafens protestiert.
Ihre Argumente findet ihr unter www.flughafen-bi.de.
Der größte Arbeitgeber der Region wird im Herbst
2011 dennoch eine neue Landebahn eröffnen. Dass
er sich selbst bemüht, Ausgleichsflächen zu schaffen und Erholungsprojekte wie den Regionalpark
Rhein-Main unterstützt, ist da vielen nur ein kleiner
Trost.

Museen & Feste

Dreieich-Museum in der Burg Hayn

Fahrgasse 52, 63303 Dreieich-Dreieichenhain.
✆ 06103/84914, Fax 88506. www.dreieich-
museum.de. info@dreieich-museum.de. **Bahn/Bus:**
S3, 4 Buchschlag, anschließend Dreieichbahn Bhf Dreieichenhain. **Rad:** Vom Bhf Sprendlingen durch das Orts-
zentrum und via Aussichtspyramide zur Burg Hayn.
Zeiten: Do – So 13 – 17 Uhr, Mo – Mi nur nach Vereinbarung.
▶ Das Museum befindet sich auf dem Gelände der
um 1100 erbauten **Burg Hayn,** von der noch ein

Wohnturm erhalten ist. Ihr könnt vor oder nach dem Besuch durch den Burggraben streifen und im Burghof herumtollen sowie durch die benachbarte Altstadt von Dreieichenhain mit ihren schönen Fachwerkbauten bummeln.

Das **Museum** selbst ist auch interessant: Im Untergeschoss seht ihr eine schöne Mineraliensammlung, bekommt durch übersichtlich angeordnete archäologische Funde einen Einblick in die Vor- und Frühgeschichte und könnt anhand eines Modells studieren, wie die Burg und Dreieichenhain im Mittelalter ausgesehen haben. Auf dieser Etage werden häufig Sonderausstellungen veranstaltet, die z.T. auch für Kinder interessant sind.

Einen ganz anderen Charakter haben die Ausstellungen im Obergeschoss, denn hier geht es um Handwerk und Wohnkultur in der Region im 18. und 19. Jahrhundert. So sind eine Bauernstube und -küche sowie ein Bürgerzimmer aufgebaut und es wird gezeigt, wie Flachs verarbeitet und Fachwerk gebaut wurde. Es ist sogar möglich, an zwei Webstühlen handfest zu erleben, wie Leinentücher entstehen.

Den Opfern des KZ-Außenlagers Walldorf zum Gedenken

Historischer Lehrpfad Walldorf, 64546 Mörfelden-Walldorf. www.kz-walldorf.de. ppaschke@t-online.de. **Länge:** 2 km Rundweg im Uhrzeigersinn ab Familie-Jürges-Weg. **Bahn/Bus:** RKH-Bus 67 (nur Mo – Fr), Werner Bus 751, 752 bis Am Wildzaun. **Infos:** Führungen nach Vereinbarung mit den Museen in Mörfelden-Walldorf, ✆ 06105/938-875 oder -220.

▶ Am Nordrand von Walldorf befand sich von August bis November 1944 eine Außenstelle des KZs *Natzweiler-Struthof* (Elsass). Hier waren 1700 jüdische Frauen aus Ungarn zusammengepfercht, die unter unmenschlichen Bedingungen eine Rollbahn auf dem Frankfurter Flughafen betonieren mussten. Auch Walldorfer erinnern sich: »Diese Frauen und Mäd-

Das Geheimnis der Erlösung heißt Erinnerung. Ein Begleitheft zum Historischen Lehrpfad am ehemaligen KZ-Außenlager Walldorf, Magistrat der Stadt Walldorf (Hrsg.), 2003, 74 Seiten, ISBN 978-3-928649-03-2, 3 €.

Hunger & Durst

Gundhof, Am Gundhof 2, Mörfelden-Walldorf. ✆ 06105/5968. www.der-gundhof.de. Mai – Sep Di – Sa 17 – 23, So und Fei 12 – 23 Uhr; bei Biergartenwetter wird in der Vor- und Nachsaison früher geöffnet. 500 m vom Lehrpfad entfernt liegt dieser schöne Apfelweingarten, deutsche und hessische Küche.

chen lebten unter unvorstellbaren Verhältnissen in diesem Lager. Bekleidet mit zerschlissenen Lumpen, die Beine und Füße trotz eisiger Kälte nur mit Zementsäcken umwickelt.«

Ihnen war noch nicht einmal erlaubt, bei Bombenangriffen Schutz zu suchen, mehrere kamen deshalb ums Leben. Am 24. November wurde das Lager schließlich aufgelöst und die völlig entkräfteten Frauen in das *KZ Ravensbrück* (90 km nördlich von Berlin) verschleppt. Soweit sie nicht an Erschöpfung oder Krankheit starben oder ermordet wurden, schaffte man sie Anfang 1945 von dort in KZ-Außenstellen zur Rüstungsproduktion. Einige befanden sich auch in den riesigen Kolonnen, die am 27. April in »Todesmärschen« vom KZ Ravensbrück zum Munitions- und Sprengstoffwerk Malchow getrieben wurden. Nur 330 der 1700 ungarischen Jüdinnen des Walldorfer Arbeitslagers waren bei Kriegsende noch am Leben. Der **Historische Lehrpfad Walldorf** führt auf einem 2 km langen Rundweg um das ehemalige Lagergelände. Auf 17 Infotafeln ist der gesamte Leidensweg der Frauen anhand von Dokumenten und Aussagen der Überlebenden dargestellt.

Größtes Mittelalterfest in Rhein-Main

Hayner Burgfest, 63303 Dreieich-Dreieichenhain. ✆ 06103/8049640, Fax 8049642. www.hayner-burgfest.de. ghv.dreieichenhain@t-online.de. **Bahn/Bus:** S3, 4 von Frankfurt oder Darmstadt bis Bhf Dreieich-Buchschlag, dann Dreieichbahn bis Bhf Dreieichenhain. **Zeiten:** 2. Wochenende im Sep Fr 16 – 23, Sa 13 – 23, So 11 – 19 Uhr. **Preise:** Tag 9, Wochenende 16 €, Wegzoll 1 Burgtaler (0,80 €) für die Erhaltung der Burg; Kinder

unter Schwertmaß frei; Vollgewandete in authentischer, mittelalterlicher Kleidung und mit entsprechendem Schuhwerk pro Tag nur 6 und für das ganze Wochenende 10 €. **Infos:** Das umfangreiche Programm befindet sich auf der Internetseite, der Plan des ausgedehnten Festgeländes ist überaus nützlich.

▶ Am Rande der schönen Altstadt und auf dem Gelände der Hayner Burg findet in Dreieichenhain jedes Jahr im Herbst das größte Mittelalterspektakel der Rhein-

© Liesel Burk

Main-Region statt: ein Riesenprogramm mit um die hundert Darbietungen. Kinder haben zwar eigene, ausgesprochen spannende Veranstaltungen, sie sind aber auch am Hauptprogramm reichlich interessiert: Mittelaltermarkt, Söldnerlager, Lager der Stadtwache, Gaukelei, Bogenschießen und historischer Handwerkermarkt bieten zum Staunen und Mitmachen reichlich Gelegenheit. Das permanente Spektakel auf der **Freilichtbühne** im Burggarten und der Marktbühne im Palas sowie das abendliche Feuerwerk am Samstag bieten zudem Vergnügen pur. Neben den auf diesem Fest immer vertretenen Aktivitäten gibt es jedes Mal auch einen besonders neugierig machenden Schwerpunkt. 2011 heißt dieser »Charivari – Gaukelspiel und Narreteyen«.

Geheimnisvolle Dinge tat man im Mittelalter: Flöhe auf einem Faden balancieren lassen und Drachen mit Pfeil und Bogen erlegen zum Beispiel …

Hunger & Durst
Selbstverständlich ist auch die Gastronomie reichlich vertreten: Es gibt mittelalterliche Küche und Getränke.

MÖRFELDEN – RODGAU

Kunsthandwerk & Fachwerkzauber

Weihnachtsmarkt in Dreieichenhain, 63303 Dreieich-Dreieichenhain. **Bahn/Bus:** S3, 4 aus Frankfurt oder Darmstadt bis Bhf Buchschlag, danach Dreieichbahn bis Bhf Dreieichenhain. **Zeiten:** 2. und 3. Adventwochenende Sa 11 – 22, So 11 – 20 Uhr.

▶ Zwischen der Ruine der von einem Wallgraben umrundeten Hayner Burg und dem massiven Stadttorturm Obertor findet auf der Fahrgasse und ihren engen Seitengassen zu Füßen zahlreicher alter Fachwerkhäuser inmitten der Dreieichenhainer Altstadt einer der schönsten und stimmungsvollsten Weihnachtsmärkte Südhessens statt. Das Lokale und Regionale ist hier tonangebend. »Unweihnachtliche Waren« haben Platzverbot, statt ihrer gibt es an den Ständen viel klassisches und nostalgisches Spielzeug sowie Kunsthandwerkliches zu sehen. Die Essstände bieten überwiegend hessische Küche. Für weihnachtlichen Klang sorgen Platzkonzerte der einheimischen Musikgruppen und Posaunenchöre.

FESTKALENDER MÖRFELDEN – RODGAU

Januar:	Mitte Januar, Rodgau, Ortsteil Dudenhofen, An der Gänsebrüh, **Historische Holzversteigerung.**
Juni:	Letztes Wochenende, Fr – Mo, Langen, Altstadt, **Ebbelwoifest,** mit Markt.
	Letztes Wochenende, Neu-Isenburg, **Altstadtfest.**
Juli:	1. So, Langener Waldsee, **Ironman European Championship,** Schwimmen.
August:	2. Fr, Langener Waldsee, **Rock am See.**
September:	2. Wochenende, Dreieich, Ortsteil Dreieichenhain, in der Burganlage aus dem 11. Jahrhundert, **Hayner Burgfest,** großes Mittelalterspektakel.
Oktober:	Letztes Wochenende Dietzenbach, **Kerb.**
November:	1. Wochenende, Rodgau, Ortsteil Dudenhofen, **Kerb.**
Dezember:	2. und 3. Advent, Dreieich, Ortsteil Dreieichenhain, **Weihnachtsmarkt** in der Altstadt.

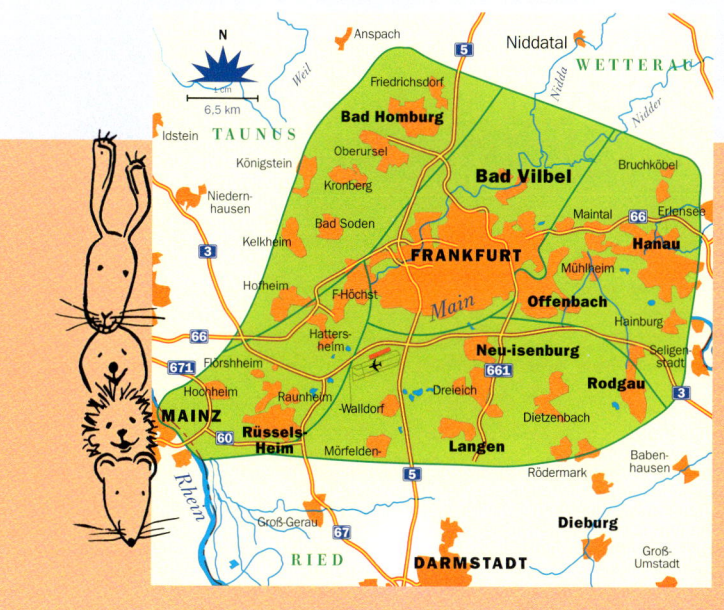

Map labels

N
1 cm
6,5 km

Anspach
Niddatal
Nidda
WETTERAU
Nidder
Weil
Friedrichsdorf
Bad Homburg
Idstein
TAUNUS
Oberursel
Königstein
Kronberg
Bruchköbel
Niedern-hausen
Bad Soden
Bad Vilbel
Maintal
Hanau
Erlensee
66
Kelkheim
FRANKFURT
Mühlheim
3
Hofheim
F.-Höchst
Main
Offenbach
Hattersheim
Hainburg
66
Neu-isenburg
Seligen-stadt
671
Flörsheim
661
Rodgau
3
Hochheim
Raunheim
Dreieich
MAINZ
Walldorf
Dietzenbach
60
Rüssels-Heim
Mörfelden
Langen
Babenhausen
Rhein
Rödermark
Groß-Gerau
5
67
Dieburg
RIED
DARMSTADT
Groß-Umstadt

REGIONAL PARK RHEINMAIN

Regionalpark
RheinMain

STADTLANDSCHAFTEN

Zwischen den Städten des Rhein-Main Gebietes findet sich der Regionalpark. Seine Landschaften sind geprägt von Handel und Verkehr, Landwirtschaft und Produktion. Heute sind sie wichtiger Erholungs- und Aktionsraum für die Bewohner der Metropolregion.

Mit seinem Angebot an Routen, Zielen und Aktionen ist es das Anliegen des Regionalparks, die Landschaft mit ihren Geschichten zu erschließen, zu bewahren und sie für aktuelle Nutzungen zu öffnen.

Entdecken Sie den Regionalpark mit uns.

www.regionalpark-rheinmain.de
Fotografie Joachim Froese

Bürger- & Tourist-Informationen sowie Anfahrten zu den Orten

Frankfurt a.M.

Touristinfo Frankfurt, Römer, Römerberg 27, 60311 Frankfurt a.M. ℡ 069/212-38800, Fax 212-37880. www.frankfurt-tourismus.de. info@infofrankfurt.de. Ecke Braubachstraße, gegenüber Paulskirche.
Bahn/Bus: ICE- und IC-Knotenpunkt; RB- und RE-Verbindungen, u.a. von Fulda, Aschaffenburg, Gießen, Limburg, Koblenz, Wiesbaden, Mainz, Saarbrücken, Mannheim und Heidelberg. S1 Rödermark – Frankfurt – Höchst – Wiesbaden, S2 Dietzenbach – Frankfurt – Niedernhausen, S3 Darmstadt – Langen – Frankfurt – Bad Soden, S4 Darmstadt – Langen – Frankfurt – Kronberg, S5 Frankfurt – Bad Homburg – Friedrichsdorf, S6 Frankfurt – Friedberg, S7 Frankfurt – Groß-Gerau – Riedstadt-Goddelau, S8 Hanau – Frankfurt – Flughafen – Rüsselsheim – Mainz – Wiesbaden und S9 Hanau – Frankfurt – Flughafen – Rüsselsheim – Mainz-Kastel – Wiesbaden.
Auto: A5 Ausfahrt 18 Nordwestkreuz Ffm, 19 Westkreuz Ffm, 20 Westhafen, 21 Ffm-Niederrad, 22 Ffm-Flughafen Nord; A661 Ausfahrt 7 Eckenheim, 8 Preungesheimer Dreieck, 9 Friedberger Landstraße, 14 Ffm Ost, 15 Kaiserlei, 16 Offenbach-Taunusring; A3 Ausfahrt 51 Ffm-Süd, 52 Offenbacher Kreuz; A66 Ausfahrt 18 Eschborner Dreieck, 19 Nordwestkreuz Ffm, 20 Landmannstraße, 21 Miquelallee. **Rad:** Main-Radweg Offenbach – Seligenstadt und Hochheim – Mainz-Kastel; Nidda-Radweg in die Wetterau und den Vogelsberg; durch südhessische Wälder nach Langen und Darmstadt. **Zeiten:** Mo – Fr 9.30 – 17.30, Sa, So, Fei 10 – 16 Uhr; am 1.1 sowie 25. und 26. Dez geschlossen.
▶ Hier könnt ihr Stadtrundfahrten buchen.

Bürgerberatung, Presse- und Informationsamt, Römerberg 32, 60311 Frankfurt a.M. ℡ 069/212-40000 (Römertelefon), Fax 212-33576. www.frankfurt.de. buergerberatung@stadt-frankfurt.de. **Bahn/Bus:**

Umweltamt Stadt Frankfurt, *Die GrünGürtel-Freizeitkarte,* 1:20.000, 6. Aufl. 2007, kostenlos bei der ☞ Bürgerinfo am Römer. Hier sind alle Waldflächen und Seen schraffiert sowie alle naturkundlich relevanten Phänomene und Einrichtungen, Rad- und Wanderwege, Naturlehrpfade, Buslinien, S-, U- und Straßenbahnen, sogar Gaststätten, Kioske und Fahrradläden markiert.

↗ Touristinfo Frankfurt, Römer. **Zeiten:** Mo – Mi 10 – 16.30, Do 10 – 18, Fr 10 – 14 Uhr; telefonisch schon ab 8 Uhr erreichbar.

▶ Die Bürgerberatung hält sehr viel Informationsmaterial und Prospekte von Veranstaltungen, Vereinen und der Stadt bereit.

Umweltamt Frankfurt

Galvanistraße 28, 60486 Frankfurt a.M. ✆ 069/212-39100, Fax 212-39140. www.umweltamt.stadt-frankfurt.de. umwelttelefon@stadt-frankfurt.de.

▶ Das Umweltamt Frankfurt hält eine Vielzahl an interessanten Prospekten und Karten zu Umwelt und Natur rund um Frankfurt bereit.

Rüsselsheim

Stadtverwaltung, Öffentlichkeitsarbeit, Marktplatz 4, 65428 Rüsselsheim. ✆ 06142/83-2214, Fax 83-2243. www.stadt-ruesselsheim.de. silke.fey@ruesselsheim.de. **Bahn/Bus:** RB/RE-Strecke Frankfurt – Rüsselsheim – Mainz – Koblenz; S8/9 Hanau – Frankfurt – Rüsselsheim – Wiesbaden. **Auto:** A60 Ausfahrt 28 Rüsselsheim-Mitte. **Rad:** Radelroute Frankfurt – Mainz. **Zeiten:** Mo – Mi 8 – 17, Do 8 – 18, Fr 8 – 12 Uhr.

Flörsheim am Main

Stadtbüro Flörsheim, Bahnhofstraße 12, 65438 Flörsheim a.M. ✆ 06145/955-0, Fax 955-299. www.floersheim-main.de. rathaus@floersheim-main.de. **Bahn/Bus:** S1 Rödermark – Offenbach – Frankfurt – Hattersheim – Hochheim – Mainz-Kastel – Wiesbaden. **Auto:** A66 Ausfahrt 11 Hofheim. **Rad:** Am Main-Radweg Mainz-Kastel – Frankfurt. **Zeiten:** Mo, Mi und Fr 7.30 – 13, Di und Do 7.30 – 18 Uhr.

Offenbach

OF-InfoCenter, Salzgässchen 1, 63065 Offenbach. ✆ 069/8065-2052, 8065-2946, Fax 8065-3199. www.ofinfocenter.de. info@ofinfocenter.de. **Bahn/Bus:**

ICE- und IC-Verbindungen über Frankfurt. RB-, RE-, S-, Straba-, Busverbindungen mit Frankfurt; RB- und RE-Verbindungen mit Hanau, durch das Kinzigtal nach Fulda (RB, RE), nach Aschaffenburg und in den Spessart (Heigenbrücken, Lohr). S1 Rödermark – Frankfurt – Wiesbaden, S2 Dietzenbach – Frankfurt – Hofheim, S8 Hanau – Frankfurt – Rüsselsheim – Mainz und S9 Hanau – Frankfurt – Rüsselsheim – Mainz-Kastel – Wiesbaden. **Auto:** A661 Ausfahrt 15 Offenbach-Kaiserlei für die Innenstadt sowie A3 Ausfahrt 52 Offenbach-Süd oder A661 Ausfahrt 16 Offenbach-Taunusring. **Rad:** Main-Radweg Hanau – Seligenstadt und Frankfurt – Mainz. **Zeiten:** Mo – Fr 9 – 18.30, Sa 10 – 14 Uhr.

Hanau
Tourist-Information Hanau, Am Markt 14 – 18, 63450 Hanau. ✆ 06181/295-950, Fax 295-959. www.hanau.de. touristinformation@hanau.de. Im Stadtzentrum. **Bahn/Bus:** IC und ICE Frankfurt – Fulda oder RE und RB Richtung Frankfurt, Friedberg (HLB), Fulda, Aschaffenburg, Schöllkrippen (HLB), Seligenstadt/Babenhausen (VIA), Erbach/Odenwald (VIA). Busverbindung vom Hbf Hanau zum Busbhf Freiheitsplatz über Marktplatz, von da Linien in alle Stadtteile und die Umgebung (Main-Kinzig-Kreis). **Auto:** A66 Ausfahrt 36 Hanau-Nord oder Ausfahrt 37 Erlensee, Hanau-Stadtmitte. **Rad:** Main-Radweg Steinheim – Offenbach – Frankfurt-Sachsenhausen und Seligenstadt – Aschaffenburg; Kinzigradweg nach Gelnhausen, Steinau und Schlüchtern. **Zeiten:** Mo – Do 8.30 – 17 Uhr, Fr 8.30 – 15 Uhr, Sa 9 – 12 Uhr.

Langen
Magistrat der Stadt Langen, Stadtinfo/Bürgerbüro, Südliche Ringstraße 80, 63225 Langen. ✆ 06103/203-351, Fax 203-712. www.langen.de. buergerbuero@langen.de. **Bahn/Bus:** RE/RB-Verbindung Frankfurt – Darmstadt – Heidelberg; S3 Bad Soden – Frankfurt – Langen – Darmstadt, S4 Kronberg – Frankfurt –

Übrigens: Wir schreiben konsequent in neuer, reformierter Rechtschreibung – damit ihr es richtig lernen könnt. Manche Anbieter schreiben sich jedoch »falsch«, woran wir nichts verändert haben.

Langen – Darmstadt. **Auto:** A661 Ausfahrt 20 Langen.
Rad: Waldstrecken zum Langener Waldsee, nach Frankfurt, nach Darmstadt, Messel und Eppertshausen/Thomashütte. **Zeiten:** Mo, Mi 7.30 – 16, Di, Do 7.30 – 18, Fr 7.30 – 13 Uhr.

Bad Homburg vor der Höhe

Tourist Info + Service, Kur- und Kongreß-GmbH, Louisenstraße 58, 61348 Bad Homburg v.d.H. ✆ 06172/178-3710, Fax 178-3719. www.bad-homburg.de. tourist-info@kuk.bad-homburg.de. **Bahn/Bus:** S5 Frankfurt Süd – Frankfurt-Hauptwache – Frankfurt Hbf – Oberursel – Bad Homburg Bhf – Friedrichsdorf, RB 15 Taunusbahn Frankfurt Hbf – Bad Homburg – Usingen – Brandoberndorf. **Auto:** A661 Ausfahrt 3 Bad Homburg, Richtung Stadtmitte. **Zeiten:** Mo – Fr 8.30 – 18.30, Sa 10 – 14 Uhr.

Oberursel

Tourist Information/Stadtmarketing, Rathausplatz 1, 61440 Oberursel. ✆ 06171/502-232, Fax 602-161. www.oberursel.de. tourismus@oberursel.de. **Bahn/Bus:** U3 Frankfurt Süd – Hauptwache – Oberursel Bhf – Hohemark, S5 Frankfurt Süd – Hauptwache – Hbf – Oberursel Bhf – Bad Homburg Bhf – Friedrichsdorf, RB 15 Taunusbahn Frankfurt Hbf – Oberursel – Bad Homburg – Usingen – Brandoberndorf. **Auto:** A661 Ausfahrt 2 Oberursel. **Zeiten:** Mo – Fr 7.30 – 12, Mo, Do auch 14 – 18 Uhr.

Hofheim am Taunus

Magistrat der Stadt Hofheim, Presse- und Öffentlichkeitsarbeit, Chinoplatz 2, 65719 Hofheim am Taunus. ✆ 06192/202-283, Fax 7654. www.hofheim.de. rathaus@hofheim.de. **Bahn/Bus:** RE und RB Frankfurt Hbf – Hofheim – Limburg, S2 Dietzenbach – Frankfurt Hbf – Hofheim – Niedernhausen. **Auto:** A66 Ausfahrt Hofheim-Nord, Zeilsheim. **Zeiten:** Mo – Fr 9 – 12, Di auch 16 – 18 Uhr.

Bahn, Bus & Fähre

RMV-Mobilitätszentrale

An der Hauptwache, Zeil 129, 60313 Frankfurt a.M. Hotline ✆ 01805/7684636 6 – 24 Uhr, www.rmv.de. beratung@traffiq.de. **Preise:** Tageskarte für beliebig viele Fahrten je nach Entfernung 3,80 – 27 €; Tageskarte 6 – 14 Jahre 2,30 – 16,20 €; Gruppentageskarte für 5 Pers 6 – 40 €. **Infos:** www.traffiq.de.

▶ Das Management des Öffentlichen Nahverkehrs für die Region (S- und U-Bahnen, Busse, Regionalbahnen und -expresse, RB, RE) liegt in den Händen des *Rhein-Main-Verkehrsverbundes RMV.* Seine buchdicken Fahrpläne bieten einen vollständigen Überblick über die Verkehrsverbindungen. Ferner sind ihnen Pläne beigefügt, die alle Linienverläufe und Haltestellen zeigen.

Für den in meinem Buch erfassten Teil des Rhein-Main-Gebietes gibt es folgende Fahrpläne: Frankfurt (1440 Seiten!), Stadt und Kreis Offenbach, Main-Kinzig-Kreis und Hanau, Landkreis Groß-Gerau und Stadt Rüsselsheim, Landkreis Darmstadt-Dieburg, Main-Taunus- und Hochtaunuskreis.

In den **RMV-Mobilitätszentralen** in Dietzenbach, Frankfurt Flughafen und Hauptwache, Groß-Gerau, Hofheim, Offenbach und Rüsselsheim erhaltet ihr Fahrkarten (sowie in den zahlreichen Automaten an den Haltestellen) oder Broschüren sowie Fahrplan- und Tarifauskünfte, Verkehrsinfos und Freizeittipps.

Hessenticket: gültig 9 – 4 Uhr des Folgetages, Sa, So und Fei ganztags, für beliebig viele Fahrten für max 5 Pers, 31 €.

RMV-Gruppentageskarte: für gemeinsame Fahrten für max 5 Pers. Verbundticket des RMV (nicht für Fernzüge IC/EC, ICE) je nach Zone 6, 7,80, 9,50, 14,70, 25, 30,80 oder 40 €.

Alle Fahrpläne können bestellt werden bei: Rhein-Main-Verkehrsverbund GmbH, Alte Bleiche 5, 65704 Hofheim, ✆ 06192/294-0, rmv-info@mobilberatung.rmv.de.

Auto- und Personenfähre Ginsheim

Fähre Johanna, 65462 Ginsheim-Gustavsburg. ✆ 06144/Fax 3349845. Handy 0170/8358736. www.hofgut-nonnenau.de. info@hofgut-nonnenau.de. **Zeiten:** April – Sep Di – Fr 10, 11 und 12 Uhr, 14 – 19 Uhr halbstündlich, Sa, So, Fei 10 – 12, 13 – 19 halbstündlich; Winterfahrplan Okt – März Di – Fr 11, 14, 16 Uhr, Sa, So und Fei 11.30 – 12, 14, 16 Uhr. **Preise:** 1 €; Kinder 6 – 13 Jahre 0,50, Fahrrad 0,50 €.

Karten rechts:

Taunus (oben)

Mainspitze

(unten)

Personenfähre Höchst — Schwanheimer Unterfeld

Höchster Schloßplatz 13, 65929 Frankfurt a.M.-Höchst. ℡ 069/303486, Fax 15394453. Handy 0160/1842447. **Bahn/Bus:** Bus 55 bis Mainberg. **Auto:** Parkplätze in Höchst an der Batterie, in Schwanheim am Höchster Weg. **Zeiten:** Mai – Sep Mo – Sa 9 – 18, So, Fei 10 – 19 Uhr, Okt – April kürzere Zeiten und nur bis zum Einbruch der Dunkelheit. **Preise:** 0,70, mit Rad 1 €; Kinder 4 – 11 Jahre 0,50, mit Rad 0,70 €.

Autofähre Offenbach-Rumpenheim — Maintal-Bischofsheim

Fährbetrieb Hans Dill, Breite Straße 6, 63075 Offenbach. ℡ 069/861080. **Zeiten:** April – Sep Mo – Fr 6 – 21, Sa 7 – 21, So, Fei 8 – 21 Uhr, durchgehend; Okt – März Mo – Fr 6 – 20.30, Sa 7 – 20.30, So, Fei 8 – 20.30 Uhr, durchgehend. **Preise:** Fußgänger 0,30 €, Radfahrer 0,40 und Pkw 1 €.

Autofähre Mühlheim-Dietesheim — Maintal-Dörnigheim

Fährbetrieb Peter Spiegel, Bahnhofstraße 26, 63477 Maintal. ℡ 06181/9451632, Fax 9451632. **Zeiten:** April – Sep Mo – Sa 5.30 – 22, So, Fei 7 – 22 Uhr durchgehend; Okt – März Mo – Sa 5.30 – 21, So, Fei 8 – 20 Uhr, durchgehend. **Preise:** Fußgänger 0,30, Radfahrer 0,40, Pkw 1 €; günstige 20er-, Wochen- und Monatskarte.

Personenfähre Okriftel — Kelsterbach

Firma Schindling, Jahnallee 5, 65795 Hattersheim. ℡ 06190/89200, Fax 892030. www.kieshandel-hattersheim.de. kieshandel@kieshandel-hattersheim.de. **Bahn/Bus:** S1 Hattersheim, Sippel-Bus 833 bis Langgasse/Okriftel. **Rad:** Main-Radweg. **Zeiten:** April – Okt Sa, So, Fei und Wäldchestag 10 – 19 Uhr. **Preise:** 0,40, mit Rad oder Kinderwagen 0,60 €; Kinder 4 – 12 Jahre 0,30, mit Rad 0,50 €.

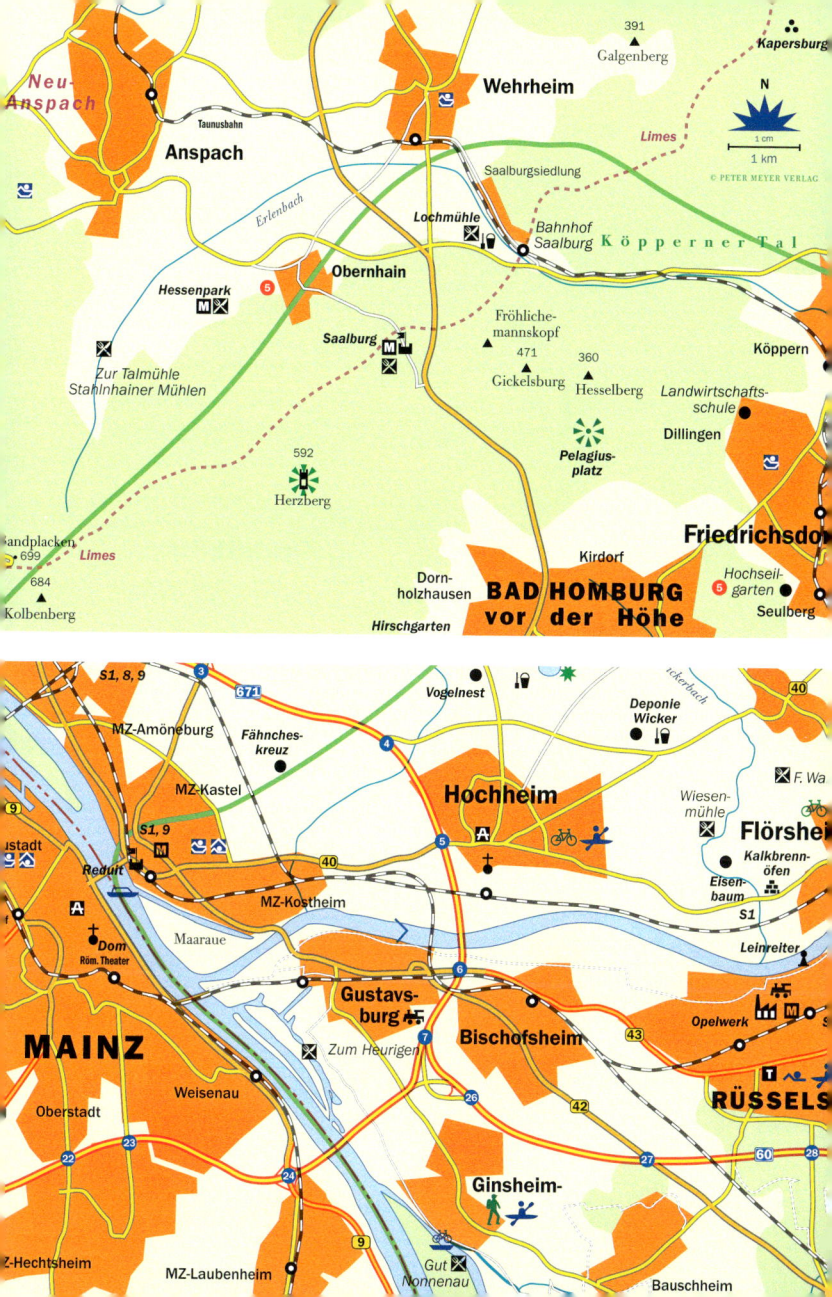

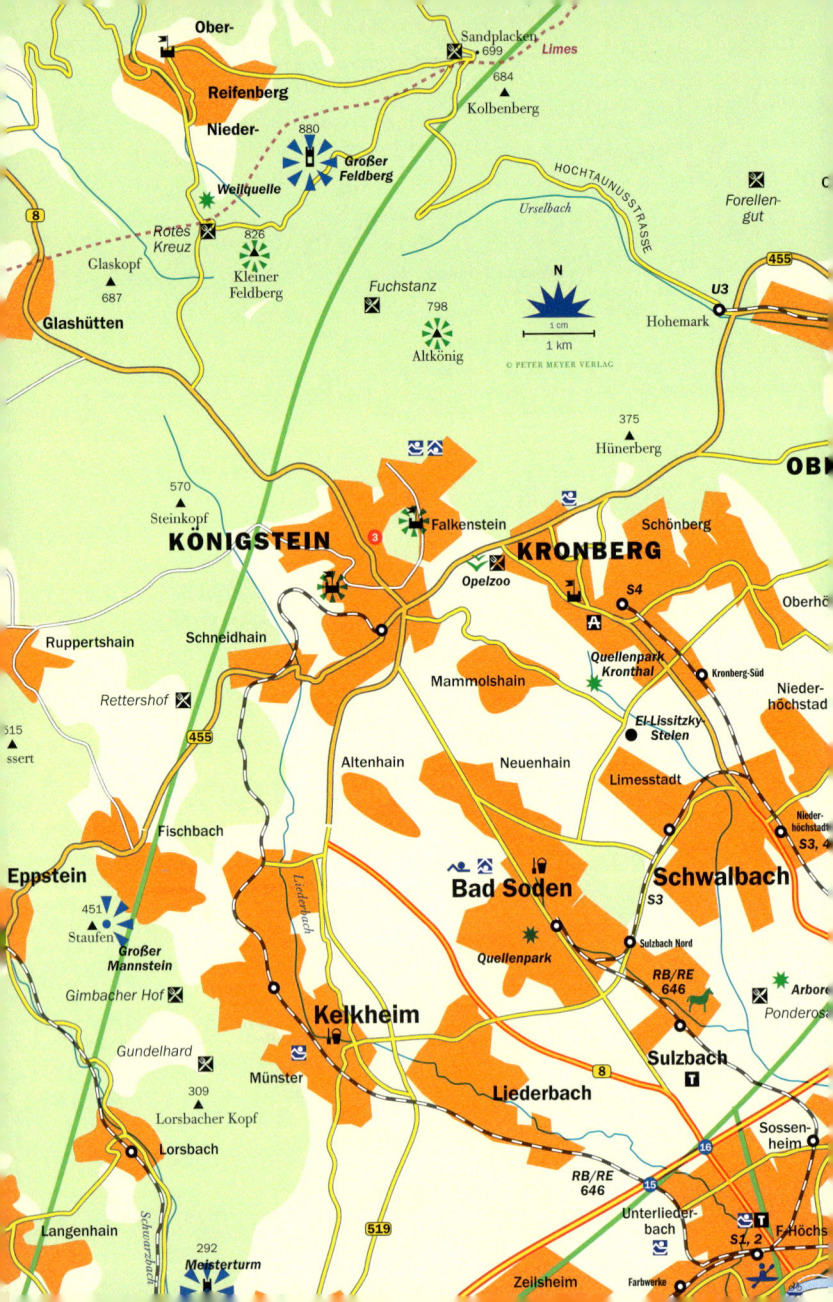

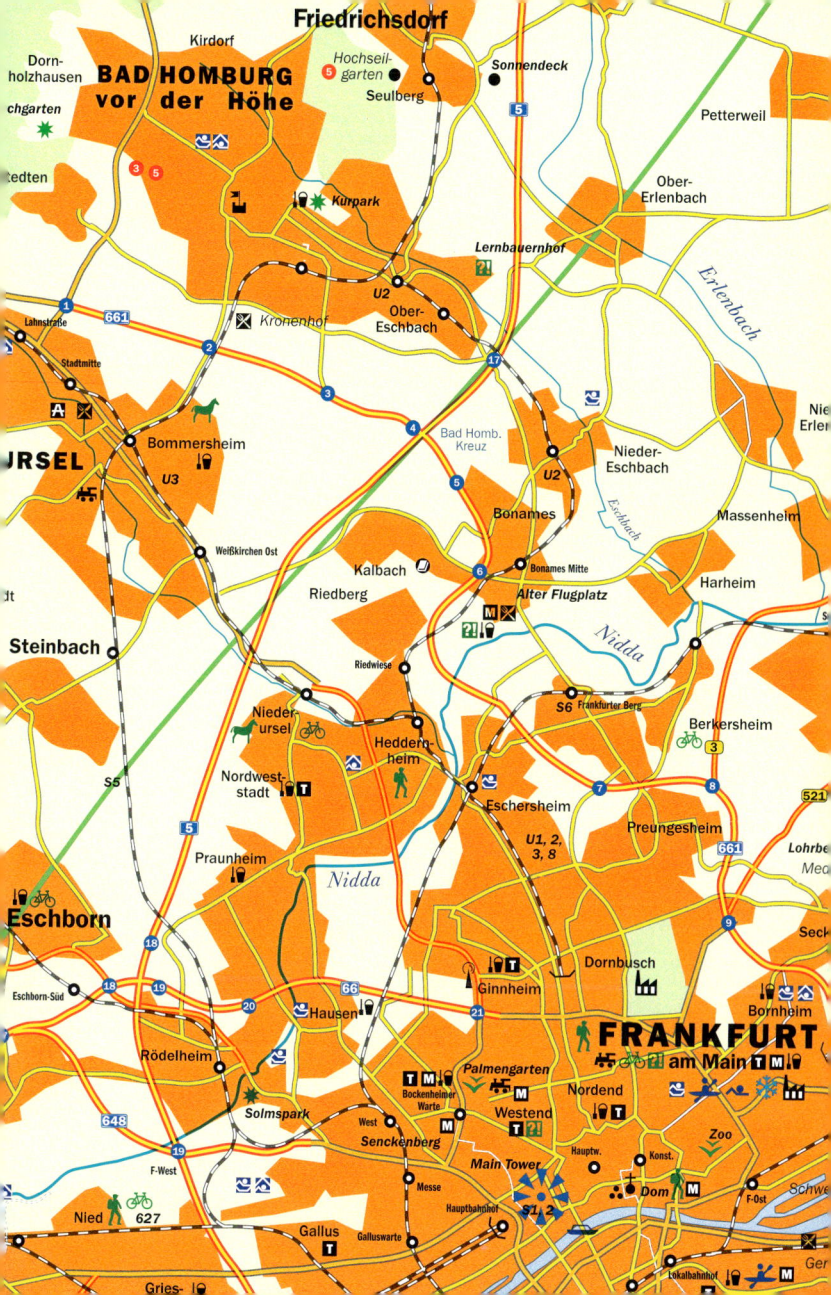

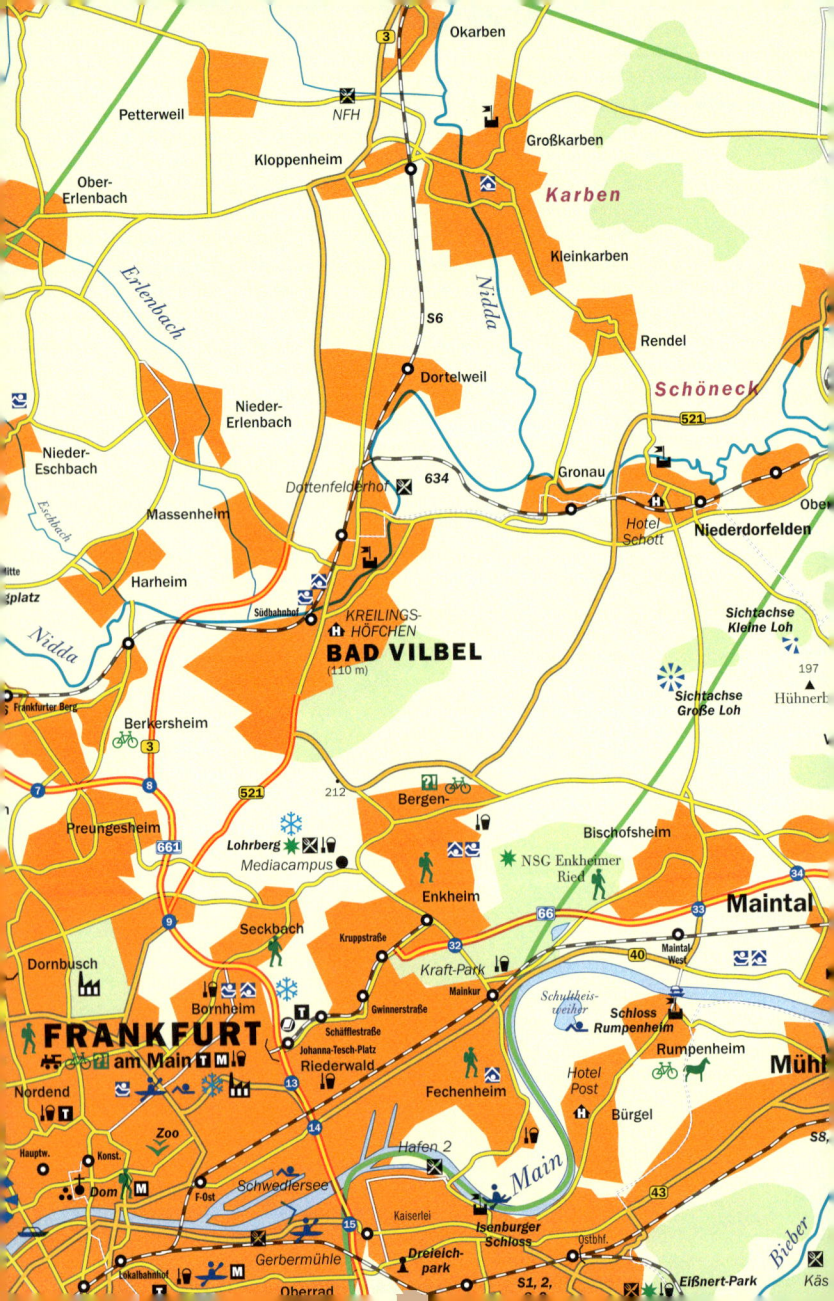

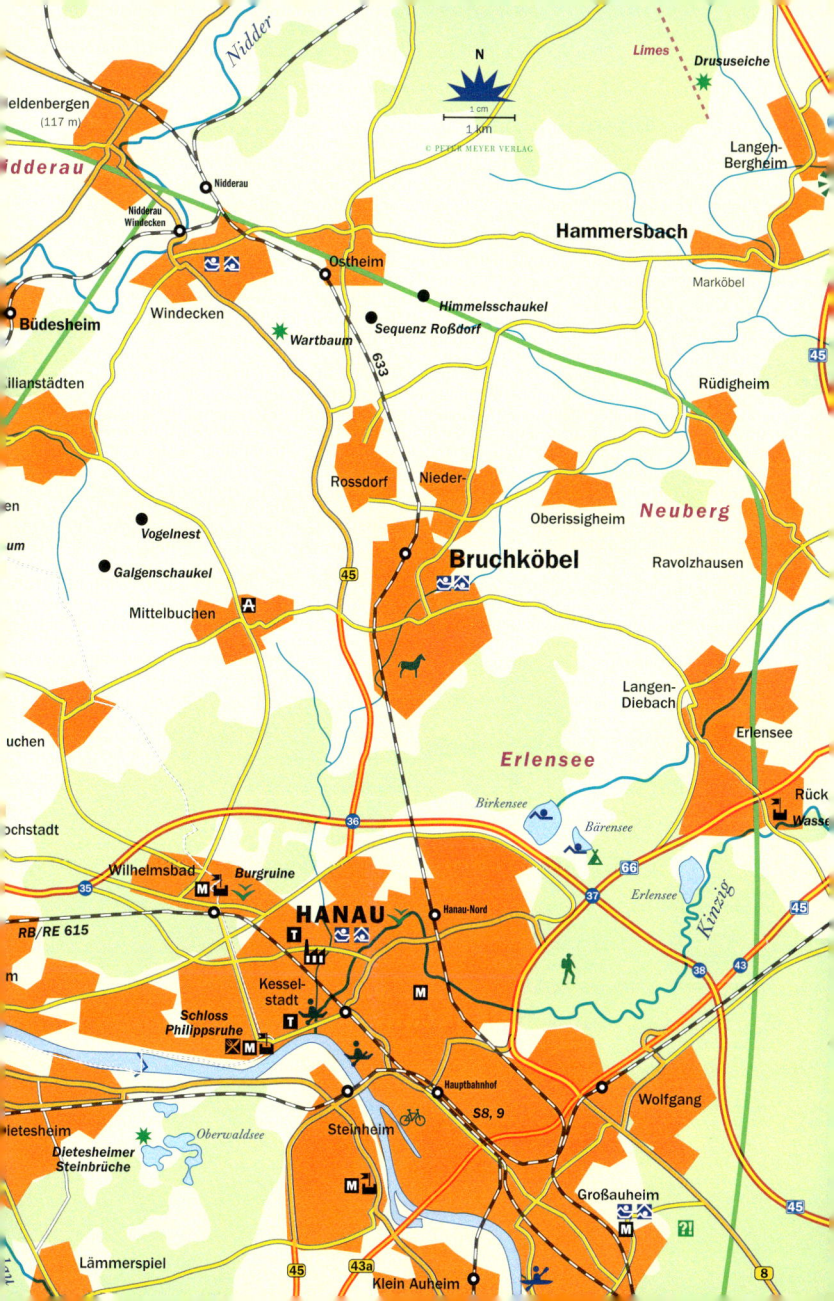

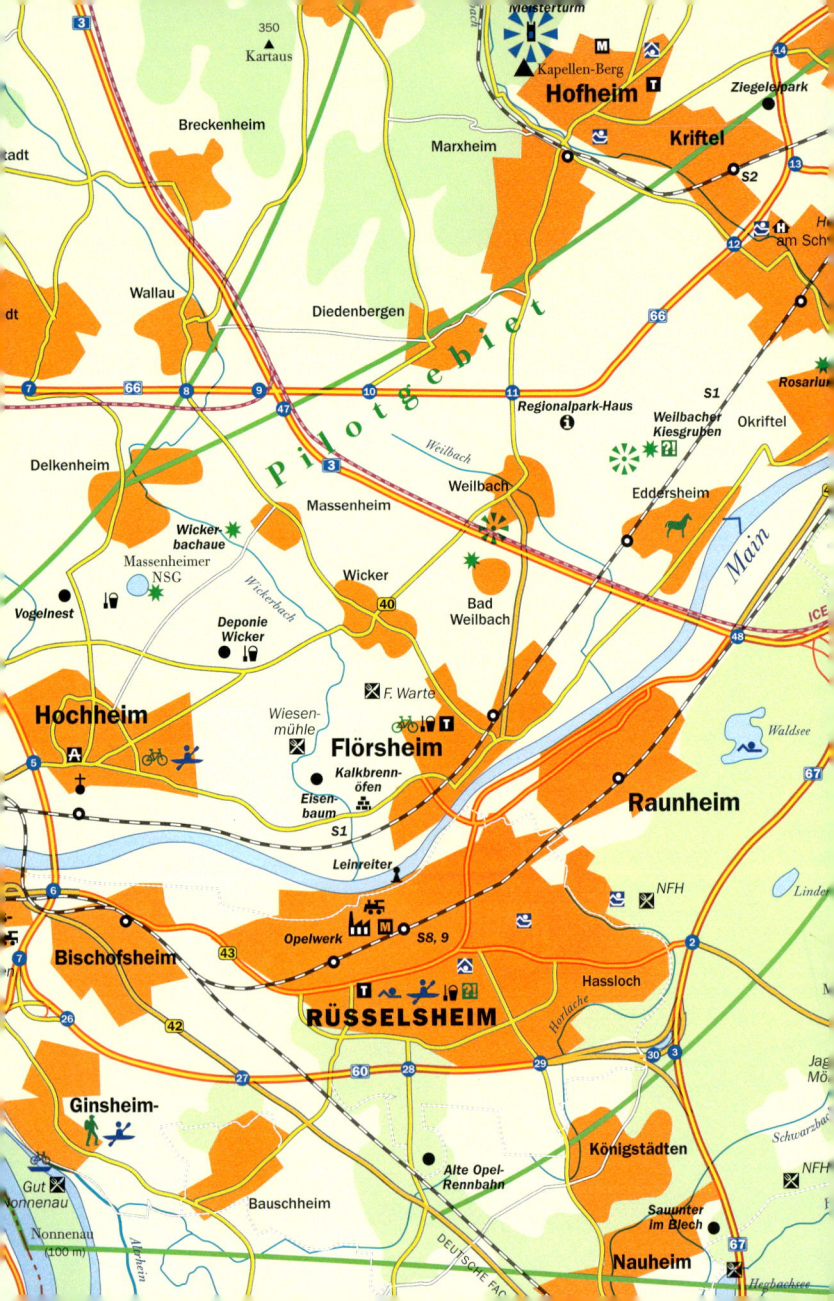

Hofheim

Meisterturm

Kapellen-Berg
350
Kartaus

Kriftel
Ziegelepark
S2
am Sch
13

Breckenheim

Marxheim

Hofheim

3

stadt

Wallau

Diedenbergen

66

Rosarium

66

7

66

8

9

47

10

11

S1

Weilbacher
Kiesgruben

Regionalpark-Haus

Okriftel

Delkheim

3

Weilbach

Eddersheim

Massenheim

Wicker-
bachaue

Wicker

Massenheimer
NSG

Main

Bad
Weilbach

Vogelnest

Deponie
Wicker

40

48

ICE

67

Waldsee

Hochheim

Wiesen-
mühle

F. Warte

Flörsheim

5

A

Kalkbrenn-
öfen

Raunheim

Eisen-
baum

S1

Leinreiter

6

NFH

7

Bischofsheim

Opelwerk

S8, 9

2

43

Hassloch

RÜSSELSHEIM

26

42

60

28

Horlache

29

30

3

Jag
Mö.

27

Ginsheim-

Schwarzba

Königstädten

NFH

Gut
Nonnenau

Alte Opel-
Rennbahn

Bauschheim

Sauunter
im Blech

Nonnenau
(100 m)

DEUTSCHE FAC

Nauheim

67

Hegbachsee

Pilotgebiet

Weilbach

Wickerbach

Linder

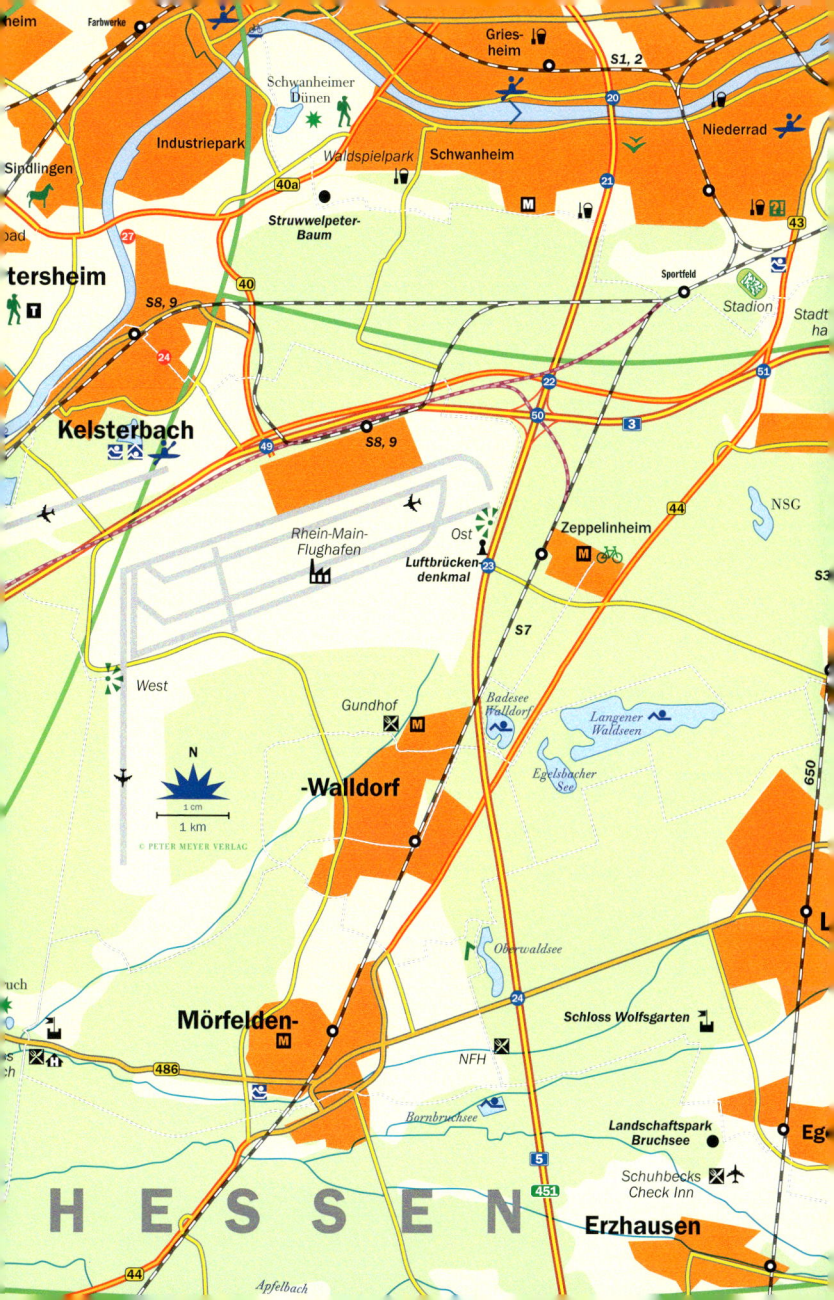

Farbwerke

Griesheim

S1, 2

20

Schwanheimer Dünen

Industriepark

Waldspielpark

Schwanheim

Niederrad

Sindlingen

40a

21

Struwwelpeter-Baum

M

43

S8, 9

40

Sportfeld

tersheim

27

Stadion

Stadt ha

24

51

Kelsterbach

49

S8, 9

22

50

3

NSG

44

Zeppelinheim

Rhein-Main-Flughafen

Ost

Luftbrücken-denkmal

23

M

S3

S7

West

Gundhof

M

Badesee Walldorf

Langener Waldseen

N

Egelsbacher See

-Walldorf

1 cm

1 km

© PETER MEYER VERLAG

650

Oberwaldsee

ch

Mörfelden-

M

486

24

Schloss Wolfsgarten

NFH

Eg

s

ch

L

Landschaftspark Bruchsee

Bornbruchsee

5

H E S S E N

451

Schuhbecks Check Inn

Erzhausen

44

Apfelbach

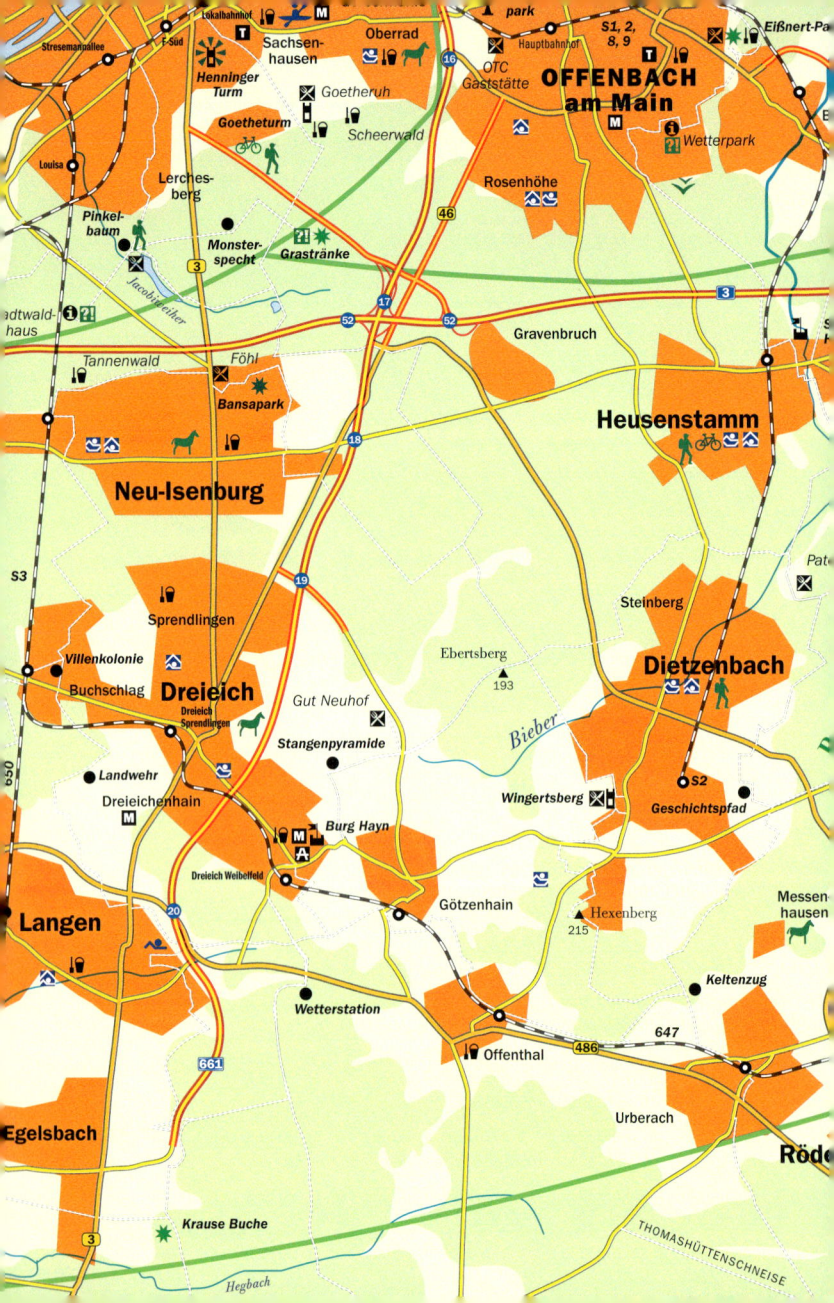

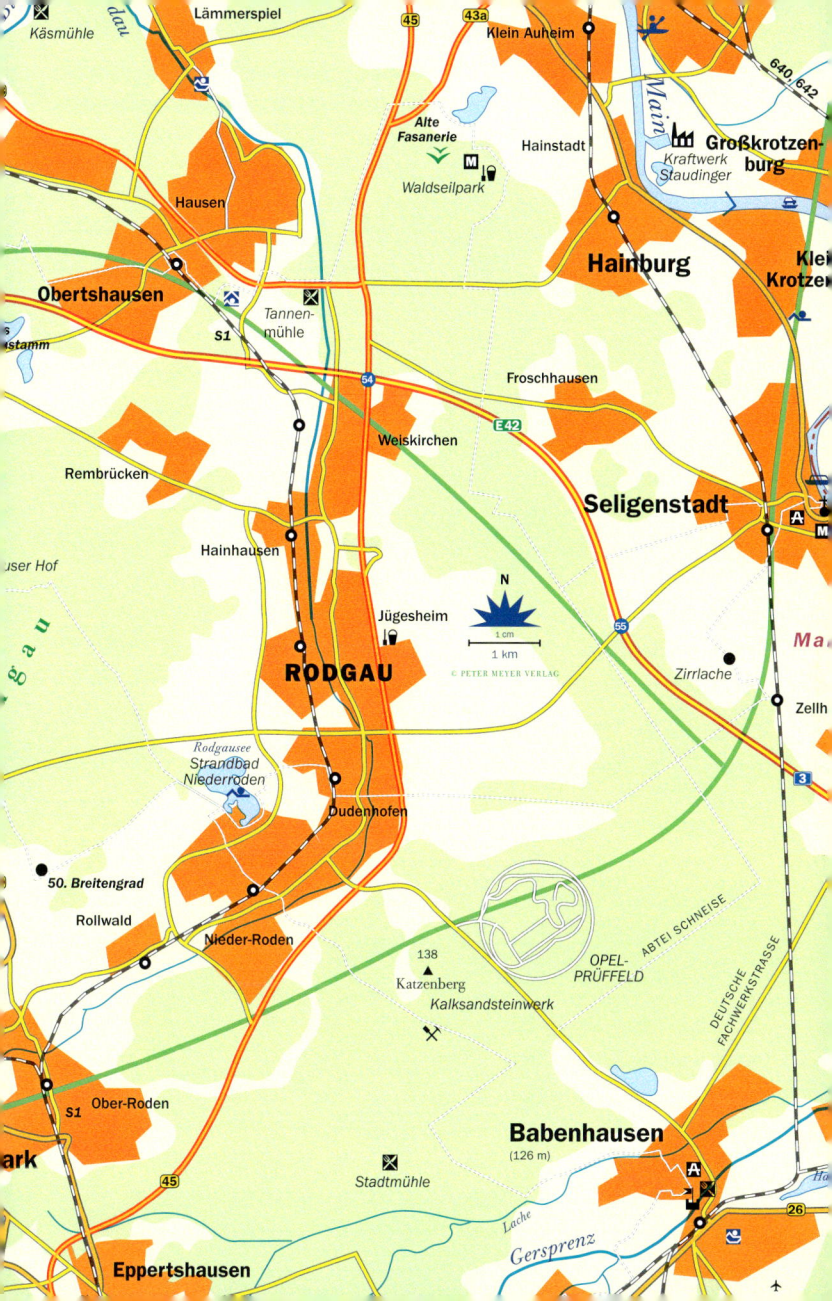

Rhein-Main-Verkehrsverbund

Schnellbahnplan

Register

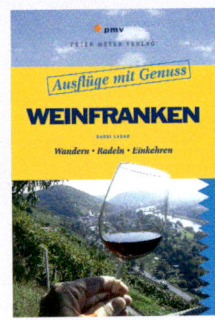

66 SCHÖNSTE AUSSICHTEN HESSEN
Burgen, Türme, Berge – Wandern, Radeln, Einkehren
Alexander Kraft

Sie sind oft die heimlichen Höhepunkte eines Ausflugs, liegen aber genauso oft eher zufällig an der Route: grandiose Aussichtspunkte. Anders bei diesem Buch. Hier stehen die Fernblicke im Mittelpunkt. Ob Türme, Burgen oder Klippen – das Panorama ist jedesmal einzigartig.
Für alle, die den Überblick suchen. Mal ganz bequem per Auto oder Seilbahn, mal per Rad, Mountainbike oder mit Wanderschuhen. Immer mit Rast und Einkehr, immer was Besonderes.

»Wandertouren, Radtouren und die perfekten Einkehrmöglichkeiten vermitteln Hessens schönste Seite.«
Frankfurter Rundschau

ISBN 978-3-89859-317-5
256 Seiten, 14,95 Euro [D]

WEITWANDERN HESSEN
Die 10 schönsten Streckenwanderungen. Mit Einkehr, Unterkunft & Bahntransfer
Michael Schnelle

10 gründlich recherchierte Streckenwanderungen führen passionierte Wanderer und Entdecker zu schönen Naturlandschaften und interessanten Kulturdenkmälern in Hessen. Alle Ausgangs- und Endpunkte sind mit Bus und Bahn erreichbar, und weil bei jeder Tour Übernachtungs- und Einkehrtipps aufgeführt sind, kann mit leichtem Gepäck gewandert werden!

ISBN 978-3-89859-306-9
256 Seiten, 16 Euro [D]

77 SCHÖNSTE ORTE RUND UM BERLIN
Ausflüge zu Schlössern, Seen und Sehenswürdigkeiten mit 88 Einkehrtipps
Wolfgang Kling
ISBN 978-3-89859-314-4
256 Seiten, 16 Euro [D]

199 KM MOSEL
Sehenswertes, Ausflüge & Einkehr zwischen Trier und Koblenz
Annette Sievers (Hrsg.)

Ob Rebhänge, Moselschifffahrt oder Porta Nigra – wer mit diesem Reiseführer aufbricht, erlebt abwechslungsreichen Kulturgenuss. Kenntnisreich führt dieses Buch zu den schönsten Orten und Sehenswürdigkeiten entlang der deutschen Mosel, Einkehr- und Übernachtungsmöglichkeiten inklusive.

ISBN 978-3-89859-310-6
256 Seiten, 16 Euro [D]

BERCHTESGADENER LAND & CHIEMGAU MIT KINDERN

400 spannende Aktivitäten zwischen Rosenheim und Salzburg
Katja Faby, Antje Kindler-Koch

Was können Familien im Berchtesgadener Land und im Chiemgau neben wandern und baden noch unternehmen? Dieser pmv-Freizeitführer stellt 400 spannende Aktivitäten vor, die selbst bei schlechtem Wetter für gute Laune sorgen.

ISBN 978-3-89859-427-1
256 Seiten, 16 Euro [D]

BERLIN UND UMGEBUNG MIT KINDERN

1001 Aktivitäten und Ausflüge mit S & U
Ina Kalanpé
ISBN 978-3-89859-422-6
320 Seiten, 16 Euro [D]

AUSFLÜGE MIT GENUSS: WEINFRANKEN

Wandern, Radeln, Einkehren
Barbi Lasar

Gemütliche Wanderungen und knackige Fahrradtouren, urige Mühlencafés und rustikale Winzerhöfe: 20 vielseitige Ausflüge in Kombination mit der passenden Einkehr machen das Wochenende schöner.

»Genuss wird hier nicht nur aufs Kulinarische bezogen, sondern schließt den Augenschmaus, den die fränkische Landschaft mit Fluss, Wald und Weinbergen bereithält, mit ein.«
Fränkische Nachrichten

ISBN 978-3-89859-316-8
224 Seiten, 14,95 Euro [D]

33 SCHÖNSTE RAD-TOUREN RHEIN-MAIN

Radeln von leicht bis weit rund um Frankfurt
Rheingau – Vogelsberg, Rheinhessen – Rodgau
Alexander Kraft

1549 km oder einfach die schönsten Radeltouren im Rhein-Main-Gebiet: Sie bringen Abwechslung und Schwung in den Wochenendausflug. Mit Extra-Karte und GPS-Daten zum Herunterladen.

ISBN 978-3-89859-318-2
224 Seiten, 18 Euro [D]
mit extra Fahrradkarte

 pmv PETER MEYER VERLAG

WIR KÖNNEN WAS TUN

Klimabewusstes Handeln wird in Zeiten von Klimawandel und globaler Erwärmung immer wichtiger. Beim Druck ist das Entstehen von CO_2 jedoch unvermeidlich. Das schädliche Kohlendioxid ist für den vom Menschen verursachten Treibhauseffekt verantwortlich.

Deshalb geht der Peter Meyer Verlag mit gutem Beispiel voran und unterstützt mit einer freiwilligen Ausgleichszahlung klimafreundliche Projekte in Entwicklungsländern, um CO_2-Emissionen bei der Stromerzeugung von vornherein vermeiden zu helfen.

Zudem drucken wir alle Bücher und Prospekte ausschließlich auf Recycling- oder FSC®-Papier.
Mit dem Kauf unserer Reiseführer unterstützen Sie dieses Engagement. Dafür danke.

klimaneutral
www.climatepartner.com

Unsere Verlagsphilosophie und Nachhaltigkeitserklärung finden Sie auf unserer Internetseite.
www.PeterMeyerVerlag.de

IMPRESSUM

Unsere Inhalte werden ständig gepflegt, aktualisiert und erweitert. Für die Richtigkeit der Angaben übernimmt der Verlag jedoch keine Haftung. | © 2005, 3. aktualisierte Auflage 2011 | **Umschlag- und Reihenkonzept** sowie Text, Gliederung und Layout, Karten, Tabellen, Piktogramme und Illustrationen sind urheberrechtlich geschützt. | **Inhalt:** Die Aufnahme und Beurteilung in »Frankfurt Rhein-Main mit Kindern« unterliegt der Auswahl durch Verlag und Autoren. Der Abdruck der Texte erfolgt kostenlos. Abdruck und Einspeisung in elektronische Medien (Computer, Internet), auch auszugsweise, nur mit Genehmigung des Verlags. | **Druck & Bindung:** AZ Druck und Datentechnik, Kempten; www.az-druck.de | **Umschlaggestaltung:** pmv, Agentur 42, Mainz, www.agentur42.de, Annette Sievers | **Fotos:** Wenn nicht anders angegeben, alle Rechte beim Verlag, siehe Nachweis beim jeweiligen Bild. Wir danken allen Unterstützern. | **Zeichnungen:** Silke Schmidt, alle Rechte beim Verlag | **Karten:** pmv, Lizenzen auf Anfrage | **Lektorat & Layout:** Annette Sievers | **Bezug:** über Prolit, Fernwald-Annerod, oder über den Verlag, vertrieb@PeterMeyerVerlag.de, ✆ 069/4056257-0.

ISBN 978-3-89859-434-9

pmv

Wir freuen uns über Korrekturen und Anregungen:

pmv Peter Meyer Verlag
Schopenhauerstraße 11
60316 Frankfurt a.M.
www.PeterMeyerVerlag.de
info@PeterMeyerVerlag.de

MIX
Papier aus verantwortungsvollen Quellen
FSC® C008457

Printed in Germany with love.
Klimaneutral und auf umweltfreundlich hergestelltem Novatech Satin Bilderdruck-Papier.
FSC® Mix-GFA-GOC 001493.